国家出版基金项目
NATIONAL PUBLICATION FOUNDATION

"船舶智能制造关键共性技术"丛书

U0645236

船舶智能制造数字化设计技术

夏勇峰　程庆和　潘建辉　马秋杰　主　编

哈尔滨工程大学出版社
Harbin Engineering University Press

内 容 简 介

本书主要针对造船业数字化工艺设计能力不足,船舶建造过程管控缺乏有效数据支撑,制造技术与信息化技术融合程度低等问题,通过基于统一三维模型的详细设计及审图技术、详细设计与生产设计集成技术、船舶单一数据源工艺建模及完整性要求、面向现场作业的三维工艺可视化技术和面向智能制造的产品数据管理系统 5 个章节,详细介绍了船舶智能制造数字化设计技术。本书可为从事船舶设计、船舶建造、生产管理等工作的人员提供一定参考。

图书在版编目(CIP)数据

船舶智能制造数字化设计技术／夏勇峰等主编. —
哈尔滨：哈尔滨工程大学出版社,2023.11
  ISBN 978-7-5661-4025-8

Ⅰ. ①船… Ⅱ. ①夏… Ⅲ. ①造船-智能制造系统
Ⅳ. ①U671-39

中国国家版本馆 CIP 数据核字(2023)第 130367 号

船舶智能制造数字化设计技术
CHUANBO ZHINENG ZHIZAO SHUZIHUA SHEJI JISHU

选题策划　史大伟　雷　霞　汪　璇　周长江
责任编辑　雷　霞　李　暖
封面设计　李海波

出版发行　哈尔滨工程大学出版社
社　　址　哈尔滨市南岗区南通大街 145 号
邮政编码　150001
发行电话　0451-82519328
传　　真　0451-82519699
经　　销　新华书店
印　　刷　哈尔滨午阳印刷有限公司
开　　本　787 mm×1 092 mm　1/16
印　　张　22
字　　数　531 千字
版　　次　2023 年 11 月第 1 版
印　　次　2023 年 11 月第 1 次印刷
书　　号　ISBN 978-7-5661-4025-8
定　　价　115.00 元
http://www.hrbeupress.com
E-mail:heupress@ hrbeu.edu.cn

"船舶智能制造关键共性技术"丛书
编 委 会

《船舶智能制造数字化设计技术》
编 委 会

主 编

夏勇峰　　程庆和　　潘建辉　　马秋杰

副主编

周德寿　　潘伟昌　　马彦军　　瞿雪刚　　伍英杰

编写人员

习　猛	周卫忠	罗　金	万　莉	钱振华	周　瑜
戴　伟	翁石华	朱海波	沈朝晖	刘　阳	郑斌华
苏华德	贾恒涛	宋建伟	张亚运	王　欢	阳泽伟
王素清	吕瑞云	李　翔	沈　伟	刘玉峰	邱正峰
吕　迪	唐诗渊	唐永生	李　迎	张　俭	张　安
王立先	陈　婷	胡小才	杨　振	张　浩	刘建峰
王　昆	张宝民	孙　进	杨润党	喻天祥	马　宁
王德禹	何丽丝	储云泽	于　航	郗金波	姜　军
周文鑫	汪　璇	王　旭	牛延丹	周荣富	黄敏健
饶　靖	陈好楠	张　然	沈文轩	吴　韩	周同明
陆　豆	张致宁	李　季			

前　言

随着全球新一轮科技革命和产业变革深入发展,新一代信息技术与先进制造技术加速融合,为制造业高端化、智能化、绿色化发展提供了历史机遇,世界造船强国纷纷规划建设智能船厂,以智能制造为抓手,力图抢占全球制造业新一轮竞争制高点。船舶制造是典型的离散型生产,具有船厂空间尺度大、船舶建造周期相对较长、工艺流程复杂、单件小批量生产、中间产品种类繁多、物理尺寸差异大、作业环境相对恶劣等行业特点,对智能制造技术提出了特殊要求。

近年来,在国家的关心指导、行业的不断努力下,我国船舶工业实现了跨越式发展,产业规模迅速扩大,国际市场份额大幅跃升,造船三大指标位居世界前列,船舶工业核心设施和技术能力大幅提升,形成了长三角、珠三角和环渤海湾三大造船基地;造船核心设施能力达到国际领先水平,骨干船厂建立起以中间产品组织生产为特征的现代总装造船模式,并不同程度地开展了智能化转型探索工作,取得了一定成效。但是我国船舶工业大而不强的问题依然存在,造船质量、效率与世界先进造船国家相比还存在一定差距,我国船舶制造业处于数字化制造起步阶段,各造船企业发展水平参差不齐,三维数字化工艺设计能力不足,关键工艺环节装备自动化水平不高,基础数据缺乏积累,互联互通能力薄弱,集成化水平低等问题亟待解决。未来的10~20年是我国由造船大国向造船强国迈进的关键时期,也是我国造船企业通过技术创新实现转型升级、由大到强的重要发展机遇期,风险更大,挑战更为激烈。

为贯彻落实海洋强国、造船强国国家战略,国家相关部委先后发布了《推进船舶总装建造智能化转型行动计划(2019—2021年)》(工信部联装〔2018〕287号)、《船舶总装建造智能化标准体系建设指南(2020版)》(工信厅科〔2020〕36号)等规划文件,旨在加快新一代信息通信技术与先进造船技术的深度融合,提高我国造船效率和质量,推进船舶总装建造数字化、智能化转型。2016年12月20日,工业和信息化部、财政部批复"船舶智能制造关键共性技术专项"项目立项,专项以船舶智能车间为对象,研究突破船舶智能制造关键共性技术,形成船舶智能制造核心技术和系统集成能力,使我国船舶企业建造技术水平跃上一个新台阶,缩短与国际先进造船国家的差距。通过"船舶智能制造关键共性技术专项"四年的研究,形成了一批船舶智能制造关键技术研究成果。为更好地推广科研成果,实现行业共享,项目组将专项的主要研究成果编辑成一套"船舶智能制造关键共性技术"丛书,该丛书以船舶智能车间为对象,通过对面向智能制造的船舶设计技术、船舶智能制造集成技术应用以及互联互通的船舶智能制造车间基础平台开发的相关研究总结,形成船舶智能制造关键共性技术的知识文库,为我国造船企业推进智能制造提供方向指引和知识支撑,助推提升企业造船效率和质量水平,为进一步构建智能船厂,实现我国由造船大国向造船强国的转变打下坚实基础。

本丛书共十一分册,各分册主要内容如下:

第一分册《船舶智能制造数字化设计技术》主要介绍船舶智能制造的数据源头数字化设计技术,包括基于统一三维模型的详细设计及审图、设计与生产集成、三维工艺可视化作业指导以及面向智能制造的产品数据管理系统开发与应用等内容。

第二分册《船舶智能制造工艺设计》主要介绍船体构件加工成形、船体焊接、管子加工、船体结构件装配、分段舾装、涂装等关键工艺环节的工艺模型设计、工艺特征描述、工艺路线设计、工艺知识库构建。

第三分册《船舶智能制造模式》主要介绍造船企业智能化转型的目标图像,分析国内骨干造船企业智能制造技术总体水平与差异,构建以信息物理系统为核心的船舶智能制造系统架构,研究船舶智能制造的设计、管控生产模式,并给出实施路径与评估评价方法。

第四分册《船舶智能制造车间解决方案》主要介绍船舶智能车间通用模型、面向智能制造的船舶中间产品工艺路线制定,提出船体分段、管子加工与分段涂装智能车间解决方案。

第五分册《船舶中间产品智能生产线设计技术》主要介绍国内骨干船厂中间产品生产线的发展现状以及对自动化、智能化程度的需求,研究型材切割、条材切割、船体小组立、平面分段、管子加工等典型中间产品生产线的设计方案,设计开发智能控制系统并验证,支持各类中间产品智能生产线的应用。

第六分册《船舶智能制造的统一数据库集成平台》主要介绍数据库顶层设计、数据库设计规范、数据库标准接口和数据库集成开发技术。

第七分册《船厂大数据技术应用》主要介绍船厂大数据应用的顶层设计、大数据质量保证、大数据分析和应用使能工具等技术,并对基于大数据的派工管控协同优化、分段物流分析与智能优化、船厂能源管控优化进行应用研究。

第八分册《船舶车间智能制造感知技术》主要介绍船舶分段制造车间定位技术、船舶制造中间产品几何信息感知技术、车间资源状态信息采集技术、船舶焊接与涂装车间环境感知应用技术。

第九分册《船舶制造车间组网技术》主要介绍船舶制造车间复杂作业环境下的网络构建和覆盖、制造过程物联,构建基于物联网的可控、可管、可扩展和可信的船舶分段制造车间网络空间架构。

第十分册《船舶智能制造海量数据传输与融合技术》主要介绍基于三维模型的海量数据传输技术及海量异构数据融合、管理技术。

第十一分册《船舶分段车间数字化多工位协同制造技术》主要介绍船舶分段制造车间切割、焊接等多工位协同作业、协同机制分析技术与船舶制造现场多数据源协同集成技术。

本丛书是项目团队花费大量时间和精力研究、编写的成果,希望能够得到广大读者的认可和支持。同时,我们也期待着读者的宝贵意见和建议,以便我们不断改进和完善本丛书的内容,为读者提供更加优质的服务和产品。

最后,我们要感谢所有参与本丛书编写和出版的人员及单位,他们的付出和支持是本丛书能够顺利出版的重要保障;还要感谢所有关注和支持智能制造技术发展的人,让我们共同推动智能制造技术在船舶行业的广泛应用和发展,为实现船舶工业数字化、智能化转型而不懈努力!

编　者

2023 年 5 月

目　　录

第1章　基于统一三维模型的详细设计及审图技术 ………………………………… 1

1.1　概述 …………………………………………………………………………… 1

1.2　面向送审的三维详细设计方法与集成技术 ………………………………… 1

1.3　基于三维模型的送审模式及送审技术 …………………………………… 28

1.4　本章小结 …………………………………………………………………… 47

第2章　详细设计与生产设计集成技术 …………………………………………… 48

2.1　概述 ………………………………………………………………………… 48

2.2　船体结构详细设计与生产设计集成技术 ………………………………… 48

2.3　管系、电气原理设计与生产设计集成技术 ……………………………… 54

2.4　本章小结 …………………………………………………………………… 108

第3章　船舶单一数据源工艺建模及完整性要求 ………………………………… 109

3.1　概述 ………………………………………………………………………… 109

3.2　船舶单一数据源三维模型整体框架 ……………………………………… 109

3.3　基于三维模型的船舶单一数据源工艺建模规范 ………………………… 110

3.4　基于三维模型的船舶建造工艺完整性定义技术 ………………………… 131

3.5　基于模型的物量与工艺信息抽取规范 …………………………………… 163

3.6　基于三维模型的船体建造工序定义标准 ………………………………… 201

3.7　本章小结 …………………………………………………………………… 210

第4章　面向现场作业的三维工艺可视化技术 …………………………………… 211

4.1　概述 ………………………………………………………………………… 211

4.2　基于模型的船舶建造工艺可视化设计技术 ……………………………… 213

4.3　面向现场应用三维作业指导的信息关联技术 …………………………… 224

4.4　船舶建造三维作业指导生成技术 ………………………………………… 231

4.5　船舶典型车间作业指导平台 ……………………………………………… 238

4.6　三维工艺可视化系统实例验证 …………………………………………… 252

4.7　本章小结 …………………………………………………………………… 263

第5章　面向智能制造的产品数据管理系统 ……………………………………… 265

5.1　概述 ………………………………………………………………………… 265

5.2　面向智能制造的船舶生产设计数据组织技术 …………………………… 266

5.3　船舶生产设计系统数据集成技术 ………………………………………… 270

5.4　精细化工时物量管理与 WP/WO 关联技术 …………………………… 283

5.5 设计工艺信息管理技术 ……………………………………… 298

5.6 设计及物资编码映射技术 …………………………………… 301

5.7 产品数据管理系统开发与应用 ……………………………… 305

5.8 本章小结 ……………………………………………………… 307

参考文献 ………………………………………………………… 308

附录 A 船舶数字化检验应用指南 ……………………………… 309

第1章 基于统一三维模型的详细设计及审图技术

1.1 概　　述

在船舶设计及建造自动化、数字化、智能化的快速发展背景下，我国正在由造船大国向造船强国迈进。目前传统的以二维图纸为载体的送审模式显然已是落后的生产手段，因此国内大型造船集团开始推行全三维一体化设计，力图在未来逐渐使设计方式从当前的2.5D向3D过渡，并在未来船舶产品全生命周期过程中以三维模型取代二维图纸作为主要的信息载体。

1.2　面向送审的三维详细设计方法与集成技术

为实现面向送审的船舶三维详细结构设计，主要围绕"面向送审的二维详细设计模型特征研究""面向送审的三维详细设计方法研究""CAD/CAE 一体化研究""数据交换与共享研究"展开。通过各项研究，最终形成面向送审的三维详细设计模型技术规范、基于计算机辅助设计（computer aided design，CAD）的计算机辅助工程（computer aided engineering，CAE）模型生成软件、三维设计软件到审图软件的模型输出接口软件。

按照船体结构设计流程和设计要求，利用船舶设计软件和 CAE 软件，以船体结构三维详细设计模型为研究对象，进行面向送审的三维详细设计技术研究，在继承基本设计信息的基础上将传统二维设计经验引入三维设计与建模过程中，形成面向送审的三维详细设计建模技术规范。面向送审的三维详细设计方法与集成技术路线，如图1-1所示。根据面向送审的 CAE 模型需求，制定 CAD 数据转换格式及简化标准，快速划分有限元网格，实现CAE 模型生成，为三维模型送审奠定基础。

1.2.1　面向送审的三维详细设计模型特征

面向送审的三维详细设计模型特征通过围绕送审的三维模型建模技术、设计院与船级社的数据共享、CAD/CAE 集成三个方面展开。构建详细设计阶段船体结构三维模型，围绕三维详细设计模型的特征、建模方法、数据共享及三维模型 CAD/CAE 集成等技术，形成可用于送审的三维模型数据，验证三维模型送审的可行性，并对模型文件和船级社审图意见进行数据管理。通过形成三维模型数据技术规范、建模技术规范，便于指导以后的设计和送审工作。

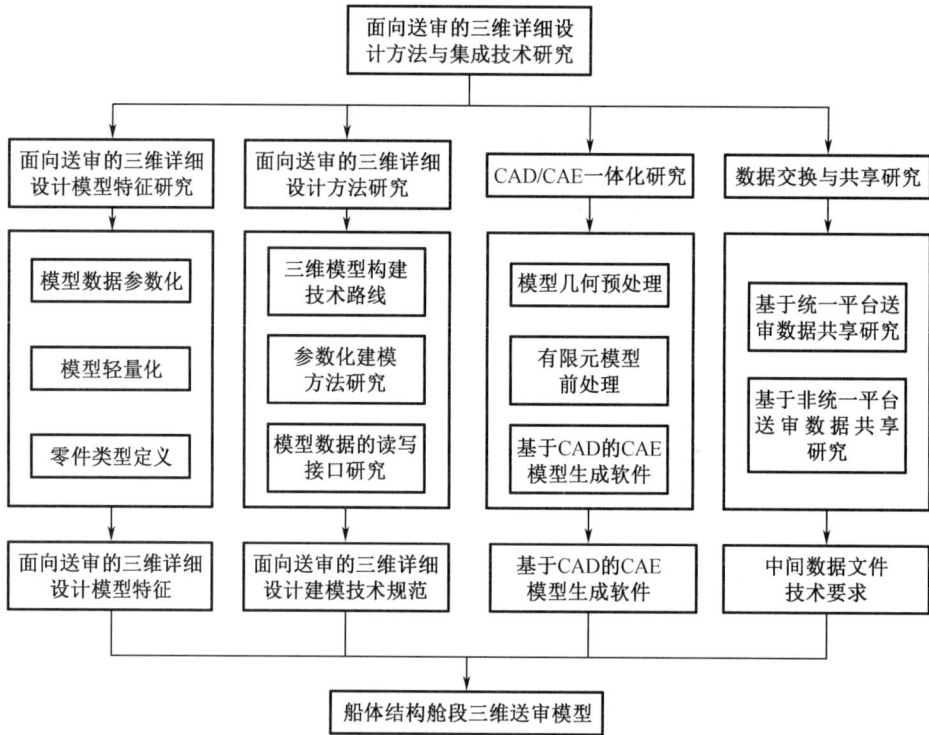

図 1-1　面向送审的三维详细设计方法与集成技术路线

以面向送审的三维详细设计模型特征和面向送审的三维详细设计方法为基础,生成面向送审的三维详细设计模型,并将模型数据导入船级社审图系统,实现以船体结构三维详细设计 CAD 模型为载体,开展面向送审的三维详细设计方法与集成技术。基于三维模型的审图模式及审图技术,实现船舶结构设计三维送审。同时基于 CAD/CAE 一体化技术,将三维详细设计模型转换成面向送审的 CAE 分析模型,并对构建三维设计模型提出更为合理的技术要求。基于送审数据,开发面向送审的软件接口,制定送审模型数据技术规范,实现基于三维详细设计模型的送审、退审工作。

1.2.1.1　模型数据参数化特征

全参数化定义模型数据是面向三维电子审图的基础。船舶结构模型以全参数化的形式来定义模型的属性信息和几何信息,会带来很多便利性。通过修改三维模型参数,三维模型便可随之更改,有利于面向 CAD/CAE 一体化时结构简化的实现,例如:修改开孔半径参数,模型的开孔大小即可随之更改;修改型钢的规格参数,型钢的模型即可随之更改。

在三维模型审图过程中,通过标准的参数读写接口(API),读取模型中相应的参数值用于计算。三维模型通过修改参数实现模型简化,例如:读取特征参数为孔的数据,获取孔的直径参数,若直径小于 200(单位默认为 mm,下同),删除孔特征,若大于 200,读取圆弧参数值,简化为开孔形式参数为“方形”开孔。因此构建全参数化模型是面向送审的三维详细设计的关键技术点。设计信息以参数化的形式来定义模型的属性信息和几何信息。图 1-2 为模型数据参数化概况。

属性信息参数化	属性定位参数化	开孔信息参数化	参数读写接口(API)
板属性参数化	板定位参数化	开孔类型参数化	CATIStrUseCategoryMngt
型材属性参数化	型材定位参数化	开孔大小参数化	CATIStrUsePanelSurf
肘板属性参数化	肘板定位参数化	开孔定位参数化	CATIStrUsePlateExtrusionMngt
			CATIStrUseMaterialMngt

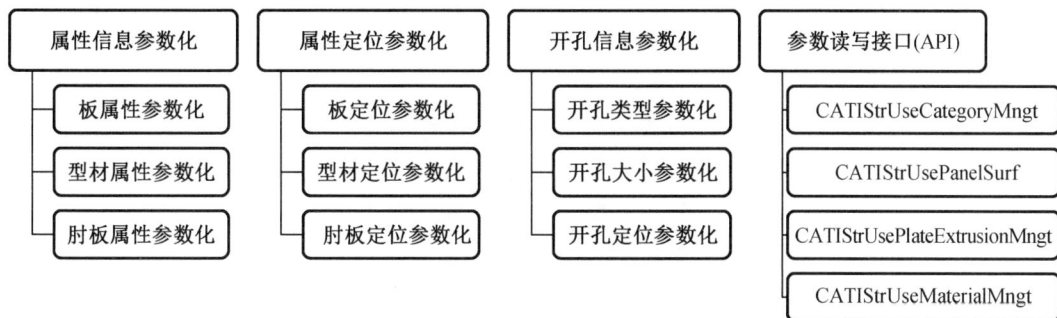

图 1-2　模型数据参数化概况

1.2.1.2　模型轻量化特征

详细设计阶段船体三维模型需具有轻量化的特点,以满足模型面向三维送审需求,同时满足 CAD/CAE 一体化及产品生命周期管理(PLM)的需求。此轻量化特点既保证了模型包含所有必备的属性信息和几何信息,又实现了数据体量小、信息全。模型轻量化减小了设计数据的体量,最大限度地释放系统资源,使用户的流畅性体验感大大提高。

(1)板模型轻量化

板模型轻量化(图 1-3)是将以传统实体模型的几何形式表达,更改为用面片模型表达几何信息,结合属性参数定义方法的表达形式。例如,在船体结构详细设计阶段,即使设计人员定义了板的厚度参数及厚度方向,但该板的三维几何模型并不显示厚度,不表达厚度参数引发的几何的变化,板的模型仍然仅是面片模型。到了生产设计阶段,轻量化的模型会转换为实体模型的表达形式,例如板的几何模型会显示厚度。

(2)型钢模型轻量化

为了实现与船级社审图软件的对接及设计模型到有限元模型的转化,在三维详细设计阶段建模过程中,型钢模型需要运用轻量化技术表达其几何特征。以 T 型材为例,轻量化模型如图 1-4 所示,图中粗线是 T 型材的轻量化模型截面(图 1-5),细线是实体模型截面(图 1-6)。型钢模型轻量化对型钢截面属性做出了详尽且严格的规定。截面中的每一根线都有其特定的名称。

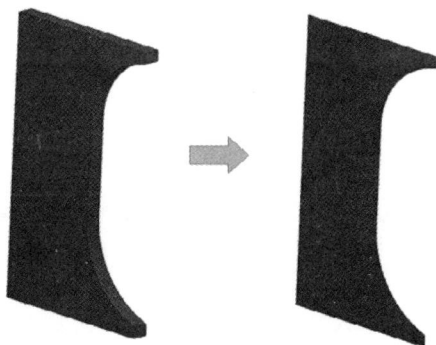

图 1-3　板模型轻量化

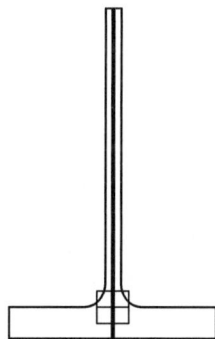

图 1-4　T 型材模型截面

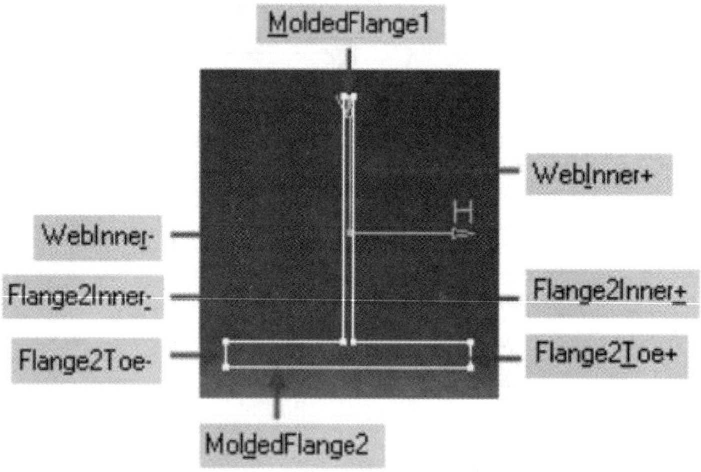

图 1-5　轻量化截面线条名称

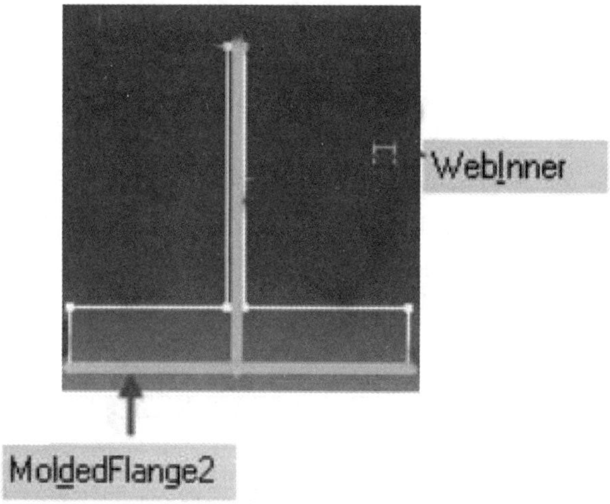

图 1-6　实体模型截面线条名称

截面中的每一根线的名称对应特定的编码：

Section. Key3 = "MoldedFlange1"；

Section. Key8 = "Flange1Inner+"；

Section. Key16 = "Flange2Inner+"；

Section. Key18 = "Flange2Toe+"；

Section. Key22 = "MoldedFlange2"；

Section. Key19 = "Flange2Toe-"；

Section. Key21 = "Flange2Inner-"；

Section. Key9 = "Flange1Inner-"；

Section. Key25 = "WebInner"。

型钢属性参数名称如下：

Web_Thickness：腹板厚度。

Web_Height：腹板高度。

Web_Material：腹板材质。

Flange_Thickness：面板厚度。

Flange_Height：面板高度。

Flange_Material：面板材质。

（3）贯穿孔模型轻量化

在船级社审图过程中，船体结构中的型贯穿孔结构需要按规范简化。面向送审的模型中，无须表达其具体几何信息，然而在设计过程中工程师又需要设计其具体样式。因此本建模技术规范限定在面向送审的模型中，此类结构模型采用了轻量化的几何表达方法，以及参数化的属性信息定义方式。

贯穿孔的边界申明参数必须在"Structure Slot"模型中创建。Slot 的边界申明参数需创建在以"SlotParameters"命名的几何图形集中。补板的边界申明参数必须创建在以"Collar"开头的几何图形集中，且补板几何图形集必须放在 Slot 的几何图形集下。若一个 Slot 存在两个补板（如 T 型材的补板），则每个补板均需创建一个几何图形集。对于参数而言，初始化时定义"Priv_"的参数为默认参数，不在 Slot 的定义界面中显示，不支持更改。定义为"Pub_"的参数，在 Slot 的定义界面中显示，并支持修改。所有参数由表格驱动，图 1-7 是贯穿孔表格的节选截图。

1.2.1.3 零件类型定义

（1）板架零件类型定义

在与船级社充分探讨的基础上，将船体板架结构做以下定义。审图软件会通过零件类型接口，获取到板架零件的类型属性。

船体板架结构的定义：

Bracket：肘板。

OuterShell：外板。

SideShell：舷侧外板。

Bilge：舭部外板。

Bottom：底部外板。

LongitudinalVeritcalMembers：纵向竖直结构。

——LongitudinalBulkheadStool：纵舱壁底座板。

——LongitudinalBulkhead：纵舱壁。

——UpperWingTankBulkhead：顶边舱纵舱壁。

——InnerHull：内壳舱壁。

——HopperSlopeBulkhead：底边舱纵舱壁。

——DoubleBottomGirder：双层底纵桁。

No.	DS_SlotName(string)	DS_SlotType(string)	DS_Applicable(string)
1	RECT_FL	RECT	FL_10*0.1875
2	RECT_FL	RECT	FL_10*0.1875
3	RECT_FL	RECT	FL_12*1
4	RECT_HP	RECT	HP240*12
5	RECT_HP	RECT	HP300*12
6	RECT_HP	RECT	HP400*16
7	RECT_HP	RECT	HP60*6
8	RECT_HP	RECT	HP80*7
9	RECT_L	RECT	L1.75*1.25*0.1875
10	RECT_L	RECT	L2.5*1.5*0.3125
11	RECT_L	RECT	L2*2*0.3125
12	RECT_WT	RECT	WT16.5*145.5
13	RECT_WT	RECT	WT18*115
14	RECT_WT	RECT	WT18*179.5

No.	DS_RT(mm)	DS_WIDTH(mm)	DS_TOPC(mm)	DB_BOTC(mm)
1	slot_rect_sym	1	34.7625	15
2	slot_rect_sym	1	34.7625	15
3	slot_rect_sym	2	55.4	15
4	slot_rect_asym	12	76	15
5	slot_rect_asym	12	85	15
6	slot_rect_asym	16	106	15
7	slot_rect_asym	6	49	15
8	slot_rect_asym	7	51	15
9	slot_rect_asym	4.7625	61.75	15
10	slot_rect_asym	7.9375	68.1	15
11	slot_rect_asym	7.9375	80.8	15
12	slot_rect_sym	24.384	452.755	24.384
13	slot_rect_sym	19.304	456.946	19.304
14	slot_rect_sym	28.448	481.838	28.448

图 1-7　贯穿孔表格的节选截图

TransverseMembers：横向结构。

——TransverseStringer：横梁。

——WebFrame：肋板。

——TransverseBulkheadStool：横舱壁底座板。

——TransverseWatertightBulkhead：水密横舱壁。

LongitudinalHorizontalMembers：纵向水平结构。

——InnerBottom：内底板。

——UpperStrengthDeck：上甲板。

——Platform：平台板。

——LongitudinalStringer：纵梁。

（2）型材零件类型定义

LongitudinalVerticalMembersStiffeners：纵向竖直型材。

LongitudinalHorizontalMembersStiffeners：纵向水平型材。

TransverseMembersStiffeners：横向型材。

OuterShellStiffeners：外板上的型材。

——BilgeStiffeners：舭部外板上的型材。

——SideShellStiffeners：舷侧外板上的型材。

——BottomStiffeners：底部外板上的型材。

——OtherStiffeners：其他筋（孔加强筋、设备底座加强筋、框架结构加强筋等）。

1.2.2　面向送审的三维详细设计方法

1.2.2.1　三维模型构建路线

设计院、船厂创建三维结构模型，并转其转化生成有限元模型，提交船级社。以数字管理平台为核心，船级社通过数据接口分别导入 CAD、CAE 模型数据，开展规范计算和有限元分析，最终基于三维模型标注退审意见。三维模型审图流程如图 1-8 所示。

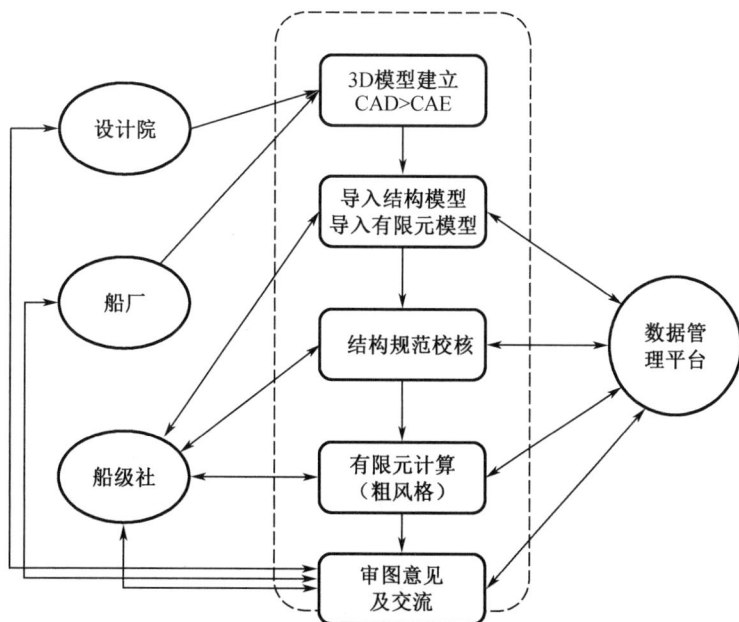

图 1-8　三维模型审图流程

1.2.2.2　参数化建模方法

得益于模型参数化定义方法,运用软件工具可以迅速读取设计数据,同时也可以通过修改参数对模型进行编辑。因此船舶结构模型以全参数化的形式来定义模型的属性信息和几何信息,从而实现在三维模型审图过程中通过修改参数简化模型,通过读取参数继承属性数据。例如:修改开孔半径参数,显示模型开孔大小即可随之更改;修改型钢的规格参数,型钢的模型即可随之更改。

(1)零件属性参数化定义

船体结构中板材的属性包含板厚、材质,型材的属性包含规格、材质,肘板的属性包含板厚、材质、各边长度、圆弧半径、角隅孔半径。在工程初始化阶段,将设计需要用到的,以及船舶结构设计通用的板厚、材质参数列在表格中,生成板厚、材质库。表格中每一个元素都是以参数的形式存在,并用于定义零件属性,图1-9、图1-10是表格节选截图。

A	B	C	D
Material(string)	Object(string)	DS_Applicable(string)	Preference
STEEL A	12mm	Thickness	YES
STEEL A	13mm	Thickness	YES
STEEL A32	10mm	Thickness	YES
STEEL A32	14mm	Thickness	YES
STEEL A32	28mm	Thickness	YES
STEEL A36	11mm	Thickness	YES
STEEL A36	12mm	Thickness	YES

图1-9　板材的板厚、材质参数初始化表格节选截图

A	B	C	D
STEEL A32	L250x90x11/16	Section	YES
STEEL A36	L250x90x11/16	Section	YES
STEEL A	L250x90x12/16	Section	YES
STEEL A	L300x90x12/17	Section	YES
STEEL A32	L300x90x12/17	Section	YES
STEEL A	L300x90x13/17	Section	YES
STEEL A32	FL75x15	Section	YES
STEEL D36	FL75x17.5	Section	YES
STEEL D36	FL90x17.5	Section	YES

图1-10　型材的规格、材质参数初始化表格节选截图

在设计肘板模板的时候,需要将工程师自定义的参数释放出来。以R型肘板为例,如图1-11所示。

肘板的两个边长(L_1, L_2),自由边的圆弧Radius,会以参数的形式供用户定义。肘板角隅开孔大小(R35或KS10),也以参数的形式供用户定义。用于定义的参数直接影响几何模型。图中肘板趾端高端可以设置为默认值($B_1 = 15, B_2 = 15$),在交互界面不显示此参数,工

5

程师无须对此标准参数值进行定义。肘板的材质、板厚属性的定义方法与板材的定义方法完全相同,可借鉴板材建模方法来创建。在定义肘板模板的时候,可以在 L_1、L_2、Radius 各参数之间建立逻辑关联。例如:当 $L_1=L_2$ 或者当 $L_1=300$ 时 $R=400$,当 $L_1=400$ 时 $R=500$,这样建立逻辑关联后,可以辅助快速创建模型。

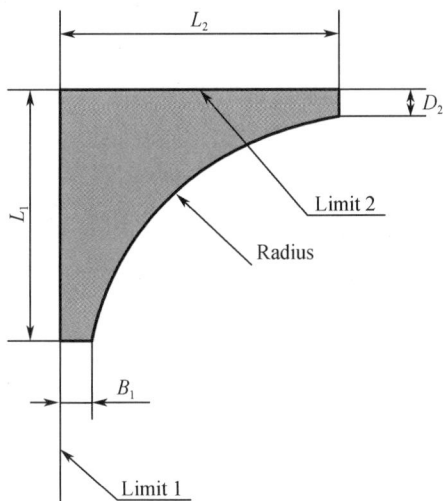

图 1-11　R 型肘板示例

（2）零件定位信息参数化定义

①船体结构板材的定位信息

船体结构板材的定位信息皆以参数化的形式定义。板材的定位信息可分为支持面位置、偏移值、边界信息和板厚朝向。

a. 定义支持面位置（Support）

定义横舱壁、纵舱壁、甲板等主要结构的支持面时,直接选择坐标系中发布的平面元素作为支持面,此时板材的支持面参数为平面。特殊位置的板选择曲面（Surface）作为支持面参数。

b. 定义偏移值（Offset）

当板的理论面不是在支持面的位置时,即坐标系中没有所需的平面供工程师交互选择的时候,需要以支持面为基础,设定偏移值参数。例如,肋板的支持面为 FR100,偏移值为+200,肋板三维空间位置则在 FR100+200 的位置。

c. 定义边界信息（Limits）

定义完支持面位置和偏移值后,得到一块无穷大的板,需要为其添加边界信息参数,边界信息可以是板、型材、曲面或者是线。这些边界将板围出实际设计需要的几何形状。

d. 定义板厚朝向（Orientation）

板厚需要定义朝向参数（Invert/Normal）,例如肋板需要定义厚板朝前或者朝后。还需要补充的一点是板厚偏移参数,特殊节点设计需要将两块不同厚度的板中心对齐,需要将厚板的板厚进行偏移设计,通过定义板厚偏移参数来实现。

②船体结构型材的定位信息

船体结构型材的定位信息皆以参数化的形式定义。型材的定位信息可分为支持面位置、偏移值、起止两个端头信息(Start/End)、安装面和锚点位置。

a. 定义支持面位置(Support)

选择坐标系的平面作为支持面,直接选择坐标系中发布的平面元素作为支持面,此时支持面参数为平面。特殊位置的型材选择曲面、线、草图作为支持面参数。

选一个曲面作为支持面,若型材垂直于所在的板架时,需定义型材生长方向参数为垂直于板材(Normal to Plate)方向参数,若型材沿着支持面方向,需定义型材沿着曲面方向(Along Plane)。

当型材是面板的时候,它的支持面会是板的自由边界或开孔,所以需要捕获一条边界线,作为面板支持面的输入参数,默认面板和板架垂直安装。

b. 定义偏移值(Offset)

型材的位置以支持面为基础,设定偏移值参数。零件模型位置会结合支持面及偏移值两个参数,显示在准确的几何位置上,偏移值为正数时偏移方向与支持面的方向相同,偏移值为负数时偏移方向与支持面的方向相反。

c. 端头位置(Position)

筋的端头参数包括 Start/End 两个参数。根据支持面与板架的交线(Unlimited Utrace Line)的空间位置,判断 Start/End 的方向,例如 FWD/AFD、PS/SB、TOP/DOWN。定义端头信息时,可选择板架、筋或任意曲面。

d. 安装面(Plate side)

筋的安装面有两个参数可选:Normal/Invert。Normal 是指筋的安装方向和板的支持面方向相同;Invert 是指筋的安装方向和板的支持面方向相反。定义安装面时,根据结构设计实际需求定义安装面参数。

e. 锚点(Anchor Point)

锚点用于辅助型钢精确定位。设置 Web Side Left、Web Side Right、Web Center 这三个参数,用于定义型材截面中预定义锚点与轨迹线的对齐方式。一般默认选择 Web Side Left 即可。

(3)开孔参数化定义

开孔类型可分为 Round、Rectangular、Oblong、Catalog 等。运用开孔表格(Opening Table)驱动创建孔数据库,表格其中一列(DS_ContourType)定义了开孔类型。不同类型的开孔,运用各自规范的参数来定义。例如 Rectangular 类型开孔,以 DS_W、DS_H 和 DS_CR 三个参数来定义开孔的宽、高和圆角。

Round、Rectangular、Oblong 为标准开孔(Standard Opening),无须定义形状,只需要设置表格中的参数。Catalog 开孔是用户自定义的开孔类型。初始化 Catalog 开孔时,运用草图来定义开孔几何元素,发布若干个参数用于定义开孔大小。Catalog 开孔的优势是有很强的灵活性,可将复杂的开孔定义为模板开孔,例如船舶上层建筑的门孔。门孔的四个角落是带止裂孔的,可以将这种特殊且有规律可循的开孔定义为 Catalog 类型的开孔,这种做法极大地方便了建模,提高了建模效率和模型质量。

标准开孔(Standard Opening)的开孔大小用开孔表格(Opening Table)中的参数来控制(图1-12)。表格中每一列的参数都有其特定含义,分别对应着各开孔类型的各个参数值。例如表格中的其中一列(DS_R(mm)),这列参数是用于初始 Round 开孔类型的半径大小,另一列(DS_R_Lock),其参数是用于初始 Round 开孔类型的半径是否可修改。通常标准开孔的参数值设置为锁定状态,不开放修改的权限。

S_ContourName(strin	ContourType(str	BitmapName(str	DS_R(m	DS_R_Lock	DS_W(m	DS_W_Lock	DS_H(mm)	DS_H_Lock	DS_CR(mm)
Round R50	Round	Round	50	1					
Round R100	Round	Round	100	1					
Rect 100x50	Rectangular	Rectangular			100	1	50	1	10
Rect 100x100	Rectangular	Rectangular			100	1	100	1	25
Oblong 600x1000	Oblong	Oblong			600	1	1000	1	
Oblong 600x1200	Oblong	Oblong			600	1	1200	1	
Door 3000x2000x500	Catalog	Str_Door							
Door 4000x3000x600	Catalog	Str_Door							

图1-12　部分开孔表格截图

1.2.2.3　模型数据的读写接口

模型中所有参数化定义的数据,皆有接口可以对其参数进行读写操作。审图软件通过相应接口读取送审模型中的参数值,实现三维详细设计参数化模型与船级社电子审图软件的对接。下面列举部分重要数据读写接口:

- 板架类型参数读写接口;
- 板架支持面参数读写接口;
- 板厚、厚度偏移及厚度方向等参数读写接口;
- 板架和型材的材质参数读写接口;
- 板架边界参数读写接口;
- 型材类型参数读写接口;
- 型材支持面参数读写接口;
- 型材规格、锚点、生长方法、球头朝向等参数读写接口;
- 筋的端头参数读写接口;
- 定义开孔接口;
- 标准开孔参数读写接口。

1.2.3　CAD/CAE 一体化技术

通过 CAD/CAE 一体化技术,明确了详细设计模型几何预处理方法、有限元模型前处理及基于 CAD 的 CAE 模型生成软件的开发。为了使详细设计模型满足 CAD/CAE 一体化需求,根据审图特点将设计模型做进一步的处理,实现从 CAD 到 CAE 的转化,例如消除圆角、删除小筋、加强筋处理、删除小孔等技术手段。生成 CAE 模型过程中,既需要从 CAD 模型中提取几何信息,还需要加入结构材料属性、载荷等非几何信息。通过船舶 CAD 模型与

CAE 模型规模、几何类型、信息内容的一致性分析,寻找降低由模型简化带来的误差方法,制定理想化 CAD 模型的简化标准,为 CAD/CAE 模型数据的集成与转换提供支持。

1.2.3.1 模型几何预处理

(1)针对孔的简化

①圆弧的近似处理

在有限元模型中,所有的元素(板、筋、面材)都已经离散化,用半径和圆心描述的圆弧段(存在于孔和板的边界)也需要用离散的方式来描述。根据计算需要,在圆弧上添加 n 个点,从而将圆弧进行 $(n+1)$ 等分,形成多段线,实现对圆弧的模拟。

②构件孔

小构件孔以及穿越孔对于结果的影响比较小,而且如果保留这种小构件孔,对其周边网格的质量会造成很大的影响(网格尺寸可能远大于小构件孔尺寸,自动网格划分器很难保证在此处高质量地划分网格),因此需要将其删除,但减轻孔(800 mm×600 mm)或舷部 R 角大于 1 000 mm 的孔应当保留,且按照实际的网格大小直接删除网格或细化网格,保留圆弧。

在船舶设计过程中,考虑到孔的拐角处应力相对集中,一般会在拐角处做一个小圆弧。

③孔的边界至邻近的强框架

在船舶设计过程中,一般在孔的边界与邻近的强框架之间会保持一定的距离,这里的强框架指的是板、筋等对船舶结构强度影响大的构件,这个距离通常为 100~200 mm,需要按照实际开孔的大小进行网格的细化。当孔的大小为 800 mm×600 mm,位置在两个网格中间时,需要把孔移至相邻的网格,删除其中一个网格作为开孔信息。

④调整孔所属板的厚度

在对孔进行简化之后或有些无法按真实情况模拟的连续开孔,其孔所属板的面积会相应地增大(比如删除连续小构件孔)或减小(直接删除一个网格单元作为开孔信息),因此在某些特殊要求下,需要按照开孔面积除以整板面积的比例,适当减小或增加板的厚度以保证板的质量不变。

(2)针对板的简化

①一边圆角化的板

根据有限元简化原则和高质量的网格需求,一边有圆角的板需要简化成一块直板,如图 1-13 所示。

②T 型梁上的防倾肘板

在 T 型梁上的防倾肘板为有斜度的板,虽然该板不参与总纵强度的计算,但是它提供屈曲校核的强度,所以把该板简化成直板,画成一个网格单元,如图 1-14 所示。

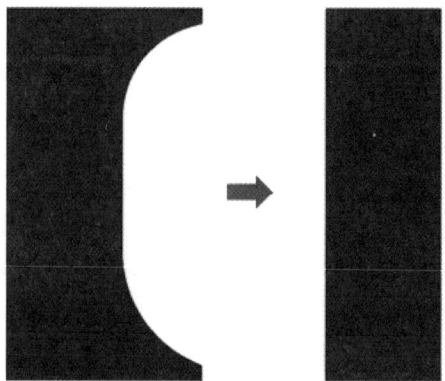

图 1-13 圆角化的板示意图

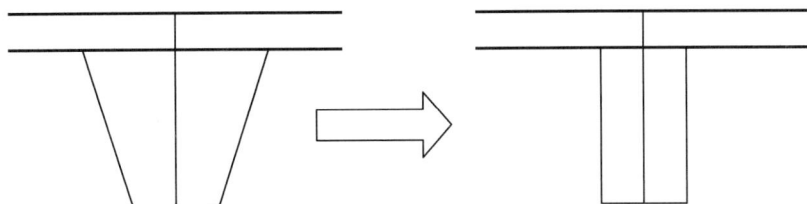

图1-14　防倾肘板示意图

③肘板

在肢端,尺寸小于300 mm的肘板可以删除,若计算之后的强度校核不满足,则将加入该地方的肘板再进行网格细化。相对的,尺寸大于300 mm的肘板应当划分在有限元模型中。

(3)针对筋的简化

①删除小构件筋

根据船舶有限元分析知识,小构件筋对于结果的影响比较小,而且如果保留这种小构件筋,对于其周边网格的质量会造成很大的影响(网格尺寸可能远大于小构件筋尺寸,自动网格划分器很难保证在此处高质量的网格划分),因此需要将其删除。

②保留非船长方向的筋

在船舶有限元分析中,船长方向的筋是最重要的筋,非船长方向的筋提供屈曲强度,因此在有限元模型中应当保留非船长方向的筋。

③修补顶点不在强框架上的筋

在船舶有限元分析中,任何一个顶点不在强框架上的筋可以认为是对分析影响小的筋,如果保留这样的筋,对于其周边网格的质量会造成很大的影响,因此可以考虑将其删除。但是有些时候,考虑到后续建造的需要,设计时在筋的顶点与几何上连接的邻近强框架之间留出一段距离以方便建造(如焊接)。这种筋就不能删除,做有限元分析时需要将其自动延伸到“邻近的强框架上”,同时也保证了网格划分器在此处高质量的网格划分。

④组合等效筋

在某些具体的船舶有限元分析中,譬如模态分析,这时候需要的是粗单元(大网格尺寸,譬如筋间距为900 mm,这个时候网格尺寸为2 700 mm),因此需要设计人员根据实际经验对筋进行组合等效。

1.2.3.2　有限元模型前处理

(1)网格划分技术

商业有限元软件中提供了较为丰富的单元库,从点、线、面到实体,都有对应的单元形状和不同的拓扑形式。

点单元通过节点来创建,其一般用于动态问题中集中质量的处理。在节点处创建点单元,然后将结构中该点处的集中质量赋予该点单元,这样集中质量所代表的质量力就施加到了节点上。

梁杆单元对应于线性的几何。梁杆单元有 2 节点、3 节点和 4 节点等形式。从几何表达上讲，梁和杆是没有区别的，都用线来表示，但从物理特性上来讲，两者是有区别的。杆主要承受轴向载荷，有时也承受少量的剪力和弯矩，一般为轴对称或中心对称的截面。梁单元主要承受横向载荷(剪力和弯矩等)，也承受少量的轴向载荷。

面单元主要有三角形单元和四边形单元。三角形单元有 3 节点、4 节点、6 节点、7 节点、9 节点和 13 节点等形式，适用于曲面的网格划分。四边形单元有 4 节点、5 节点、8 节点、9 节点、12 节点和 16 节点等形式。相对来说，四边形单元的精确度要高于三角形单元，但其适应能力较差，适用于较规则的曲面网格划分。

实体单元主要有四面体单元、五面体单元(楔形单元)和六面体单元。四面体单元有 4 节点、5 节点、10 节点、11 节点、14 节点、15 节点、16 节点和 40 节点等形式，适用于实体网格的划分。五面体单元有 6 节点、7 节点、15 节点、16 节点、20 节点、21 节点、24 节点和 52 节点等形式。六面体单元有 8 节点、9 节点、20 节点、21 节点、26 节点、27 节点、32 节点和 64 节点等形式，六面体单元相对于四面体单元和五面体单元来说，适应能力较差，但其精度最高，适用于较规则的实体网格划分。

对于以上网格形状的选择，一般情况下要选择精度较高的网格单元，对于极不规则的模型，精度较高的单元形式适应能力较差，可以选择适应能力较好的单元。与此同时，在节点数目选择上，选择高精度单元，要比增加网格节点数目具有更高的计算效率。在船舶设计分析中，最常用到的网格单元为点单元(质量点的模拟等)、梁杆单元(筋、杆和支柱等)和面单元(板和 T 型材腹板等)，而体单元一般在模拟各设备时用到，比如主机、集装箱等。

(2)网格数目的选择

网格数目的多少将影响计算结果的精度和计算规模的大小。一般来讲，网格数目增加，计算精度会有所提高，但同时计算规模也会增加，所以在确定网格数目时应权衡两个因素综合考虑。网格较少时，增加网格数量可以显著提高计算精度，而计算时间不会有很大的增加。

实际应用时一般用到以一个强框为单位的网格，即以大网格模型进行振动分析；以纵骨间距为单位的网格，即总强度分析、局部强度分析和屈曲强度分析时的有限元模型。在疲劳分析时，需要以一个板厚为单位对网格进行细化。

(3)检查网格质量

在划分网格时，往往会产生重复的节点，导致有限元模型不协调，将不能正确地进行分析计算。同时，网格划分好之后，应该对网格的质量进行检查，如果网格质量达不到要求，需要进行调整，甚至重新划分。

(4)联结与解除联结

联结是将节点或者与单元对应的几何相联结，使其建立逻辑上的相关性，从而使载荷、边界条件的施加不必一个节点一个节点或者一个单元一个单元地处理，而是直接施加在几何上。解除联结用于解除节点、单元与几何的逻辑相关性。

①网格优化

网格优化是重新给有限元模型的节点和单元编号，使得有限元分析的总刚度矩阵的元素分布合理,从而使求解器可以利用刚度矩阵的对称、带状分布、稀疏等特性,提高计算速度,占用尽可能少的 CPU 时间、内存和磁盘空间。

②材料属性

材料属性包括泊松比和密度等,同时要正确选定材料的本构模型。对于静态强度计算,只需要定义静态屈服应力和应变硬化指数;而对于动态强度计算,需要考虑应变率的影响,比较常用的方式有 Cowper-Symonds 和 Johnson-cook 模型。

同时需要注意材料的各向同性和各向异性。对于船体结构中的每一块板而言,属于各向异性的情况不多,但就整个船体板架(如船底板架和甲板板架)来说,就出现了各向异性的情况。

以船底板架为例,它由内、外底板,以及桁材、肋板所组成,在外荷重作用下,整个船底板架将在横舱壁与船侧之间整体弯曲,因此可将其作为支持在横舱壁与船侧之间的板来分析。由于船底板架在船长方向与船宽方向的抗弯刚度不同,因此船底板架就可以看作各向异性板。

在模型中,筋的截面形式需要进行定义,但在有限元软件中,没有球扁钢的剖面形式,需要按照剖面模数一致性来转化,变为角钢形式进行定义。

(5)边界条件设定

①中纵剖面对称约束设定

中纵剖面对称约束设定输入参数见表 1-1。

表 1-1　中纵剖面对称约束设定输入参数

参数名称	类型 (单位)	参数说明	缺省值 (有效范围)	输入方式 (数量/频度)
作用域	STRING	若是半宽模型,选择中纵剖面内节点(即 $y=0$ 上的所有节点)的横向线位移,绕纵中剖面内两个坐标轴的角位移约束,即 $\delta_y = \theta_x = \theta_z = 0$; 若是全宽模型,选择舯部货舱前后舱壁处中纵剖面与船底板的交点 G(即参数设置中给的每个横舱壁与中纵剖面在 $z=0$ 的交点处的节点)的横向线位移约束,即 $\delta_y = 0$		文本框

全宽模型中纵剖面对称约束作用点如图 1-15 所示。

②局部载荷工况约束设定

对模型施加局部载荷工况约束,包括三个部分的作用域:端面约束的作用域;舷侧外板、内壳板、纵舱壁与舯部货舱前后舱壁以及甲板的交点约束的作用域;垂向力的作用域,见表 1-2。

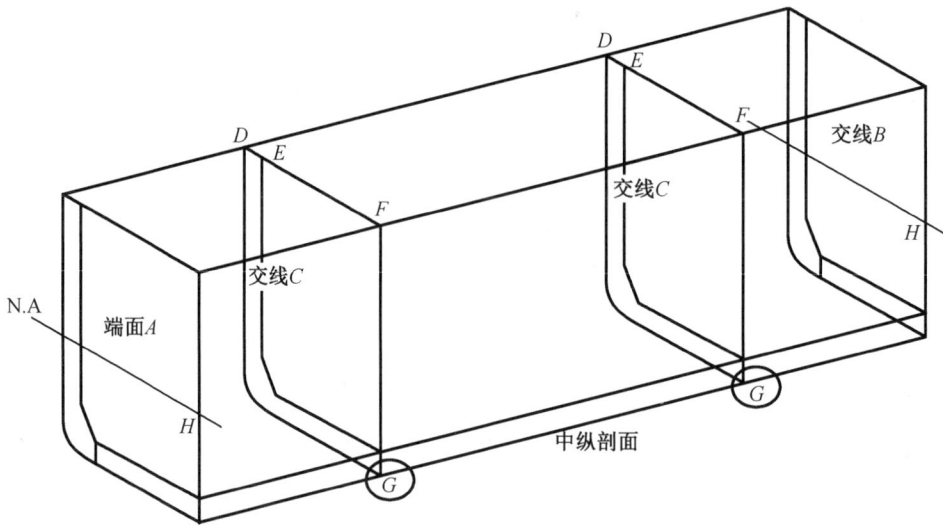

图 1-15　全宽模型中纵剖面对称约束作用点示意图

表 1-2　局部载荷工况约束设定输入参数

参数名称	类型（单位）	参数说明	缺省值（有效范围）	输入方式（数量/频度）
端面约束的作用域	STRING	端面 A 与 B 施加对称面边界条件，端面内节点（即根据参数设置中给的两个端面的位置获取所有 X 轴坐标与其相同的节点）的纵向线位移、绕端面内两个坐标轴的角位移约束，即 $\delta_x = \theta_y = \theta_z = 0$		文本框
交点约束的作用域	STRING	舷侧外板、内壳板、纵舱壁与舯部货舱前后舱壁以及甲板的交点 D、E 处的垂向位移（双壳才有 E 点）		文本框
垂向力作用域	STRING	在舷侧外板、内壳板与舯部货舱前后舱壁的交线 C 上的节点		文本框

局部载荷工况约束作用点如图 1-16 所示。

③总体载荷工况约束设定

对模型施加总体载荷工况约束，包括两个部分：独立点的约束和独立点与端面的多节点约束，见表 1-3。

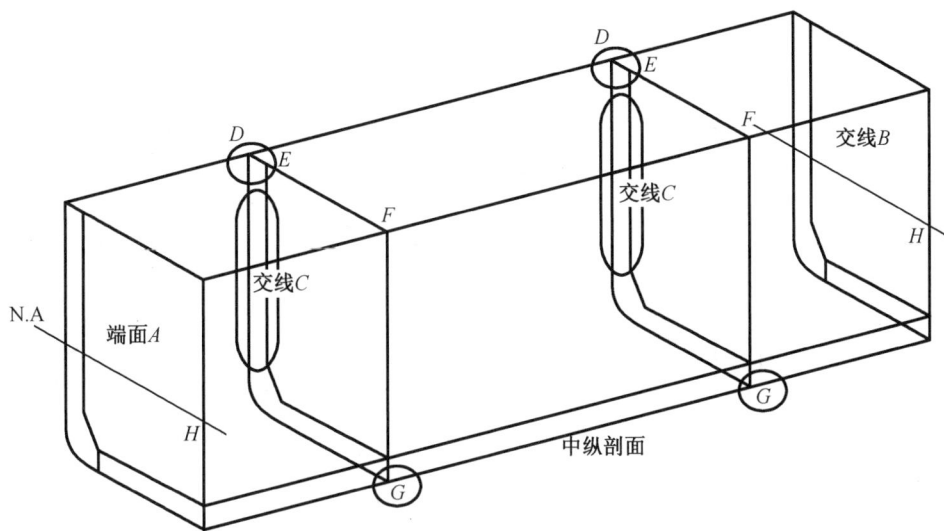

图 1-16 局部载荷工况约束作用点示意图

表 1-3 总体载荷工况约束设定输入参数

参数名称	类型 (单位)	参数说明	缺省值 (有效范围)	输入方式 (数量/频度)
独立点	STRING	在端面 A 与 B 内中和轴与纵中剖面相交处建一个独立点 H(即根据设置的中和轴高度以及端面的位置,在与纵中剖面相交处新建节点),约束端面 A 与 B 内独立点 H 的横向线位移、垂向线位移、绕纵向轴的角位移约束,即 $\delta_y = \delta_z = \theta_x = 0$;端面 A 内独立点 H 纵向线位移约束,即 $\delta_x = 0$		
多节点约束作用域	STRING	端面各纵向构件节点(即根据参数设置中给的两个端面的位置获取所有 X 轴坐标与其相同的节点)自由度 δ_x、δ_y、δ_z 与独立点相关,建立多节点约束		文本框

总体载荷工况约束作用点如图 1-17 所示。

④横倾工况约束设定

横倾工况是一种特殊的局部载荷工况,只有集装箱船的全宽模型才需要设置横倾工况约束。对模型施加总体载荷工况约束包括四个部分:端面约束,端面、中纵剖面、船底中纵桁三者交点约束,底边舱与舷侧板、纵舱壁板交点约束和垂直力的作用域,见表1-4。

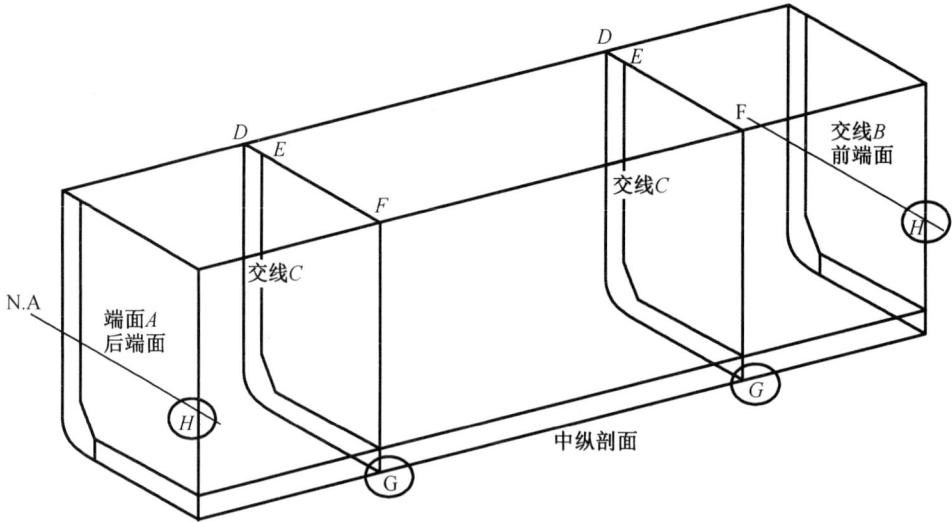

图1-17 总体载荷工况约束作用点示意图

表1-4 横倾工况约束设定输入参数

参数名称	类型 (单位)	参数说明	缺省值 (有效范围)	输入方式 (数量/频度)
端面约束的 作用域	STRING	端面 A 与 B 施加对称面边界条件,端面内节点(即根据参数设置中给的两个端面的位置获取所有 X 轴坐标与其相同的节点)的纵向线位移、绕端面内两个坐标轴的角位移约束,即 $\delta_x = \theta_y = \theta_z = 0$		文本框
端面、中纵剖面、船底中纵桁三者交点约束	STRING	前后端面 A 与 B 内,在船底中纵桁的 I、J 节点处,沿横向的线位移约束,即 $\delta_y = 0$		文本框
底边舱与舷侧板、纵舱壁板交点约束	STRING	前后端面 A、B 内,底边舱与舷侧板、纵舱壁板交点 E、F 处,沿垂向轴的线位移约束,即 $\delta_z = 0$		文本框
垂向力的作用域	STRING	前后端面 A、B 与舷侧板、纵舱壁板交线		文本框

横倾工况的约束作用点如图 1-18 所示。

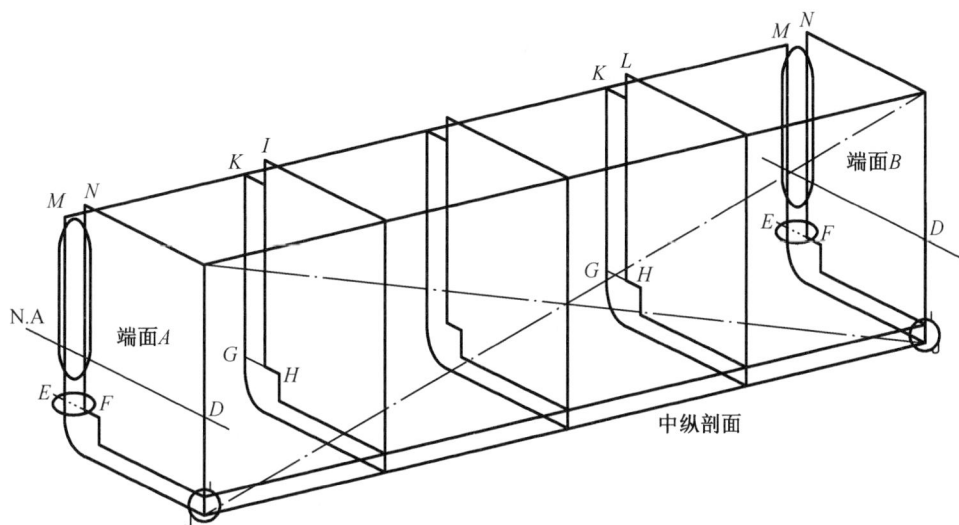

图 1-18　横倾工况的约束作用点示意图

（6）载荷计算

①舷外水压力

舷外水压力包括海水静压力和海水动压力。

海水静压力 P_{hs} 的计算公式为

$$P_{hs} = \begin{cases} \rho_w g(d_1 - z) & \text{kN/m}^2，\text{当载荷计算点位于水线面以下时} \\ 0 & \text{kN/m}^2，\text{当载荷计算点位于水线面以上时} \end{cases} \tag{1-1}$$

式中　ρ_w——海水密度，取 1.025 t/m³；

$\quad\quad d_1$——计算工况下的吃水，m；

$\quad\quad z$——计算点至基线的垂直距离，m。

水线下任意点海水动压力 P_{hd} 的计算公式为

$$P_{hd} = P_{WL} + (P_{BS} - P_{WL})\left(1 - \frac{z}{d_1}\right) + (P_{BC} - P_{BS})\left(1 - \frac{2y}{B}\right) \quad \text{kN/m}^2 \tag{1-2}$$

式中　B——船宽，m；

$\quad\quad d_1$——计算工况下的吃水，m；

$\quad\quad y$——计算点至中纵剖面的横向距离，m；

$\quad\quad z$——计算点至基线的垂直距离，m；

$\quad\quad P_{WL}$——舷侧水线处的海水动压力。

$$P_{WL} = f_r(2B^{0.66} + 3CC_b + 0.4d_1) \quad \text{kN/m}^2 \tag{1-3}$$

式中　f_r——航区系数；

$\quad\quad B$——船宽，m；

$\quad\quad C_b$——方形系数；

$\quad\quad d_1$——计算工况下的吃水，m。

C 的计算方法为

$$C=\begin{cases} 0.041\ 2L+4 & \text{当 }L<90\text{ m 时} \\ 10.75-\left(\dfrac{300-L}{100}\right)^{\frac{3}{2}} & \text{当 }90\leqslant L\leqslant 300\text{ m 时} \\ 10.75 & \text{当 }300<L<350\text{ m 时} \\ 10.75-\left(\dfrac{L-350}{150}\right)^{\frac{3}{2}} & \text{当 }350\leqslant L\leqslant 500\text{ m 时} \end{cases} \quad (1-4)$$

P_{BC} 为船底中纵剖面处单元的海水动压力,计算公式为

$$P_{BC}=0.5f_r(P_{WL}-1.2d_1) \quad \text{kN/m}^2 \quad (1-5)$$

P_{BS} 为舭部单元的海水动压力,计算公式为

$$P_{BC}=f_r(P_{WL}-1.2d_1) \quad \text{kN/m}^2 \quad (1-6)$$

其他水线下单元的计算公式(即 P_{hd} 的计算公式)实质为这三个点(船底中纵剖面、舭部以及水线处)之间的插值计算公式。

水线面以上舷侧外板上任意点的海水动压力 P_{hd} 的计算公式为

$$P_{hd}=\begin{cases} P_{WL}-10(z-d_1) & \text{kN/m}^2,\text{当 }d_1<z\leqslant d_1+\dfrac{P_{WL}}{10}\text{时} \\ 0 & \text{kN/m}^2,\text{当 }d_1+\dfrac{P_{WL}}{10}<z\text{ 时} \end{cases} \quad (1-7)$$

式中　d_1——计算工况下的吃水,m;

　　　z——计算点至基线的垂直距离,m。

露天甲板的上浪载荷 P_{wdk} 的计算公式为

$$P_{wdk}=P_{WL}-10(z_{dk}-d_1) \quad \text{kN/m}^2 \quad (1-8)$$

式中　d_1——计算工况下的吃水,m;

　　　z_{dk}——露天甲板至基线的垂直距离,m。

②货物压力

货物压力 P_{cs} 的计算公式如下:

$$P_{cs}=\rho_c(g+0.5a_v)k_b h_c \quad \text{kN/m}^2 \quad (1-9)$$

式中　ρ_c——货物密度,t/m³;

　　　h_c——计算点至干散货上表面的垂直距离,m;

　　　a_v——货舱形心处的垂直加速度;

　　　k_b——系数,按式(1-10)计算。

$$k_b=\sin^2\alpha\tan^2(45°-0.5\delta)+\cos^2\alpha \quad (1-10)$$

式中　α——板与水平面之间的夹角(如舱壁、舷侧板为90°,内低板为0°)。

货舱形心处的垂向合成加速度 a_{v1} 计算公式为

$$a_{v1}=\sqrt{a_z^2+a_r^2 y^2} \quad \text{m/s}^2 \quad (1-11)$$

$$a_{v2}=\sqrt{a_z^2+a_p^2(x-0.45L)^2} \quad \text{m/s}^2 \quad (1-12)$$

式中　a_z——升沉加速度；

$\quad\quad\quad a_r$——横摇角加速度；

$\quad\quad\quad a_p$——纵摇角加速度；

$\quad\quad\quad x$——计算点至尾垂线的纵向距离，m；

$\quad\quad\quad y$——计算点至纵中剖面的横向距离，m。

$\quad\quad\quad L$——船长，m。

升沉加速度 a_z 的计算公式为

$$a_z = 7 \frac{a_0}{\sqrt{C_b}} \quad \text{m/s}^2 \tag{1-13}$$

式中　a_0 为加速度系数，其计算公式为

$$a_0 = f_r \left(3 \frac{C}{L} + C_V \frac{V}{\sqrt{L}} \right) \tag{1-14}$$

式中　f_r——航区系数；

$\quad\quad\quad C_V$——$\dfrac{\sqrt{L}}{50}$；

$\quad\quad\quad V$——最大服务航速，kn；

$\quad\quad\quad C$——系数；

$\quad\quad\quad L$——船长，m。

横摇角加速度 a_r 的计算公式为

$$a_r = \varphi_m \left(\frac{6.28}{T_R} \right)^2 \quad \text{rad/s}^2 \tag{1-15}$$

式中　T_R——横摇周期，s；

$\quad\quad\quad \varphi_m$——最大横摇角，rad。

横摇周期 T_R 的计算公式为

$$T_R = 2 \frac{k_r}{\sqrt{GM}} \quad \text{s} \tag{1-16}$$

式中　k_r——横摇转动半径，m；

$$k_r = \begin{cases} 0.35B & \text{油船压载工况} \\ 0.25B & \text{矿砂船} \\ 0.39B & \text{其他} \end{cases}$$

$\quad\quad\quad GM$——计算工况下的初稳性高度，没有确切数值时，可按下列公式估算：

$$GM = \begin{cases} 0.12B & \text{液货船、散货船} \\ 0.07B & \text{其他} \end{cases}$$

其中，B 为船宽，m。

最大横摇角 φ_m 的计算公式为

$$\varphi_m = f_r k \frac{62.5 - 1.25 T_R}{B + 75} \quad \text{rad} \tag{1-17}$$

式中 B——船宽,m;

f_r——航区系数;

k——系数,取值如下:

$$k = \begin{cases} 1.2 & \text{无舭龙骨船} \\ 1.0 & \text{有舭龙骨船} \\ 0.8 & \text{有主动式减摇装置船} \end{cases}$$

纵摇角加速度 a_p 的计算公式为

$$a_p = \Psi_m \left(\frac{6.28}{T_p}\right)^2 \quad \text{rad/s}^2 \tag{1-18}$$

式中 T_p——纵摇周期,s;

Ψ_m——最大纵摇角,rad。

纵摇周期 T_p 的计算公式为

$$T_p = 1.80\sqrt{\frac{L}{10}} \quad \text{s} \tag{1-19}$$

式中 L——船长,m。

最大纵摇角 Ψ_m 的计算公式为

$$\Psi_m = 0.25\frac{a_0}{C_b} \quad \text{rad} \tag{1-20}$$

式中 C_b——方形系数;

a_0——加速度系数。

$$a_0 = f_r\left(3\frac{C}{L} + C_V\frac{V}{\sqrt{L}}\right) \tag{1-21}$$

计算点到货物上表面的垂直距离 h_c(图 1-19)计算公式为

$$h_c = h_y + h_2 + h_{db} - z \quad \text{m} \tag{1-22}$$

式中 h_2——根据货舱的载货量、货物密度以及横剖面形状计算,m;

h_{db}——双层底高度,m;

z——计算点至基线的垂直距离,m;

h_y——上表面到货物与底边舱斜板的上沿交点到中纵剖面垂线的距离,m。

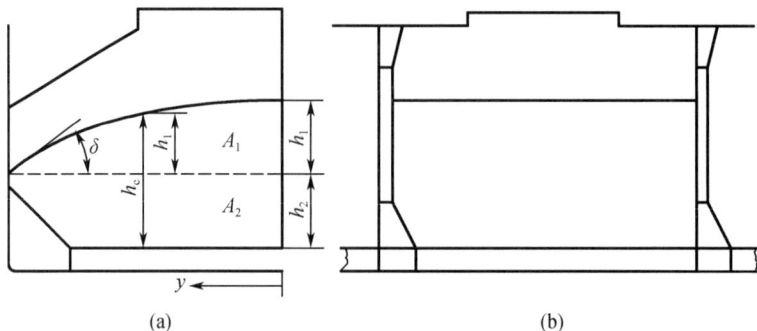

图 1-19 计算点到货物上表面的垂直距离

模型设置参数的说明如图 1-20 所示。

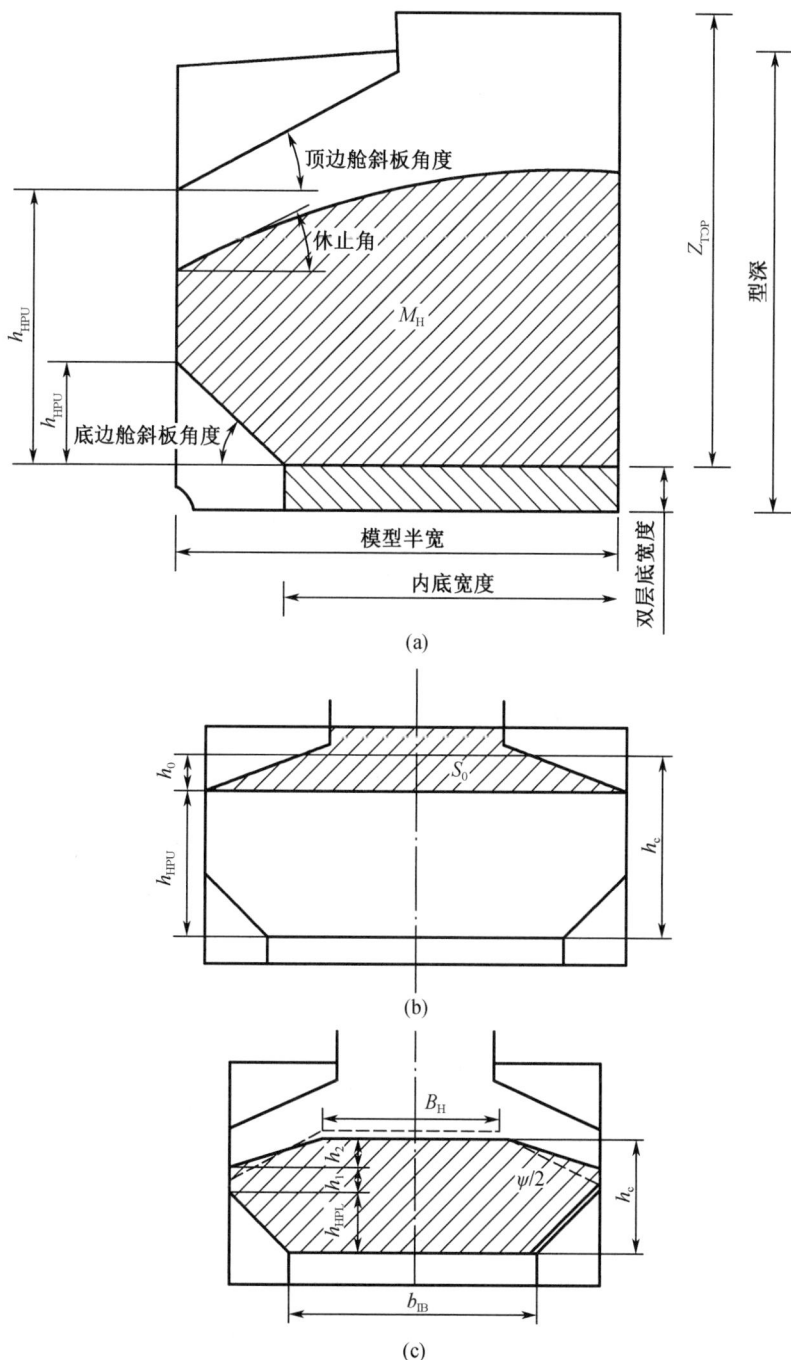

图 1-20　模型设置参数的说明

计算点到货物上表面的垂直距离的计算步骤(图 1-21、图 1-22)如下:

根据设置的货物质量和密度,可以计算出货物的体积;

根据(货物体积/货舱长度)可以计算得到图 1-21 中区域 1、2 的面积 A;

根据货物量的不同,面积 A 的组成可以有图 1-21 三种情况。

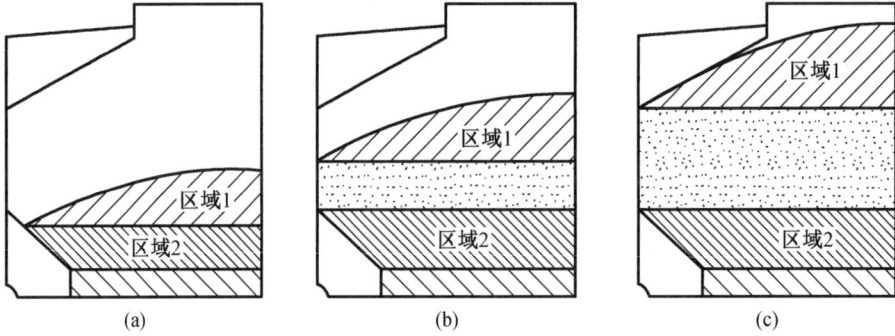

图 1-21　计算点到货物上表面的垂直距离的计算步骤 1

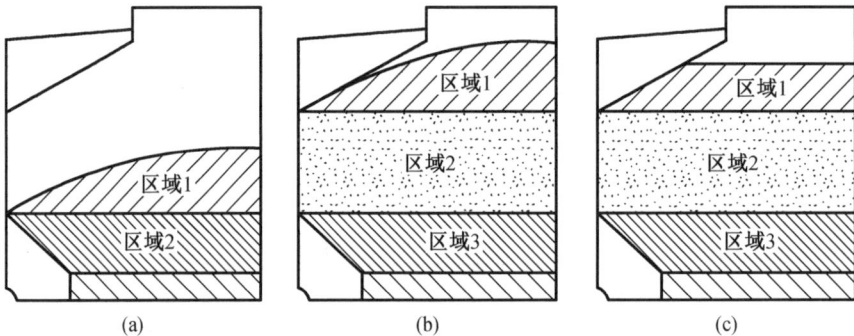

图 1-22　计算点到货物上表面的垂直距离的计算步骤 2

可以假设当前的货物量刚好达到底边舱斜板的上沿或者刚好达到顶边舱斜板的下沿,即如图 1-22(a) 和(b)所示,对于图 1-22(a),利用公式可以计算出抛物面部分的截面积和梯形部分的面积,从而得到区域 1 和区域 2 部分的面积 A';对于图 1-22(b)利用公式可以计算出梯形部分的面积和长方形部分的面积以及计算出抛物面部分的截面积,从而得到整个规则区域(即区域 1,2,3)的面积 A'',如果 $A'=A$ 则计算点至干散货上表面的垂直高度可以直接计算;如果 $A<A'$,区域 1,2 部分的面积组成如图 1-22(a)所示,需要利用面积解方程计算出梯形的高度和抛物面部分的高度;如果 $A''>A>A'$,区域 1,2,3 部分的面积组成如图 1-22(b)所示,需要根据长方形区域的面积计算出长方形的高度;如果 $A>A''$,阴影部分的面积组成如图 1-22(c)所示,这种情况下,不能再将最上部分考虑为扇形,而是近似处理为梯形,如图 1-22(c)中区域 1,2,3 所示,干散货的最高位置为 HPU+梯形的高度。

满载情况下对应舱口位置下的所有单元使用 Z_{top} 作为货物的最高处,其他地方的单元使用型深作为货物的最高处。

抛物面部分的截面积 A_1 的计算公式为

$$A_1 = \frac{B_h^2}{6}\tan\delta \quad \text{m}^2 \tag{1-23}$$

式中 B_h——货舱宽度,m。

h_y 的计算公式为

$$h_y = h_1\left(1 - \frac{4y^2}{B_h^2}\right) \tag{1-24}$$

式中 h_y——上表面到货物与底边舱斜板的上沿交点到中纵剖面垂线的距离,m;

B_h——货舱宽度,m;

y——上表面点距纵中剖面的距离,m。

h_1 的计算公式为

$$h_1 = \frac{B_h}{4}\tan\delta \quad m \tag{1-25}$$

式中 h_1——货物最高点到货物与底边舱斜板的上沿交点到中纵剖面垂线距离,m;

B_h——货舱宽度,m;

δ——货物的休止角,(°),δ 的取值如下:

$\delta<35°$ 当货物为矿石和煤时

$\delta=35°$ 当货物为盐、黄沙、石子、谷物等时

$\delta>35°$ 当货物为散装水泥时

③液舱内液体压力

液体压力 P_1 的计算公式为

$$P_1 = \rho g(h+2.5f_r) \quad kN/m^2 \tag{1-26}$$

式中 ρ——液体的密度,t/m³;

h——计算点量至液舱顶的垂直距离或量至溢流管顶垂直距离的一半取大者,m;

f_r——航区系数。

局部载荷计算方法:加好设计载荷的局部载荷工况先使用 Nastran 计算,得到舷侧外板、内壳板或纵舱壁与舯部货舱前后舱壁及甲板的交点(横倾工况取底边舱与舷侧板、纵舱壁板交点)的支反力,将这个力平均后(支反力/节点个数)施加到舷侧外板、内壳板或纵舱壁与舯部货舱前后舱壁的交线(横倾工况取舯部货舱前后舱壁处,底边舱与舷侧板、纵舱壁板的交线)的所有节点上,这就是局部载荷,把这个载荷添加到局部载荷工况中。

总体载荷的计算方法:对于半宽模型,将(静水弯矩+波浪弯矩)/2 施加到独立点 H 的总纵弯矩上,即节点力载荷的 Moment 为"(静水弯矩+波浪弯矩)/2"。对于全宽模型,将(静水弯矩+波浪弯矩)施加到独立点的总纵弯矩上。根据工况的不同,静水弯矩和波浪弯矩的取值也不同。静水弯矩和波浪弯矩都包括中拱和中垂两个值,分别将它们对应的值做处理后施加到独立点上,并添加到相应的总体载荷工况下。

1.2.3.3 基于 CAD 的 CAE 模型生成软件

基于 CAD 的 CAE 模型生成软件将 CAD 软件平台下设计的三维结构模型通过 XML 文件导入 MSC Patran 中进行 CAD 模型的特征简化,生成三维有限元模型,根据要求对不同构件进行板梁化处理、属性定义等特征重建,对于 Tribon CAD 几何模型中的小圆角、倒角、流

水孔、空气孔等非结构性设计特征进行选择性识别和滤除。通过 CAD 模型数据的抽取与继承、结构属性的自动继承技术,定义 CAD 与 CAE 软件之间的数据转换格式,实现网格划分、属性定义、边界条件设置、施加载荷、生成计算报告等功能。

该软件的主界面如图 1-23 所示。

图 1-23　基于 CAD 的 CAE 模型生成软件主界面

该软件界面简单明了,CAD 模型将成功地在 Patran 平台上建立有限元模型,且网格质量优良,结构材料属性以及分组均可自动生成,大大提高了有限元分析前处理工作的效率。同时该软件提供散货船和 LNG 船两种船型的总强度分析功能,完成参数设置、舱室识别、边界条件设置等操作,为后续结构计算分析提供基础。

1.2.4　数据交换与共享

数据交换与共享的研究分为两大块:一是基于统一平台送审数据共享研究;二是基于非统一平台送审数据共享研究。通过研究标准中间数据文件,实现设计单位输出标准格式的模型数据 XML 文件(图 1-24),该文件承载着所有零件的几何信息和属性信息,审图单位通过数据接口读取数据文件生成自身平台内的三维模型的过程。图 1-25 为标准数据文件内容分类。

图 1-24　标准数据文件 XML 共享

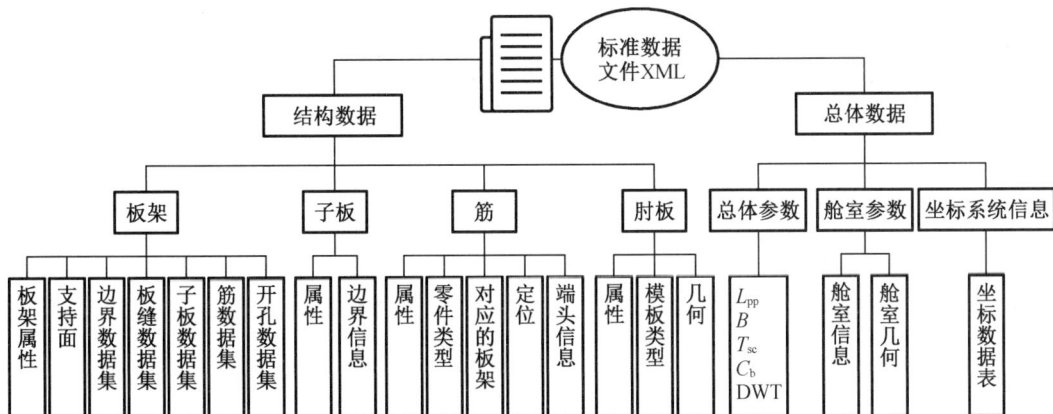

图1-25　标准数据文件内容分类

1.2.4.1　基于统一平台送审数据共享

设计、制造、检验所需的模型数据在统一平台内相互传递。基于同一平台不存在数据丢失、数据转换等一系列问题，可以实现数据无缝传递共享。

因选用平台自带数据导入导出的文件格式，不会造成模型属性数据丢失。设计模型送审时，保证了模型数据从设计单位传递至检验单位时的可靠性。例如 CATIA 平台的3D XML 格式，再次导入相同环境的平台，能得到完全一致的模型数据。

除了模型数据外，还有系统配置、资源库配置等数据。为了确保检验单位能够打开送审模型数据，对配置数据提出以下规范要求：

(1)明确设计模型的平台版本号，提供必要的补丁文件。

(2)确保平台系统设置一致。设计单位送审时需提供环境变量设置文件及系统配置文件或说明。

(3)提供总体配置文件，包括系统坐标系、外壳等总体数据。

(4)提供该结构所对应的资源库文件，例如开孔规格表、材质板厚规格表、型材规格表、端切规格表等。

1.2.4.2　基于非统一平台送审数据共享

当设计单位和检验单位用的是非统一平台，模型数据需要运用标准格式的中间文件来传递。运用定制的数据接口从设计平台内导出标准格式的中间数据文件，再运用接口软件读取数据文件，导入检验平台，且必须确保生成完全一致的模型。其中，在计算机辅助设计领域广泛应用的是 IGES 标准(初始化图形交换规范)和 STEP 标准(产品模型数据交互规范)。

(1)IGES 标准

IGES 即初始图形交换规范，IGES 逐渐成熟，并日益丰富，覆盖了越来越多的应用领域。IGES 的交换原理是通过前处理器把发送系统的内部产品定义文件翻译成符合中性格式的文件,在通过后处理器将中性格式文件翻译成接受系统的内部文件。但 IGES 标准仅仅是一个对所交换的几何图形及相应尺寸的中性文件的说明,它没有描述产品信息模型中的复杂信息,因而它不能满足机械 CAD/CAM 信息集成的需要。此外,IGES 本身也不够完善,如数据格式过于复杂、可读性差、标准定义不严密等,因而会造成数据交换的不稳定。

（2）STEP 标准

STEP 是一个描述怎样表达和交换数字化产品信息的 ISO 标准。SETP 包含几何、拓扑、公差、约束、属性、装配、尺寸和其他许多方面的内容,目的是提供一种不依赖于具体系统的中性机制,能够描述产品整个生命周期中的产品数据。但 STEP 标准的通用性和可扩展性不强,不易于用户上手和二次开发输入软件的接口。

（3）XML(可扩展标记语言)格式

XML 是一种简单的数据存储语言,使用一系列简单的标记描述数据,而这些标记可以用方便的方式建立,虽然可扩展标记语言占用的空间比二进制数据占用更多的空间,但可扩展标记语言极其简单,易于掌握和使用,故采用该语言格式进行模型数据的存储。

1.3 基于三维模型的送审模式及送审技术

以三维送审模型数据体量及兼容性为基准,添加必要的送审信息,通过三维设计软件与船级社三维审图软件的接口软件,将验证船 CAD 模型转换成船级社可接受的模型文件,实现船厂和船级社的数据共享。与船级社充分协调后制定三维模型送审流程,按照三维送审流程和要求,将特定船型船体结构货舱段三维模型送审。

1.3.1 船级社现状

国外船级社,如英国劳氏船级社(LR)、日本船级社(NK)、挪威船级社(DNV-GL)等都已开展三维审图技术研究,其中 LR 英国总部已开展三维审图的研究,并在一条拖船上进行了试验,客户采用 RHINO 软件做设计。但目前还没有成熟的三维审图的系统和工具,也没有达索 3D Experience 软件平台输出的模型的审图经验,LR 上海分部仍是二维审图模式,规范校核使用 RulesCalc 软件,有限元分析使用 ShipRight 软件。

2014 年,NK 收购了全球顶级海事软件工作室 Napa 集团,并在 NAPA 软件的基础上进行二次定制开发,推出了基于三维模型的 PrimeShip-NAPA Manager,PrimeShip-CAD Interface 模块,也提出了要推出基于三维模式送审的服务。

DNV-GL 提出的"NEO"计划,下一代计算软件的特点将定位于规范和船型的全覆盖,提供灵活高效的建模方法应对设计过程带来的模型反复修改问题,已明确提出要研发基于三维模型的审图技术。基于网络的电子审批(eApproval)综合了网络沟通的可行性、电子图纸再利用的便捷性以及现代化文件管理系统的质量可控性。

美国船级社(ABS)可以通过 FTP 平台提交三维模型,工程师从 FTP 平台下载数据,运用 Navisworks Simulate 软件将模型数据另存为 .nwd 格式文件。审图过程中,工程师运用 Navisworks Freedom 软件查看模型,并在 3D pdf 格式文件上标注退审信息。Tribon 导出的

RVM、ATT 数据和 NAPA STEEL 导出的 JT、XML 数据可以导入 Navisworks 系统中。ABS 三维模型审图流程如图 1-26 所示，ABS Navisworks 兼容平台如图 1-27 所示。

图 1-26　ABS 三维模型审图流程

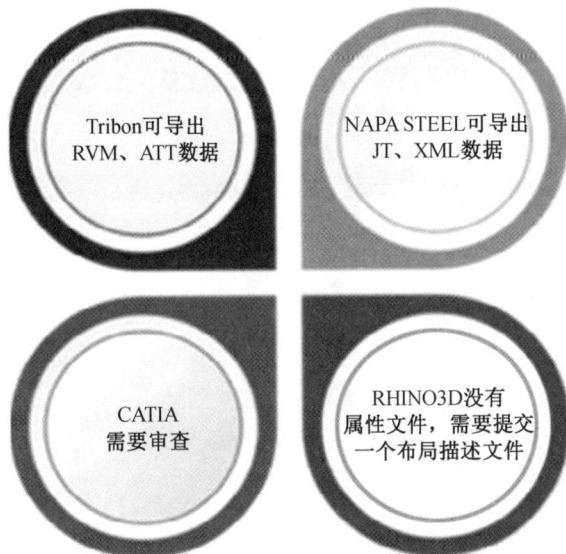

图 1-27　ABS Navisworks 兼容平台

在国外众多的船级社中，法国船级社（BV）在三维审图方面已有实船经验，如图 1-28 所示。2018 年 Naval Group、达索和 BV 宣布，经过三方合作，首次利用三维审图完成了一艘军用船舶的入级。这标志着新造船舶在设计和建造过程中，利用三维模型进行送审和计算，以及数字变换过程迈出了重要一步。

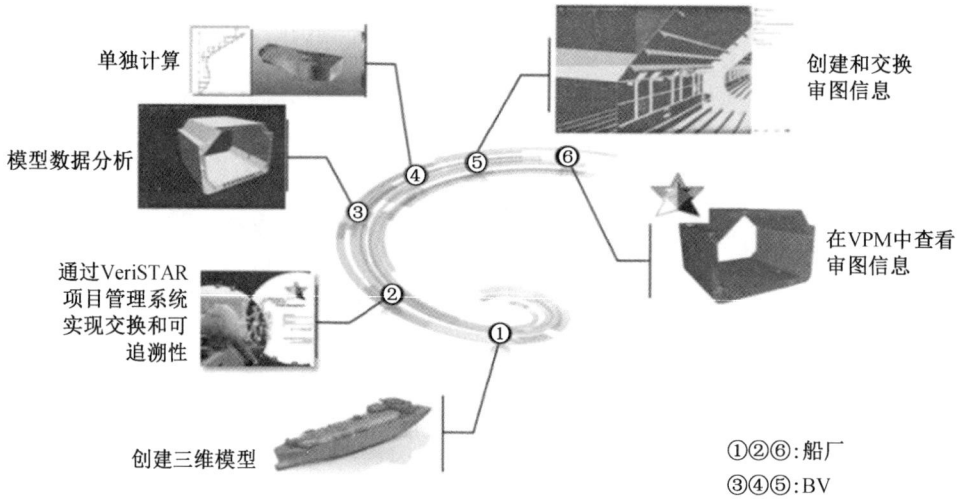

图 1-28　BV 三维审图流程

　　船级社和设计者运用共同的数字化管理平台（VeriSTAR project management，VPM）进行三维模型的传输，船级社从 VPM 中获取三维模型，提出审图意见，设计者在 VPM 中答复意见并进行模型的修改等工作，如图 1-29 所示。

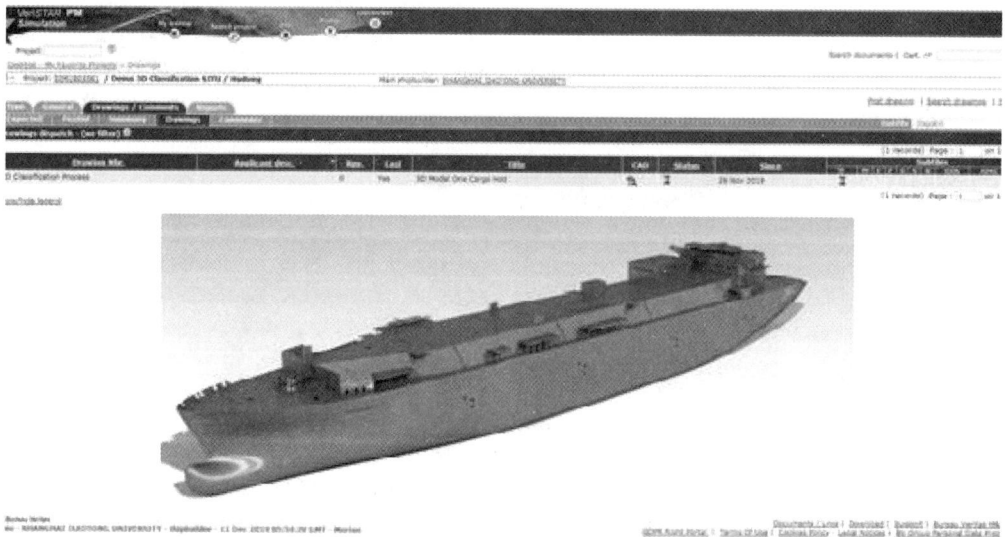

图 1-29　BV 数字化管理平台 VPM

　　BV 基于单一的结构数据源，开发数据接口，实现了模型数据导入 Mars、HydroSTAR、VeriSTAR Stability、VeriSTAR HLC、Homer、VeriSTAR Hull 等计算校核系统，减少了重新建模时间，如图 1-30 所示。

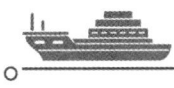

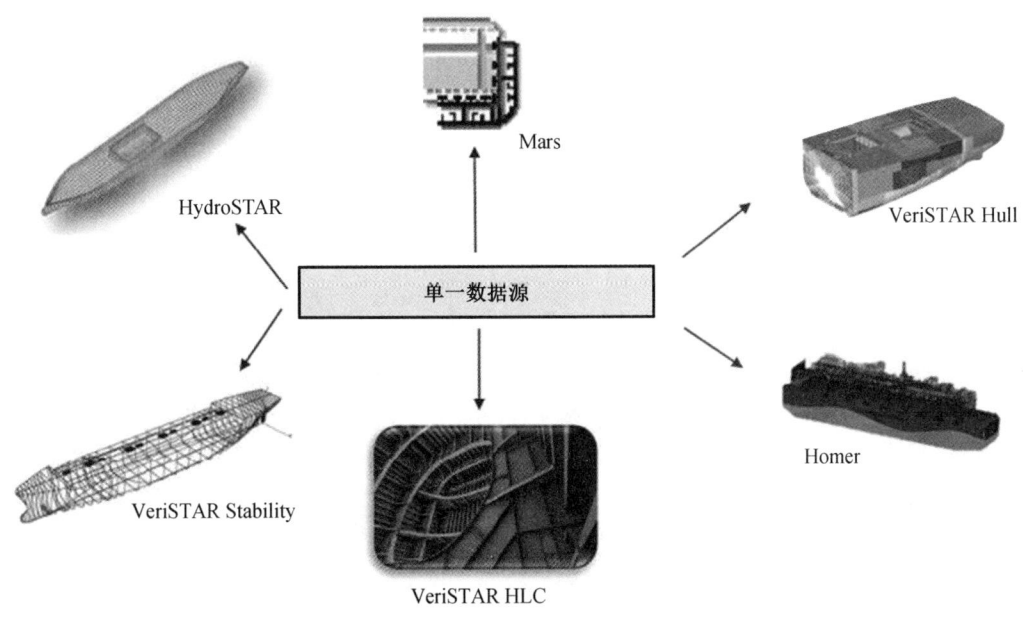

图 1-30 BV 单一数据源

利用模板快速创建典型结构,提高了详细设计建模效率,如图 1-31 所示。

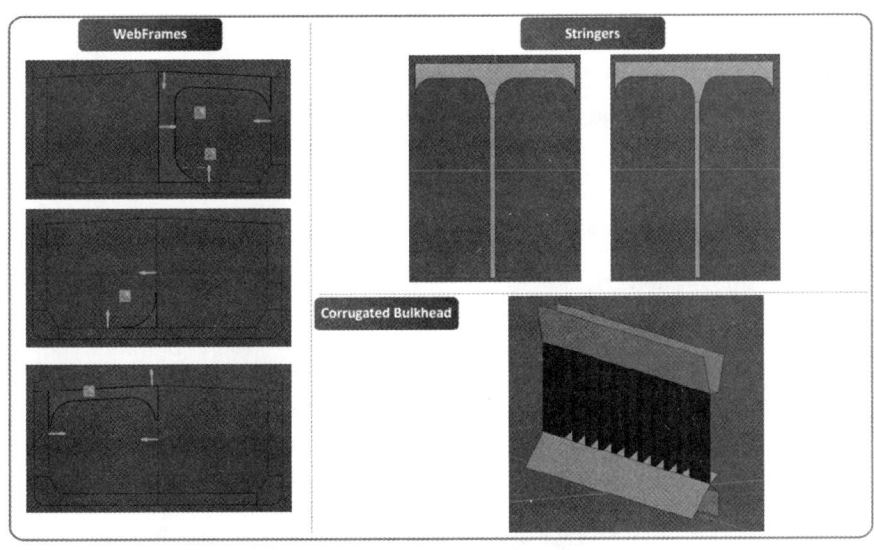

图 1-31 BV 模板辅助建模

在国内三维审图方面,中国船级社(CCS)正在积极开展三维模型计算校核软件平台的开发,目前携手西门子工业软件公司(Siemens PLM Software)已推出了新一代船舶工程计算软件(Compass 3D)系统。Compass 是 CCS 工程计算软件的统称,包括 Compass rule、Compass CSR、Compass stability 等子系统。Compass 3D 系统以西门子三维建模平台与仿真平台为基础,通过专业的二次开发优化和强化了船型线建模、舱室建模、静水力计算、舱容计算、完整稳性和破损稳性计算、第二代完整稳性衡准计算等功能。图 1-32 为 Compass 3D 建模界面。

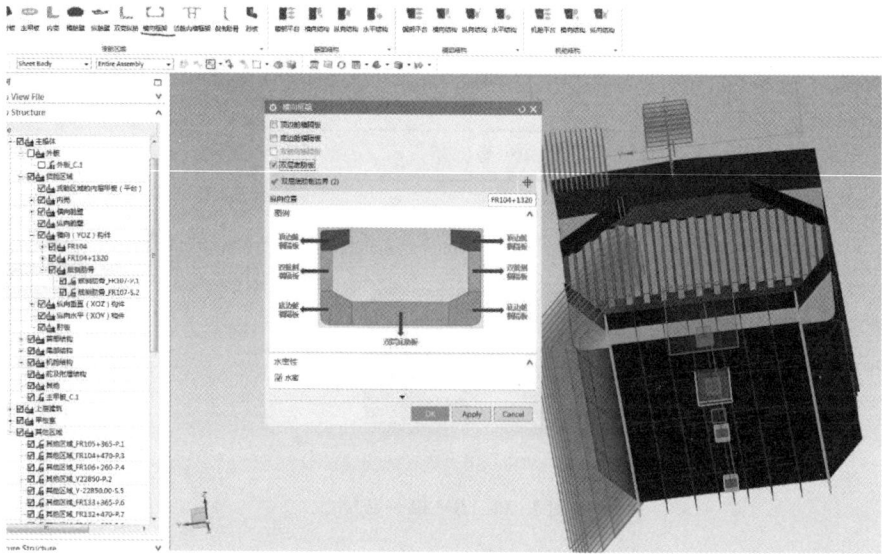

图 1-32　Compass 3D 建模界面

目前一代和二代稳性计算功能、共同结构规范(HCSR)计算、直接强度计算功能已基本完成,其他规范校核功能尚未加入。

Compass 3D 提供的参数化板架建模工具可快速完成特定典型结构的板架建模,并实现从 CAD 结构模型转化成有限元模型以及属性自动继承,如图 1-33 所示。

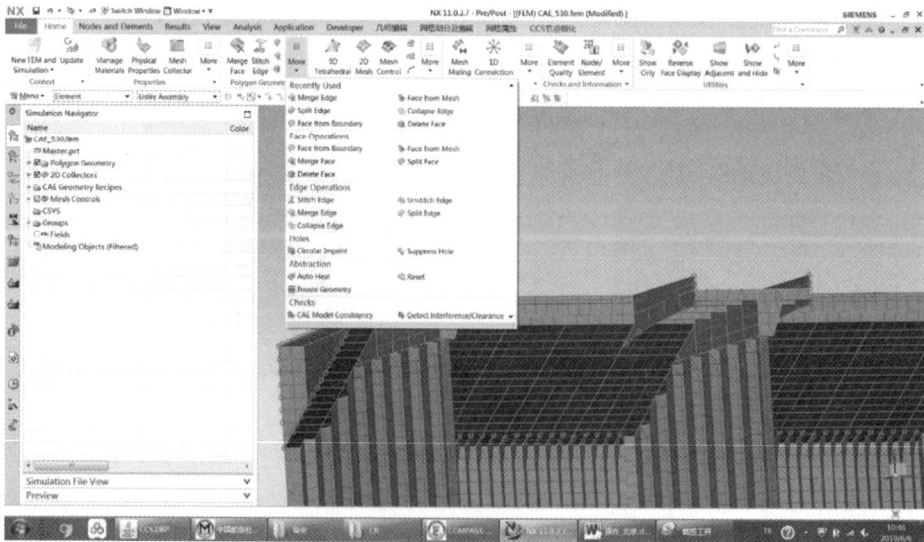

图 1-33　Compass 3D 有限元模型修改界面

因为 CAD 性能建模部分是后续结构建模的基础,因此对建模精度要求高,增加了建模工作量。传统的船舶工程计算软件对于外壳几何表面的建模缺乏自动曲面拟合功能,工作量较大;舱室建模部分缺乏一定的自动更新功能,容错性较差,一旦出现建模错误或修改则工作量较大。

Compass 3D 因为基于三维建模,大大提高了建模精度。其具有标准化、模块化、集成化、一体化及智能化的特点,采用统一的数据标准和模块化设计,以方便快捷的船舶专用 CAD 进行参数化建模,如图 1-34 所示。

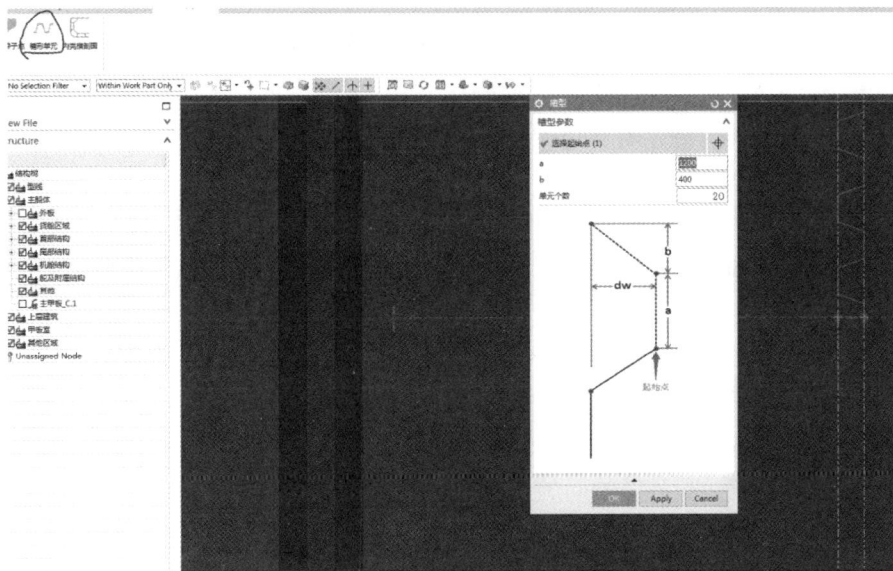

图 1-34 Compass 3D 利用模板建模

1.3.2 送审需求及送审数据格式

通过对船体结构三维审图数据的结构体系、模型参数、结构附属信息与数据格式的分析,制定三维模型送审数据格式。

根据船级社审图对数据及模型的要求,确定三维送审模型的输出格式与内容,开发符合三维模型送审的模型输出接口,采用标准化数据表达形式,确保数据传输完整可靠,使其满足船级社和船厂之间三维送审和数据共享的要求。

1.3.2.1 系统配置数据

送审除了需要提供模型数据外,还要有系统配置和资源库配置等数据。为了确保检验单位能够打开送审模型数据,送审时需按如下要求提供系统配置文件:

(1)明确设计模型的平台版本号,提供必要的补丁文件;

(2)设计单位需提供环境变量设置文件及系统配置文件或说明文件,确保平台系统设置一致;

（3）提供总体配置文件，包括系统坐标系、外壳等总体数据；

（4）提供该结构所对应的资源库文件。例如开孔规格表、材质板厚规格表、型材规格表、端切规格表等。

通过平台的数据导出功能，可得到特定格式的系统配置数据文件或表格，支持导入新的环境。若配置文件是本地文件，直接拷贝文件即可。

1.3.2.2 结构数据规范

结构数据主要有以下规范：

第一，在船体结构模型中，结构零件的所有几何信息统称为结构特征，例如一个开孔是板的一个特征，端切是型材的特征；

第二，各个特征都有对应的 ID 编码，可理解为特征内部名，例如一个开孔特征的 ID 为"{5s421rsv-y14g-4531}"；

第三，结构间的拓扑关系既是零件间的关联关系，也是零件几何的边界；

第四，每个零件都拥有其对应的结构类型，例如某个型钢是外板纵骨，某个板是内底板。

对船体结构模型数据做出以下技术规定：

①结构特征，包括板架、子板、筋、肘板、开孔；

②特征编码，以编码的形式赋予各特征名称；

③关联关系，用于表达各结构间的连接关系及拓扑关系；

④几何表达，分为面几何和线几何，例如平面、样条曲线等；

⑤结构类型，例如甲板、外板、内底、横舱壁、纵舱壁、纵桁等。

（1）板架

板架模型数据分为支持面、边界集、板缝集、子板集、筋集、开孔集信息。在板架数据中以集的形式来表达所包含的几何特征数据。此小节只是列出板架下的各数据集，数据集中各条目的详细数据在各自的章节中分别展开阐述。

板架自身的属性数据，包括板厚、材质、板架类型、水密性、板厚方向、板架名称以及 ID 编号等数据，需要以规范的形式表达。PanelName 表示其名称，IDRef 表示数据内部编码，Thickness 表示板架厚度，Material 表示板架材质，Category 表示结构类型，Tightness 表示板架水密性，Orientation 表示板厚方向（全局坐标）。

支持面即板所在的平面位置，可以是坐标系中的平面、绝对位置数据以及等实体曲面。其表达方式分为以下三种：

①利用坐标系及偏移值（例如：FR100，LP10，DK1，offset = −200 m）；

②绝对位置（例如：$X = 124\ 000$ mm，$Y = 1\ 000$ mm，$Z = 2\ 200$ mm）；

③曲面（例如：surface1，Plane1）。

边界数据集即围成板的边界信息，可以是坐标系平面、几何平面、曲线曲面及板架等。Type 表示边界信息数据类型，Value 表示数据名称，IDRef 表示数据内部编码。根据边界创建的先后顺序，以 Limit 为关键字，输出边界数据。

板缝数据集是板架上板缝的数据集。不同设计软件定义板缝的方式不同,例如,以草图作为板缝,以与平面的相贯线作为板缝等。但数据传递需忽略定义过程,可将板缝数据直接归纳为实体几何曲线。大板上通常会有数根交错的板缝,根据创建板缝的先后顺序,以 Seam 为关键字,输出板缝数据。Type 表示板缝信息数据类型,Value 表示数据名称,IDRef 表示数据内部编码。

子板数据集是板架划分板缝生成的子板数据集。因此子板集中子板的数量取决于板缝的划分。在没有板缝的情况下,子板集中唯一的子板即板架本身。子板组并不区分其创建顺序,以 Plate 为关键字,输出子板集数据。Value 表示子板数据名称,Thickness 表示子板厚度,Material 表达子板材质,IDRef 表示数据内部编码。

筋数据集是板架上所有型钢的数据集。筋集仅仅表达了板架上有哪些筋及其最基本的属性,筋的详细几何信息和属性信息会在针对筋的详细数据中表达。在板上没有型钢的情况下,筋集可以为空。根据筋创建的先后顺序,以 Stiffener 为关键字,输出筋集数据,Type 表示筋的形式,Value 表示筋的名称,Section 表示筋的规格,Material 表示筋的材质,IDRef 表示筋内部编码。

开孔数据集是板架上开孔特征的数据集。在板架上没有开孔的情况下,开孔集可以为空。三维详细设计时,创建开孔的方法有以下几种:

①运用数据创建标准开孔,例如 HO600×400,R300;

②运用曲线投影至板架开孔;

③运用相交的几何体开孔,例如贯穿的管子。

无论运用哪种方式创建开孔特征,最终都是在板架所在的平面生成一条开孔相贯线。因此在数据输出的过程中,忽略模型创建过程,无须在意开孔的方式,仅读取相贯线数据,输出形式只有单一的 Curve 形式。以 Opening2DContour 为关键字,输出开孔数据,Type 表示开孔信息数据类型,Reference 表示相贯线名称,IDRef 表示数据内部编码,Type 表示开孔类型,Form 表示开孔形式。

(2)子板

子板是由板架划分了板缝生成的板。子板模型数据简单,仅仅具有边界数据和板厚材质数据,其他数据继承板架,例如水密性、板架类型。与板架不同的一点,当子板的边界数据是板缝时,Type 类型为 Seam,IDRef 为板缝的数据编码。

(3)筋

筋的属性数据用于描述筋的规格、材质、名称、编码等属性。筋的类型以 Category 为关键字,具体类型列表可根据船型情况,做针对性的规定。现将常见的型材做如下分类:

LongitudinalVerticalMembersStiffeners:纵向竖直型材。

LongitudinalHorizontalMembersStiffeners:纵向水平型材。

TransverseMembersStiffeners:横向型材。

OuterShellStiffeners:外板上的型材。

BilgeStiffeners:舭部外板上的型材。

SideShellStiffeners:舷侧外板上的型材。

BottomStiffeners:底部外板上的型材。

OtherStiffeners:其他筋(孔加强筋,设备底座加强筋,框架结构加强筋等)。

筋不是单独创建的,需要依附在板架上,以 StiffenerPlate 为关键字,输出的数据为 Panel 中的 PanelName。

筋的定位数据是筋的定位面或者定位线、偏移量、轨迹线、安装角度及方向等几何数据。筋的定位面一般以 plane、surface、curve 为基面进行偏移。以 StiffenerSupport 表示筋的定位面或定位线名称,SupportIDRef 表示 StiffenerSupport 的内部编码,SupportOffset 表示其偏移量,+表示偏移方向和定位面的矢量方向相同,−则相反。以 TracelineIDRef 表示轨迹线的内部编码,此轨迹线是以两个端头元素为端点的线段。筋的安装角度分为两种情况:垂直于板架或者平行于支持面。以 StiffenerAngle 为关键字,NormalToPlate 表示垂直于板架,AlongPlane 表示平行于支持面。筋的安装角度分为两种情况,板的矢量方向或者与矢量相反的方向。以 StiffenerOrientation 为关键字,NormalToPlate 表示筋的安装方向与板的矢量方向相同,InvertToPlate 表示相反。

筋的端头信息主要包括 2 个端头元素、端头连接形式及端切几何信息。端头元素不可以为空,可以是几何元素,例如曲面、平面、线,亦可以是结构对象,例如筋、板。以 StiffenerLimits 为关键字,Limit1 表示端头 1,Limit2 表示端头 2。端头元素对象用 ObjectIDRef 来表示其内部编码,通过此编码连接到具体对象。端头连接形式分为两种,顶牢或者削斜。以 Type 为关键字,SNIPE 表示削斜,TRIM 表示顶牢。

端切的几何信息有多种形式,本数据技术规范采用端切几何编码来表达几何信息。目前行业尚未统一端切几何编码,但各大船厂都有固化的几何编码标准,用于定义模型。目前送审模型数据不需要定义具体的端切几何形式,因此本规范此处仅仅规范了数据接口及表现形式。以 LimitFeature 为关键字,以 2120 为例的 4 位数编码表示端切几何信息。2120 代码所对应的具体几何样式特征,会有专门的端切数据对照表,本规范不涉及端切几何特征。

④肘板

肘板本质上也是一块板,除了包含板厚、材质基本属性外,还包含边界信息。除此之外,肘板数据还包括肘板类型、肘板安装平面及偏移距离等信息。因为肘板类型不同,所对应的数据也不同,因此具体数据内容是根据肘板类型而定的。不同类型的肘板所运用的模板各不相同,但最终通过模板和参数的共同作用,得到肘板的轮廓线。Attributes 中包含肘板的基本属性,PanelName 是肘板件号,Type 表示肘板类型,此类型对应的数据在 GeometryData 中表达,OuterContourID 是轮廓几何线的 ID 编号,Limit1 是第一个边界条件,Limit2 是第二个边界条件,Length1、Length2 分别表示 2 个边长,Scallop 表示角隅开孔数据。GeometryData 的具体条目根据肘板类型而定,可通过扩充更多的数据条目来表述复杂的肘板。

1.3.2.3　总体数据

为满足规范计算需求,需要传递的总体数据需包含总体参数、舱室参数、坐标系信息。

总体参数包括垂线间长、型宽、型深、结构吃水、方形系数、载重量、水线总长、干舷船长。

舱室参数包括舱室类型,例如干散货舱、液货舱、压载水舱、燃油舱;舱室属性主要包含起始肋位、终止肋位、货物质量;舱室的几何信息主要包含舱顶垂向坐标、舱室重心坐标、舱容、货舱长度、货舱宽度、舱口围长度、舱口围宽度。

坐标系由 X、Y、Z 三个方向组成,需要表达各平面名称及平面到原点的距离。数据用 Excel 表格来表达。

1.3.3 面向送审的模型输出接口

基于设计软件输出的母型船结构几何模型及属性数据,开发接口软件自动重构送审模型,主要包括分析几何模型、读取 XML 属性文件、获取创建模型所必需的参数信息,并利用技术方法提取开孔线、判断边界方向等信息,最终自动重构生成船体结构送审模型。

1.3.3.1 板的转化方法

重构板模型的实现路径并不复杂,基于获取的 XML 文件属性数据,以面片模型作为板的支持面,利用接口创建板零件对象,并赋予属性和创建开孔特征。但是部分参数不能从属性文件中直接获取,例如边界条件的方向信息和开孔数据,这也是自动重构模型的难点。本节通过几何位置的计算,从模型上提取数据,利用算法筛选数据,间接得到必要的信息。

(1)匹配板的支持面及属性信息

由于导入 STEP 文件生成的面片模型没有件号,因此无法直接判断该面片是哪个零件的支持面。功能模块的实现方法是通过读取板的 XML 文件中的重心数据,运用 CATIMeasurableInContext 接口获取面片的重心数据,将两者数据相匹配,设定误差范围,即可使面片模型与属性信息一一对应。

(2)创建板及定义参数的方法

运用正确的接口,填写完整的对应的参数是 CAA 定义零件参数的关键。功能模块运用 CATISfdUseFunctionFactory 接口中的 CreatePanel()方法创建板对象,将 XML 文件中的属性数据逐一定义为板的参数。另外板厚朝向信息,是通过 Attribute 中的 Vector 来传递的,Vector 由三个数字构成,分别对应 X、Y、Z,正负代表朝向,例如“1,0,0”代表 X 方向横向板,方向朝艏。运用 Vector 的表达方式,简单清晰地描述了各块板的板厚朝向。定义参数主要代码如下:

```
CATIStrUseCategoryMngt_var spPanelCategoryMngt = objPanel;
spPanelCategoryMngt->SetCategory(iCategoty); //定义类型
CATIStrUsePanelSurf_var spPanelSurf = objPanel;
spPanelSurf->SetSupport(iSupportSurface); //定义支持面
CATIStrUsePlateExtrusionMngt_var spPlateExtrusionMngt = objPanel;
spPlateExtrusionMngt->GetThickness(spParmThickness);
spParmThickness ->ValuateReal(iThickness); //定义板厚
```

```
spPlateExtrusionMngt->SetThrowOrientation(StrSameOrientation);
spPlateExtrusionMngt->ReverseThrowOrientation();//定义板厚朝向
CATIStrUseMaterialMngt_var spMaterialMngt = objPanel;
spMaterialMngt->SetMaterial(iMaterial); //定义材质
```

（3）定义边界信息的方法

在 CATIA 平台定义板的边界时，在选择边界对象的同时，还需判断边界方向。运用交互式功能定义边界的时候，设计人员会点"switch side"功能键来控制方向。边界方向在 Tribon、SPD 等传统设计软件中反而是不需要用户定义的。面对边界方向信息缺失这个问题，本书通过计算空间位置得出。该算法首先获取支持面重心数据，依次判断各边界对象与重心的位置关系，从而确定创建的板在边界对象的哪个方向，例如：当重心位置在边界对象的下方，边界对象本身是朝上的，因此该边界条件需要反向。

（4）创建开孔的方法

船体结构中包含了大量的开孔，创建开孔对设计员来说也是庞大的工作量。开孔形式各异，难以用标准的语言准确地描述所有的开孔信息。因此，本部分内容并没有强行在 XML 中表达开孔数据，而是另辟蹊径，通过抽取面片模型上已存在的开孔特征获取开孔线。主要方法是：遍历所有面片，运用 CATIGSMUseFactory 接口中的 MakeBoundary() 方法获取面片上所有封闭的曲线。该方法会抽取板的轮廓线和开孔线，若获取曲线的数量只有 1 根，表明面片上不存在开孔特征；若获取曲线的数量大于 1，去除最长的那根轮廓线，剩余的便是开孔线。根据 3D object 方式的开孔特点，将开孔线拉伸为贯穿板的面，最后利用面来开孔，如图 1-35 所示。

图 1-35　面片上的开孔特征

开孔主要代码如下：

```
CATIStrUseOpeningMngt_var spOpeningMngt = objPanel;
CATIMmiMechanicalFeature_var spOpening=NULL_var;
```

spOpeningMngt->AddOpening(spOpening);//创建开孔对象

CATIStrUseOpening_var spStrOpening＝spOpening;

CATIStrUseOpening3DObject_var spStrOpening3DObj＝ spStrOpening;

spStrOpening3DObj->SetIntersectingElement(spIntersectingSurf);//利用贯穿面开孔

1.3.3.2　筋的转化方法

功能模块重构筋的实现路径与重构板相似,同样是通过读取筋的属性数据,匹配面片模型,创建筋并定义其属性及边界信息。重构筋的难点在于如何识别筋安装的板架和安装方向。在输入信息不够的情况下,本部分内容通过程序计算获取准确的信息,并通过测试成功重构整个总段的筋。

（1）识别筋的安装板架

从属性文件中获取到筋的件号时,例如件号为321-FR100A-S1,可以判定该筋安装在FR100A 板架上。但如果筋的件号为321-000-L1 时,就无法准确地判断筋所在的板架。功能模块中的方法是将筋的支持面与所有的板进行两两相交,在所有交线中最长那根即为对应的板架相交所得。通过这个方法可以准确地识别到筋的安装板架。

（2）创建筋及定义参数的方法

功能模块通过 CATIStrUseStiffenerMngt 接口中的 AddStiffener() 方法创建筋,再运用列表中的一系列接口,将属性数据和边界信息逐一定义为筋的参数。筋的属性文件中包含了绝大部分的属性信息,但缺少安装方向。在交互式建模时,设计员通过点击 Flip 功能来切换 Plate Side 的属性(Normal/Invert)。功能模块的实现方法是通过判断筋的支持面与板的相对位置来确定的。例如板架在 X 面上,就比较筋支持面重心数据中的 X 值,如果筋的支持面重心 X 值小于板,即可推出筋的安装方向朝艉。因为系统默认 X 方向的板朝艏为Normal,朝艉为 Invert,所以经过以上计算可以确定该筋的安装方向参数为 Invert。

创建筋的主要代码如下:

CATIStrUseStiffenerMngt_var spStiffenerMngt ＝spTargetPanel;

SpStiffenerMngt->AddStiffener(spStiffener);//创建筋对象

CATIStrUseProfileType_var spProfileType ＝ spStiffener;

spProfileType->SetType(catStrProfileSurfSurf);

spProfileSurfSurf->SetFirstSurface(spTargetPanelDMS);//定义筋的安装面

spProfileSurfSurf->SetSecondSurface(spStifSupport);//定义筋的支持面

CATIStrUseSectionMngt_var spSectionMngt ＝ spStiffener;

spSectionMngt->SetSectionName(StrStifSection);//定义筋的规格

spSectionMngt->SetAnchorPoint("catStrWebSideLeft");//定义筋的锚点

spSectionMngt->SetWebOrientation(StrUnknownOrientation, NULL_var);

spSectionMngt->InvertWebOrientation();//定义筋的安装方向

spSectionMngt->SetAngleMode(catStrNormalToPlate);//定义筋的安装角度

1.3.3.3 数据格式

数据格式因选用平台自带的成熟的数据导入导出的文件格式,确保不会造成模型属性数据丢失。详细设计模型送审时,可以保证模型数据从设计单位传递至检验单位传递的可靠性。例如 CATIA 平台的 3D XML 格式。导出的模型数据再次导入相同环境的平台,能得到完全一致的模型数据。

1.3.3.4 三维模型输出接口软件开发

数据接口主要分为三个模块,一是面片模型处理模块,二是三维模型重构模块,三是基于模型定义信息模块。基于输入的 dxf 模型数据文件,进行面片合并处理,零件面片优化,提取开孔线,合并连续构建面片的处理工具;基于面片及输入的 XML 属性文件,重构板架,定义板架边界属性,重构型材,定义型材规格边界,定义开孔等,最终生成面向送审的三维详细设计模型,最后通过 MBD 工具定义部分信息,如图 1-36、图 1-37 和图 1-38 所示。

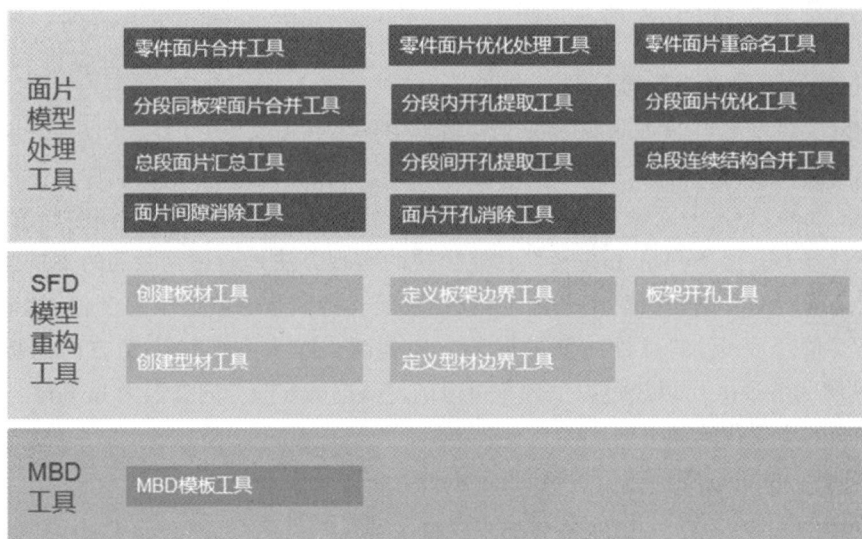

图 1-36 接口工具包

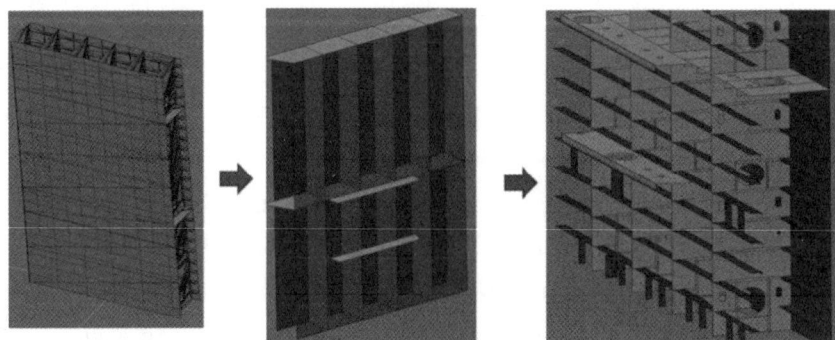

图 1-37 三维模型重构过程

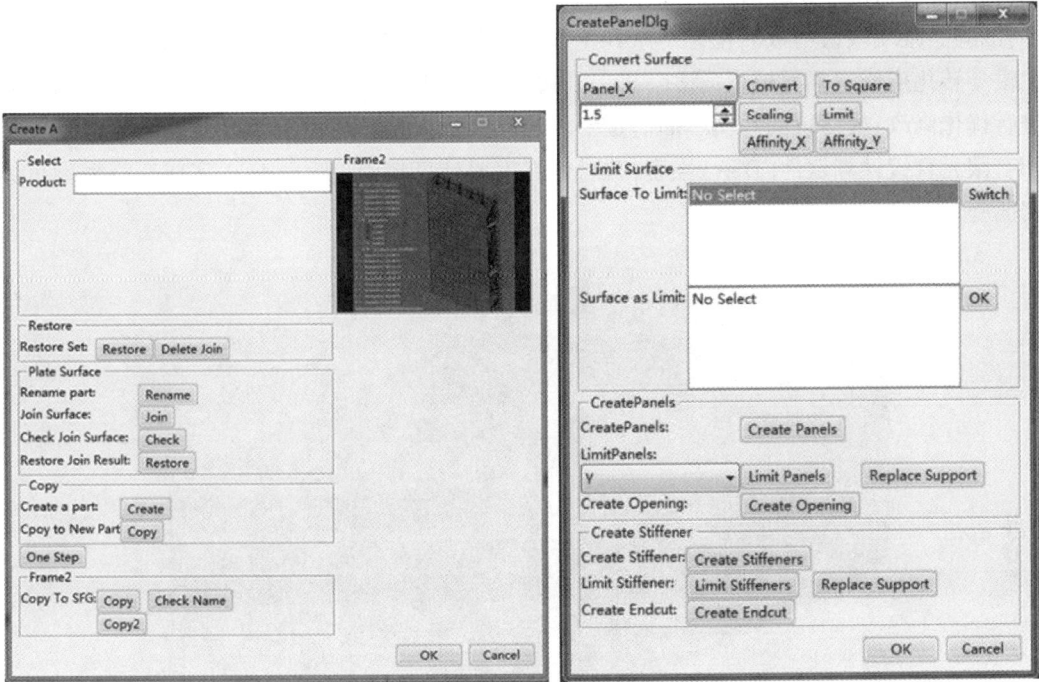

图 1-38　接口软件主要界面

板架型材构建成功率较高,能达到 90%,并 100%继承原模型的属性数据,但该数据接口不能有效地重构肘板,需要手工创建。因此接口软件还需进一步地优化完善,目前仅是面向 CATIA 三维模型做了数据接口,该数据接口不能适用于其他三维设计软件,例如 NAPA Steel、NX 等。不同平台需要各自对应的数据接口,有待后续进一步探究。

通过模型构建,发掘生成模型的必备参数,为功能模块的开发奠定了基础。功能模块基于详细设计模型输出的 STEP 模型数据及 XML 属性数据,同时结合程序算法获取部分缺失的信息,最后自动生成面向送审的船体结构模型。最后以舱段为例,运用功能模块重构生成了结构完整、零件属性正确的舱段模型。验证了上述模型构建技术与功能模块的有效性。运用此技术方法,实现了设计软件到审图软件的模型转化,并继承了原设计软件中结构的属性及几何信息,减少了大量的重新建模工作,也规避了二次建模造成的数据差错。

1.3.4　送审技术实船验证

1.3.4.1　散货船三货舱送退审全流程

在三维模型建模技术探究过程中,创建 18.7 万吨散货船货舱区域三舱段详细设计模型并提交中国船级社(CCS)。对三维模型特征提出要求,为生成更高质量的有限元模型提出设计模型简化要求和开孔等效处理的方法。在过程中秉承统一数据源的思想,基于一个三维几何设计模型,开展后续的有限元模型转化以及生成规范计算所需的剖面模型。在审图过程中,CCS 基于某散货船制造企业提交的 CAD 模型直接生成规范计算所需的剖面数据。

在审图过程中,CCS 对几何模型进行了简化处理,包括开孔等效简化、小构件删除、小开孔删除、趾端放大肘板简化等一系列工作,得到简化后的详细设计模型(图 1-39),利用此模型转化生成有限元模型(图 1-40),通过网格处理工具和检查工具,对质量较低的网格进行优化修改,最终得到数据层面满足要求的有限元模型。随后船级社开展结构规范校核和有限元直接计算软件(DSA)强度校核,最终生成计算报告(图 1-41),完成三维模型审图实船验证。

图 1-39 详细设计模型

图 1-40 粗网格有限元模型

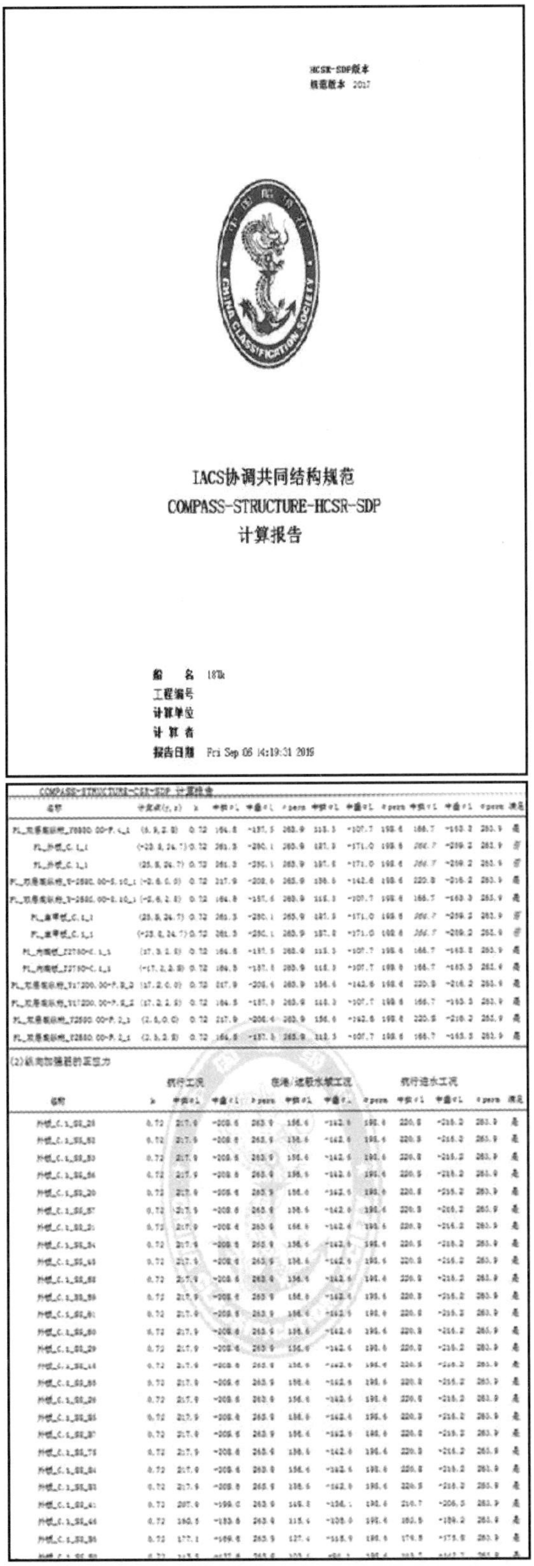

图 1-41　HCSR 计算报告

1.3.4.2 液化天然气(LNG)船第一货舱送退审全流程

某 LNG 船制造企业与法国船级社(BV)合作,以一艘 $1.74×10^5$ m³ 液化气体 LNG 运输船作为对象,选取第一货舱段的结构进行三维审图实例操作。该企业提交三维详细设计模型、有限元模型、系统配置、船舶总体数据配置等数据文件,BV 利用该模型进行基于三维模型的审图工作,从而完成了审图流程,验证了三维审图方法的可行性,合作完成了船体结构设计无纸化送审流程。BV 通过模型直接生成结构规范计算软件 MARS 所需要的模型。利用 MARS 可以依据 BV 钢制船舶入级规范做下列评估:计算结构的几何属性,船体梁强度和极限强度,板及骨材的局部强度(屈服、屈曲、疲劳、最小厚度),评估整船范围内的横剖面及横向舱壁强度。

三维审图可以完全实现传统的纸质版图纸审图的功能和目标,与传统的审图方式相比,设计者不需要提供纸质版图纸,仅以三维模型为对象完成审图。三维审图流程图体现了船厂、设计院及船级社在三维审图流程中的参与方式。船厂或设计院完成三维审图模型的建立,船级社依据该模型完成审图工作。各方通过共同的数字化管理平台 VPM 进行三维模型的传输,船级社从 VPM 中获取三维模型,提出审图意见,设计者答复意见并进行模型的修改等工作。

BV 的审图工作是基于达索系统 Dassault 的 3D Experience 软件开发的。为了完成三维审图工作,船厂或设计院需要提供三维模型,以替代传统的纸质或电子图纸。

根据数据的读取需要,三维模型需要提供 SFD 和 SDD 两种格式设计模型数据,并提供 SFD 网格化有限元模型,模型采用 FEMAP 格式(图 1-42、图 1-43)。BV 目前正在研究其他软件建模的兼容性,未来将推出一个统一的模型格式,以满足各设计方的需求。模型需要具备相关的几何描述,其属性包括船级社规范中规定的所必需的内容,比如计算船体范围内的板及骨材的尺寸,包括但不限于厚度、材料类别、型材尺寸等。

图 1-42 SFD 模型

VPM 是 BV 推出的管理系统,集合审图、建造、产品及现场检验等为一体。审图过程中的模型、意见管理等都通过该系统进行处理。VPM 是基于网页版的工具,船级社、设计方、船厂、船东及设备商等都可以申请 VPM 账号并具备相关的权限,各方通过 VPM 查看、编辑和交换三维审图信息。船厂或设计所将设计好的模型(送审模型)通过网络上传至 VPM 系统。BV 通过 VPM 系统进行审图,审图意见记录于模型,或者通过 VPM 记录。设计者在 VPM 中答复审图意见,提交修改图纸,供船级社再次审核,最终完成所有审图工作(图 1-44)。

图 1-43　FEMAP 模型

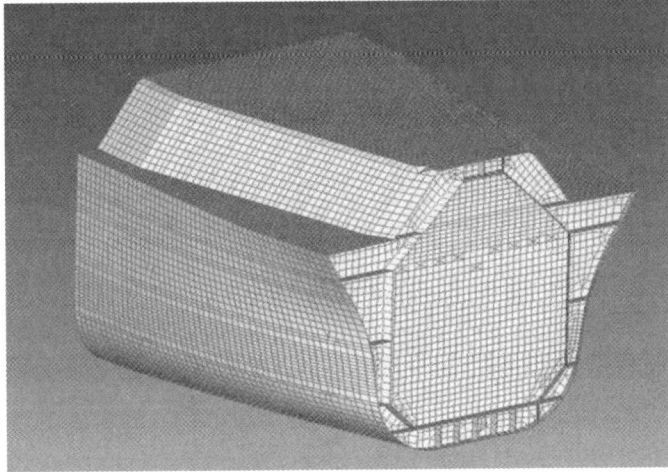

图 1-44　VPM 平台

BV 通过 VeriSTAR Hull 对该舱段进行有限元校核。它能对船舶进行下列校核或分析：总纵强度、局部强度、疲劳分析。VeriSTAR Hull 基于 FEMAP 建模并且对其他通用商用软件具有接口（图 1-45、图 1-46）。

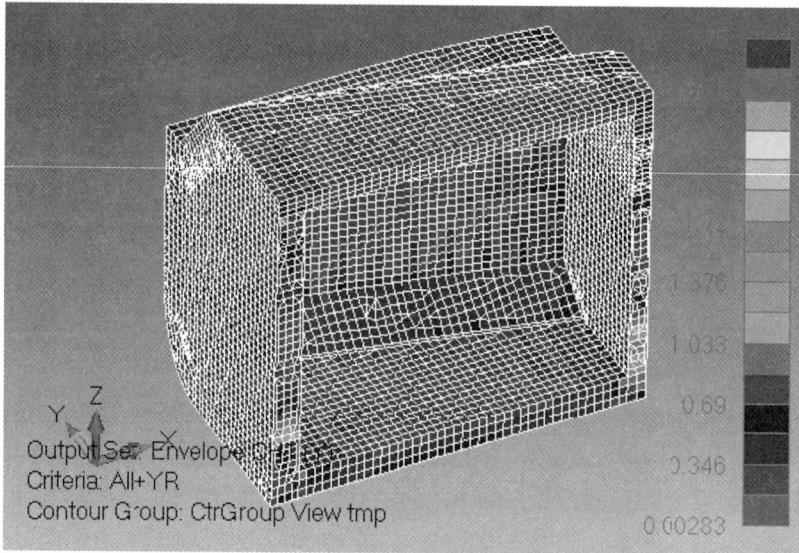

图 1-45　VeriSTAR Hull 强度计算结果（左舷）

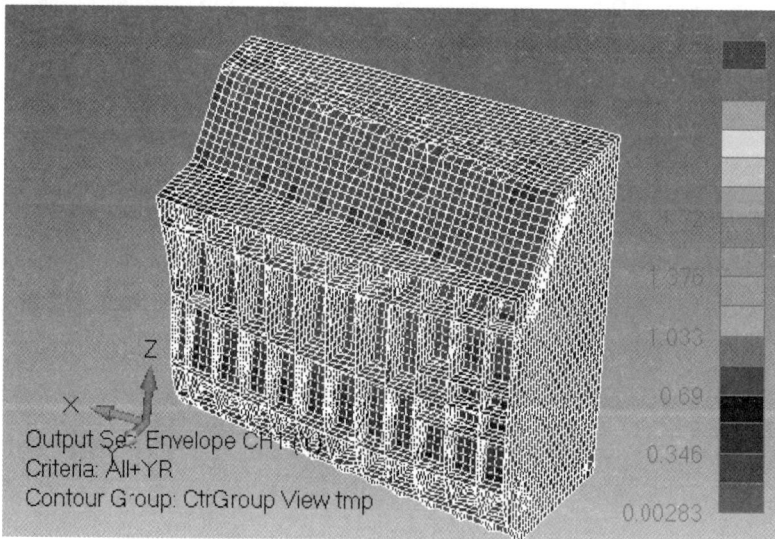

图 1-46　VeriSTAR Hull 强度计算结果（左舷剖开外板）

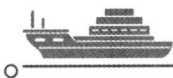

1.4 本章小结

通过面向送审的三维详细设计方法与集成技术和基于三维模型的审图模式及审图技术两条路线,及两条实船舱段的三维送退审工作探究,明晰了面向送审的三维详细设计模型特征,可以实现设计单位与船级社三维模型数据的共享,以 LNG 船和散货船货舱段为例验证了该技术的可行性,最终实现了基于统一三维模型的设计、送审、退审工作。

第2章 详细设计与生产
设计集成技术

2.1 概 述

传统设计模式下,船舶详细设计与生产设计之间存在重复建模和信息传递不通畅等问题,在船舶结构设计中,如何进行结构送审设计与详细设计的有效衔接和信息传递是应用船舶三维设计软件进行结构一体化设计的关键问题。在送审设计阶段采用大总段建模有利于模型和图纸的快速生成,而在详细设计阶段按分段进行结构细化设计有利于后续生产设计阶段的工艺设计。将结构总段模型按照分段划分方案进行拆分,重用信息无疑是解决以上问题的有效途径和有效手段,也是船舶一体化设计软件开发的关键技术之一。

传统的船舶研发设计主要是进行二维图纸设计,绝大多数船舶研发设计平台缺少将不同专业的设计方案(模型)集成在一起的能力,在一定程度上造成了船舶整体设计方案不协调的现象。这些二维详细设计图纸送到船厂以后,由船厂组织进行生产设计,以二维详细设计图纸为基础构建船舶三维模型,在三维环境下开展模型协调与评审工作,当出现设计变更时,需将结果反馈给详细设计进行二维详细设计图纸的更新,设计效率低下。

针对传统设计模式下详细设计与生产设计之间存在重复建模的问题,开展基于二维驱动三维的船舶管系和电气详细设计标准化体系、船舶管系和电气专业原理图驱动的三维模型生成技术验证等,实现基于统一模型的船舶详细设计与生产设计集成,达到提高生产设计效率、提升设计质量的目的。

船舶管系及电气专业的生产设计是一个将详细设计的二维图纸转化为三维模型的过程,整个过程工作量较大,相较于船体专业,有着灵活度高、细节繁杂等特点。传统生产设计模式是以 TRIBON 等三维工程软件为基础进行建模的工作,智能化及自动化程度较低,较依赖设计人员的经验,设计过程易出现错误,效率较低。探究船舶管系及电气专业详细设计二维图纸转化三维模型的技术,结合三维设计平台,开发相应二次软件,初步实现智能化、参数化生产设计,并提供干涉检查功能,提高船舶管系及电气专业的生产设计效率及准确度。

2.2 船体结构详细设计与生产设计集成技术

基于三维设计平台分析并归纳出详细设计阶段结构设计对象拓扑关系网络,实现生产设计模型中结构对象间拓扑关系的继承和更新。以 LNG 船为对象,围绕 LNG 船详细设计模型,根据生产工艺,针对分段生产设计中的细节与节点,进行船舶三维模型分段拆分后模型"重构",以及船舶三维模型分段拆分后对称分段的"构建",形成满足生产设计需求的分段结构模型。

2.2.1 拆分原则

考虑生产需求建立大板架的设计模型,设计模型需满足可拆分要求,各零件具有正确的拓扑关联关系。

2.2.1.1 总段拆分原理

以分界面为边界,采用"逐级拆分"的方式,把一个总段拆分成两部分,再对拆分出的部分继续"逐级拆分",经过多次拆分,完成最终的拆分,形成所需分段。采用总段"逐级拆分"方式,以保证各类型结构总段的可拆分性。总段的两种拆分原理如图 2-1 所示。

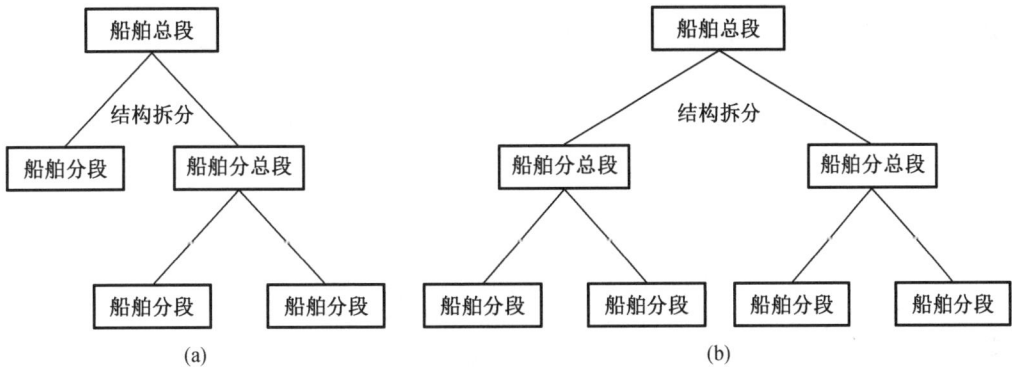

图 2-1 总段两种拆分原理

总段结构的拆分过程可以分解为对总段或分总段结构的拆分。总段拆分涵盖各种类型结构对象,包含平面板架、肘板和曲面板架,如图 2-2 所示。

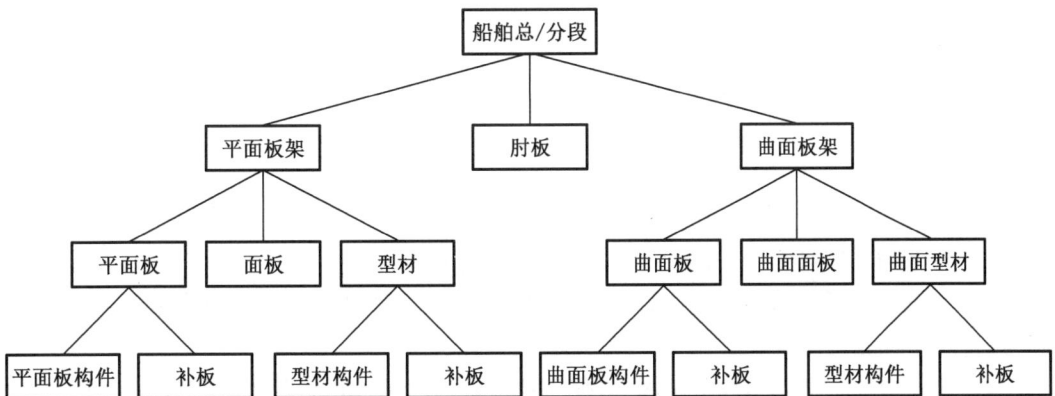

图 2-2 总段或分段组成结构

对于与分界平面相交的结构对象，根据结构对象可拆性分为不可拆分结构对象(如肘板、补板)和可拆分结构对象。

(1)对于可拆分的结构对象，需要根据拆分要求，进行平断面或交错断面结构划分。

(2)对于与分界平面不相交的结构对象和不可拆分结构对象，可以使用自动或指定划归方法，将其归属于总段拆分后的某分总段或分段中。

拆分后的分段模型继承和更新总段模型结构关联关系。

2.2.1.2 定义分段分界面

将特定的分界面作为分界平面，把总段拆分成分总段或分段。

分界平面可以有各种形式，通常分为两类：一类与正投影面平行；另一类与正投影面垂直。其中与正投影面垂直的平面支持斜向划分和折线划分。分界面相对型材的位置关系分为平齐型材和交错型材两种，如图2-3所示。

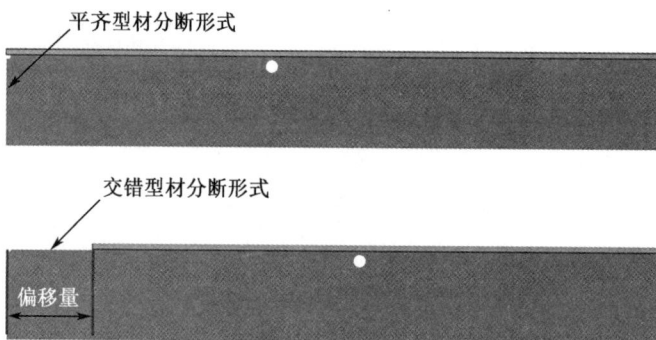

图2-3 分界面相对型材的位置关系示意图

2.2.1.3 分段模型继承和更新总段模型拓扑关系

(1)船舶总段是按照一定的次序定义各个结构对象，后定义的结构对象可以引用先定义的结构对象。

(2)总段建模的拓扑关系在拆分时必须得到继承和更新，如果建模时引用的对象在拆分后变为多个小对象，就必须从多个对象中正确锁定一个，更新引用的对象名。

(3)当大的板架一拆为二时，原来大板架上的型材应根据其所在位置自动重新依附于拆分后的两个新板架对象中的某一个。

(4)拆分后的型材，需要根据所依附的板架，进行位置定义数据的变更。

(5)当大的结构对象被一拆为二时，生成两个新的结构对象。

(6)考虑结构对象间的空间位置关系和结构对象定义的位置，以便原有的拓扑关系能够得到有效继承和更新。

(7)建立全船范围的拓扑关系图，以便无遗漏地对相关的结构对象进行数据更新。

(8)对于板材，分界面转化为板边界。

(9)对于型材和面板，分界面转化为型材和面板的边界。

2.2.2　技术方法

2.2.2.1　拆分信息准备

总段拆分所需信息包括待拆分的总段、总段拆分后的分总段或分段信息;总段拆分的分界面形式;对骨材结构进行平截断或是交错截断的控制参数。

通过指定的平面或折面作为分界面进行总段拆分。分界面是"X ="或"Y ="或"Z ="或"XY ="或"XY ="或"YZ ="。

当总段被拆分为两个分段后,总段可与拆分后的其中一个分段同名,或两个分段重新命名,拆分后的1分段和2分段不能同名,但需要指定哪一侧的分段是1分段,哪一侧的分段为2分段,如图2-4所示。

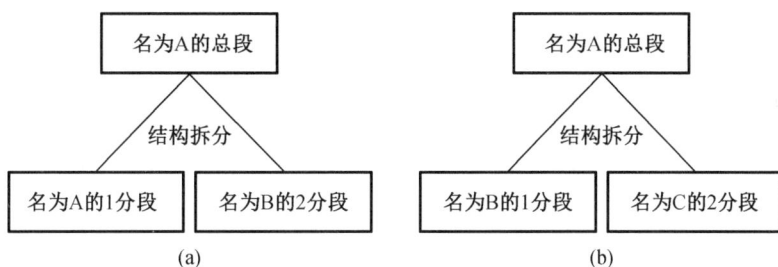

图 2-4　拆分后的两种分段命名示意图

板材是按给出的分界面截断,骨材可以偏离给出的分界面一个距离来截断,形成"错开"。当错开值为0时,表示不错开;当错开值大于0时,表示骨材向1分段所在的一侧偏离来截断骨材;当错开值小于0时,表示骨材向2分段所在的一侧偏离来截断骨材。

2.2.2.2　拆分手段

对总段进行拆分共有4个手段,分别是"自然划归""隔断后划归""划归到1分段"和"划归到2分段"。其中"自然划归"是指被拆分总段中的某构件与分界面不相交,完全在1分段或2分段的范围内,则被自然划分到1分段或2分段,不需要在总段构件列表中做任何选择。"隔断后划归"是指被拆分总段中的某构件跨过分界面,构件即在分界面被割断,分别进入1分段及2分段。"划归到1分段"和"划归到2分段"是指被拆分总段中的某构件跨过分界面,但不割断该构件,把此构件强制划归到1分段或2分段中,如图2-5所示。

图2-5中:

①构件 A、B 与分界面不相交,自然地划归到1分段;

②构件 C、D 与分界面不相交,自然地划归到2分段;

③构件 E、F 与分界面相交,被分界面截断后分别划归;

④构件 G 虽与分界面相交,但通常不需要用分界面来截断,应强制划归到1分段或2分段;

⑤肘板即使与分界面相交也不能拆分,而应该整体划归。

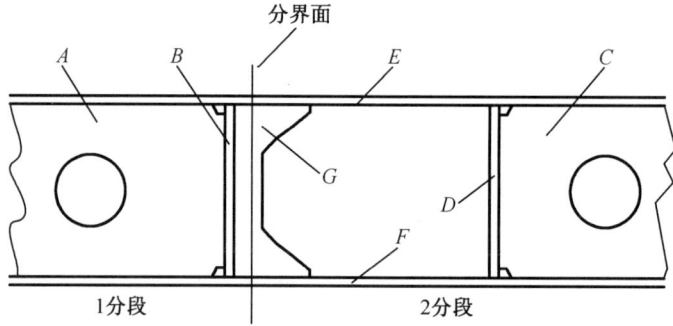

图 2-5　船体构件与分界面的关系示意图

2.2.3　拆分步骤和示例结果

2.2.3.1　拆分步骤

（1）首先定义分界面，指定 1 分段所在位置，设定分界面骨材与板材错开值。

（2）进行"自然划归"，把与分界面不相交的构件自然划分到 1 分段或 2 分段。

（3）自然划归后，总段构件列表中只保留与分界面相交的构件名，此时，设计者选择要割断后划归的构件，进行割断后划归。

（4）选择要强制划归到 1 分段的构件，划归到 1 分段；选择要强制划归到 2 分段的构件，划归到 2 分段，直至总段构件列表为空。

（5）拆分后进行分段信息检查。

2.2.3.2　示例结果

以 SPD 为平台、LNG 船为对象，进行总段拆分工作，软件示意图如图 2-6 所示。该总段需要拆分成 8 个分段，以逐级拆分为原则，分 4 次进行拆分。具体拆分步骤详见图 2-7，图 2-8 为拆分完成的示例示意图。

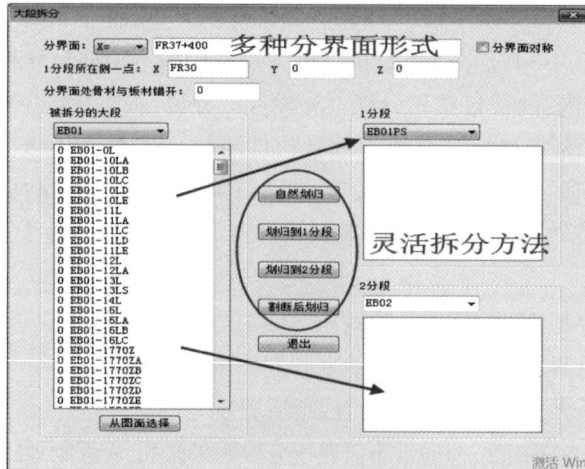

图 2-6　总段拆分功能界面

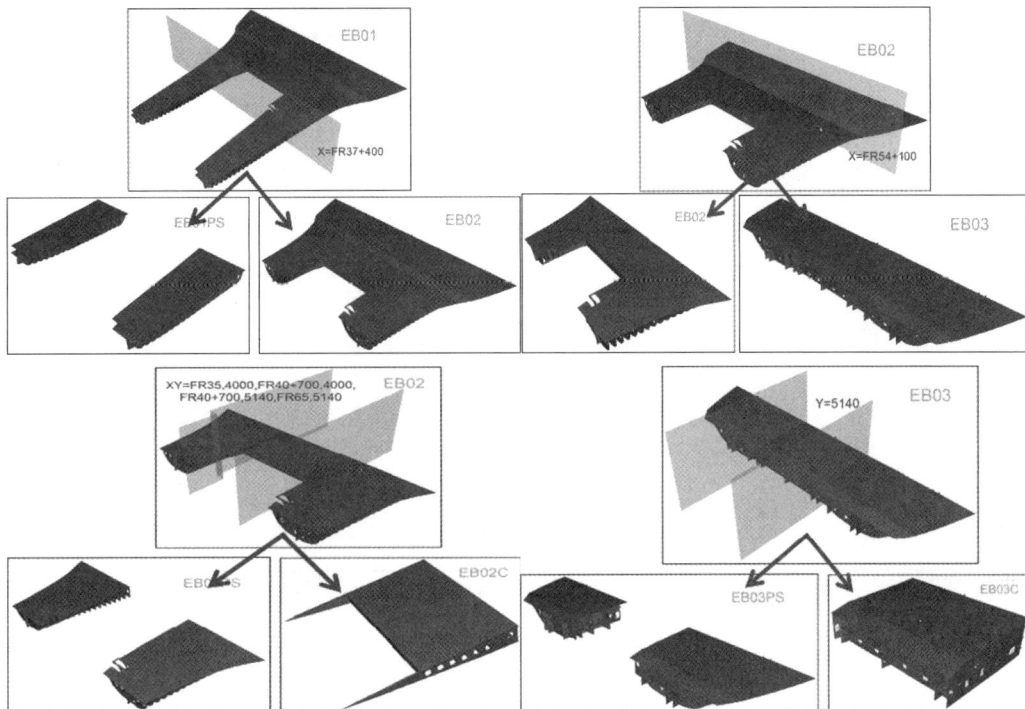

图 2-7　示例拆分具体步骤

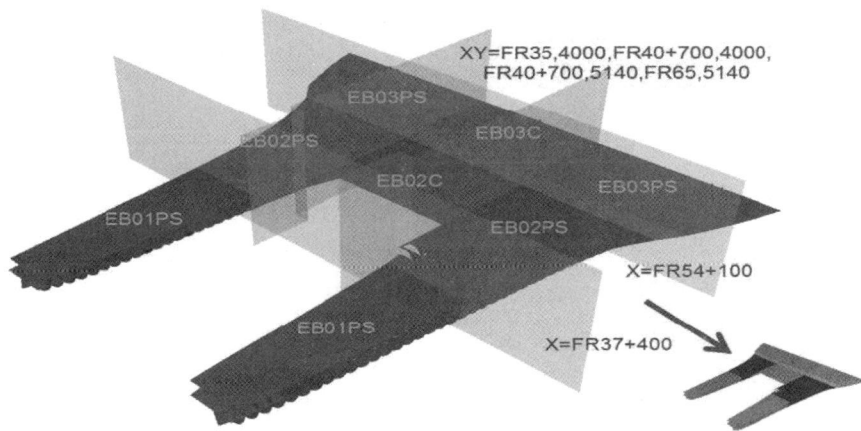

图 2-8　拆分完成的示例示意图

2.3 管系、电气原理设计与生产设计集成技术

针对目前船舶管系和电气专业的生产设计用三维设计软件进行人工建模容易出错、效率较低的现状,本节拟对管系及电气专业详细设计二维原理图驱动三维模型的生成技术进行研究,结合三维设计平台,形成相应二次开发软件,初步实现参数化生产设计,提高管系及电气专业的生产设计效率。

2.3.1 管系电气设计三维软件现状

对 CADMATIC、AVEVA MARINE、3D EXPERIENCE 三个平台中管系电气二维驱动三维功能特色进行调研分析。软件功能对比见表 2-1。

表 2-1　软件功能对比

功能		CADMATIC	AVEVA MARINE	3D EXPERIENCE
原理图功能		提供创建管系仪表、电气控制原理图和修改的高效工具		提供通用创建管系仪表、电气原理图工具
		原理图可以用来可视化三维建模的进度 例如,如果管线在三维模型中已经连接了,连接管线可以在相应的原理图中高亮显示。这样更加容易检查和跟踪状态的一致性	采用造船和行业最常用的图形符号库和版本控制	船舶常用图形符号需自定义开发
			在等级驱动的模式下,创建原理图会自动选择适合的元件,已经存在的不合格元件能够被指出和修正	等级驱动需二次开发
三维建模		可以自动计算路径并匹配管材,管路修改灵活方便,相关联部件自动调整	1. 通过捕捉相互位置管系,能实现智能快速布管 2. 管路修改灵活方便,相关联部件自动调整	通过捕捉相互位置管系,能实现智能快速布管,管路修改灵活方便,相关联部件自动调整
		1. "轨道线"在三维模型中管道的拓扑可视化 2. 手动建模提示会连接对象是否正确	可以自动计算路径并匹配管材	可以从二维原理图驱动生成三维模型

2.3.1.1 CADMATIC 软件

(1)提供原理图模块

提供创建管系仪表、电气控制原理图和修改的高效工具,如图 2-9、图 2-10、图 2-11 所示。

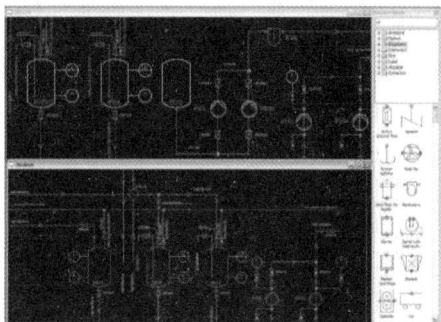

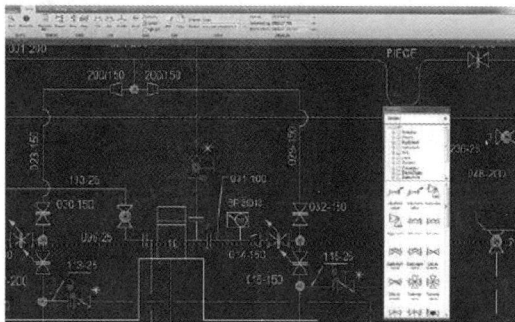

图 2-9 CADMATIC 管系仪表原理图界面

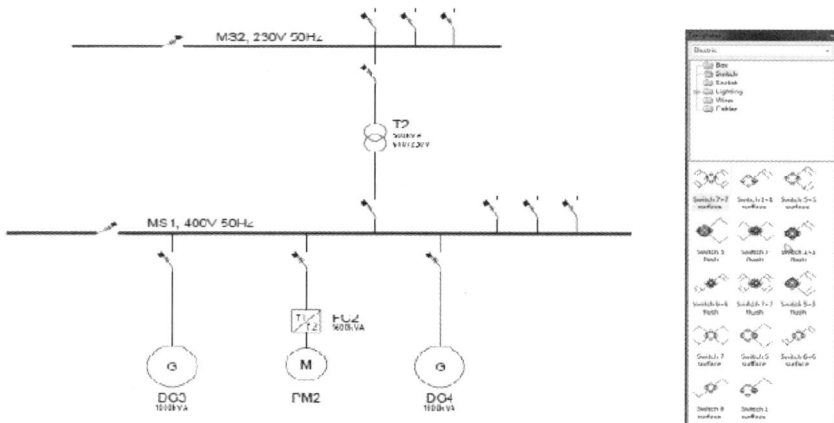

图 2-10 CADMATIC 电气控制原理图界面

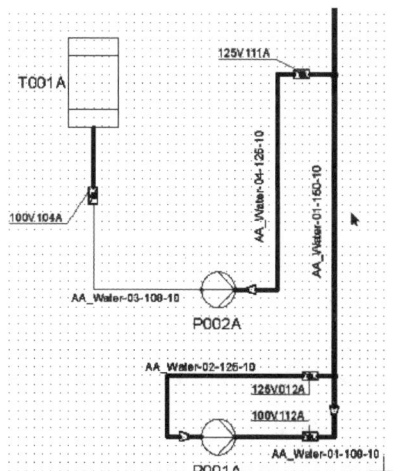

图 2-11 CADMATIC 管系原理图可视化界面

（2）管系和电气规则驱动建模

管系和电气三维设计人员通过三维模块与原理图模块的集成自动获取正确的部件，保证以下三个方面正确。

①尺寸：管径。

②材料：材质。

③部件：阀件、法兰。

快速自动建模可提供加速设计的各种自动又方便的配管方法，设计人员只需要指定管线的起点与终点，系统按照预先的设置创建整个管道。

①手动建模会提示连接对象是否正确，如图 2-12 所示。

②"轨道线" 在三维模型中管道的拓扑可视化，如图 2-13 所示。

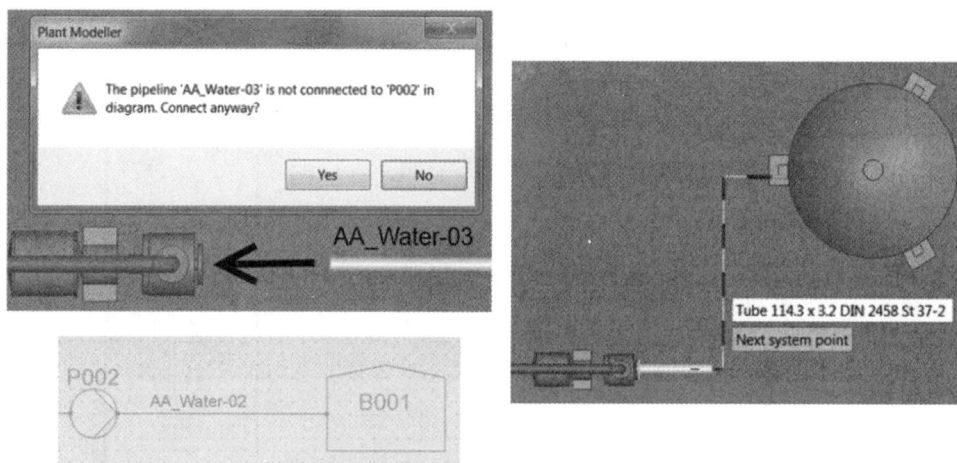

图 2-12　三维模型中管道轨道提示线

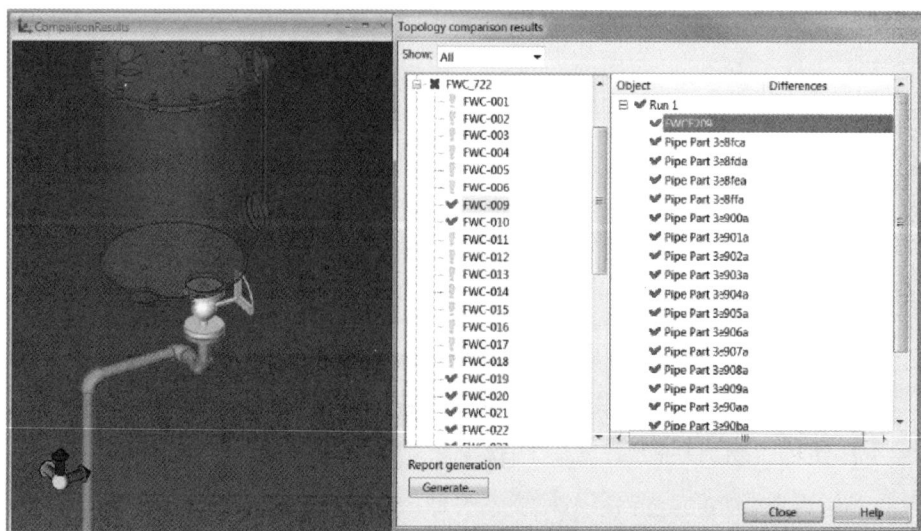

图 2-13　"轨道线"在三维模型中管道的拓扑可视化

（3）保持三维关系

当设备被移动到新的位置后，与之相连管道的连接不会丢失，系统会自动保证原有管道的几何信息并做相应的调整，这样就节省了许多的时间与精力，因为不需要重新布置管道。

2.3.1.2　AVEVA MARINE 软件

（1）原理图模块

①原理图模块可以使用规格书和部件库进行原理图的绘制（图2-14）。

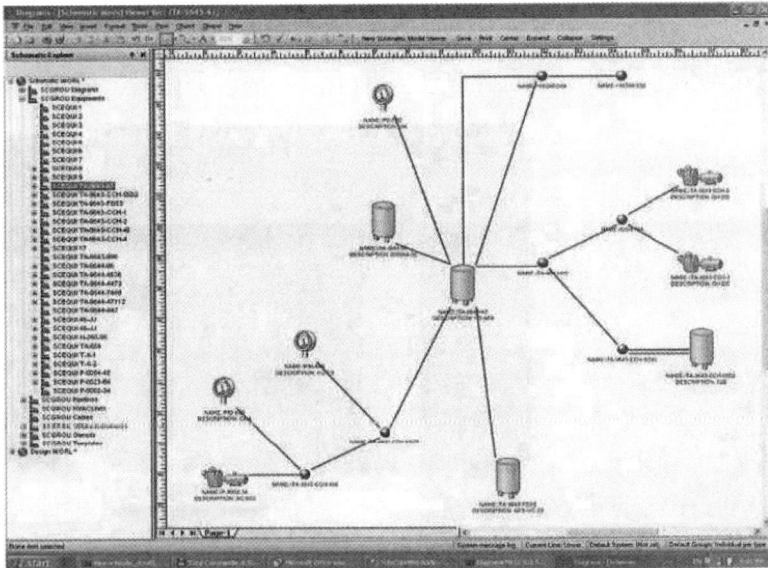

图 2-14　使用规格书和部件库进行原理图的绘制

②强大的变更高亮显示功能，使设计师能够轻松地以图形方式或网络方式查看不同版本的图纸和数据变更情况（图2-15）。

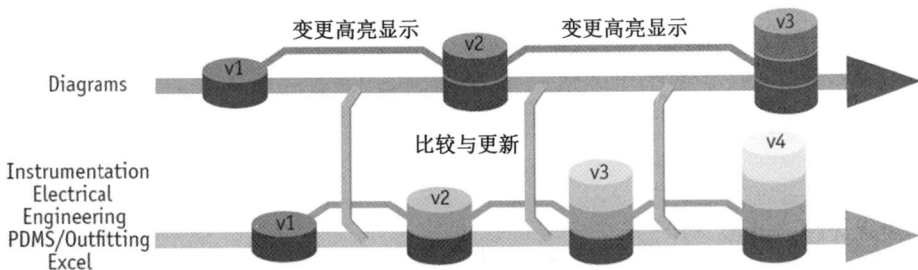

图 2-15　图纸版本控制

③采用造船行业最常用的图形符号库。

④管路等级驱动。在等级驱动的模式下，创建原理图会自动选择适合的元件，已经存

在的不合格元件能够被指出和修正。

（2）管路三维建模模块

三维管路设计采用规格书驱动方式，自动匹配管路零件。

①可以自动计算路径并匹配管材。

②自动管路铺设功能能够快速创建初始路径和首批物资统计，自动选择所需的相关物资，如垫片和法兰。

③通过捕捉相互位置管系，能实现智能快速布管。

快速管路铺设功能是用户通过鼠标定义管道的路径，指定管道与其他模型绝对或相对的方向关系；路径可以是正交的也可以是非正交的，同时可以使用多种工具定义斜管；能够明确定位部件或者使用快速功能定位；结束点确定后，能够自动建立路径。

④管路修改灵活方便，相关联部件自动调整（图2-16）。修改时，"图形化处理"提供测量反馈，如图2-16（a）所示；设计和修改快速方便，如图2-16（b）所示；"图形化处理"简化了模型变更，如图2-16（c）所示。

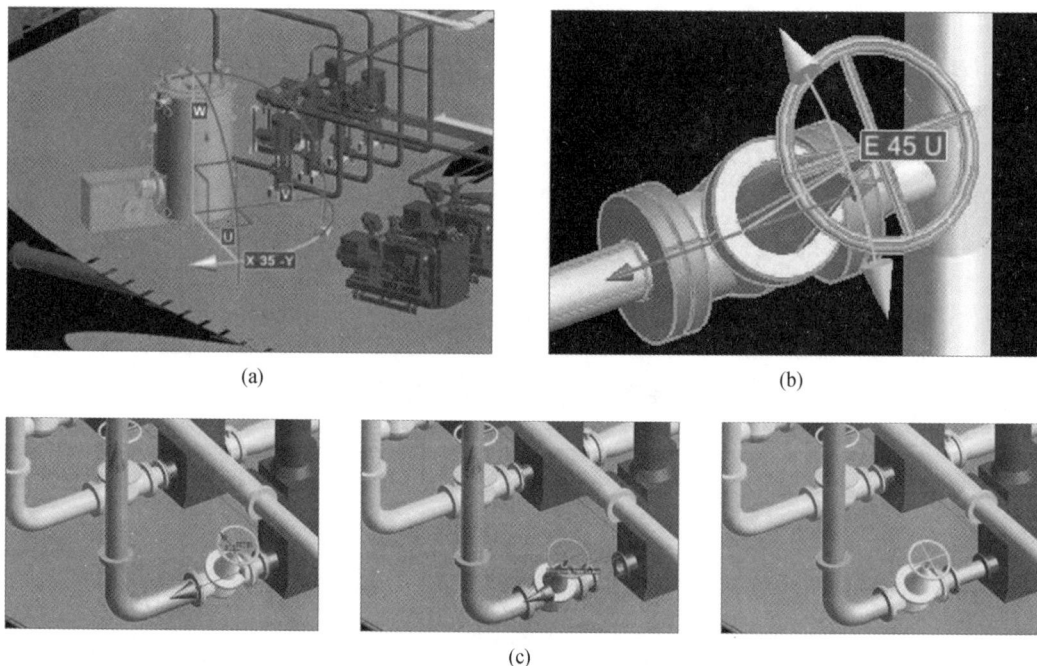

(a)

(b)

(c)

图 2-16 三维关联部件自动调整

（3）二维驱动三维构架

在详细设计阶段，基于统一的命名规则进行管路、风管、电气等原理设计，打通二维原理设计与三维建模之间的数据流，建立 DABACON 数据库。再将二维原理信息与数据传递给三维模型，最终驱动生产设计阶段三维模型的布置。二维（管路、风管、电气原理图数据）驱动三维（管路、风管、铁舾、电气、内装生产设计）构架如图2-17所示。

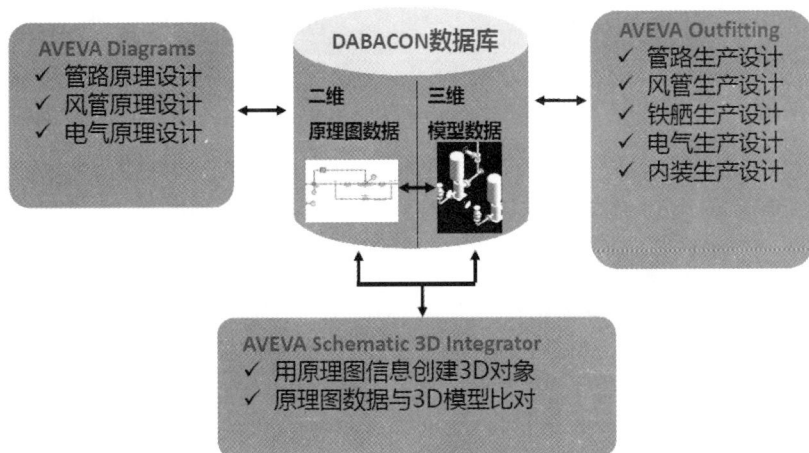

图 2-17　二维驱动三维构架

2.3.1.3　3D EXPERIENCE 软件

（1）部件类型

建立管系规格库（图 2-18）。

①端部类型表 End Style Table。

建立所有轮机设备及管件 Port 的类型代码,用于进行 Port 专业属性定义、Part 自动匹配规则和 Spool 自动取段等匹配关键字。

②压力等级表 Piping Rating Table。

建立所有轮机设备及管件 Port 的压力等级代码,用于进行管件 Port 压力等级属性定义、管材系列表定义等。

③通径表 Piping Nominal Size Table。

建立所有轮机设备及管件 Port 的公称通径代码,用于进行管件 Port 通径属性定义、管材系列表定义和 Part 自动匹配规则等,是所有管件自动匹配的关键字。

④部件子类表 Physical Part Subtype Table。

建立所有管材、管件的子类表,用以对部件进行筛选的关键字,是零件过滤和设计选用的关键字。

⑤材料表 Material Category Table。

建立用以存放所有轮机专业资源库的材料大类,如碳钢、不锈钢、铜等。

⑥管系材料表 Material Table（Piping）。

建立用以存放所有轮机专业资源库的材料表 Material Category 列关联 Material Category Table;Material 列选用对应的 Core Material 对象。

⑦管子外径表 Piping Outside Diameter Table。

⑧管子壁厚表 Piping Wall Thickness Table。

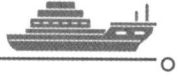

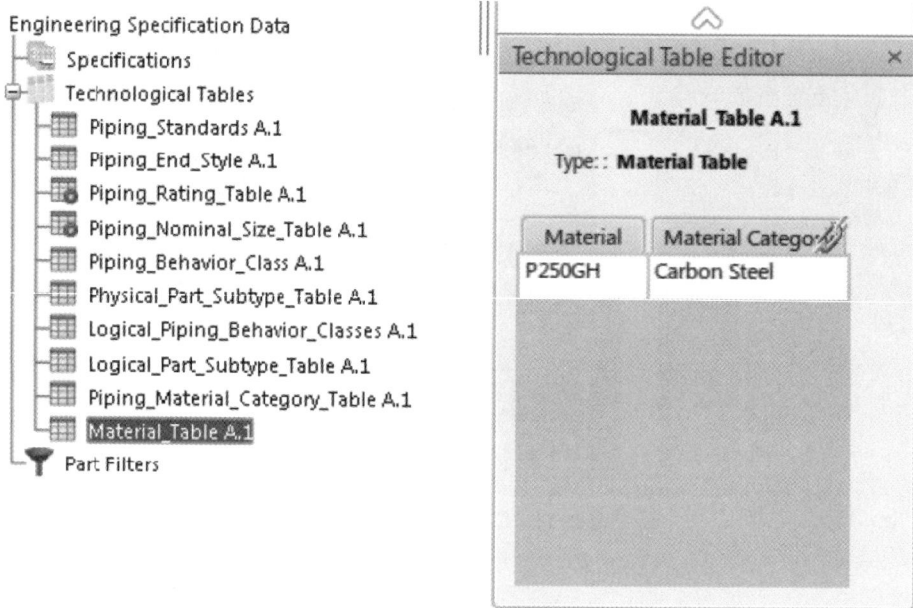

图 2-18　管系规格库

建立存放管子壁厚表。定义类型为 Length。

⑨管材规格表 Piping Reference Dimension Table。

建立管材系列表。创建 Piping Reference Dimension Table 时可新建两列,类型为 String,用以创建 Title 列和 Description 列,表达管材的部件编码以及描述信息。

⑩管材弯模倍数表 Piping Nominal Bend Radius Table。

用以存放弯管弯模倍数。

⑪管材弯模直径表 Piping Bend Diameter Table。

⑫管子弯模半径规格表 Piping Turn Rule Table。

⑬最短管子长度表 Piping Minimum Straight Length Table。

用以存放每一种管材规格的最短直管长度。

⑭管件自动匹配表 Piping Automatic Part Rule Table。

用于定义管件自动匹配规格。

⑮管子支管规则表 Piping Branching Rule Table。

用于定义管子支管规则。

⑯材料表(绝缘)Material Table(Insulation)。

(2)二维驱动三维的流程和机理

建立二维逻辑层各类设备、附件、连接件、标准件等数据库和图标,用于在平台上建立二维设计原理图,构成各元件的相互关系数据模型。

①逻辑层设备元件标准数据库:船舶各设备、控制箱、电气设备、设备图标和功能图。

创建设备功能图标如图 2-19 所示,定义设备属性和定义管路属性如图 2-20 和图 2-21所示。

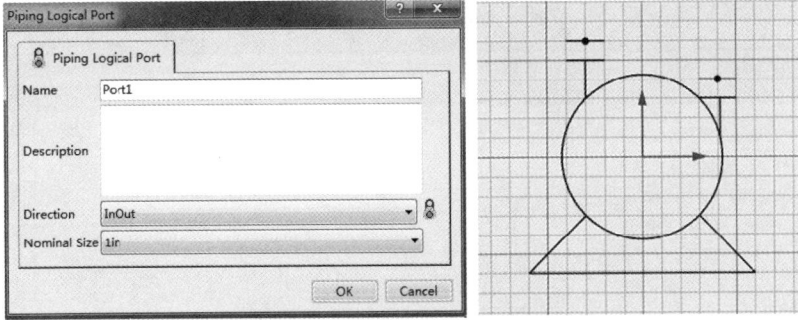

图 2-19　创建设备功能图标

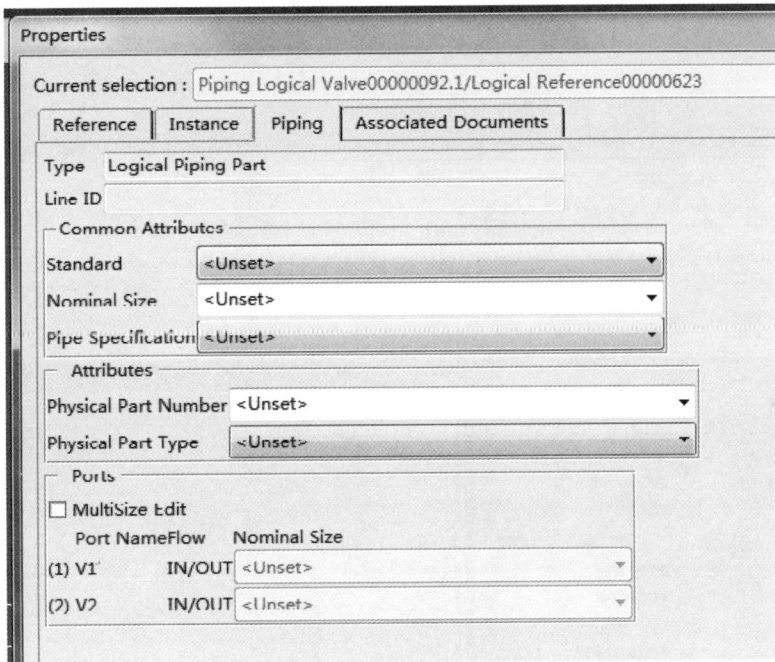

图 2-20　定义设备属性

②逻辑层电缆标准数据库:创建电缆型号和电缆规格库等,如图 2-22 所示。

(3)建立三维物理层各类设备、附件、连接件、标准件等实体模型

①物理层设备元件模型库:船舶各设备、控制箱、电气设备模型、接口类型、接口位置、功能等。设备的几何模型一般通过机械设计模块,根据设备制造商提供的二维图纸进行设备建模,或者由厂家提供三维数模,如图 2-23 所示。

同时通过创建点和面的方式,定义管路接口的位置和朝向、接口类型、设备必要的物理属性,步骤如图 2-24 所示,定义泵的进出口法兰和属性。

②物理层电缆标准模型库:电缆型号和电缆模型规格库。

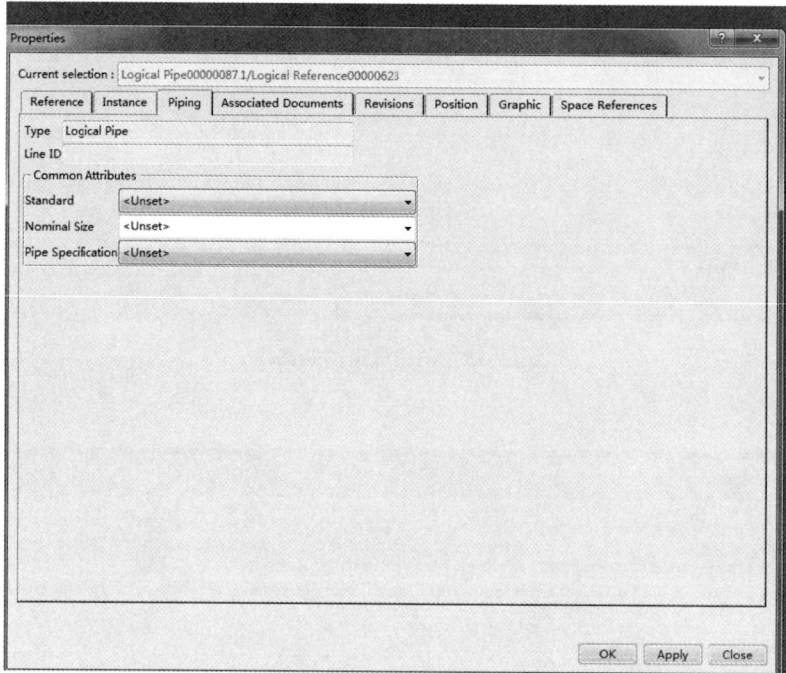

图 2-21 定义管路属性

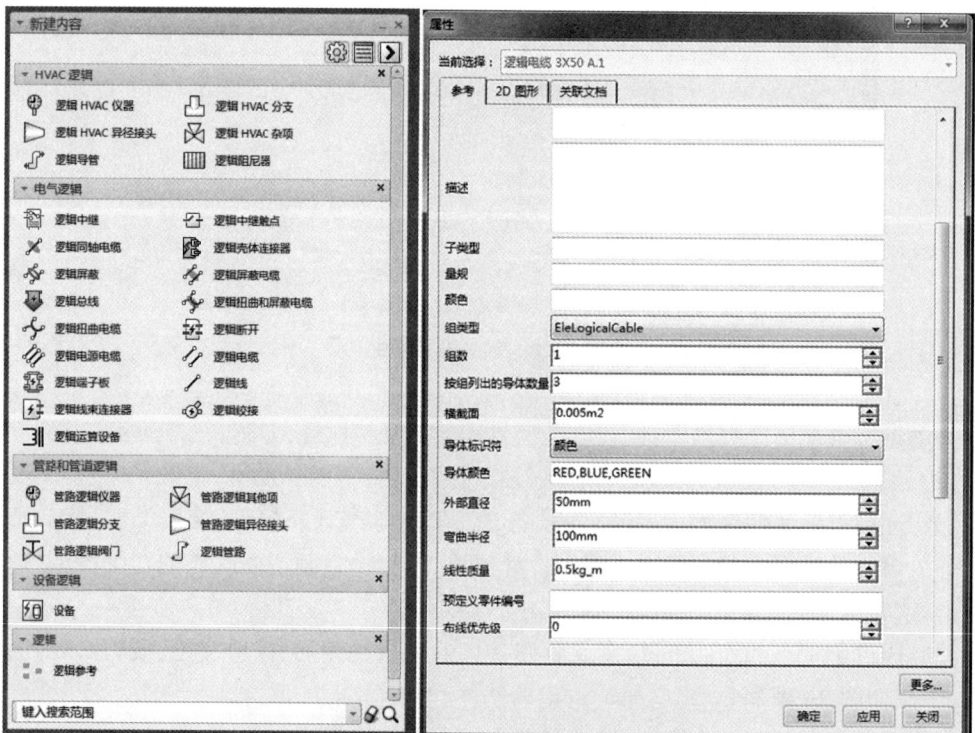

图 2-22 建立电缆标准数据库

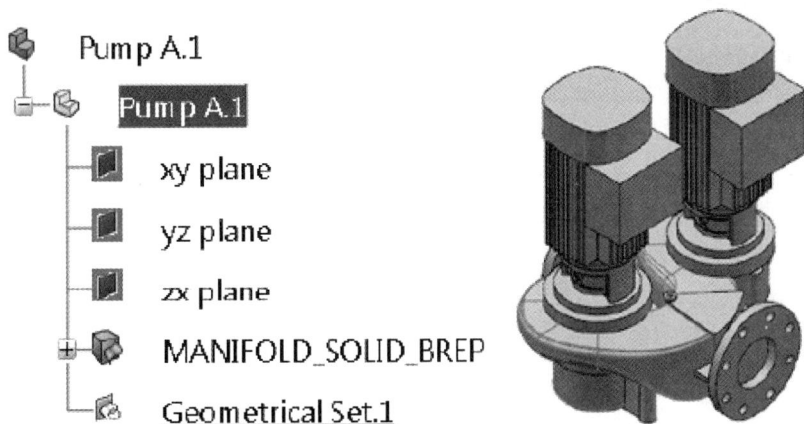

图 2-23　建立设备元件模型库(1)

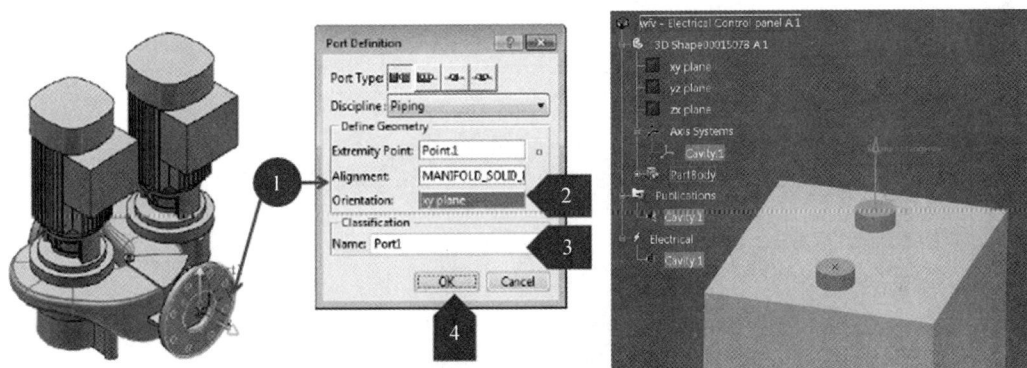

图 2-24　建立设备元件模型库(2)

③物理层管系和阀件标准模型库:管系型号和阀件等三维模型规格库,如图 2-25 所示。

(4)建立设备相关的基座、管系电气通道三维模型

参考船体、管系、电气等各专业模型,设计设备和基座的位置。再根据各设备的位置,决定管系和电缆通道的尺寸和走向,在通道上布置导架和贯穿件,如图 2-26 所示。

在 CATIA 平台上定义电缆通道,如图 2-27 所示。

(5)二维逻辑系统到三维物理系统的同步驱动

实现二维元件编码代号和三维设备、元器件实体模型编号代号一一对应,自动依据二维逻辑信息建立匹配的三维实现模型,如图 2-28 所示。

①依据已有的船体模型、支撑件、通道、穿舱件等模型,根据设计规则确定设备位置,计算优化各系统路径,自动建立管系和电缆三维实现模型。

②管系、电气和其他各专业并行开展设计,相互影响,反复迭代。随着各专业逐步优化完善,实现在二维设计数据修改更新时同步驱动三维模型调整、更新,如图 2-29 所示。

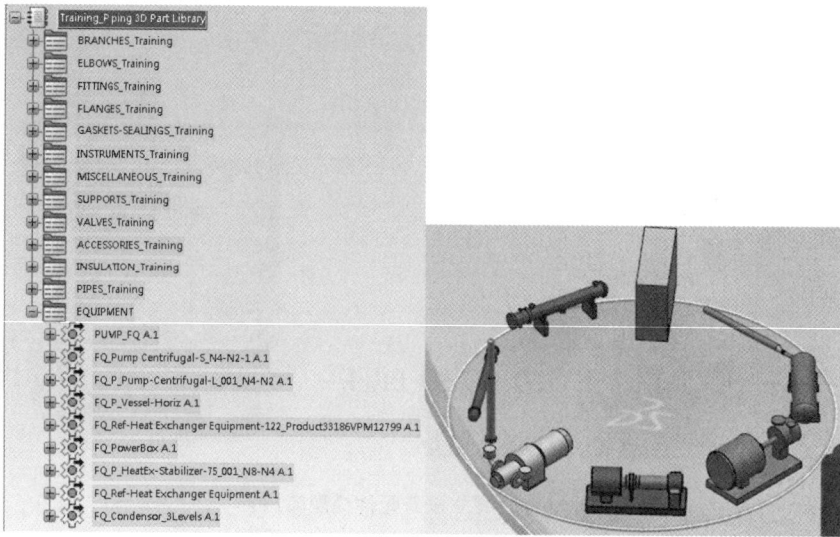

图 2-25　建立设备元件模型库(3)

图 2-26　设备交互布置

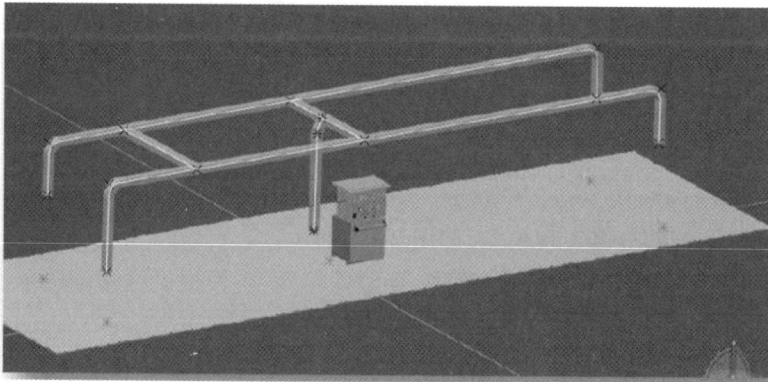

图 2-27　建立电缆通道

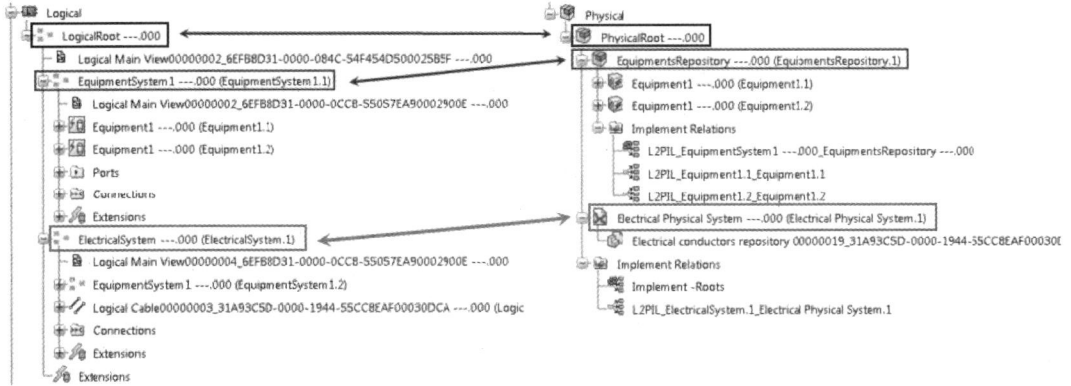

图 2-28　建立二维和三维物理系统对应关系

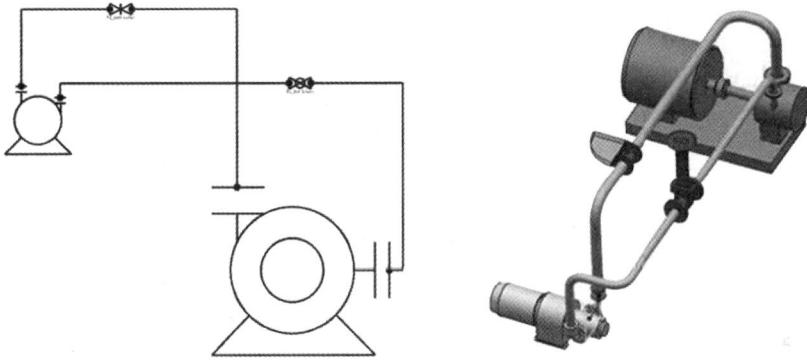

图 2-29　二维驱动三维模型生成示意图

2.3.2　管系二维原理图驱动三维模型体系

在三维设计平台上进行管系生产设计的前提条件是:初步设计已经结束,详细设计的机舱布置图、舱室布置图、管系原理图、管系阀件及附件清册等基本确定。在船体结构的总段或分段图、大型电气设备布置、主干电缆、大型风管、排气管的走向也已初步确定的情况下,由该船的主要设计人员分区域设绘管路的走向图。

首先,在能确定管路和电缆路径走向的基础上及所需各种资料和图纸充分准备的情况下,即可开始综合布置图的三维建模。按现代造船模式的要求,按区域进行设计工作,进行综合布置工作,区域内进行初步的布置和协调,然后与相邻区域的接口及外专业进行协调。各专业的协调工作一般是这样规定的,上方区域将向下延伸的接口位置、规格等提交给下方的区域,前面区域将接口提交给后面区域,左面区域将接口提交给右面的区域进行校核,如有问题,双方进行协调,直到统一意见为止。

其次,根据管系和电缆三维模型走向的需求确定船体结构上的开孔位置和大小。因为管子(包括其他专业)的开孔要求必须在船体分段结构图上反映出来,按目前的船体建造工艺,管子电气生产设计时应及时确定船体生产设计提供除各层甲板外所有纵、横舱壁和构件、肋板等的管子开孔信息,便于船体生产设计及时审核这些开孔的位置、坐标、开孔形状,并将有关管子开孔信息表达在船体生产设计分段结构图中,并对某些开孔做必要的加强。

最后,根据管系和电缆三维模型,输出管系零件图、管系附件汇总表、电缆总册,并输出从主干电缆细化到所有的分支电缆,每根电缆都有节点走向,每个节点都会有电缆列表。对于落地设备有不同的进线屏,电缆册中也相应会有电缆列表。

船舶管路系统和电缆系统在船舶三维设计平台建模具有相当的灵活性和复杂性。在建造过程中首先要符合原理设计的二维信息,其次要服从各类总布置设计和区域划分的要求,再次要充分考虑自身船厂建造工艺和工序的要求,最后在综合布置时,要满足安全规范、实际使用维护、人机工程等因素,在不断地充分优化中完成三维的实体建模,如图2-30所示。

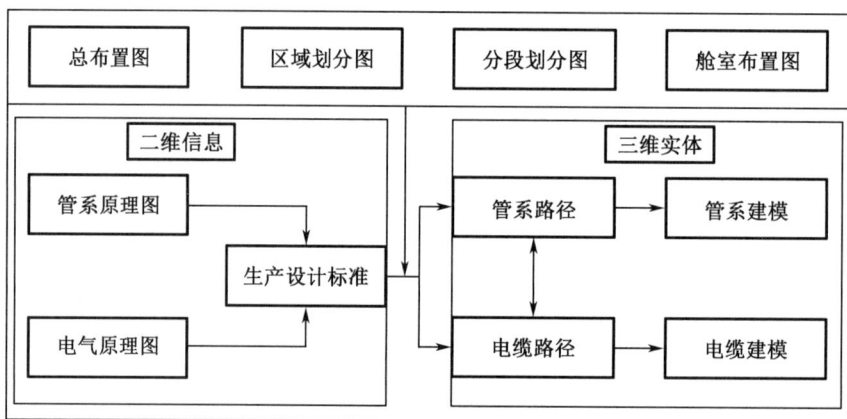

图 2-30　二维驱动三维技术方案

分析管系与电气详细设计图纸,整理出统一化、标准化的表述内容;分析并归纳出管路及电缆命名规则、标准库定义规则、产品结构树标准和生产信息属性标准等;实现二维数据到三维数据时映射信息匹配的正确性,各种信息则通过二维原理数据传递给三维模型数据。

分析船舶管系和电气三维布置设计标准和工艺要求,整理出统一的三维标准自动生成技术标准和实现方法,实现管系、电气系统模型与船体模型的碰撞检查,保证在生产设计中各系统通道的正确性;实现二维设计信息修改同步到三维物理模型,驱动三维模型的同步调整;最终实现在一定的区域内管路和电缆快速自动布置,并形成管系、电气二维驱动三维生成专用的软件。

2.3.2.1　管系二维系统编码规则

管系详细设计图纸包括各类设备、附件、连接件、标准件等数据库和图标,用于在平台上建立二维设计原理图,构成各元件的相互关系数据模型。

二维管路编码:由系统代号、管路编号、通径大小、材质信息组成,以字母和数字的组合表示。

结构形式:[系统代号][管路编号][通径大小][材质信息]

例如 WB829 DN300 3E3,WB 为压载水系统,829 为管路号,DN300 表示通径 300 mm,3E3 表示使用介质为液体的三级钢管。

二维管路其他附件(如阀件、滤器等)编码,以系统代号、附件编号和附件标识组合表示。

结构形式:[系统代号][附件编号][附件标识]

例如 WB822V,WB 为压载水系统,822 为阀号,V 表示为阀件类型。

2.3.2.2 管系三维模型编码规则

管材包含钢管、铜管等管材。三维管路编码主要由管子材质或实用代号、壁厚等级、管子外径组合表示。

结构形式:[管子材质/实用代号][壁厚等级]_[外径]

例如 ST20C_114,ST20 为 20#钢管, C 为壁厚等级, 114 为外径。

管系中的连接件包含弯头(定型弯头)、旋塞、盖、套筒(管)、异径接头、三通接头等。这些连接件可以分割管路,使管路分成若干管件(如套筒)。其编码可用材质、管径、形式,加字母和数字的组合表示。

结构形式:「实用代号+材质][形式][弯角/通径]_[外径]

例如:

弯头:ELST20_42,EL 为长弯头,ST20 为钢质弯头,42 为外径;

  EL304L_48,EL 为长弯头,304L 为不锈钢,48 为外径;

  ESCN10_38,ES 为短弯头,CN10 为铜镍铁,38 为外径。

大小头:RC304L-60_48,RC 为同心异径接头,304L 为不锈钢,60 为大头外径,48 为小头外径。

套管:SVC1CR18-43X7X60,SVC 为套管,1CR18 为不锈钢,43 为外径,7 为套管厚度,60 为套管长度。

三通:TR1CR18-76X34,TR 为异径三通接头,1CR18 为不锈钢,76 为大头外径,34 为小头外径。

  TSTP2-55,TS 为同径三通接头,TP2 为紫铜管,55 为外径。

管系中的阀包含旋阀、偏心阀、直通阀、直角阀、三通阀等,均是管路中的独立附件。

结构形式:[标准号][形式][压力]_[通径]

例如:CBM1048A_100,CBM1048 为标准号, A 为直通, 100 为通径;

  CBM1088B_65,CBM1088 为标准号,B 为角通,65 为通径。

法兰包含盲法兰、搭焊法兰、对焊(高脚)法兰、双孔法兰等。法兰是分割管路的附件。可以用标准号、形式、压力、通径组合表示。

结构形式:[标准号][形式][压力]_[通径]

例如：

CBM1012_60,CBM1012 为标准号，60 为外径；

CBM15.16K_76,CBM15 为标准号，16K 为压力，76 为外径；

GB2504A.64K_89,GB2504 为标准号，A 为凸法兰，64K 为压力，89 为外径；

GB2504B.65K_89,GB2504 为标准号，B 为凹法兰，65K 为压力，89 为外径。

2.3.2.3 管系二维原理图数据库

管系二维原理图是处理管系三维建模的前道工作。该模块主要功能:定义管路、定义设备、定义阀件(附件)、原理图导入、管路属性修改、附件编辑。

通过二维原理图和管系编码规则，将二维逻辑层船舶各设备、管路附件等设备元件图标、逻辑层管路规格、管路材料和阀件等建立数据库(图 2-31)，并定义甲板、区域、舱室、各设备元件接口的位置和属性。

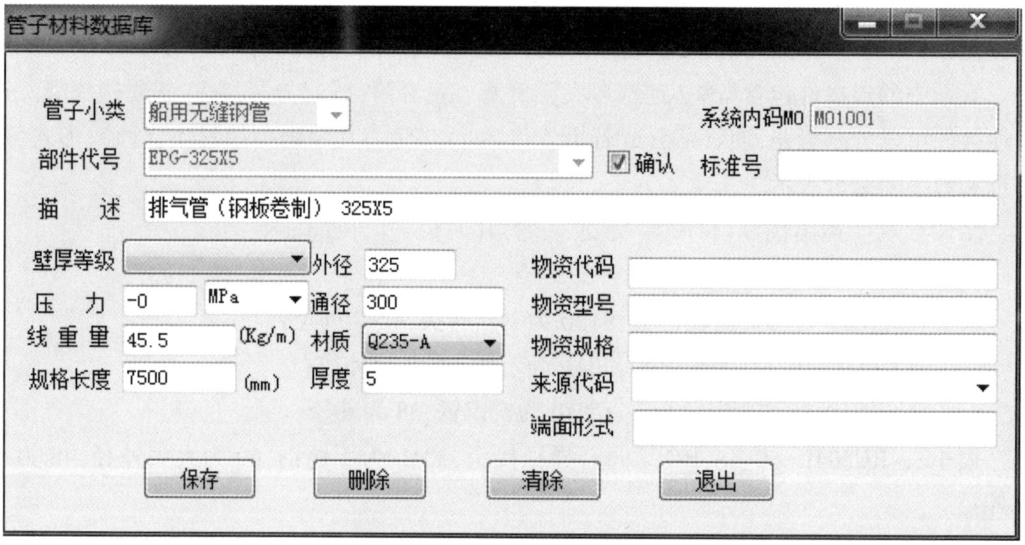

图 2-31 建立管子材料数据库

应用已定义的设备元件、管路、管路附件绘制原理图(图 2-32)。建立管路系统号、部件代号、设计压力、管子级别、船级、绝缘材料、垫片等管子原理属性数据;建立系统号、附件类型、附件号、附件名称、标准、铭牌等属性数据;建立设备的编号、名称、设备坐标、专业、类别、铭牌等属性数据;分析管路原理图连通完整性和正确性。

2.3.2.4 管系二维原理图驱动三维模型生成关键技术

依据二维逻辑层管系原理图，调用设备三维模型并将其布置到所定义的坐标位置。根据"先大管后小管"的原则，在管系原理图中选择需要在三维环境下生成模型的管路或者分支管路，进行同步。在三维环境下，选择两个设备管路端口进行二维到三维同步，管系二维驱动三维生成技术流程如图 2-33 所示。

图 2-32 定义二维管路原理图

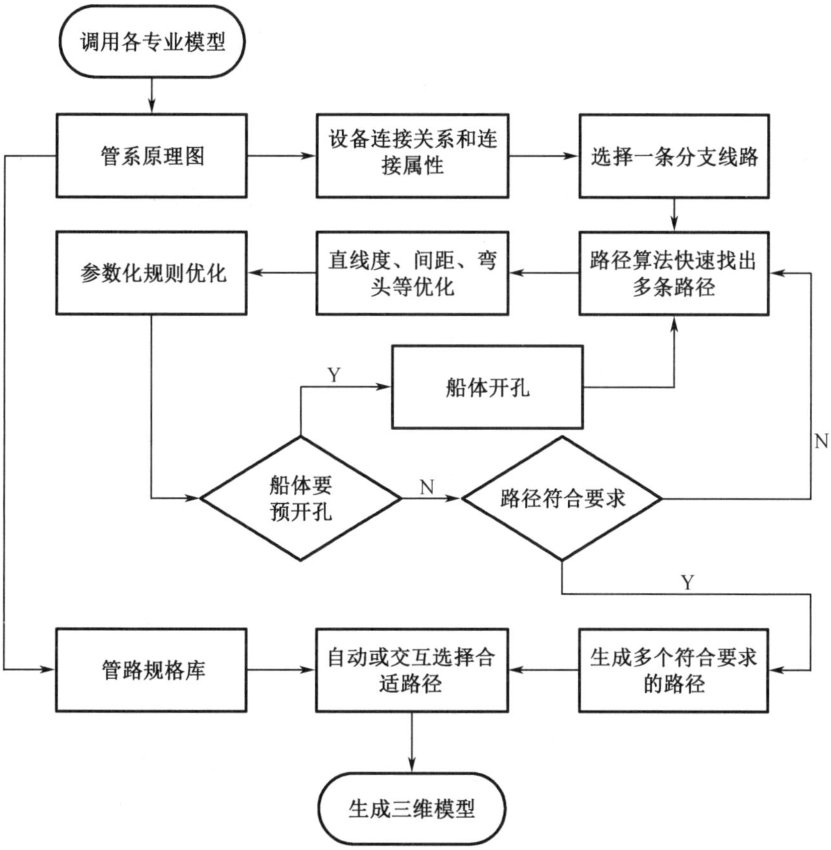

图 2-33 管系二维驱动三维生成技术流程

图 2-32 定义二维管路原理图

图 2-33 管系二维驱动三维生成技术流程

根据预定义规则参数,对管路路径与船体和其他专业模型的间距进行优化。根据预定义管系的规格,对管路路径的转弯半径进行优化。船体特殊结构(如加强筋板、T排面板等)禁止干涉。检查和定义船体是否需要开孔,更新计算路径。

具体定义管路路径生成规则参数如下:

(1)定义管系布置的最小间距:相邻两根管子或是管子与法兰、阀件、附件之间的最小间距(如20 mm)。

(2)定义相邻管子法兰的最小间距(如150 mm)。

(3)定义包扎绝缘的相邻管子最小间距:再加上表面绝缘厚度后的最小间距(如20 mm)。

(4)定义当蒸汽、热水、排气等管路与电缆平行时的最小间距(如100 mm)。在交叉走向与电缆的最小间距(如100 mm)。

(5)定义管子法兰与甲板上或内底板上的最小间距(如50 mm)。

(6)定义舱底水和压载水等管子的吸口与布置在各舱底板的最小间距。

(7)定义污水排水管等管系水平布置时的倾斜度。

(8)定义管系上面阀件的阀盘和滤器的上方与花钢板的间距。

(9)定义管路的走向(沿着船体结构或箱柜平行或垂直)。

(10)定义在两阀并列布置时,阀盘的最小间距(如40 mm)。

(11)定义管路取段原则:标准管段(如6 m、4 m、3 m、2 m等)。

(12)定义管路弯曲角(如15°、30°、45°、60°、90°)。

(13)定义油舱蒸汽加热盘2D弯曲半径。

(14)定义DN200以上的管路变向用弯头角度优先级(30°、45°、60°、90°),其次为5°的整数倍。

(15)定义管路部件焊缝的最小间距(如50 mm)。

(16)定义在电气箱正上方的管路不能布置法兰。

(17)定义在管束单元布置时,平行管路的法兰布置类型(如平行型、交叉型、阶梯型),如图2-34所示。

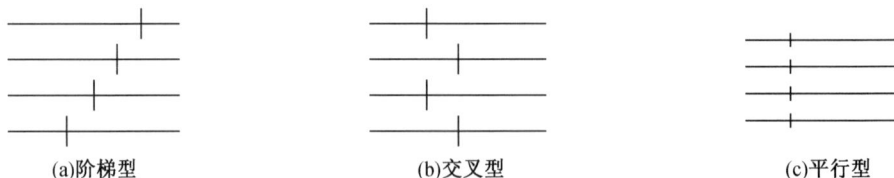

(a)阶梯型　　　　　　　　　(b)交叉型　　　　　　　　　(c)平行型

图2-34　平行管路的法兰布置

根据三维模型生成技术标准对已有路径进行参数优化。对管路直线度优化,生成多个较为平直的路径。根据计算结果,选择最适合的路径生成三维管路模型。

2.3.3 管系二维原理图驱动三维模型生成关键算法

当前,船舶管路三维建模设计主要还是依靠设计人员的经验,结合规范要求和生产工艺要求来规划管路走向。虽然主流的三维设计软件提供了丰富的管路建模功能,三维操作方便,但在设计制造大型复杂船舶产品时,船舶包含控制船态的压载系统,为各种动力设备提供冷却的海水、淡水系统,还有燃油、滑油、压缩空气、液压控制、液位遥测、排气、测深、蒸汽、消防等20多种系统,同时船舶管路通径最大DN在2500左右,最小在DN6左右,因此进行船舶管系设计需要大量的人力资源和时间资源,进行反复的设计修改才能达到企业生产制造要求。

船舶管路布置设计也可以理解成路径规划。将某一设备端口作为起点,需要连接的另一端口作为终点,船体结构和各类设备作为障碍物,进行三维空间管道的路径规划。路径规划目前已经应用于日常生产生活中,例如:汽车的地图导航,无人机的自主导航,电脑游戏中的人物自动行走,扫地机器人的应用等。这些应用大部分都是以提供最短时间或者最短距离的路径规划为目标,同时主要以Dijkstra算法、RRT、遗传算法等核心算法实现路径规划。但是船舶管路布置一定要根据约束(生产工艺、安全规范、制造成本、使用操作、审美观念等)来设定管路走向。所以只有在满足上述约束的情况下,最短路径才具有价值。

船舶管路布置的三维环境与目前主流的应用有着较大的差异。船舶模型的一个特点是船舶和机械的性质决定了其三维体积较大。地图导航全部是点线信息,无人机主要是点云的简化信息,电脑游戏中人物导航和扫地机器人自主作业主要还是基于二维平面信息处理。船舶的一个3~5 m分段的模型量就要远远超过所有的主流应用模型量。一艘10万吨级的船舶长度为150~250 m,因此船舶模型的另一个特点就是模型量大,结构复杂。

对于模型量大的船舶,为了实现管路自动布置,首先绕开模型优化环节,可以直接采用RRT算法,就是快速扩展随机树(rapidly exploring random tree)的路径规划算法。通过对状态空间中的采样点进行碰撞检测,避免了对空间的建模,能够有效地解决高维空间和复杂约束的路径规划问题。该方法的特点是能够快速有效地搜索高维空间,通过状态空间的随机采样点,把搜索导向空白区域,从而寻找到一条从起始点到目标点的规划路径,适合解决多自由度管路在复杂环境下和动态环境中的路径规划。

2.3.3.1 基本的RRT算法

基本的RRT算法从起点开始,以终点方向为目标生成路径节点,直到找到终点结束(图2-35)。具体做法是在限制的空间内生成随机点,然后查找最近的路径节点,向随机点方向生成自定义距离的新节点,如果新节点与障碍物无碰撞,就保存新节点,反之则生成随机点,直到搜索到终点,最后通过路径节点关系表的回溯返回路径。在实际应用中,在一定的空间内生成随机点,同时限制一定的概率随机点等于目标点。这样避免随机点漫无目的地生成路径节点。RRT算法可以实现在不太复杂的迷宫或特殊的狭窄障碍物环境下,能够快

速找到路径。

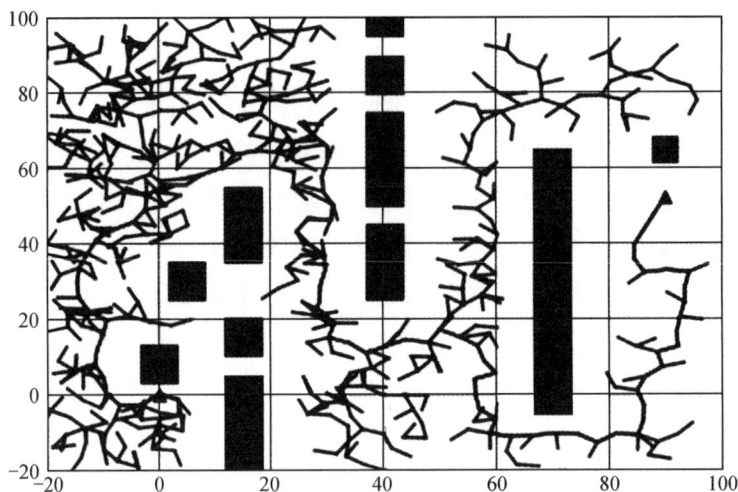

图 2-35   应用 RRT 算法寻找路径

2.3.3.2   网格规则约束优化

网格规则约束是对路径方向约束,从起点开始,生成新点的方向约束只能平行于 X、Y、Z 轴。所以在空间内生成随机点后,查找最近的路径节点,计算随机点与最近的路径节点的轴系方向距离,随机点距某个轴向距离最近,生成新点以平行某个轴向。约束后生成的所有路径,就是网格规则化的路径(图 2-36)。

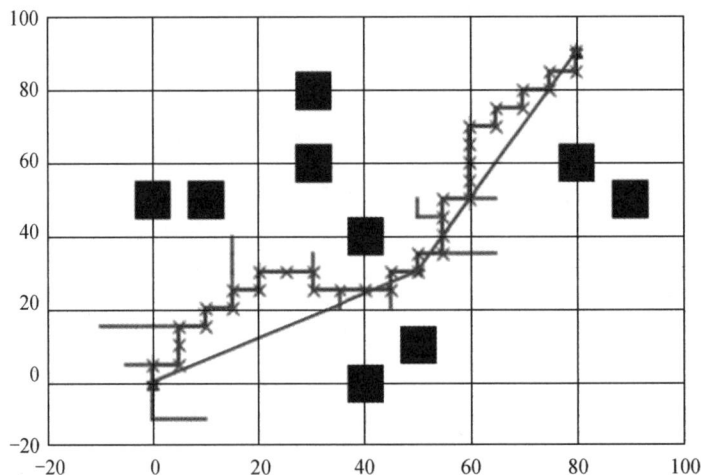

图 2-36   应用网格约束优化路径

对随机取样点位置和数量约束。对空间的随机点取样,只能取起点为基准的网格化节点,及所有可能的路径节点,同时只能取未使用的节点。这就改变了原来基本的 RRT 算法随机取样点是无数量和无位置限制,避免出现计算次数存在很大的不确定性和不可控状况。对随机点采样增加约束后,随机的点位置是可知的,总数是确定量的,分布是非常均匀的。因为未采样已生成路径的节点,所以减少了部分无效的采样次数。随着路径的生成,总的空间随机采样点的数量是同步递减的,因此采样点有效性和正确性也同步增加。

2.3.3.3　增长方式约束优化

基本的 RRT 算法,每次随机采样一点,生成一个方向,并在最近点每次只生成一个新路径节点或不生成路径节点。因为是随机采样,下一次再在此最近点生成新节点的相隔时间跨度存在非常大的不确定性,因此在每次随机采样一点后,在最近点每次生成一个新路径节点,同时以新节点的法线方向生成 4 个方向新节点。在相同的随机采样次数下,增长方式约束优化,最多能生成新节点的数量比基本的 RRT 算法多 4 倍,计算时间缩短为原来的 1/4;另一作用是,明显减少随机新节点的无效性。因为如果新节点与障碍物干涉碰撞,则需要放弃此新节点,需要重新再随机采样一点,再次寻找可用的新节点。在增长方式约束优化和随机增长方式约束优化双重优化下,随机采样一次,可以生成一次新的可用节点。

2.3.3.4　路径节点数量优化

通过 RRT 算法得到节点、曲折拐点较多的初始路径。RRT 算法的初始路径虽然是一条从开始点到目标的点可达到路径,但由于节点和拐点较多,并不能直接用于管路生成。通过约束路径的节点数量,只保留关键节点,能优化路径表达(图 2-37)。具体做法是在已知一条初始路径的情况下,按照从起点到终点顺序,进行二次寻路。起点为二次寻路的第一个新节点,每个新节点为目标起点,后续节点为目标终点,以此循环,以单位长度向初始路径的终点前进,在到达中间节点的过程中没有发生自定义类型的障碍物干涉碰撞,则继续以下一个节点作为目标终点。在寻路的过程中,如果发生自定义类型的障碍物干涉碰撞,说明此中间的节点直线路径不通,将上一个中间节点添加到二次寻路的路径中。通过上述做法,直至找到初始路径的终点结束。

2.3.3.5　管路方向约束

管路布置设计要符合人的审美观,对管路直线度进行优化,生成多个较为平直的路径(图 2-38、图 2-39)。同时总体上管路方向保持连续的水平约束和连续的垂直约束,或者管路方向保持连续的特定角度。管路的方向应参照与船体结构方向,如平行甲板、双层底等,垂直于舱室、箱柜的壁板等。在实际应用中,船体结构组成复杂,常见的有大量的肋板、加强板、肘板、加强筋、纵骨等,管路走向如果完全直接参照当前环境,沿着船体结构件表面进行布置管路,得到的是一条完全弯曲和多折点的路径,并符合实际应用。

同时,在实际应用中,管路布置是一个三维布置,存在多种情况。第一,管路布置空间相对独立,如设备本体之间的管路连接,在同一空间的设备与设备之间距离较短,不需要进行方向约束。第二,管路布置以一方向为主,其他方向不考虑。主要考虑沿着横舱壁从下到上的管路,沿着甲板面从艉部到艏部的管路。第三,需要综合考虑多个方向约束的管路。这种情况在机舱管路中较多,如淡水管路、滑油管路、压缩空气管路等,这些都需要跨越多个空间,连接分布在机舱各个位置设备。管路布置需要受到多个方向和参照物约束,来满足管路统一、美观实用、空间利用、预舾装等因素要求。

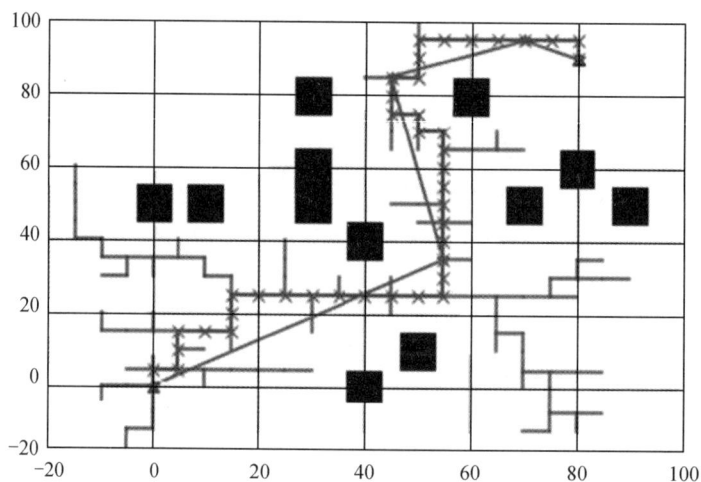

图 2-37　路径关键节点优化

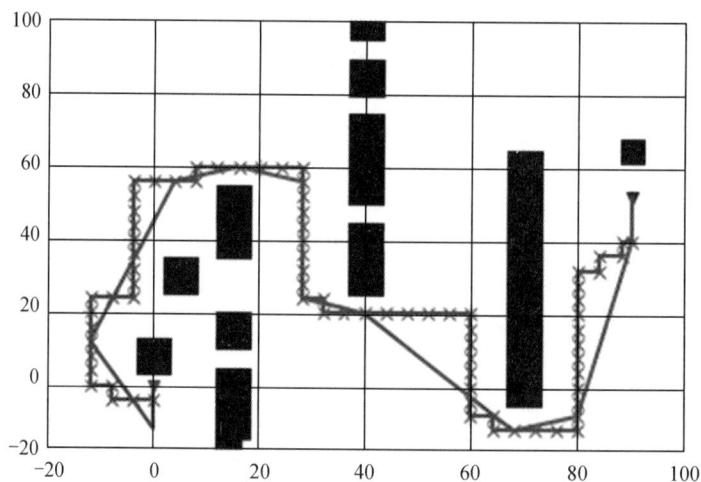

图 2-38　管路方向约束优化前

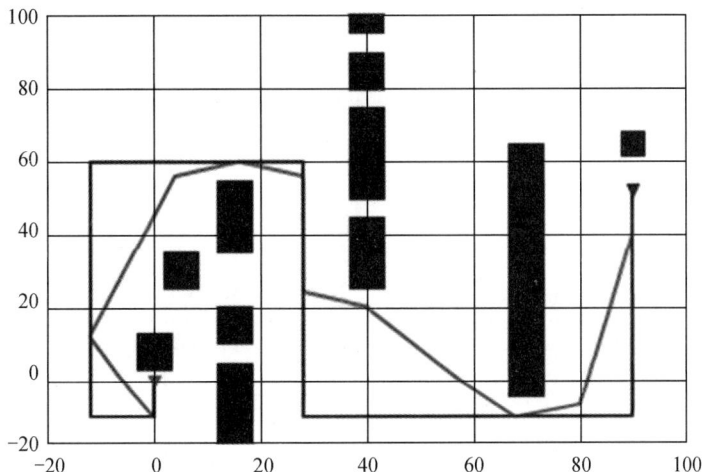

图 2-39　管路方向约束优化后

2.3.3.6　管路与障碍物的距离约束

管路与障碍物的距离约束主要有以下几个:

(1)管路与船体结构之间的间距约束,如定义管子法兰与甲板上或内底板上最小间距(如 50 mm)。

(2)管路与管路之间的间距约束,如定义管系布置的最小间距,相邻两根管子或是管子与法兰、阀件、附件之间的最小间距(如 20 mm);定义包扎绝缘的相邻管子最小间距,即再加上表面绝缘厚度后的最小间距(如 20 mm)。

(3)管路与电缆之间的约束。管路与电缆平行时的最小间距(如 100 mm);在交叉走向时与电缆的最小间距(如 100 mm)。

2.3.3.7　管路弯头约束算法

弯头是管路的重要特征。弯管是管道制造非常重要的组成部分,为了节约制造管子的成本,在实际管路布置过程中应尽量减少弯头数量。弯头角度优先选择 30°、45°、60°、90°,其次为 5°的整数倍,其最大弯头角度小于 180°;同时要约束弯管的半径值,大多数只有一个弯管半径值,如果有两个弯管半径,则表示该管路外径允许大半径和小半径。一般情况下钢管以通径的 1 倍或 1.5 倍数作为弯头半径约束;紫铜管以 1 倍或略大于 1 倍的通径作为弯头半径约束(图 2-40)。

2.3.3.8　管径约束算法

生成新路径节点时,以管道半径为约束,检查节点半径内是否与障碍物干涉碰撞。在三维空间里,可以将每个新路径节点生成以管道直径为直径的球体,或者生成以管道直径为边长的正方体。以管道直径为边长的正方体比以管道直径为直径的球体有更大的体积。在以单位步长生成新节点时,两正方体相比两个球体之间的相交空间更大,更能满足管道要求。选择应用球体做节点干涉碰撞比选择正方体需要更小的步长,更小的步长则需要更多的计算次数。

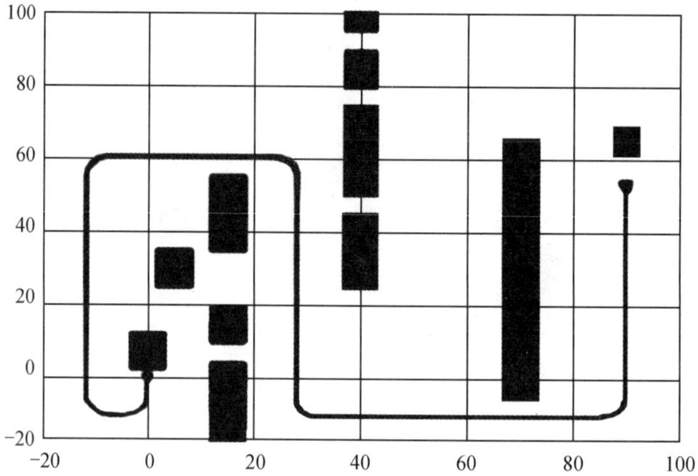

图 2-40　管路弯头优化

2.3.3.9　管路长度约束算法

除了弯头部分外,剩余的管路路径都是直线路径。因此若管路中直管段太短,则无法实现弯头加工和制造。设备出口管路必须以出口方向延长一定的最小管路长度。设备进出口直线路径长度一般情况下大于1个弯头半径与弯管设备最小前夹长度之和。非进出口直线管路长度一般情况下大于两个弯头半径与弯管设备最小前夹长度。弯头最小前夹长度与管径、弯管设备型号、加工方式、管道材料有关。图 2-41 为最终生成的管路。

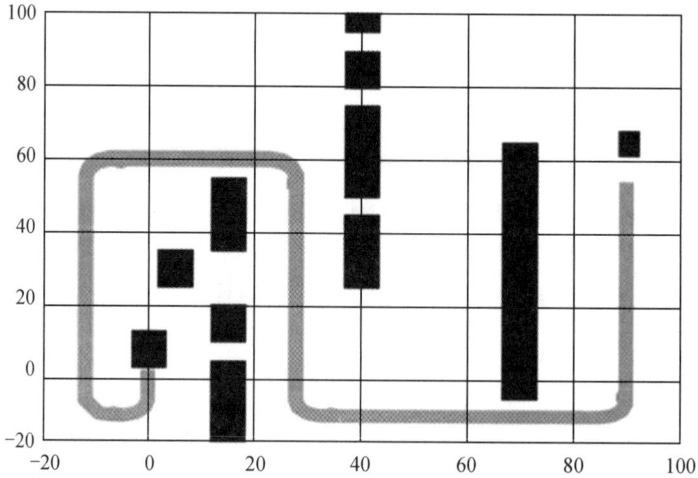

图 2-41　最终生成的管路

2.3.4　加热盘管自动布置算法

2.3.4.1　加热盘管布置要求

加热盘管外部环境是封闭船体舱室结构。舱室内部四周主要是分布纵骨、舱内肋骨、肋板等结构。有些特殊位置如舷底外板，四周会有一面是曲面板或斜板。舱室底部一般都是平面的板。舱壁通常布置液位计、温度指示器、温度传感器、液位高低位传感器等设备和附件。同时内部通常包含一些测深管、用于料油输送的吸口管路、加油管路等。

根据油舱蒸汽加热系统计算方法中的经验公式可知，加热盘管有效长度有一定的上限值，根据船室加热量需要选择合适的管径。一般管子通径 DN40 最大长度可以到 100 m 左右，DN50 可以到 130 m 左右。同时，加热盘管也可以采用多层布置，满足加热量要求。特殊要求也可以采用多根管路并排多层布置。特殊燃油舱室结构，在舱室底部无法均匀布置管路时，也可以分区域分组多层均匀布置加热盘管等多种方案，使总体上满足加热均匀即可。

加热盘管的进出口在舱室中位置，一般根据设计的综合布置基本要求确定，本书将此作为已知信息。加热盘管一般采用套管连接，在设计布置过程中需要充分考虑现场焊接施工的要求。管子之间的间距应大于 250 mm，管子和舱壁结构之间的距离应大于 300 mm，这样有利于现场安装操作。同时，为了有利于管子制作施工和加热效果，加热盘管布置一般布置在平行舱室底部，管系之间距离相等，均匀分布。如果单层加热盘管布置长度达不到设计要求，可以采用多层布置。加热盘管布置样式具有多种方案（图 2-42），具体可根据工艺要求和设计者偏好决定。

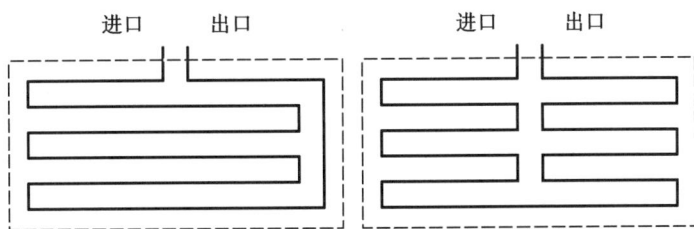

图 2-42　常规加热盘管布置样式

2.3.4.2　加热盘管自动布置样式

根据上节的管布置要求，本节加热盘管采用"S"形路径规划方案。路径规划方案如下：以直径等于管路直径的球体作为探路者，从舱室进口方向前进一段距离后，采用"S"形路径向前探路。当球体与周边环境发生干涉，则改变方向，平行于舱室进口方向前进一段距离后，沿着"S"形路开始方向的反方向探路，通过不断重复，遍历环境空间，最终形成"S"形加热盘管路径（图 2-43）。

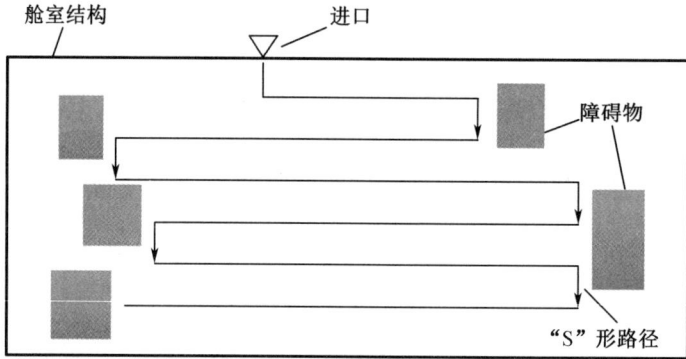

图 2-43 "S"形路径规划方案

2.3.4.3 加热盘管路径终止条件

本节探路球体遇到干涉时,采用路径回溯算法来判断是否停止。路径回溯算法如下:当干涉时,探路球体将沿着平行于开始方向的原路径返回,并检查沿着出口方向的下一个转折点是否干涉。如果不干涉继续原路径返回,且没有经过起点附近,可以继续探路(图 2-44)。

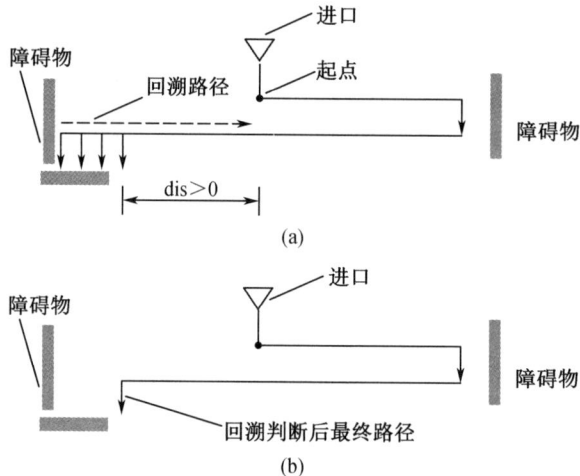

图 2-44 应用回溯算法继续探路

反之,探路球体如果一直干涉且与起点之间距离已达到最小值,说明已经到达舱室内部最深处,停止探路(图 2-45)。采用回溯算法的优点是可以完整地遍历整个舱室内部空间,同时避开舱室内部结构部件的干扰。通过完整地遍历整个模型空间,可以计算单层加热盘管可布置的最大长度值。

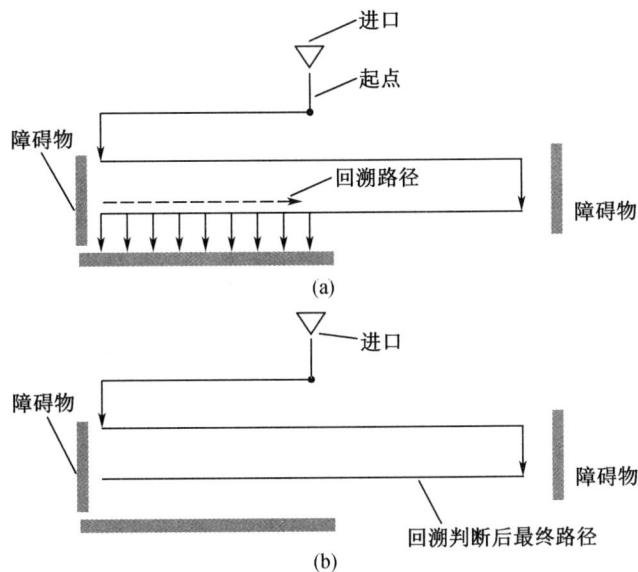

图2-45 应用回溯算法终止探路

2.3.4.4 加热盘管的出口管路算法

在采用"S"形路径规划方案探路终止时,已知路径并没有与出口进行连接,因此增加出口管路路径算法。管路路径可以看作一系列点 $P(x,y,z)$ 坐标序列表达,其管路路径表示为 path $= \{ P_1, P_2, \cdots, P_8, P_9, \cdots, P_m \}$(图2-46)。

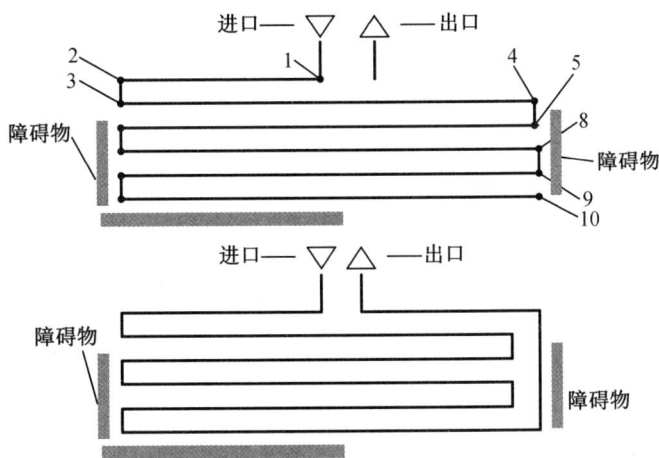

图2-46 加热盘管的出口管路算法

从图2-46中可以看出,可由公式 $i = 4n+4$ 和 $j = 4n+5$(其中 $n = 0,1,2,3,\cdots$),计算出路径中 P_i 点和 P_j 点是在出口侧。同时通过公式可以判断路径中的最后一点 P_m 是否在出口侧,方法是将 m 代入上述公式 i 和 j 中,计算 n 值。如果两个 n 都是非整数,则路径中最后一个点是和进口在同一侧,需要对现有路径进行优化调整。如果有一个 n 值是整数,则路径中最后一个点是和出口在同一侧。通过公式对路径剩余点进行计算,可以区分路径点是否在出口侧。对在出口侧的点进行向进口方向平移自定义距离,并连接出口管路,可完成出口管路路径布置。

2.3.4.5 加热盘管的总长度优化

通过上述"S"形路径规划方案,采用最小限制的管距和最低的外部环境结构干涉距离参数,遍历环境空间并计算得到加热盘管的总长 L_w。如果管子长度设计要求为 L_K,则 L_K 应等于现实总长 $L_r = (2m+1)L_c + 2m(L_b - L_d) + 2L_b - L_a$,其中长管根数 $m = 0, 1, 2, 3, \cdots, m$ 必是非负整数。当 $m=0$ 时,加热盘管是单圈布置(图2-47)。

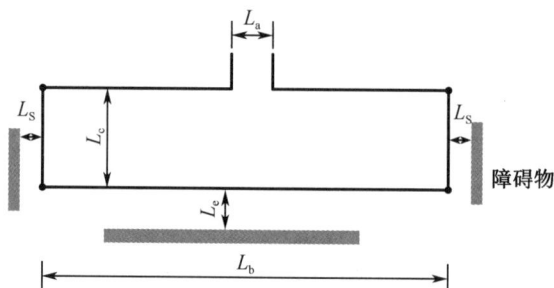

图2-47 单圈布置加热盘管

当 $m>0$ 时,可以保证加热盘管的布置根数必须是偶数(图2-48)。如果加热盘管的布置根数是奇数,将出现加热盘管内部路径连接错误或者出口路径连接错误。通过依次调节参数 m、L_d、L_c、L_b 的值,使得 L_r 与 L_K 接近。首先,在 L_d、L_c、L_b 初始值情况下求出 m 的最小值,在 m 不变的前提下,调节 L_d、L_c、L_b 的值以使管系总长在设计要求5%以内,完成管系布置优化。

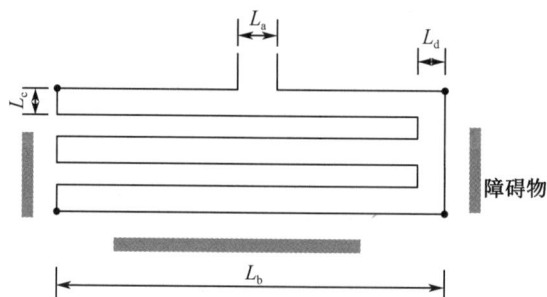

图2-48 偶数根布置加热盘管

2.3.5 二维驱动三维管路自动布置程序开发

达索公司的 3D EXPERINCE V6 平台在船舶、飞机、汽车、机械等领域应用广泛,该平台要应用在这些行业少不了管路布置设计模块。3D EXPERINCE V6 具有功能丰富的交互式的管路建模功能,但是管路自动布置功能与目前其他主流平台一样都是空白区。本节基于 3D EXPERINCE CAA(components application architecture)组件的一种开发方法和 Visual C++语言,成功开发了管路自动布置程序,主要调用 CAA 中的 CATInterfereSolver 类用于干涉检查,CATFrmEditor 类用于模型识别读取,CATIMmiMechanicalFeature 类用于三维模型特征读取。通过自主算法设计开发了 AutoPipeRouting 一般通用管系自动布置程序和 AutoHeatingPipe 加热盘管自动布置程序,如图 2-49 所示。

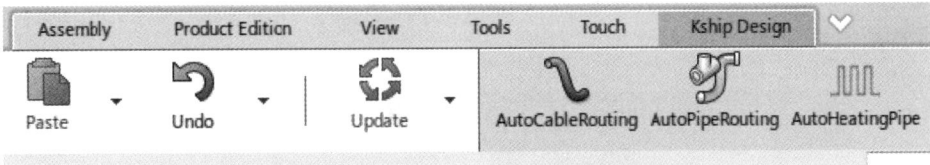

图 2-49　二维驱动三维自动布置模块

2.3.5.1　一般通用管系自动布置程序

一般通用管系自动布置程序主要参数有 Pipe Diameter(管路通径)、Step Length(寻路步长)、Start Point(开始点)、Start Direction(开始方向)、End Point(终点)、End Direction(终点方向)、Support Planc(管路的支撑面/参照面)、Support Distancc(距离约束),具体程序界面如图 2-50 所示。

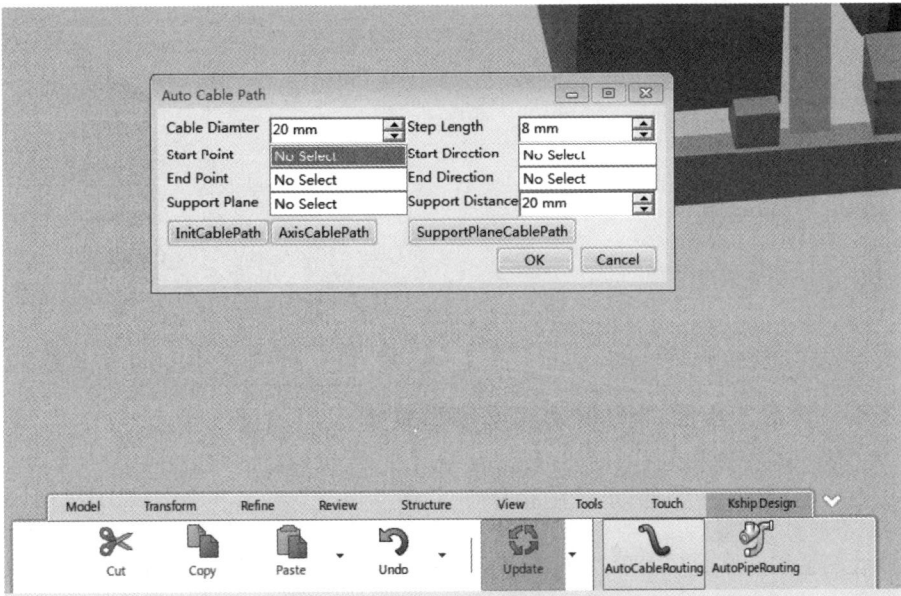

图 2-50　管路自动布置软件界面

2.3.5.2 加热盘管自动布置程序

加热盘管自动布置程序界面,如图 2-51 所示,其中主要参数有 Pipe Diameter(管径)、Step Length(探路步长)、Start Point(进口中心点)、Start Direction(进口方向)、End Point(出口终点)、End Direction(出口方向)、Support Plane(管路的支撑面/参照面)、Direction Plane(管路约束方向参照面)、Total Length(设计总长)。有两个方向调节辅助功能:Start Direction 功能是调整管路在舱室的进口方向,First Direction 功能是调整加热盘管开始路径规划的开始方向。应用 Automatic Routing 功能完成管路自动布置,Total Length 栏显示生成的实际管系模型总长。

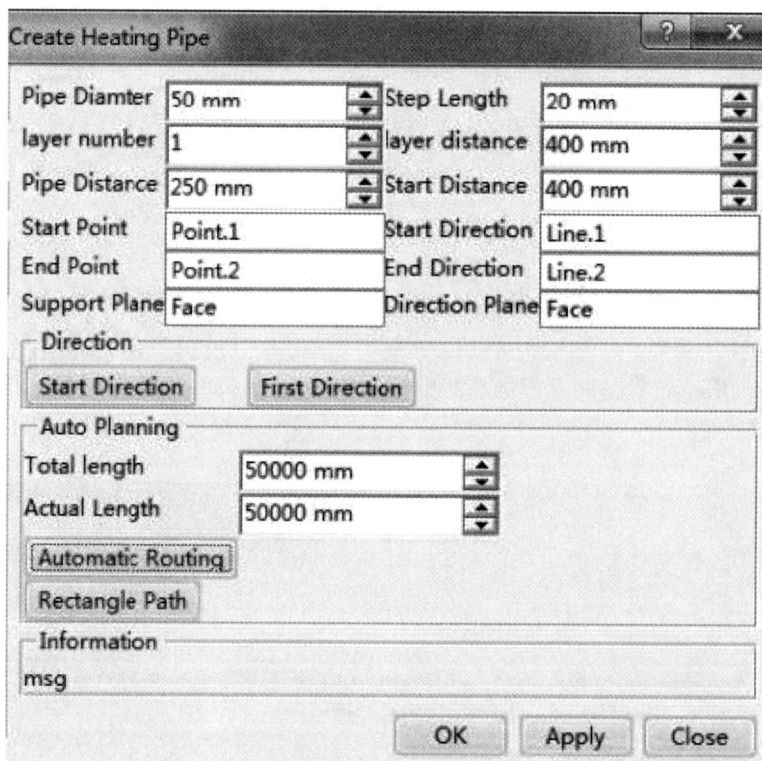

图 2-51　软件主界面

2.3.6 管系二维原理图驱动三维模型软件应用验证

2.3.6.1 通用管系自动布置验证

本节使用船舶非常重要和常见的压缩空气系统模型(图 2-52)作为测试对象。压缩空气系统是保证船舶正常运行必不可少的一个部分,它的使用范围非常广泛,在船舶动力系统和自动化控制方面具有举足轻重的地位。通常大型船舶上都布置两台主空压机,两台主空气瓶。为了日常操作方便,主空压机和主空气瓶一般都是近距离放在同一层甲板上。实际管路设计布置中,两个主空气瓶和两个主空压机之间可以有多种连接方式,实现两台空压机为其中一个主空气瓶增加压缩空气,也可以一对一为主空气瓶充气。在管路布置满足压缩空气原理要求和障碍物的距离方向约束的前提下,不同类型、大小的船舶机舱内的设备布置和管路布置非常多样化。

为验证船舶加热盘管的自动布置系统的可行性,在 3D EXPERINCE V6 软件中打开需验证舱室模型。模型空间总尺寸为 10 000 mm×4 500 mm×3 400 mm,其中空气瓶外形尺寸 φ1 200 mm×2 500 mm,空压机外形尺寸 1 800 mm×770 mm×980 mm。空气瓶进口和空压机出口法兰通径为 40 mm。在主程序中设置管径为 40 mm,寻路步长为 20 mm。通过程序分别选择空压机出口法兰中心点和轴线确定管路的起点和方向,选择空气瓶进口法兰中心点和轴线确定管路的终点和终点方向。

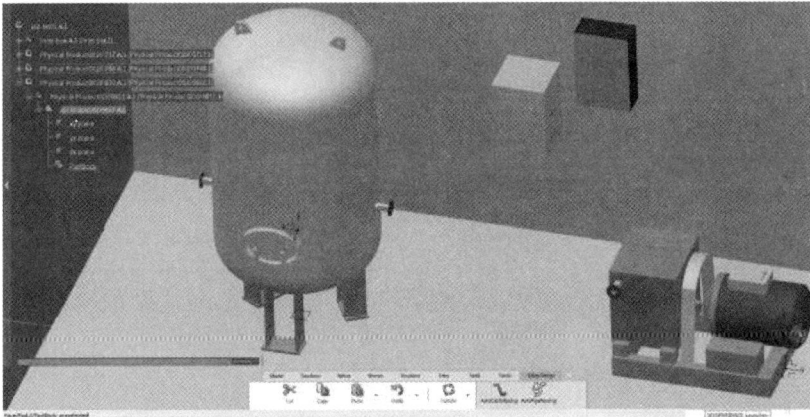

图 2-52　压缩空气设备布置模型

(1)打开 AutoPipeRouting 管路自动布置对话框(图 2-53),应用管路自动布置软件。

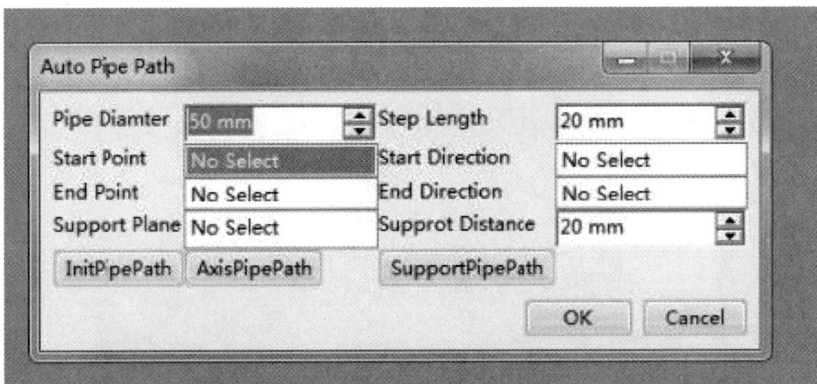

图 2-53　打开 AutoPipeRouting 管路自动布置对话框

(2)在 Pipe Diameter 里定义管径,在 Step Length 里定义寻找路径的最小长度。
(3)选择开始端管路法兰中心点和中心线(图 2-54)。

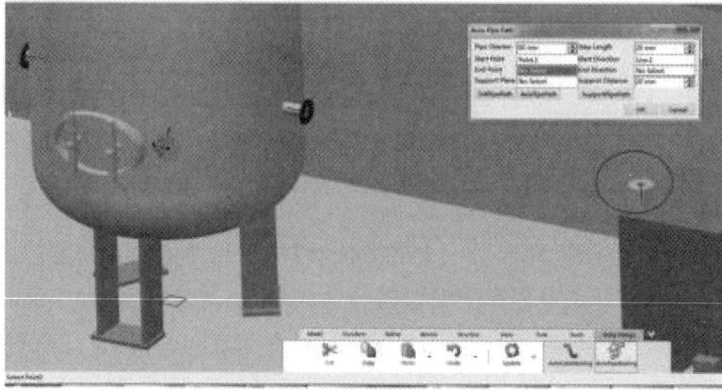

图 2-54　选择开始端管路法兰中心点和中心线

（4）选择终端管路法兰中心点和中心线（图 2-55）。

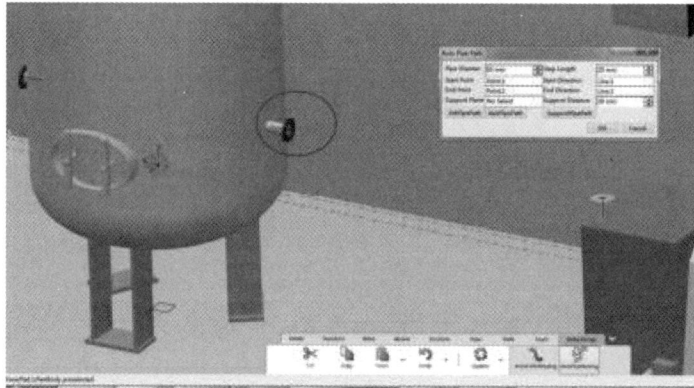

图 2-55　选择终端管路法兰中心点和中心线

（5）选择管路需要的支撑面（图 2-56）。

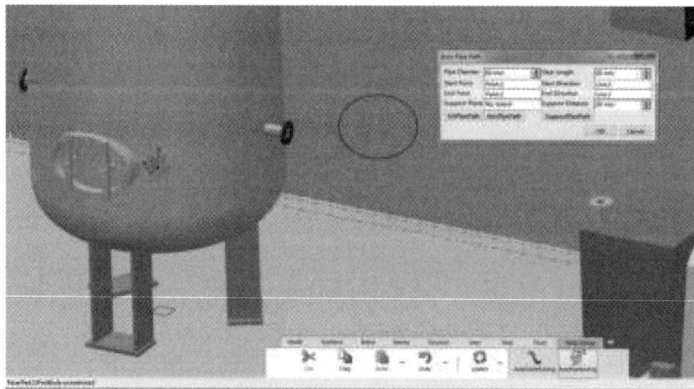

图 2-56　选择管路需要的支撑面

（6）在 Support Distance 里定义管路的支撑距离。

（7）点击 InitPipePath 计算最短路径并点击"OK"生成管子。这样的管路布置空间相对独立，若在同一空间的设备与设备之间距离较短，不需要进行方向约束（图 2-57）。

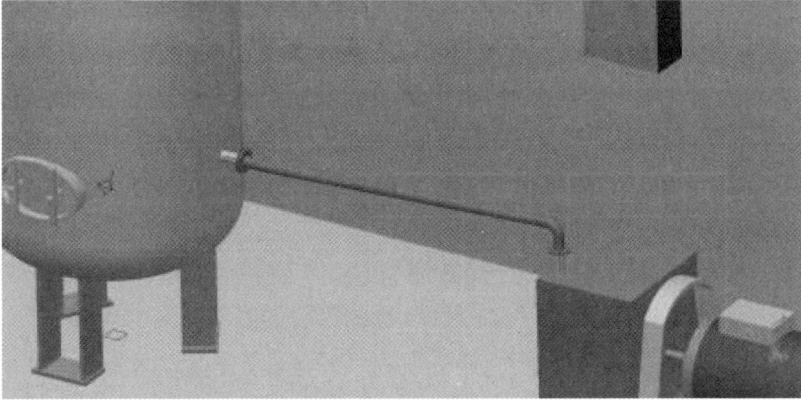

图 2-57　生成管子

（8）有些设备之间管路布置需要一定的方向约束。应用管路自动布置软件 AxisPipePath 功能可以实现平行于船舶坐标系 *XYZ* 轴线方向管系路径布置，符合通常工艺要求和审美观。选择 AxisPipePath 计算一个以两端之间平行于坐标系轴系的路径，点击"OK"生成管子（图 2-58）。

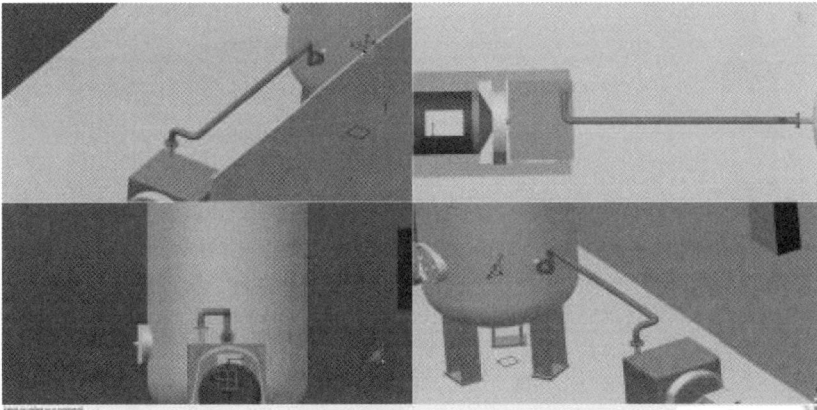

图 2-58　计算一个以两端之间平行于坐标系轴系的路径

（9）通常也存在船舶管路布置需以舱室结构作为支撑面，或是船舶管路布置平行于舱室结构面的情况。通常管路布置以一个方向为主，其他方向不考虑，如沿着横舱壁从下到上的管路，沿着甲板面的从艉部到艏部的管路（图 2-59）。通过软件的 Support Plane 选择控制箱舱壁面作为管路的支撑面，设置 Support Distance 的距离约束为 100 mm。选择空气瓶的另一端法兰作为进口。使用管路自动布置软件 SupportPipePath 功能计算一个以确定的支撑平面为基础，两端之间平行于坐标系轴系方向的管路。

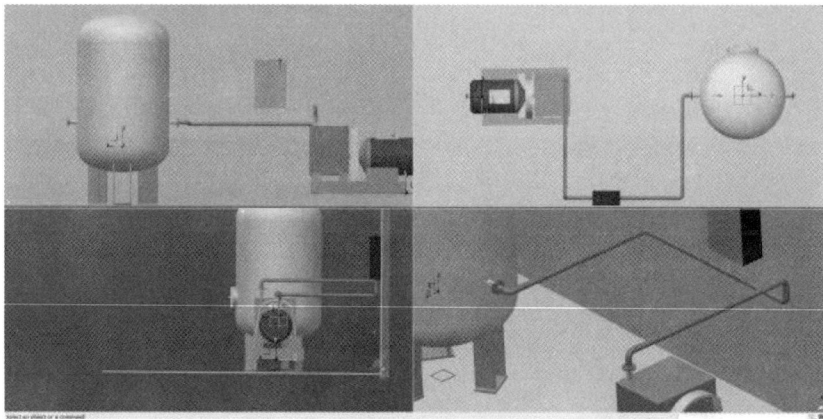

图 2-59　管路计算

2.3.6.2　加热盘管管系 CATIA 平台自动布置验证

为验证船舶加热盘管的自动布置系统的可行性,在 3D EXPERINCE V6 软件中打开需验证舱室模型。其模型外形尺寸为 15 000 mm×4 500 mm×4 600 mm,分成两个舱室(图 2-60)。系统测试主机为 Intel(R)Xenon(R) CPU E5-1620v4@ 3.5GHz,内存 32 GB,Windows7 操作系统。

图 2-60　测试舱室模型

首先,主程序中管子通径设置为 50 mm,探路步长为 20 mm,加热盘管设计长度为 50 000 mm。其次,通过程序分别选择舱室内进出口中心点和主向线来确定加热盘管的起点和终点及其方向。再次,分别选择舱室结构面确定加热盘管支撑面和主方向面来确定管路布置方向。如果方向不对,可以调整加热盘管进口方向和加热盘管规划开始方向。应用 Automatic Routing 功能计算加热盘管路径。最终自动生成加热盘管路径(图 2-61)和三维管路系统。单层加热盘管自动布置程序总计运行时间约为 5 min。

图 2-61　单层加热盘管布置

在实际应用中,如果加热盘管设计要求是 80 000 mm,在单层布置不能满足设计要求的情况下,可以在程序中设置 Layer number(管路层数)参数为 2,进行自动布置。加热盘管出口可以根据 Layer distance(层高)参数,自动计算出口位置。应用加热管路自动布置软件 Auto routing path 功能计算多层加热盘管布置路径(图 2-62)。最终自动生成加热盘管三维管路系统(图 2-63)。双层加热盘管自动布置程序总计运行时间约为 6 min。同时经过实际调研,设计人员在不使用自动布置程序时能一次性正确地布置本实例加热盘管,通常至少需要 30 min。因此通过船舶加热盘管的自动布置系统至少可以缩短 80%设计时间。

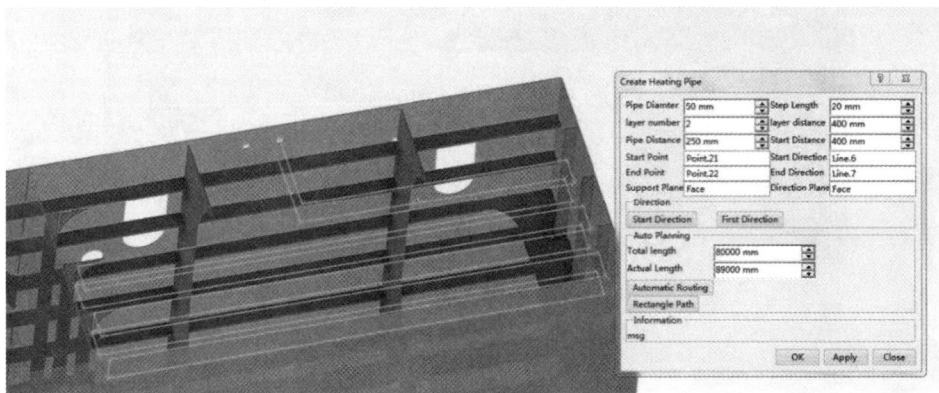

图 2-62　多层加热盘管布置路径

2.3.6.3　加热盘管管系 SPD 平台自动布置验证

测试舱室 1:主程序中选择二维原理图的管路号为 1A-101(22 * 3)的三极管,设置管子弯管半径为 77 mm。选择起点坐标或手动输入坐标值,选择终点坐标或手动输入坐标值。

输入目标总长为 80 m。运行自动布置功能,完成加热盘管自动布置。由于加热盘管已布满空间,实际长度为 72.22 m。

图 2-63 多层加热盘管布置模型

测试舱室 2:主程序中选择二维原理图的管路号为 1A-101(22 * 3)的三极管,设置管子弯管半径为 77 mm。选择起点坐标或手动输入坐标值,选择终点坐标或手动输入坐标值。输入目标总长为 150 m。运行自动布置功能,完成加热盘管的自动布置,最终实际长度为 163.94 m。

SPD 平台加热盘管自动布置三维效果如图 2-64 所示。

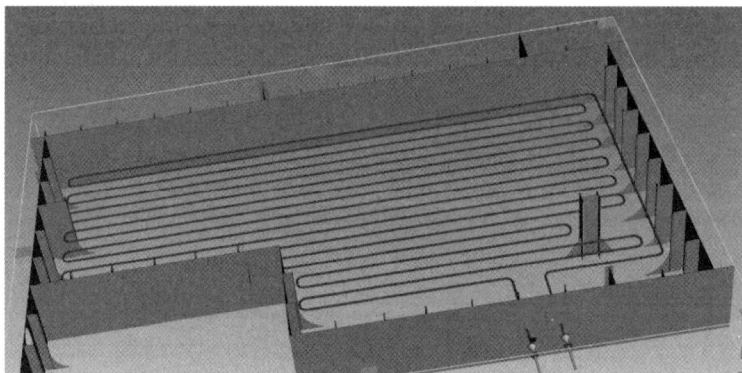

图 2-64 SPD 平台加热盘管自动布置三维效果图

2.3.7 电气二维原理图驱动三维模型体系

2.3.7.1 电气部件编码规则

(1)电缆编码规则

电缆编号一般由系统代号(a)、电缆特性代号(b)、电缆子编号(c)三部分组成。电缆编号如下所示:

$$\boxed{a} - \boxed{b}\ \boxed{c}$$

（2）电缆编号具体要求

系统代号（a）：一般由三位字母缩写组成。

电缆特性代号（b）：当电缆连接不同系统为对端的系统代号，当电缆用于同一系统为分路或其他特性代号。

电缆子编号（c）：由设计人员定义的电缆序号或编号。

（3）设备编号规则

设备编号一般由系统代号（a）和设备代号（d）两部分组成，如下所示：

$$\boxed{d}\ /\ \boxed{a}$$

例如：CB/BLR，设备代号 CB 代表控制箱，系统代号 BLR 代表锅炉。

（4）电缆型号规格编码由以下代号组成。

$$\boxed{0} - \boxed{1}\ \boxed{2}\ \boxed{3}\ \boxed{4}\ \boxed{5}\ \boxed{6} - \boxed{8}\ \boxed{7}$$

[1]芯线数目：

S 表示单芯线，D 表示双芯线，T 表示三芯线，F 表示四芯线，M 表示多芯线。

[2]绝缘代号：

P 表示乙丙橡胶或交联聚乙烯。

[3]内护套代号：

Y 表示无卤化合物（挤压成型或绕包带），N-PCP 材料。

[4]铠装代号：

C 表示金属编织。

[5]外护套代号：

Y 表示聚氯乙烯或无卤化合物。

其他代号：

[6]S 表示总屏蔽。

[7]S 表示单芯或对绞屏蔽。

[8]线芯参数：多芯线表示使用线芯数量，其他情况表示使用线芯截面积。

[0] FR 表示防火电缆，H 表示高压电缆。

2.3.7.2　电气设备三维库

建立电气设备三维模型库，并定义设备的名称、描述信息、设备厂家、类别、质量、重心、电缆余量、外形尺寸、设备安装孔位置、电缆进线口和定位点，以及定义设备所在甲板、设备所属区域、设备所在舱室等信息。电气设备定义和电气原理定义如图 2-65 和图 2-66 所示。

图 2-65　电气设备定义

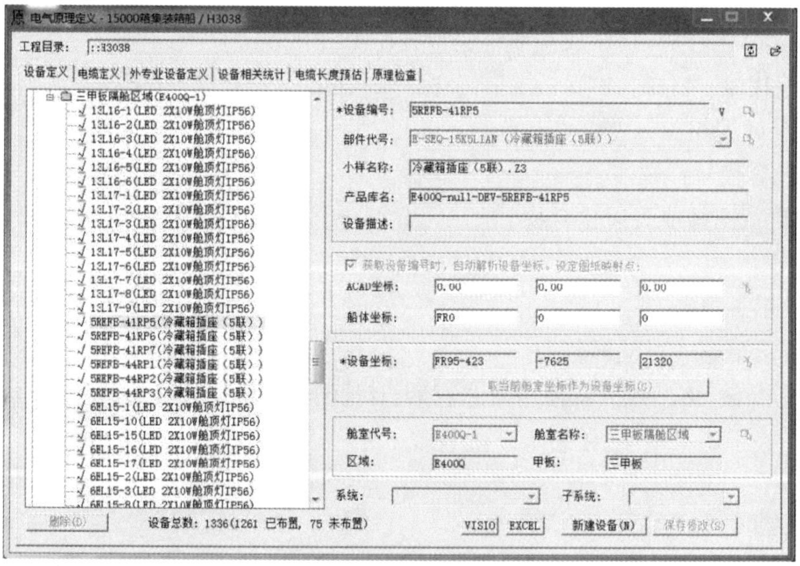

图 2-66　电气原理定义

2.3.7.3　电气二维原理图数据库

建立逻辑层船舶各控制箱、电气设备等元件图形(图 2-67)和电缆标准数据库。通过电气原理图纸上绘制的二维设备信息,经过数字化处理,建立统一的原理数据库。

图 2-67　电气设备元件图形

通过设备编号(全船唯一)、部件代号、舱室名称、区域、甲板和设备的安装位置等信息,建立二维图形与三维模型的关联关系。通过电缆编号(全船唯一)、电缆型号、电缆规格、电气系统、电缆类别、起始设备、终止设备等,建立电缆与设备之间的连接关系,电缆标准库如图 2-68 所示。

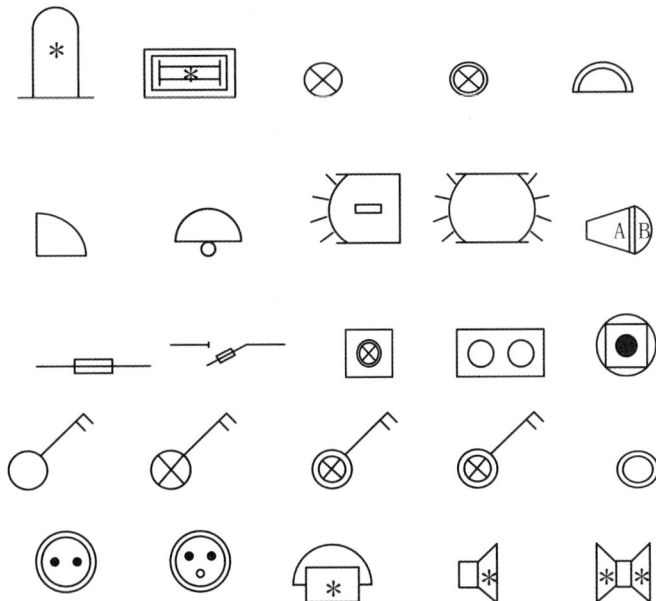

图 2-68　电缆标准库

2.3.7.4 电气二维原理图驱动三维模型生成关键技术

在三维模型中,定义电缆的布置通道尺寸、路径、节点,要求电缆通道之间相互连通。电气二维原理图驱动三维模型生成原理如图2-69所示。

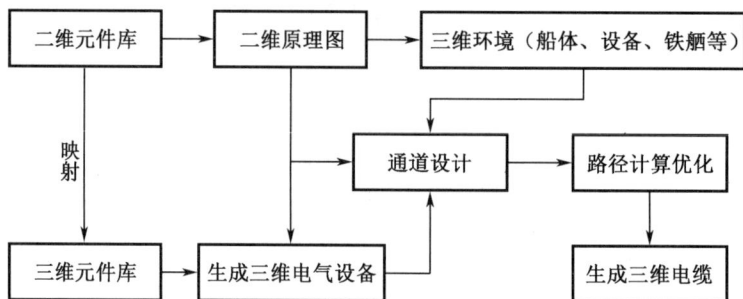

图 2-69 电气二维原理图驱动三维模型生成原理

(1)电气设备综合布置要求。

在电气设备综合布置前期,首先要确定主要电气设备的具体位置,一般包括主配电板、应急配电板、变压器、集控台、驾控台、货控台(压载控制台)、各类分电箱、启动箱等电缆较多的设备,便于后面确定主干电缆的位置和宽度。

所有设备的位置应按照详细设计图纸的要求来布置,根据实际模型情况进行调整。

(2)电气设备自动布置。

在调取船体、管子、风管等各专业三维模型的基础上,根据电气原理库中定义的设备信息,选择区域、舱室或者单个设备进行批量自动布置。在综合考虑设备大小、设备类型、接线位置的基础上,对设备的位置和姿态进行微调。

在三维环境下,设备的布置状态、调整的属性将实时同步到设备原理库中,保证二维和三维数据一致。根据设备中连接点信息,软件将自动匹配合适的基座,并计算出基座大小,按照规则生成满足船厂要求的基座编号,进行统一管理。

(3)电缆通道综合布置一般要求。

①当电缆通道、管子和通风管在同一位置时,其布置顺序自上至下为:电缆、管子、风管。电缆应远离热源(蒸汽管、排汽管、加热器、锅炉)敷设,与热源的距离应不小于100 mm。

②电缆通道尽量避免敷设在有潮气凝结、有油和水浸入的地方。

③在特定(易受油水浸入的)花钢板下,电缆通道需敷设在金属管道内。

④电缆通道与潮湿舱壁间距不小于20 mm。

⑤电缆通道应避免穿越易燃、易爆和具有腐蚀性的舱室(如氧气间、油漆间、蓄电池室等)。

⑥电缆通道不允许穿越油舱和水舱,如无法避免时,可用单根无缝钢管保护。

⑦电缆通道与船体结构、防火隔堵之间距离不小于20 mm;电缆通道与双层底及滑油柜、燃油柜之间距离不小于50 mm。

⑧电缆通道敷设的弯曲内半径应在允许范围内,应符合最小弯曲内半径。

⑨对设计两路供电的重要设备,例如船舵装置的供电及其控制通信的电缆通道,应尽可能远离,分开敷设。

⑩对具有重要功能的双套设备或的双套系统,其各自的供电及其控制用的两路电缆通道,应尽量远离,分开敷设。

⑪电力推进装置的主电路电缆通道应与励磁电缆和其他低压电缆通道分开。到各台发电机的电缆通道应单独分开,最少要分两路。

⑫对于可能受到电磁干扰的信号电缆通道(船舶推进和操纵、监测和安全系统),与电力或照明电缆通道应保持安全距离。

⑬用于重要设备(应急动力设备和照明、通信等设备)的电缆通道,应尽量远离高度失火危险区域(厨房、洗衣间、机器处所及其舱棚),除非电缆服务于该处所设备。

⑭由应急配电板至舵机的电缆通道及由应急配电板至应急消防泵的电缆通道不允许经过机舱。

电缆通道模型如图 2-70 所示。

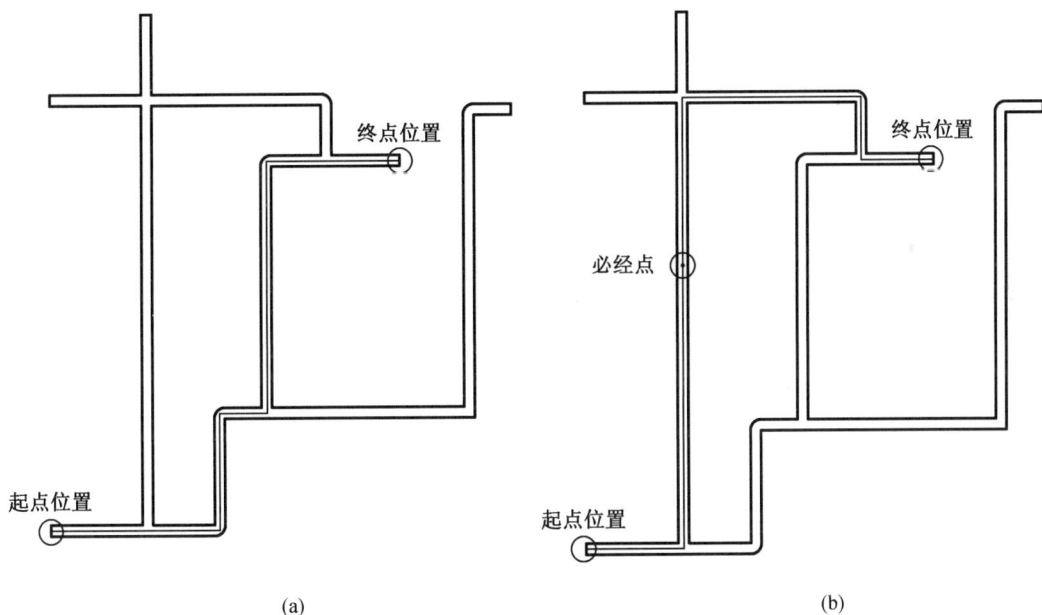

(a)   (b)

图 2-70 电缆通道模型

(4)在船舶电气生产设计过程中,电缆布置开展的工作顺序如下:

①定义电缆原理,主要包含电缆编号、电缆型号规格、起始设备编号和终止设备编号等信息;

②在三维模型中布置起始设备和终止设备(相当于起始点和终止点);

③在三维模型中绘制电缆通道及节点,要求电缆通道之间相互连通(相当于由节点和通道组成了网络图);

④布置电缆。根据起始设备的坐标和终止设备的坐标,同时结合电缆通道,根据最短路

径原则计算出电缆的走向。设计人员可以根据需要,通过添加必经点的方式修改电缆走向。

下面以图 2-71 所示为例,讲解电缆最短路径算法。

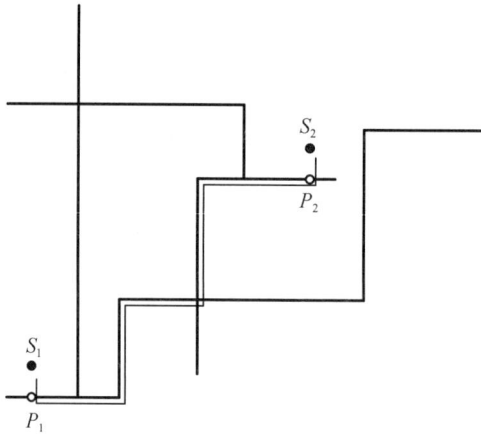

图 2-71　电缆最短路径算法示例

如图 2-71 所示,根据起始设备 S_1 找到与该设备距离最近的起始电缆通道上对应的点 P_1。根据终止设备 S_2 找到与该设备距离最近的终止电缆通道上对应的点 P_2。采用最短路径算法,计算出从 P_1 点到 P_2 点的最短走向。可以根据实际需要,通过添加必经点的方式修改电缆走向。电缆路径必经点定义如图 2-72 所示。

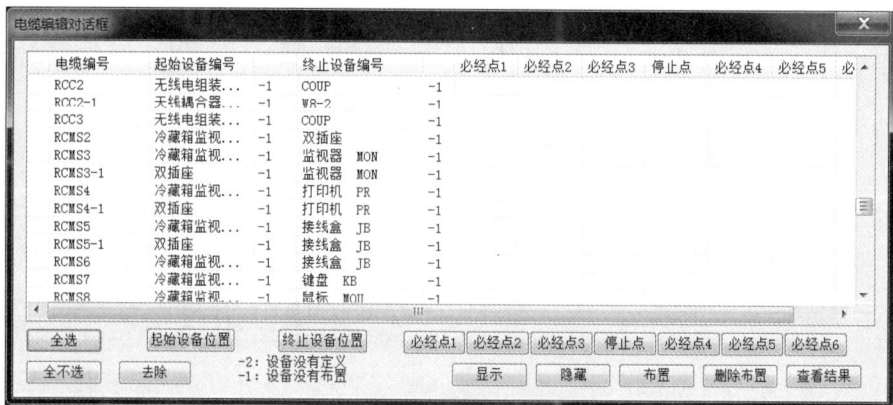

图 2-72　电缆路径必经点定义

在电气设计建模过程中,根据船东、设计所及其他专业的要求,需要不断修改设计方案,通过不断反复迭代,各专业系统模型才能逐步优化完善。

在二维设计数据修改更新时,同步驱动三维模型调整、更新;反之,三维模型数据修改后只有及时反馈到二维图纸上(图 2-73),才能保证设计人员数据的正确性,真正达到协同设计要求。

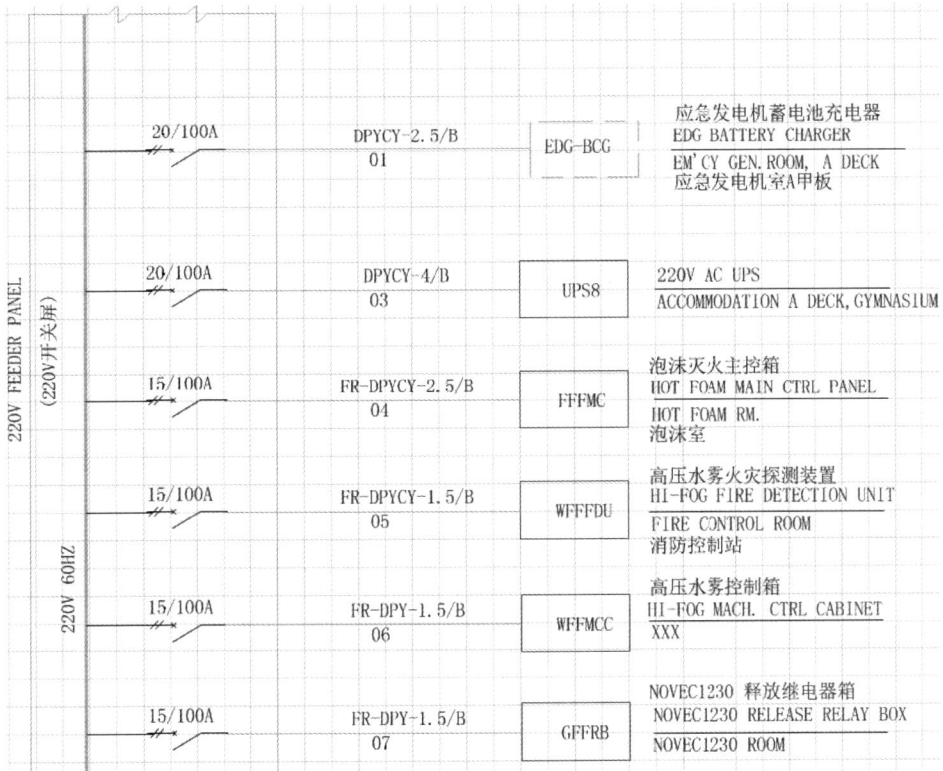

图2-73　电气二维原理图

　　在三维建模环境下,通过刷新功能,能够将二维中修改的部分属性更新到三维模型中,主要包括设备几何形状、电缆连接属性、设备舱室、电缆型号、规格等。

　　在二维绘图环境下,通过刷新功能,能够提示并将三维中修改的部分属性更新到二维图纸中,主要包括布置状态、设备坐标、电缆路径、电缆长度等。

2.3.8　电气二维原理图驱动三维模型生成关键算法

　　迪杰斯特拉算法是典型最短路径算法,用于计算图或网中某个特定顶点到其他所有顶点的最短路径。该算法的主要特点是以起始点为中心向外,层层扩展,直到扩展覆盖所有顶点。

2.3.8.1　电气通道最短路径求解算法

　　设 $G=(V,E)$ 为一个带权有向图,把图中顶点集合 V 分成两组。第一组为已求出最短路径的顶点集合(用 S 表示,初始时 S 中只有一个源点,以后每求得一条最短路径,就将所到达最短路径的顶点加入集合 S 中,直到全部顶点都加入 S 中)。第二组为其余未确定最短路径的顶点集合(用 U 表示, $U=V-S$, U 中的顶点不断地加入到 S 中,直到 U 为空, $S=V$)。在 U 加入 S 的过程中,始终保持源点到 S 中各顶点的最短路径长度小于或等于源点到 U 中任意顶点的最短路径长度。

（1）迪杰斯特拉算法执行步骤。

设 n 为带权有向图 $G=(V,E)$ 中的顶点数，$dist[n]$ 存放从源点到每个终点当前最短路径的长度，$path[n]$ 存放相应路径，S 为已求得最短路径的终点的集合，$U=V-S$，初始为未含有源点的所有顶点。

①初始化已求的最短路径的集合 S 为只含有元素源点 A，$S=\{A\}$。

②从 U 中选取距离源点 v 最近的顶点 k，把 k 加入 S 中（该选定的距离就是 v 到 k 的最短路径长度）。

③以 k 为新考虑的中间点，修改 U 中各顶点的距离；若从源点 v 到顶点 u 的距离（经过顶点 k）比原来距离（不经过顶点 k）短，则修改顶点 u 的距离值，修改后的距离值为顶点 k 的距离加上顶点 k 到 u 边上的权。

④重复步骤②和③直到所有顶点都包含在 S 中。

（2）迪杰斯特拉算法证明。

有向图初始状态如图 2-74 所示，以 A 为源点，求源点 A 到其他各顶点的最短路径。

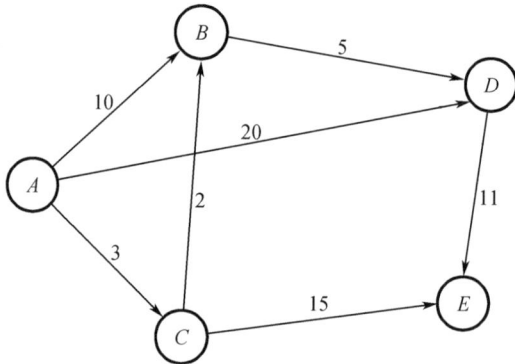

图 2-74 初始状态

设起点到各点当前最短距离为 $L_k(k=A,B,C,D,E)$，则有 $L_k=0$，并设此时 L_B、L_C、L_D、L_E 均为 $+\infty$，则初始状态见表 2-2。

表 2-2 初始状态

初始	L_A	L_B	L_C	L_D	L_E
距离 dist	0	$+\infty$	$+\infty$	$+\infty$	$+\infty$

则 $S=\{A\}$，$U=\{B,C,D,E\}$。

①第一次迭代计算。

从起点 A 点出发，更新起点到 A 的邻居（B,C,D）的当前最短距离（L_k），此时如图 2-75 及表 2-3 所示。

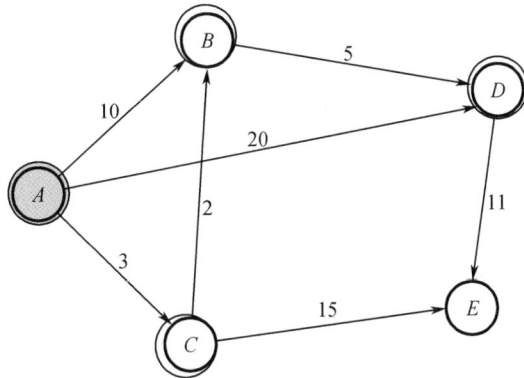

图2-75　第一次迭代

表2-3　第一次迭代计算

第一次迭代	L_A	L_B	L_C	L_D	L_E
距离 dist	0	10	3	20	$+\infty$

②第二次迭代计算。

$U=\{B,C,D,E\}$ 中使 L_k 最短的点是 C，则 C 点加入 S 中，则 $S=\{A,C\}$，$U=\{B,D,E\}$。从 C 出发，更新 C 的邻居(B,E)的距离，此时如表2-4所示。

表2-4　第二次迭代计算

第二次迭代	L_A	L_B	L_C	L_D	L_E
距离 dist	0	5	3	20	$+\infty$

③第三次迭代计算。

$U=\{B,D,E\}$ 中使 L_k 最短的点是 B，将 B 点加入 S 中，则 $S=\{A,C,B\}$，$U=\{D,E\}$。从 C 出发，更新 B 的邻居(D)的距离，如图2-76及表2-5所示。

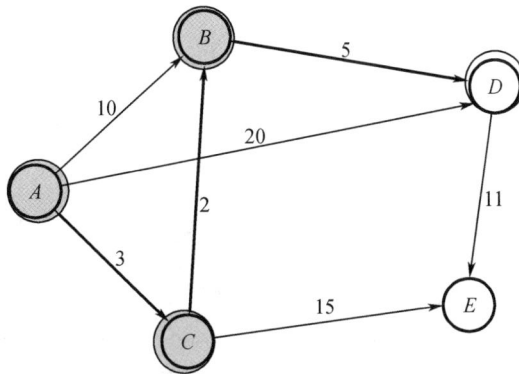

图2-76　第三次迭代

表 2-5　第三次迭代计算

第三次迭代	L_A	L_B	L_C	L_D	L_E
距离 dist	0	5	3	10	18

④第四次迭代计算。

$U=\{D,E\}$ 中使 L_k 最短的点是 D，将 D 点加入 S 中，则 $S=\{A,C,B,D\}$，$U=\{E\}$。从 D 出发，更新 D 的邻居(E)的距离。经过 D 到 E 的路径长度为

$$L=L_D+L_{DE}=21$$

因为 $L_E=18<L$，所以此时不必更新，$L_E=18$，见表 2-6。

表 2-6　第四次迭代计算

第四次迭代	L_A	L_B	L_C	L_D	L_E
距离 dist	0	5	3	10	18

⑤第五次迭代计算。

$U=\{E\}$ 中使 L_k 最短的点是 E，E 没有邻居，计算结束。

所以通过迪杰斯特拉算法计算出从 A 点到其他点的最短距离。

2.3.8.2　对迪杰斯特拉算法优化

迪杰斯特拉算法每次需要从节点中找出最近的一个点。最简单的方法就是将这些节点从头到尾依次扫一遍，用一个循环就可以解决。这种方法的时间复杂度就是 $O(N)$。如果通道的节点有几十个，可以完全不用考虑计算时间。但是较长距离布置电缆时(比如从机舱到船首的电缆)，电缆通道模型就非常复杂，电缆数量巨大。每一个通道节点的相邻节点可能有几千个，通道层层计算，最终计算量非常大。

每一个通道节点到各个节点的距离值应用最小堆优化，以最少的计算次数计算最近的一个邻点。将所有节点距离变成完全二叉树的一个父节点，编号为 k，那么它左儿子的编号就是 $2k$，右儿子的编号就是 $2k+1$，如图 2-77 所示。

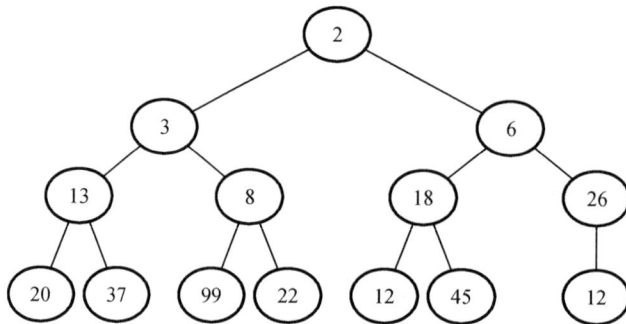

图 2-77　节点示意图

当最小点 2 变成 23 时,向下调整。我们需要将这个数与它的两个儿子 3 和 6 比较,并选择一个较小的与它交换,交换之后如图 2-78 所示。

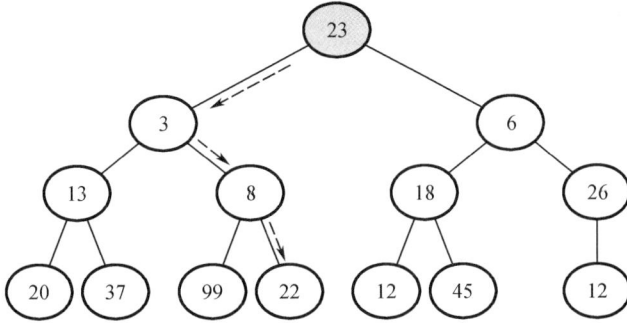

图 2-78　节点交换示意图

此时不符合最小堆的特性,因此需要继续向下调整。于是继续将 23 与它的两个儿子 13 和 8 比较,并选择一个较小的交换,交换之后如图 2-79 所示。至此,还是不符合最小堆的特性,仍需要继续向下调整,直到符合最小堆的特性为止。

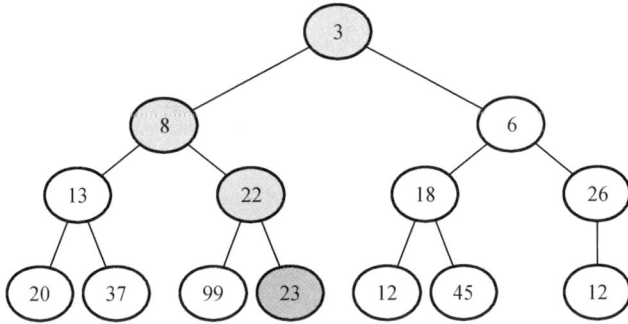

图 2-79　符合最小堆节点示意图

在对 23 进行调整的时候,只进行了 3 次比较,即可重新恢复最小堆的特性。之前从头到尾扫描的方法需要比较 14 次,现在只需要 3 次。现在每次删除最小的数并新增一个数,并求当前最小数的时间复杂度是 $O(3)$,这恰好是 $O(\log_2 14)$,即 $O(\log_2 N)$ 简写为 $O(\log N)$。

例如 $\log_2 32768 = 15$,所以 32 768 个节点排序只要计算 15 次。

2.3.8.3　实船电缆通道路径计算验证应用

(1)读取 H1234 船的电气通道数据。

Filename = "H1234A_ELEC_201905101355. xml"

waycabs,edevs = readxml(Filename)

readxml( )返回值为:电气通道字典结构(waycabs)和设备坐标字典结构(edevs)

例如,电气通道 = {通道编号:(通道节点,相交点)}

通道节点为列表结构：

例如，[('2560.00','-3351.25','24084.50'),('2560.00','-4415.00','24084.50')]。

相交点为列表结构：

例如，[('4601','1.00'),('4641','4.00')]。

设备坐标为字典结构：

例如，{火警手动呼叫按钮_43402：['10822','-1380','35200']。

PB6：['14867.4','4935','34657.5']}。

（2）重新建立电气通道。

newcabways,connections=ReBuildCabways(waycabs)

查找本通道下与其相交的通道中是否存在此相交点，并做相应的处理。

如果相交点是整数，并且相交点在对方通道上也存在此节点，即相交点存在于两个通道节点表中，因此该相交点不用处理。

例如：电气通道4686下，存在与通道4632的相交点，并且相交点位置是整数。相交点为本通道4686第2个节点（2560，-160，25000），查找（2560，-160，25000）是否存在于通道4632节点表中。若发现存在，即两通道中都存在相交点，所以可以忽略此相交点（2560，-160，25000），如图2-80所示。

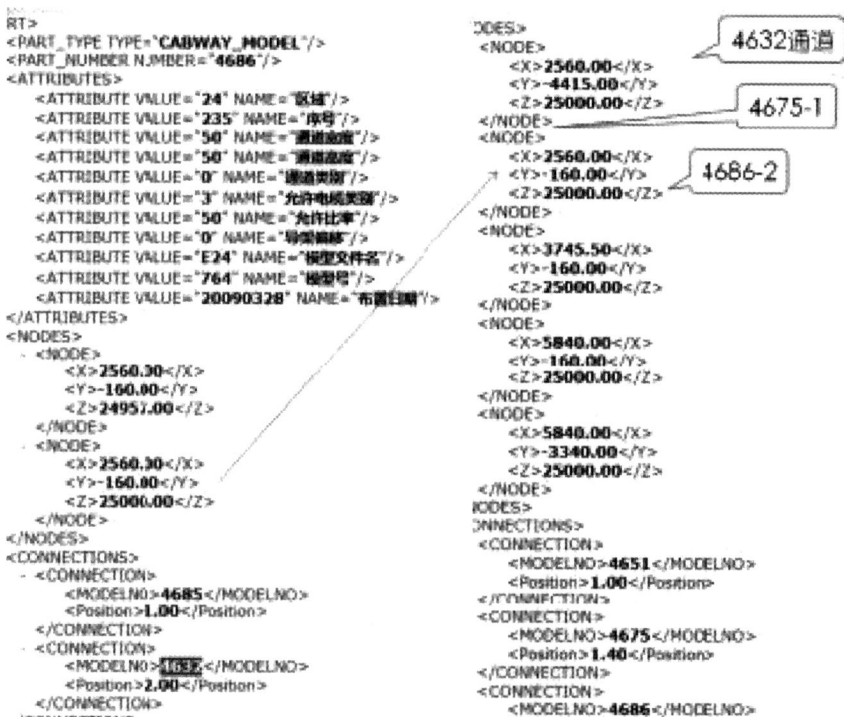

图 2-80　电缆通道数据

如果有的相交点在另一通道中不存在，建立{通道：（交点坐标，交点坐标)}，返回connections。

如果本通道有的相交点位置非整数(1.86,2.45),即相交点不是本通道节点,在本通道上增加相交点变成节点,返回 newcabways。

(3)将剩余的通道相交点增加到对应的通道中,返回通道节点表。

newcabways = CabwaysAddCrosPoint(newcabways, connections)

①通道节点表转换成邻接表字典。

将通道节点转化为邻接字典(表示邻接矩阵)nodesdict = NodesDict(newcabways)。如图2-81 所示。

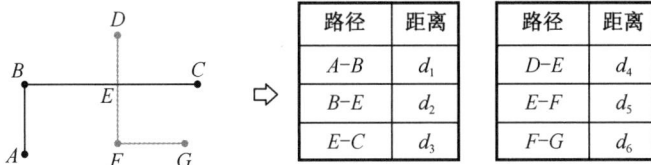

路径	距离
A-B	d_1
B-E	d_2
E-C	d_3

路径	距离
D-E	d_4
E-F	d_5
F-G	d_6

图 2-81 通道节点表转换成邻接表字典

②计算设备附近的最近通道。

NearestNode1 = CalNearestWays(Cabways, equip[i])

NearestNode2 = CalNearestWays(Cabways, equip[j])

最近通道取点规则是(图2-82):

如果设备 m 到某通道 AB 的最近点 n,在 AB 上,取 n 点。

如果设备 m 到某通道 BC 的最近点不在通道 BC 上,则取最近节点 B 点。

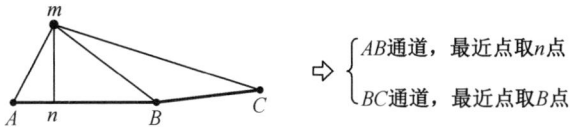

$$\begin{cases} AB通道,最近点取n点 \\ BC通道,最近点取B点 \end{cases}$$

图 2-82 求解最近通道点原理

③查找所有通道,并找到设备最近的通道点。

如最近点是新增点,需要修改邻接表字典 nodesdict。

AddCabwayNode(NodesDict, keyA, keyB, newnode)。

空间点到直线最短距离计算公式(图2-83):

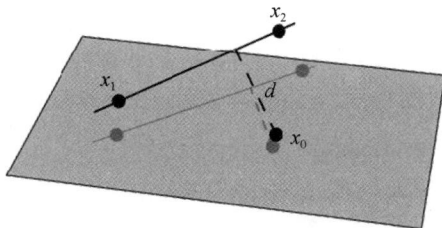

图 2-83 空间点到直线最短距离计算公式

$$d^2 = \frac{|(x_2 - x_1)(x_1 - x_0)|}{|x_2 - x_1|^2}$$

可能存在两设备最近点通道之间不存在可通路径的情况,还需进一步优化。

④计算两通道节点最短路径及优化原理。

应用迪杰斯特拉算法计算从某个开始点到其余各个点的最短路径。

时间复杂度为 $O(n2)$, n 是节点数。

应用小顶堆优化后时间复杂度为: $O(m \log m)$, m 是边数(图2-84)。

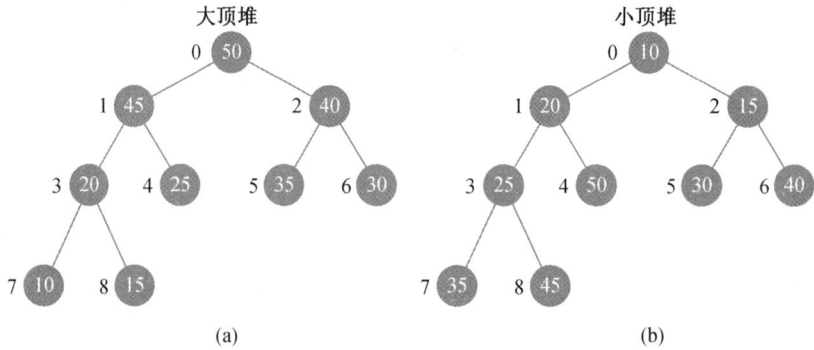

图 2-84 堆优化原理图

⑤输出最短距离和最短路径。

TestEquitMinPath(Cabways, NodesDict, edevs)

例如:

(a)两设备坐标:['14133','3993.26','30385']['7058.85',' - 949','27804']。

(b)两设备空间直线距离:9007.28。

(c)电气通道上的最短距离:41045.75。

(d)设备1到某通道的最短距离596.46。

(e)设备2到某通道的最短距离178.14。

2.3.9 电气二维原理图驱动三维模型软件应用验证

2.3.9.1 CATIA 平台验证流程

(1)打开船舶设备模型,如船舶空气系统部分,在3DEXPERINCE V6软件中打开需验证舱室模型。模型空间总尺寸为10 000 mm×4 500 mm×3 400 mm,其中空气瓶外形尺寸为 ϕ1 200 mm×2 500 mm,空压机外形尺寸为1 800 mm×770 mm×980 mm。运算结果如图2-85所示。

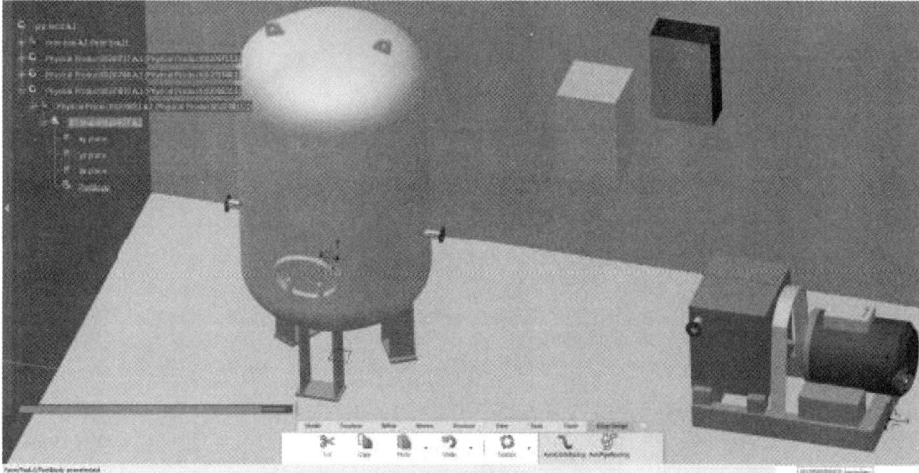

图 2-85 运算结果

（2）运行电缆自动布置定义界面如图 2-86 所示。

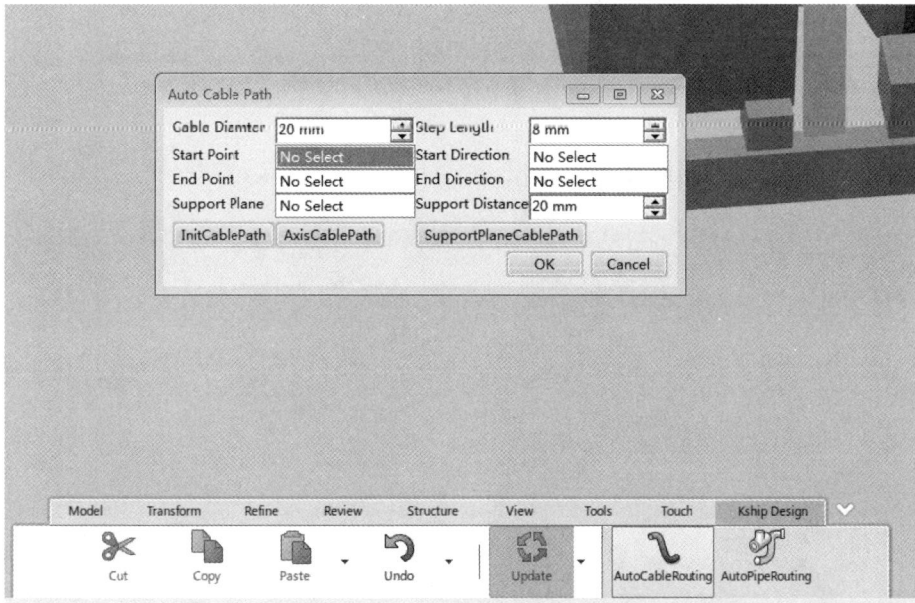

图 2-86 运行电缆自动布置定义界面

图 2-86 中各参数如下：

Cable Diameter：电缆直径。

Step Length：寻找路径的最小长度。

Start Point：电气开始点。

Start Direction：开始方向（线段对象）。

End Point：电缆的终点。

End Direction：终点方向。

Support Plane：电缆的支撑面。

Support Distance：电缆的支撑距离。

（3）选择空压机发动机接线盒电缆的出口中心和出口方向（图2-87）。

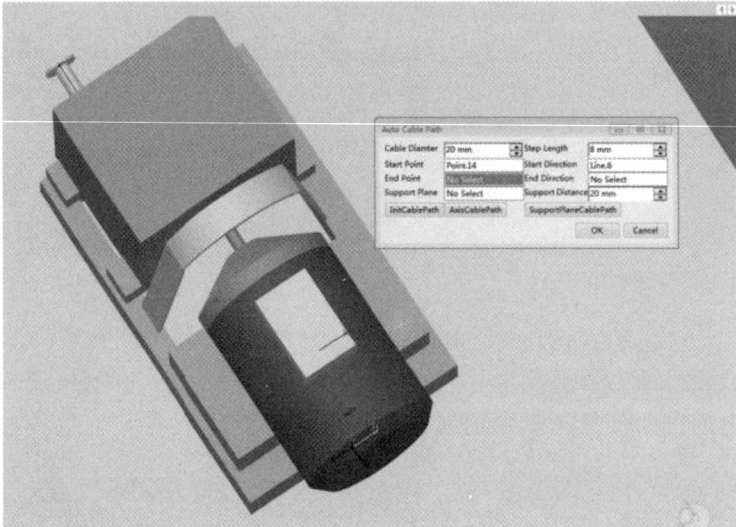

图2-87　发动机接线盒电缆出口中心和出口方向示意图

（4）选择空压机控制箱电缆的出口中心和出口方向（图2-88）。

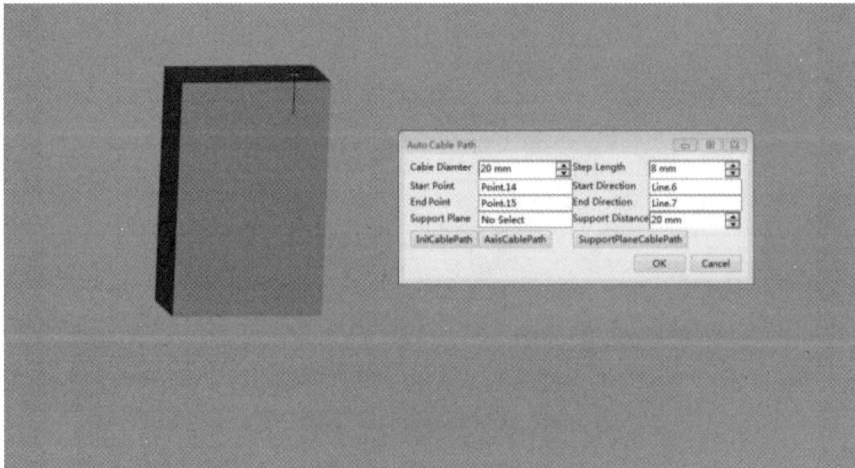

图2-88　控制箱电缆出口中心和出口方向示意图

（5）选择电缆的安装支撑平面及控制箱背面（图2-89）。

（6）选择 SupportPipePath 生成电缆。

以一个确定的支撑平面为基础，两端之间平行于坐标系轴系方向，计算电缆路径，并选择 OK 生成电缆（图2-90）。

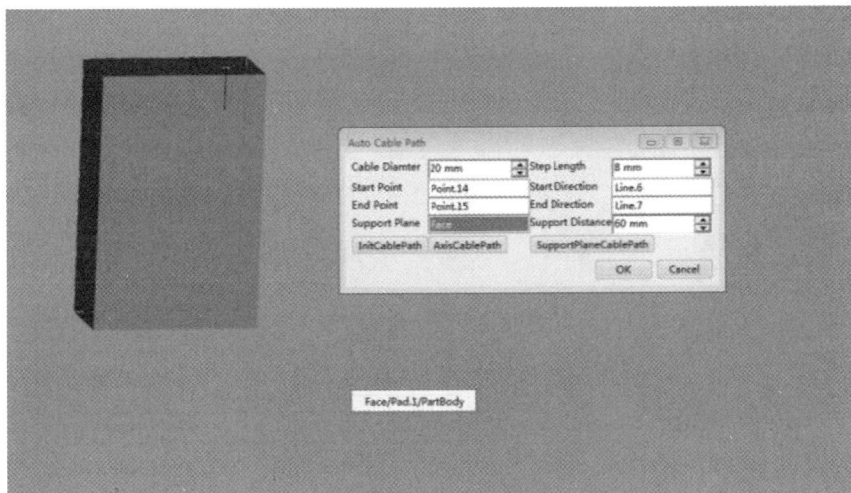

图 2-89　电缆安装支撑平面及控制箱背面示意图

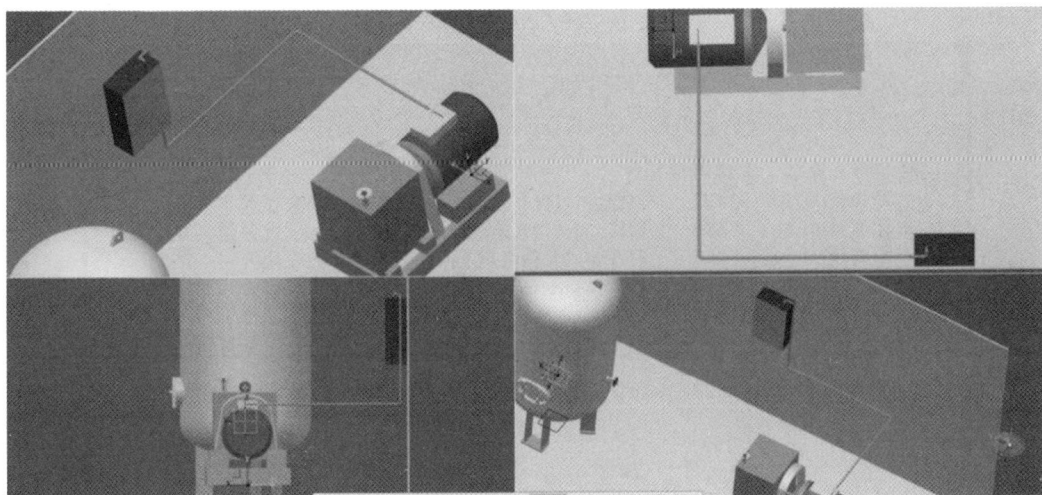

图 2-90　电缆示意图

2.3.9.2　SPD 平台验证流程

首先,在"电气原理处理"程序中点击"原理检查"页面(图 2-91),检查电缆原理、设备原理中数据错误或者数据不完整的地方。

目的:如果修改了电缆标准中的型号、规格,则通过该功能能够自动更新电缆原理中的型号及规格;发现电缆原理中定义不完整的信息,比如是否缺少型号、规格,是否缺少首尾设备等信息。

其次,检查连接点。点击"查询和检查"下的"检查连接点信息"按钮,如果模型中的连接点有错误,则将弹出对话框提示错误信息,可以点击"确定"尝试让系统自动帮助纠正检查,结果如图 2-92 所示。

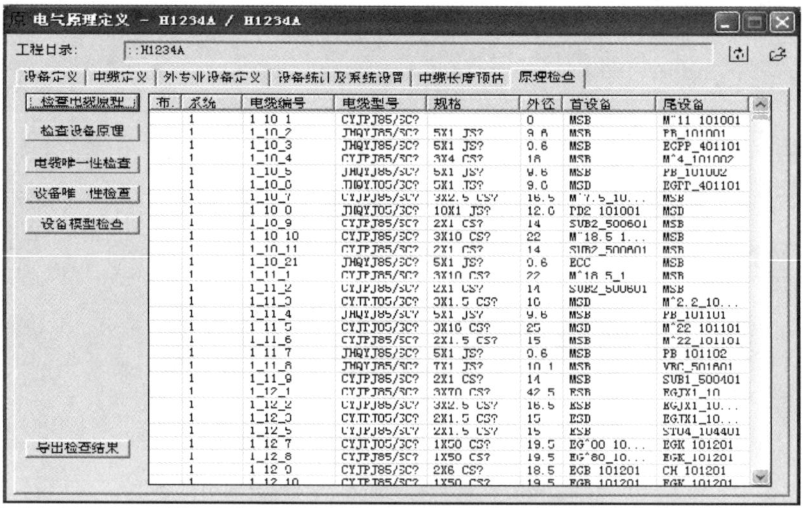

图 2-91 电气原理检查界面

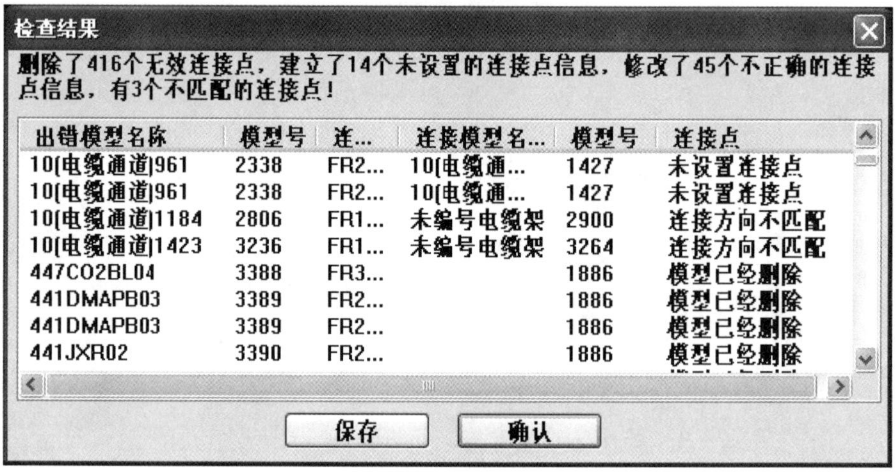

图 2-92 检查结果

(1)单根电缆自动布置测试

打开 SPD 电气设计模块,运行单根电缆自动布置,查找和选择原理图中的电缆。程序将自动选择电缆的起点设备和终点设备。如果需要,可以指定路径,可以在电缆通道中选择控制节点,约束和调整电缆路径,最终生成电缆。如图 2-93 所示为单根电缆自动布置测试步骤。

(2)批量电缆自动布置测试

打开 SPD 电气设计模块,运行批量电缆自动布置,查找和选择原理图中的电缆,并添加需要布置的电缆,如图 2-94 所示为批量电缆自动布置测试步骤。

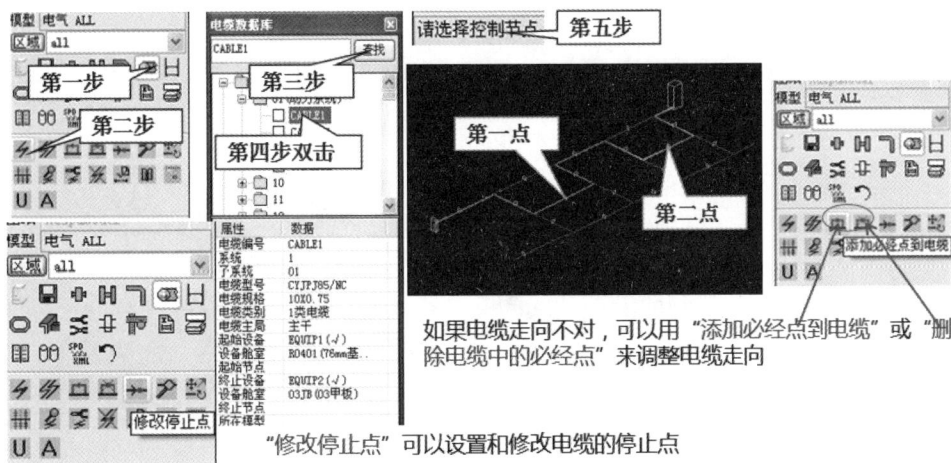

图 2-93　单根电缆自动布置测试步骤

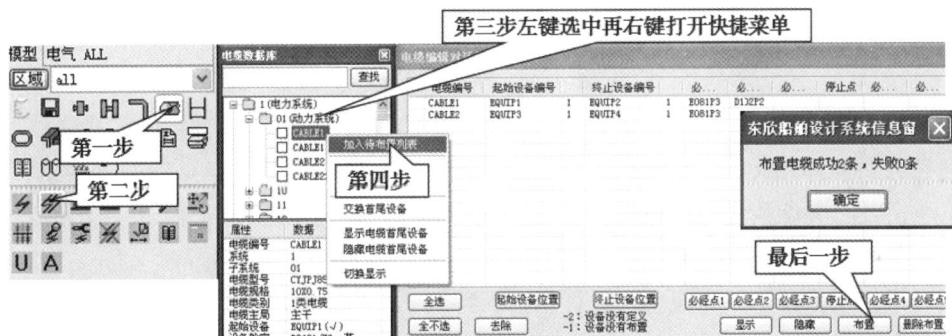

图 2-94　批量电缆自动布置测试步骤

点击"必经点 1"按钮在模型上拾取控制节点,按鼠标右键返回"电缆编辑对话框"。按此步骤可设置"必经点 2""停止点""必经点 3""必经点 4"。最后按"布置"键,完成批量电缆自动布置,如图 2-95 所示。

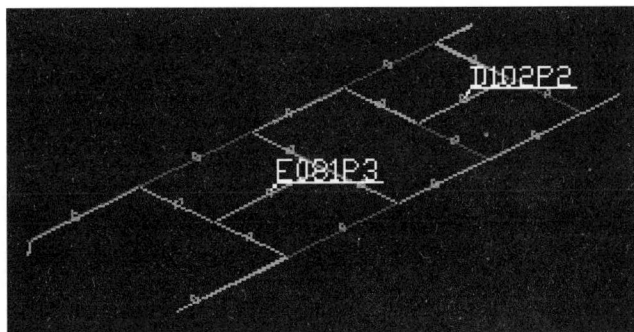

图 2-95　电缆自动布置示意图

SPD 三维电缆自动布置三维效果如图 2-96 所示。

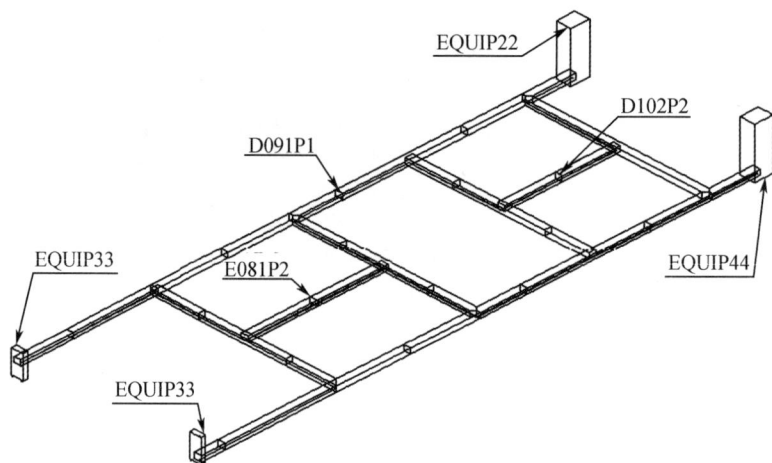

图 2-96　SPD 三维电缆自动布置三维效果图

2.4　本章小结

通过分析船体结构、管系与电气专业的详细设计与生产设计共通点和驱动关系,利用数据共享、智能化、参数化设计思想,结合三维设计平台,制定了总段拆分、管系与电气专业二维原理图驱动三维模型生成的技术规范标准。

同时根据管系和电气专业生产设计不同的特点,分别制定了二维驱动三维模型生成的技术方案和路径算法,并分别在 CATIA 三维软件平台和 SPD 三维软件平台上进行验证,实现了详细设计与生产设计信息集成与共享互通的目的。

第3章 船舶单一数据源工艺
建模及完整性要求

3.1 概 述

近年来我国船舶工业快速发展,产业规模迅速扩大,国际市场份额大幅跃升,船舶制造能力和水平全面提升,造船质量和效率取得长足进步,船舶工业由大变强迈出了坚实的一步。但我们也应清醒地看到,我国造船业总体上仍处于粗放型的发展阶段,与先进造船国家在生产效率、管理水平上的差距明显,我国造船业数字化工艺设计能力严重不足,船舶制造装备与系统自动化、智能化水平低,缺乏有效数据支撑的数字化、智能化装备应用,以及造船过程管控,制造技术与信息化技术融合、集成程度低等问题非常突出。随着国际市场竞争的日益激烈,资源和环境约束不断强化,劳动力等要素成本不断攀升,主要依靠资源要素投入、规模扩张的粗放发展模式难以为继,加快提升船舶设计水平、提高生产效率、有效降低造船成本、大幅提高造船质量刻不容缓。

目前国内的船舶设计信息表达主要还是依靠二维图纸,三维模型只是作为辅助数据。基于二维图纸的工艺信息定义方式并未对诸如技术条件等信息进行编码处理,未达到离散信息的数字化,尚未形成面向智能制造的统一数据源,下游工序仍需工艺、操作、检验、试验人员对相关信息进行理解,难以支撑智能化制造工作开展。单一数据源的三维模型作为生产制造活动过程中的唯一数据源,以该三维实体模型为基础的设计制造方法,可以大大缩短产品设计周期,降低生产成本,提高设计和产品质量。

3.2 船舶单一数据源三维模型整体框架

通过从单一数据源工艺建模规范、船舶建造工艺完整性定义技术、物量与工艺信息抽取规范三个层面来规范船舶单一数据源的三维模型,在建立具有完整三维工艺信息的模型过程中形成技术规范。同时,通过船体建造工序定义标准的制定,结合船舶完整的三维模型和建造策划方案,形成分段建造标准工程图,指导三维工艺信息的建模和面向智能制造的船舶生产设计,具体内容如图3-1所示。

首先,基于统一三维模型的工艺建模规范和船舶建造工艺完整性定义技术,实现在三维设计模型上直接进行工艺设计与工艺规划,将相关属性、生产与管理信息附着在三维模型中,保障基于单一数据源的船体结构、舾装以及涂装的工艺模型的质量,使三维模型成为设计与制造衔接的桥梁,减少由于工艺信息不完整、不准确而导致的返工损耗,为工艺信息的继承与抽取奠定基础。

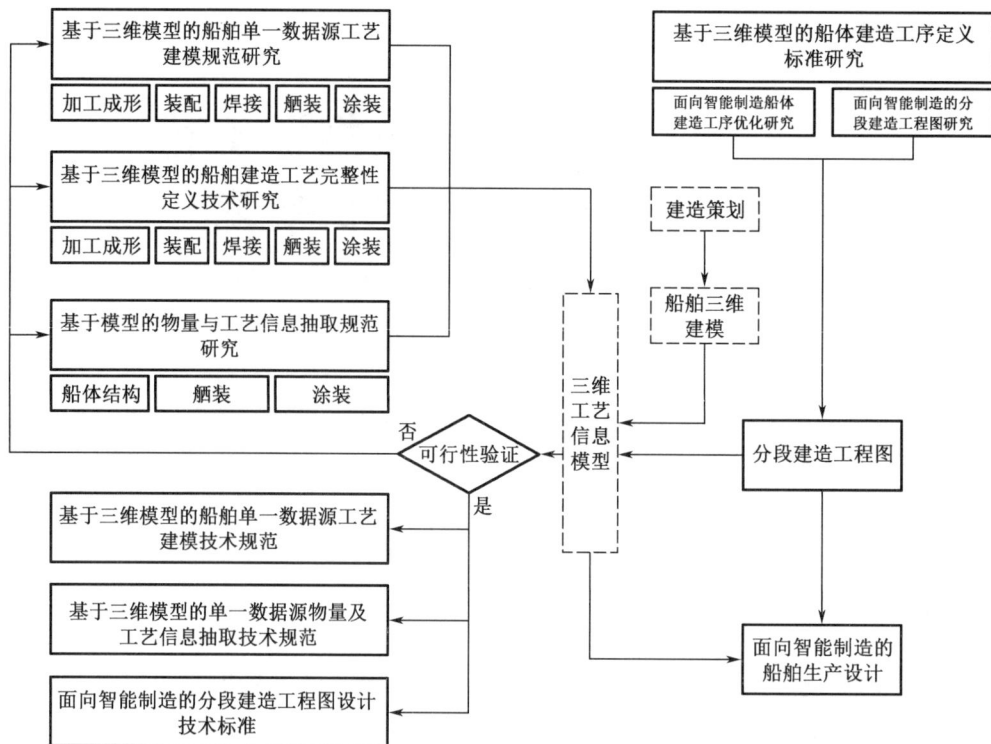

图 3-1　船舶单一数据源工艺建模及完整性要求内容框架图

然后,通过基于三维模型的物量与工艺信息抽取规范,实现船舶产品单一数据源的规范性,针对建造过程中对物量与工艺的要求,制定基于模型的物量与工艺信息提取规范,突破船体、舾装、涂装物量的数据完整性抽取与统一集成管理技术,实现从设计信息到采购、制造、管理的准确发布,确保船舶产品数据在流转与共享过程中的完整性、准确性,为智能制造的实施奠定基础。

最后,以船体三维建模为基础,以空间上分道、时间上有序的整体建造方案为路线,结合分段建造的工艺流程,对船舶建造工序进行优化,建立一套面向智能制造的分段建造工程图,描述其所包含的结构、舾装、涂装的工艺流程以及精度控制等信息,直观地描述目标分段的建造流程,纳入配员、标准周期、物流等内容,根据各级组立中间产品的工序,建立起目标分段的建造工艺流程,最终指导生产设计符合面向智能制造的分段建造需求。

3.3　基于三维模型的船舶单一数据源工艺建模规范

为了实现基于三维模型的船舶单一数据源工艺建模,开展基于单一数据源的壳、舾、涂一体化的工艺建模规范研究,为建立准确的工艺模型奠定基础。

3.3.1　基于三维模型的船舶单一数据源船体构件加工成形工艺建模规范

围绕智能加工成形的理念,分析船体构件类型、加工特征、几何属性等数据集成要素,形成面向智能制造的船体构件加工成形建模技术规范,指导船体构件加工成形定义以及工艺模型的应用。

3.3.1.1　船体构件加工成形工艺策划

对船体构件加工成形工艺进行策划,主要基于生产设备能力和生产区域划分等生产资源,对船体构件的分道原则进行分析。

将船体板材零件和型材零件分别按照不同的切割方式和不同的组立阶段进行区分,根据相似性分类成组,编制分道套料原则。船体板材切割分道套料原则如表 3-1 所示,船体型材切割分道套料原则如表 3-2 所示。

表 3-1　船体板材切割分道套料原则

类型		作业区分	版图类型	组立类型	备注
数切 N		小组立零件	NX	C、S、A、E	1. 后道组立零件可以部分套入前道组立对应的版图,反之则不可以,以下同。 2. 加工零件需提前一个阶段套料。 3. 加强筋和肘板等小零件与主板零件尽量区分套料
		中组立零件	NY	M、R、H	
		大组立零件	NZ	L、G	机舱和首、尾分段的平台板零件、大组立零件
		挂舵臂和锚系零件	NA		挂舵臂加强零件,锚链管和锚台零件
		大于 38 mm 厚度的加工外板	NB		大于 38 mm(不包括 38 mm)厚度的加工外板
		大于 38 mm 厚度的零件	NC		大于 38 mm(不包括 38 mm)厚度的零件
		需加工的主板零件	NR		需加工的外板、需加工的内壳板、需加工的槽形舱壁板、需加工的上建压筋板
		补板零件	NE		水密和非水密补板零件
板条 S	T 排	曲形 T 排腹板	NT		曲形 T 排腹板
		直形 T 排零件	ST		1. 大于 4 米的直形 T 排面板和腹板。 2. 货舱区域双壳分段纵骨内外底区分套,内壳纵骨序号 01~50,外壳纵骨序号 51~99
		曲形 T 排零件	SR		曲形转直形 T 排的腹板、曲形 T 排的面板
		非组 T 的小组立长条形零件	SX	C、S、A	加强筋、肋板面板等
		非组 T 的中组立长条形零件	SY	M、R、H	
		非组 T 的大组立长条形零件	SZ	L、G	甲板纵骨等

表 3-1(续)

类型	作业区分	版图类型	组立类型	备注
门切 F	小组立门切零件	FX	C、S、A	
	中组立门切零件	FY	L	货舱区域双壳分段的内壳板
	大组立门切零件	FZ	L、G	1. 货舱区域双壳分段的外壳板。 2. 货舱区域单壳分段上流水线拼板的零件
	组立部需求的大型加工零件	FR		组立部需求的加工外板零件,需 FCB 拼板的大型加工零件等
手工和光电切割 J	小组立小零件	JX	C、S、A	补板、加强筋、肘板等小零件
	中组立小零件	JY	M、R、H	补板、加强筋、肘板等小零件
	大组立小零件	JZ	L、G	补板、加强筋、肘板等小零件

注:(a)分段中既有加工外板又有非加工外板时,加工外板套 NR 版图,非加工外板按零件组立类型套相应的版图;

(b)加工外板与内部零件必须完全分道套料;

(c)首、尾、机舱分段平板除允许与"G"大组立类型的零件混套外,必须与其他内部零件分道套料。

表 3-2 船体型材切割分道套料原则

类型	作业区分	版图类型	组立类型	备注
型材 P	手工下料的型材零件	PG		半圆钢、方钢、圆管等零件
	小组立型材	PX	C、S、A	角钢、球扁钢
	中组立型材	PY	M、R、H	角钢、球扁钢
	大组立型材	PZ	P、G	角钢、球扁钢
	曲形型材	PR		角钢、球扁钢

3.3.1.2 船体构件加工成形工艺建模流程

船体构件加工成形工艺建模流程主要分为四部分:船体板材切割、船体型材切割、船体板材成形、船体型材成形。

(1)船体板材切割工艺建模流程

①在建模阶段,对板材的零件名、坡口信息、画线信息进行定义。

②在建模阶段,根据零件编码原则,通过构建组立装配树,实现板材零件自动分道,并一直携带分道信息。典型的板材切割流向与分道定义如图 3-2 所示。

③利用套料软件从设计系统中读取零件信息,根据设计建模中零件的分道信息、零件的形状和类型,按照门切、数切、板条等形式分开,并进行自动套料。

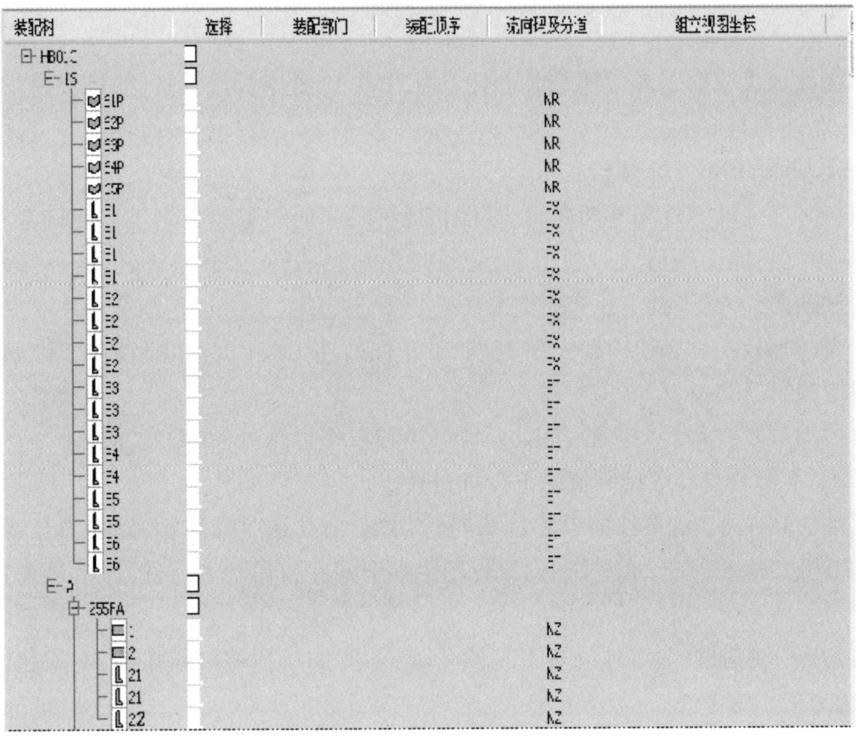

图 3-2　典型的板材切割流向与分道定义

　　④检查切割路径、切割指令、画线信息、坡口信息等切割信息的准确性,并生成订货所需的清单。

　　(2)船体型材切割工艺建模流程

　　①在建模阶段,对型材的零件名、坡口信息、划线信息进行定义。

　　②在建模阶段,根据零件编码原则,通过构建组立装配树,实现型材零件自动分道,并一直携带分道信息。

　　③利用套料软件从设计系统中读取零件信息,根据设计建模中零件的分道信息、零件的形状、类型和数量进行自动套料。

　　④检查切割指令、画线信息、坡口及流向信息等切割信息准确性,并生成订货所需的清单。

　　(3)船体板材成形工艺建模流程

　　①在建模阶段,对板材的零件名、坡口信息、画线信息进行定义。

　　②利用专用软件从设计系统中读取板材曲面数据信息。

　　③生成加工所需要的加载点、加载线等加工路径信息。

　　(4)船体型材成形工艺建模流程

　　①在建模阶段,对型材的零件名、坡口信息、画线信息进行定义。

　　②利用专用软件从设计系统中读取型材曲线数据信息。

　　③生成加工所需要的加载线等施工信息。

3.3.1.3 船体构件加工成形工艺建模要求

船体构件加工成形工艺建模要求主要分为四部分:船体板材切割、船体型材切割、船体板材成形、船体型材成形。

(1)船体板材切割工艺建模要求

①套料时应保证零件和零件之间、零件和板材之间的间隙调整到工艺允许范围内的最小值,以尽最大可能提高钢材的利用率,套料时先套大零件,后套小零件,零件与零件之间必须紧密排列。

②套料时外板零件必须构架面朝上,加工零件的加工线(折角线和切点线)朝上,内部零件尽量避免翻身套料。

③过桥加放时应避开零件的自由边、坡口边和零件折角处,在满足零件不变形、不掉到切割平台下、不影响自动焊接的情况下少加过桥。

④零件的切割顺序:零件的外轮廓顺时针切割,内孔逆时针切割;先割内孔零件,后割内孔,再割外边;从左向右,从下往上切割;先切割小零件后切割大零件,保持最大零件最后切割。

⑤引割点一般加放在零件的右下角拐角处,不要加放在切口圆弧处,不要超出钢板边缘,不要碰到相邻的零件。

⑥零件画线正确,反套零件应无画线,并标注"T. O. MK",有装配角度的零件应标注装配角度。

⑦在产生余料的版图上应标注余料编码和余料再利用信息,在使用余料的版图上应标注余料编码和余料出处。

⑧根据切割开工顺序,后一批次分段的增补零件可套入前一批次的余料内,尽可能地减少余料的产生,也可将跨批次套料的范围扩大到同一个区域内,但只能由后续下料加工的零件向前面批次内套料,不能改变顺序。

⑨为使得切割线路优化,切割空程长度最短,可以利用算法对切割路径进行优化。

⑩根据材料利用率和船体建造分道原则,面向船体零件的几何特性,通过排列组合优选算法,使得分道套料与钢板利用率达到最佳平衡。

(2)船体型材切割工艺建模要求

①建模过程中应定义型材零件名、总长、余量和端切,零件的上下、左右、首尾等方向信息,以及编号、规格、数量等信息。

②考虑到流向涉及型材的托盘化配送,建模过程中材料加工代码、零件流向应定义准确。

③从材料利用率的角度考虑,套料间距一般默认为10 mm,极限情况下可调整为8 mm,机器保养时,可设定为15 mm。

④不适用于机器切割的利用手工下料的方式进行,并进行工艺信息的定义。型材手工切割版图适用于圆管、圆钢、半圆钢、方钢、方管、槽钢、工字钢等零件。

(3)船体板材成形工艺建模要求

①板材零件加工余量的加放应符合精度管理要求,可采用成熟的机器学习算法来分析

零件特征、余量补偿量与修正量之间的数学关系,不断优化余量和补偿量。

②圆弧加工零件的加工半径应以内表面为准。

③折角加工零件的折角度数应以内表面为准。

④外板零件应按曲度选择不同的加工样板,如活络样板、木样板、木样箱,也可以直接输出曲面数据供精度检测装置。

⑤可以结合智能成形工艺数据库,根据板材成形目标形状与热加工工艺特征,求取实现目标形状的火工路径,以实现板材成形热加工火工路径获取的自动化与智能化。

(4)船体型材成形工艺建模要求

①需弯曲的型材一般需要绘制逆直线信息。

②可以通过机器学习库建立训练集,挖掘基于形变的最优加载线位置数据特征,建立面向型材成形加工加载位置与型材形变关系的数据规则。

③可以对型材成形加工工艺参数进行提取,分析各种工艺方式和参数建立的不同型材加工工艺模型,并建立型材加工工艺模型库。

④可以基于型材成形加工经验数据,针对型材成形加工加载位置与型材形变关系,形成基于形变的最优加载线位置数据特征,建立面向型材成形加工加载位置与型材形变关系的数据规则。

3.3.2　基于三维模型的船舶单一数据源装配工艺建模规范

基于船舶单一数据源完整性三维建模分析产品结构建模、各阶段组立名、组立流向、几何属性、工艺件、设备资源建模等要素,形成三维数字化装配工艺建模技术规范,指导船体装配工艺定义以及工艺模型的应用。

3.3.2.1　装配工艺策划

对于船体装配策划,主要从分段建造工艺和总段建造工艺两个层面进行。

(1)分段建造工艺策划

分段建造工艺策划的载体为典型分段施工要领(PRE-DAP),它是在生产设计前的策划类工艺文件,是根据船体基本结构图等图纸设绘的具有组立阶段划分和装配顺序功能的指导性文件。它以分总段划分为基础,建立每一个分段从小组立、中组立到大组立三个阶段所有零件、部件和组立的连接关系,使设计的组立顺序和生产流程做到基本一致。它可用于检验分总段划分的合理性,指导结构、舾装、涂装等专业的生产设计。

(2)总段建造工艺策划

总段建造工艺策划的载体为总段总组流程图(FSD),它是在生产设计前的策划类工艺文件。它以分总段划分为基础,描述从分段结构完工到形成总段的过程,反映分段与分段之间在平台或胎架上的总组形式,使设计的总组顺序和生产流程做到基本一致。它可用于检验分总段划分的合理性,指导结构、舾装、涂装等专业的生产设计。

3.3.2.2　装配工艺建模流程

船体装配工艺建模流程如下：

（1）基于模型的系统工程（MBSE）对船体模型进行工程分解，拆分为总段、分段、组立、零部件等不同层级的中间产品。典型的船体装配模型拆分如图3-3所示。

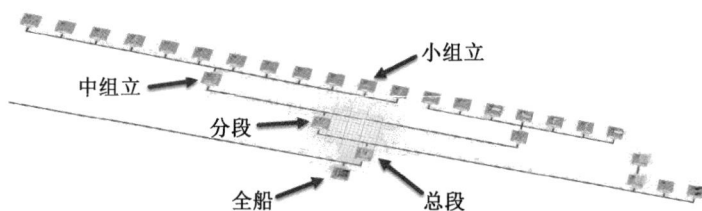

图3-3　典型的船体装配模型拆分

（2）根据典型分段施工要领和总段总组流程图图纸，综合考虑制造部门的设备设施、场地布置、工艺流程、施工习惯等，对各级中间产品进行命名，命名规则参照工艺建模编码规则，建立起所有船体结构之间的装配关系，使船体结构的装配逻辑关系与生产部门的制造流程一致。

3.3.2.3　装配工艺建模要求

船体装配工艺建模要求如下：

（1）在船体装配模型构建过程中，必须包含组立层次、组立名、组立数量、组立阶段等信息。

（2）组立树的构建过程必须考虑组立的流向。

（3）在船体装配模型构建过程中，所有零件都有归属组立，尺寸准确，结构之间不存在静态干涉。

（4）在船体装配模型构建过程中，需要考虑可以做成永久性吊环的结构，对船体装配模型与舾装件的模型进行平衡，使之方便舾装件提前安装。

（5）船体装配模型应满足施工阶段对加工、生产制造等方面的要求，能输出加工制造详细信息。

（6）船体装配模型能够输出模型模拟建造仿真并进行施工工艺的优化。

3.3.3　基于三维模型的船舶单一数据源焊接工艺建模规范

基于船舶单一数据源三维建模以及船体结构建造方法，分析面向智能制造的船体结构焊接方法、规范、工艺、材料等要素，形成三维数字化焊接工艺建模技术规范，指导焊接工艺定义及焊接工艺模型的应用。

3.3.3.1　焊接工艺策划

焊接工艺策划的主要载体为焊接工艺一览表，此份工艺文件主要是为了对车间焊接施工及技术人员进行焊接工艺应用指导,以保证所有施工技术人员对于在该项目中可使用哪些焊接工艺、不同焊接工艺的应用位置区域、焊材的应用范围等有明确的认识,同时也能为现场监督焊接作业提供理论依据。

在项目船体结构送审设计及项目施工要领文件制定完成后,根据设计文件中统计的船体用钢信息(包括钢板及型材的等级、厚度)和施工要领中各分段的建造及焊接方法,在焊接工艺评定(PQR)标准库中选择全部适用的焊接工艺,删减其中覆盖范围重复的工艺项目,尽量选择覆盖面大、通用性强的工艺。

对于产品项目中确需使用且经过焊接工艺评定标准库查询确认覆盖不到的焊接工艺项目(包括钢材级别、板厚、坡口、焊接新工艺等覆盖不全),需要向焊接试验室提交焊接试验申请,试验完成后由焊接试验室相关人员编制新试验项目的焊接工艺评定报告,并提交船检签字盖章,之后再反馈给设计部门加入焊接工艺一览表文件。焊接工艺评定列表,见表3-3。

表3-3　焊接工艺评定表

| 174 003 m³ LNG WELDING PROCEDURE LIST | | | | | P 2 | 2000605R |
| | | | | | H1786A~87A | |
No. 序号	APPROVED NO. 认可编号	WELD PROCEDURE & PROCESS 焊接工艺及程序	USED RANGE 认可范围	WELDING MATERIAL 焊接材料	APPROVAL 认可船级	APPLICATION 项目应用
1	V120HZ-LR-775R (775-1)	V-BUTT MANUAL BUTT WELDING(PC) V形坡口手工电弧焊(横焊)	3≤t≤20 UP TO E36	wire CJ507	LR	
2	V120HZ-LR-775R (775-2)	V-BUTT MANUAL BUTT WELDING(PF) V形坡口手工电弧焊(立焊)	3≤t≤20 UP TO E36	wire CJ507	LR	
3	V120HZ-IACS-691R (691-1)	Y-BUTT ONE SILE SAW WITH FLUX-COOPER BACKING(PA) Y形坡口 FCB法单面埋弧自动对接焊(平焊)	10≤t≤14 A	wire:Y-DM3、Y-DL、Y-DL surface flux:NSH55EM backing flux:NSH-1RM backing:COPPER	GL ABS CCS	

在焊接工艺评定列表完成后,将列表中的每一项工艺标上序号,该序号用于典型横剖面图中所示的全部焊缝所使用焊接工艺的标注。在焊缝处标注工艺序号时需注意:因典型横剖面图(图3-4)中同一位置的焊缝在不同分段中可能施工阶段不一样,焊接施工要领要求的焊接工艺不一样,因此要将所有涉及的工艺全部标明。

3.3.3.2　焊接工艺建模流程

焊接工艺建模主要分为三个层次:焊接工艺常规建模、焊接工艺智能建模、面向机器人焊接工艺建模。

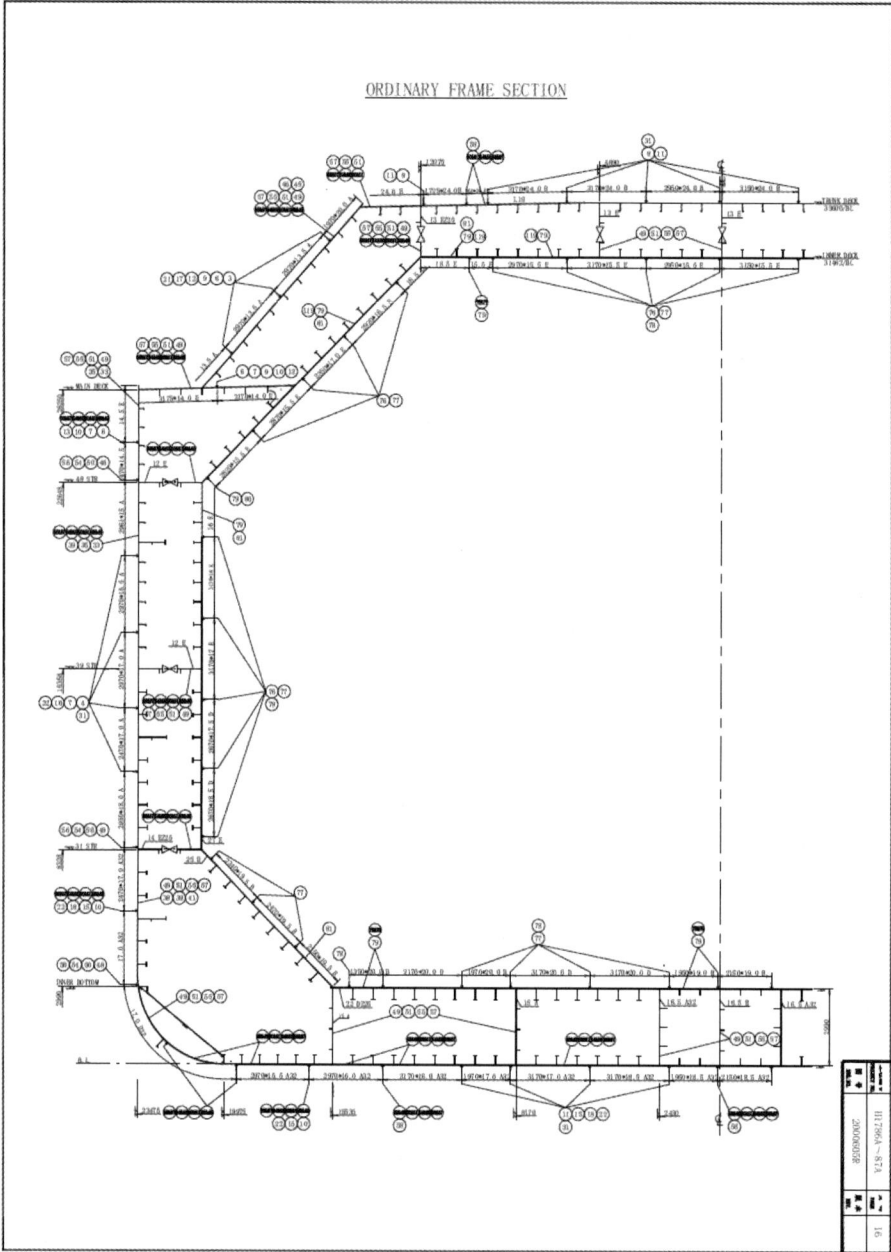

图 3-4　典型焊接工艺布置图

（1）焊接工艺常规建模流程

①针对船舶结构不同的钢级、板厚和所使用的焊接方法,制定相对应的焊接工艺规程（WPS）,编制焊接接头基本形式图册,对焊接坡口定义坡口代码。

②将焊接接头基本形式图册中的坡口信息输入到系统中,编写坡口标准,建立坡口代码数据库。坡口标准需要定义每种坡口代码所对应的坡口间隙、焊接收缩补偿值、坡口留根、坡口朝向、坡口角度及大坡口（板厚差过渡削斜）等信息。典型的坡口标准定义如

图 3-5 所示。

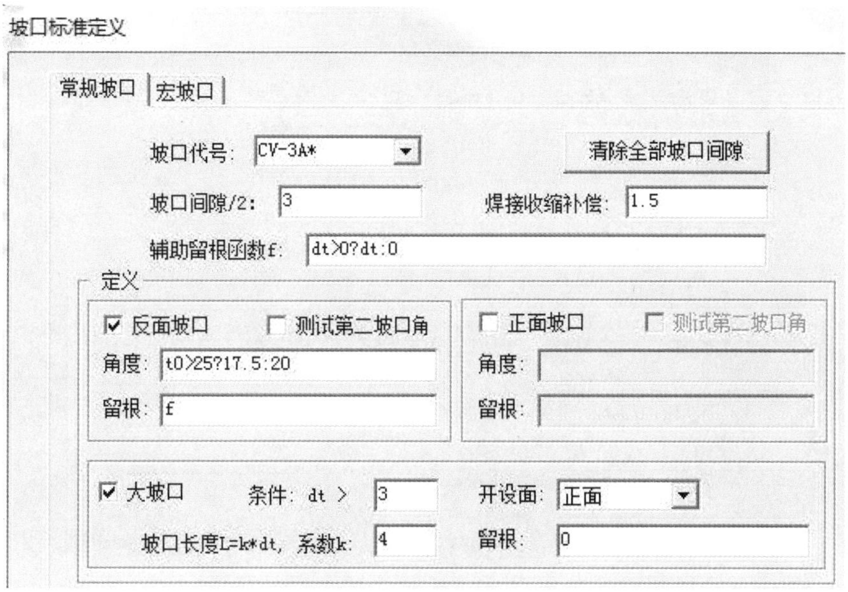

图 3-5 焊接坡口标准定义

③设计人员综合考虑板厚、构架面、板厚朝向、建造方式、施工场地条件,针对分段内及分段间的板架对接处、型材接头、肘板边界、深熔焊及熔透角焊处,从坡口标准中挑选最合适的焊接坡口,对焊缝进行建模。

④对于单个板材同时与多种厚度板架对接的情况,必要时需要将此条板缝按多个不同焊接坡口分割成几段进行建模。板对接处的焊接坡口建模如图 3-6 所示。

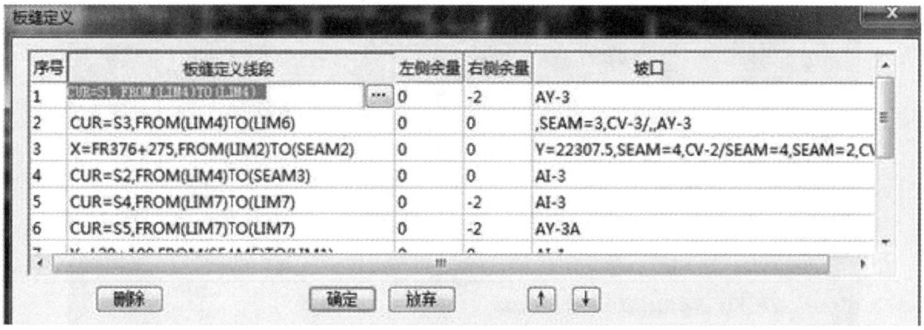

图 3-6 板对接处的焊接坡口建模

(2)焊接工艺智能建模流程

①开发焊接宏坡口建模功能。宏坡口通过给定焊接方式和位置,但不明确指定构架面和定位面的坡口代码形式,由计算机根据板架定义自动识别构架面和定位面,确定所对应的普通坡口代码。一个宏坡口代码可以捆绑多个普通坡口代码。典型的宏坡口与常规坡口代码关联的方式如图 3-7 所示。

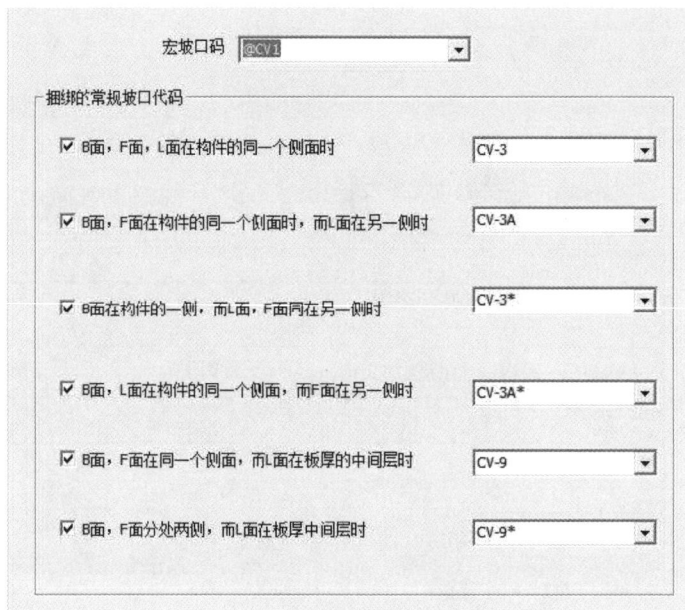

图 3-7　宏坡口与普通坡口关联方式

②使用焊接宏坡口模块进行焊接建模。设计人员在进行坡口建模时只考虑焊接方法和焊接位置，从宏坡口代码中进行选择，坡口形状、板厚及板厚朝向、构架安装面等由计算机来判断，实现快速建模。典型的宏坡口快速建模如图 3-8 所示。

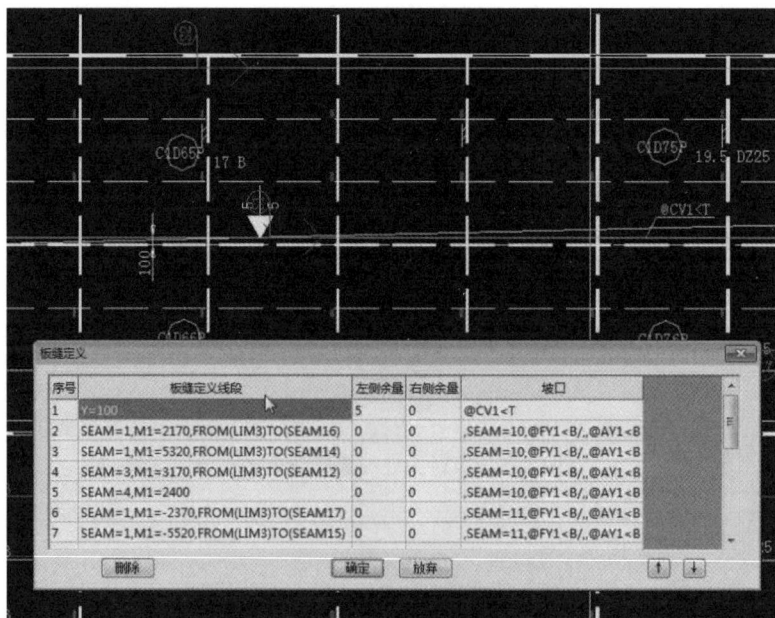

图 3-8　利用宏坡口快速建模

3.3.3.3　面向机器人焊接工艺建模流程

(1)针对焊接机器人的工艺要求,挑选出适合焊接机器人焊接的组立中间产品。

(2)对适合焊接机器人焊接的组立中间产品,选择焊接基准板,定义焊接基板信息。

(3)在焊接基板上定义焊接基准点信息,一般定义三个基准点。典型的焊接机器人焊接基准设置如图3-9所示。

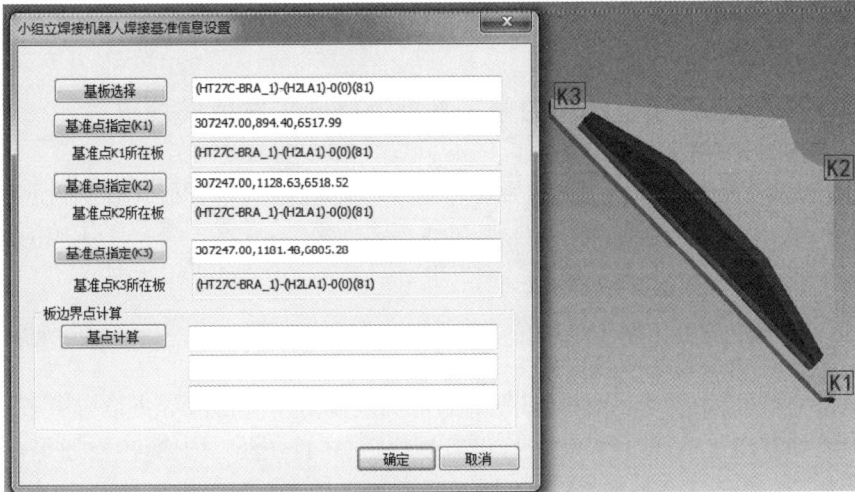

图3-9　焊接机器人焊接基准设置

(4)定义焊缝的焊脚高度、焊接长度信息,设置焊脚包角并定义焊接的顺序。典型的焊接机器人焊缝工艺信息定义如图3-10所示。

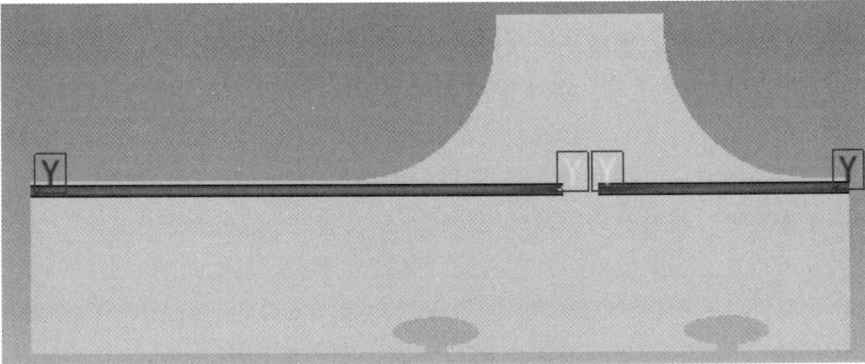

图3-10　焊接机器人焊缝工艺信息的定义

(5)完成焊接基准信息和焊缝信息的设计后,保存焊接工艺信息到数据库。

3.3.3.4 焊接工艺建模要求

焊接工艺建模要求如下：

(1)焊接可实施性或便利性,同时避免大量的仰焊;

(2)降低焊接材料的消耗量,对于比较厚的构件采用 X 形坡口比 V 形坡口能节省更多的焊接材料;

(3)坡口易加工;

(4)减少或控制焊接变形。

3.3.4 基于三维模型的船舶单一数据源舾装工艺建模规范

基于船舶单一数据源完整性三维建模以及中间产品建造方法分析舾装几何属性、所属专业、安装阶段、所属中间产品、舾装类别、所属系统等要素,形成三维数字化舾装工艺建模技术规范,指导舾装工艺定义以及工艺模型的应用。

3.3.4.1 舾装工艺策划

根据船厂现有的生产工艺流程,并结合智能制造规划和工艺流程再造对舾装策划工作的牵引需求,绘制建造工程图(WSD),详细策划管舾、铁舾、电舾、内舾、冷空通等在小组立、中组立、大组立、单元、总段、半船、全船等不同中间产品建造阶段的安装内容,添加以托盘为单位的舾装安装信息。

3.3.4.2 舾装工艺建模流程

舾装工艺建模流程分为五个专业开展:管舾、铁舾、电舾、内舾、冷空通。

(1)管舾工艺建模流程

①通过管系部件标准数据模块输入标准的管子、附件、连接件和阀件等数据。

②通过部件自动生成模块,将标准数据输入的不同部件实体数据转换到部件实体库中。

③通过设备小样建立设备及非标阀、附件的模型,输入部件的属性数据。

④管路原理处理。通过原理图设计模块进行定义管路、设备、阀件。

⑤进行设备布置。根据设备布置图将设计区域内所有设备反映到船上具体布置位置。

⑥建立管路模型。根据详细设计系统原理图和综合布置图,在船体结构和设备模型的基础上,将图中的管路、附件及阀件等以模型建立在实船模型中,并且对上述管路、附件及阀件添加相关的加工信息和安装信息。

⑦建立管支架。在完成管路建模后,利用管子和可提供支撑的船体结构相关信息进行管支架建模。

(2)铁舾工艺建模流程

①建立铁舾件小样模型。用长方体、圆柱体、拉伸柱体和任意旋转体等基本几何体为基本元素,表示出建模对象的外形轮廓、基本几何尺寸、各类接口位置和定位点等信息。

②建立设备小样模型。与铁舾件小样模型基本一致,只是选择的类别不同,也就是存储模型的库不同。

③导入外部小样模型。将厂家提供的三维模型文件通过数据接口导入设计软件中,如图 3-11 所示。

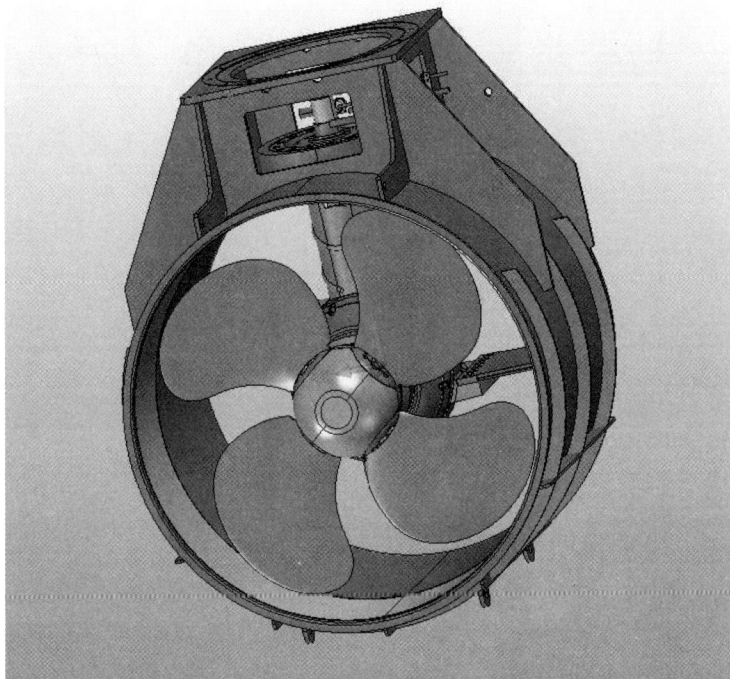

图 3-11　导入模型

④进行实船布置。将需安装在船上的所有铁舾件、设备等模型,以详细设计为依据,并结合工厂实践,在经过专业初步综合平衡后,布置或定位于实船模型中。

(3)电舾工艺建模流程

①建立参数化部件,包括电缆导架、绑带弯件、电缆贯通件、小型基座、中型基座等舾装件的实体三维几何图形。

②对部件进行定义,包含部件代号、内码,部件几何尺寸、型号、简易规格等信息。其中型号和简易规格包含后续出图所需要抽取的尺寸信息。部件定义如图 3-12 所示。

③建立设备小样模型,包括外形轮廓、基本几何尺寸、管子的接口、电缆进线口和定位点的信息。

④设定设备类型和设备小样模型的对应关系,进行编号定义,如图 3-13 所示。

⑤根据主干电缆走向图、系统图、布置图,预估、计算出电缆通道的宽度,放置所需要的电缆导架、绑带弯件和贯通件的模型。

⑥根据设备布置图,将定义好的设备模型、设备树放置到实船的模型中。

⑦在确保实船放样过程中各电缆通道相互连通的情况下,通过"交互建模"中的电缆布置功能统计电缆长度、节点以及停止点等相关信息。

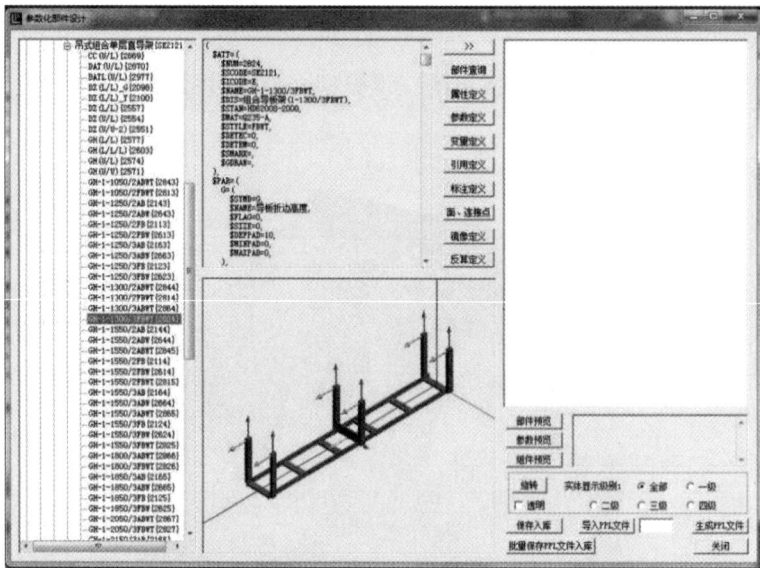

图 3-12　部件定义

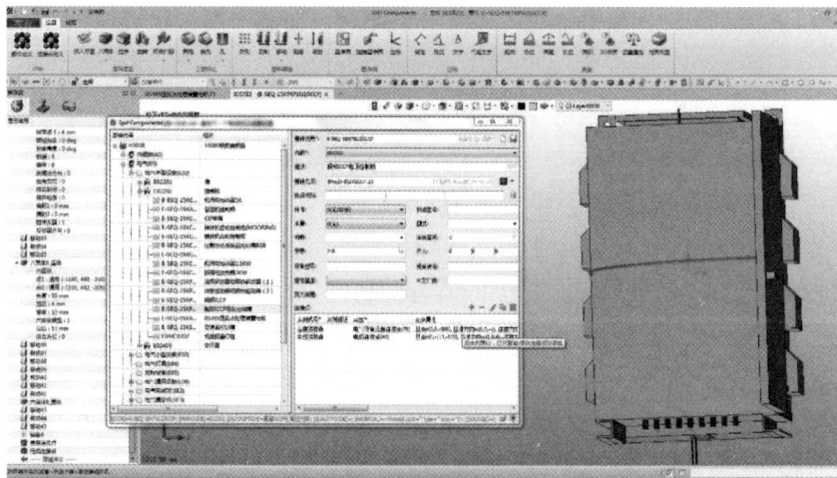

图 3-13　设备定义

（4）内舾工艺建模流程

①建立参数化部件。将模型中需要变动的参数设置为可调,不需要变动的参数设置为固定值。比如钢质门可以改变门框宽度、厚度、开门角度等,适用于比较规则、对称的实体模型。

②建立小样模型。用长方体、球体、圆柱体、正圆台、任意旋转体和拉伸柱体等基本几何体为基本元素,表示出内舾装建模对象的外形轮廓、基本几何尺寸、接口位置及形式、安装位置、布置及其功能等信息。

③设置连接点,最好设置1个连接点,坐标为(0,0,0),如其他专业有特殊要求,可以适

当增加连接点,比如电缆连接点、管系连接点等。

④建立组合模型,在三维视图中通过搭积木的方式进行建模。三维小样可以搭建更加复杂、精细的模型,是小样模型的升华和补充。

⑤进行实船布置。将需安装在船上的所有内舾装设备、材料和内舾装件,以详细设计为依据,并结合工厂实践,在经过专业初步综合平衡后,布置或定位于实船模型中。

⑥应用内舾装自带的模块对围壁板、天花板、敷料、绝缘、地板等特有功能进行快速放样,要求尽可能地还原图纸上的标注信息。

(5)冷空通工艺建模流程

①建立小样模型。用长方体、圆柱体、拉伸柱体和任意旋转体等基本几何体为基本元素,表示出建模对象的外形轮廓、基本几何尺寸、各类接口位置和定位点等信息。

②建立风管模型。根据详细设计系统原理图和综合布置图,在船体结构和设备模型的基础上,将风管及附件建立在实船模型中,并且对上述风管及附件添加相关的加工信息和安装信息。

③建立支架。在完成风管建模后,利用风管和可提供支撑的船体结构相对信息进行支架建模。

3.3.4.3　舾装工艺建模要求

舾装工艺建模要求分为五个专业:管舾、铁舾、电舾、内舾、冷空通。

(1)管舾工艺建模要求

管系组合模型示例见图3-14。

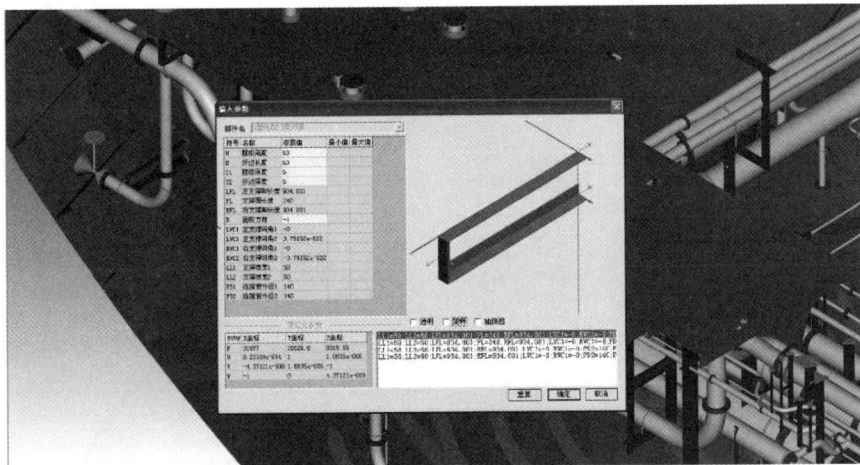

图3-14　管系组合模型示例

①管系建模的工艺要求应完全按照管子工艺标准开展,包括管子取段、支架布置、管路布置、阀附件选用等。

②管路布置时对于小管子要考虑尽量采用弯管且注意满足公司的弯管要求。

③管路布置开孔时应尽量避免穿过强应力区结构,若必须穿过时,要满足船体强力构

件开孔及补强的要求。

④管路布置基本原则为在满足原理功能的情况下要使管路最短,且要成排成束布置,既要美观又要实用,使得安装维修方便。

⑤管路布置要确保设备的操作、维修、吊装空间,阀要尽量成阀组形式布置,并充分考虑阀的操作及维修空间。

⑥管路布置要确保距离,管子与管子之间、管子与舾装件之间、管子与结构之间、管子与设备之间、管子与主干电缆之间都要保证一定的距离,方便安装和维修。

⑦管支架的间距、型号、表面处理、角钢大小,要满足 SDP(最短距离路径)要求,相邻管子宜做成组合支架,要跨专业考虑整体支架的设置,如风管、电缆托架、管子应考虑做成组合支架,以减少支架和焊接材料,提高施工效率。

⑧管子取段要按照公司管子加工场地、设备、加工流程,最大限度地使管子设计适应加工要求,同时在保证满足安装、检修要求的条件下尽量减少管子数量。

⑨管子零件设计中的直管设计、弯管设计、带支管的管子设计必须符合管子加工车间智能制造装备先焊后弯工艺以及其他管子流水线的工艺要求,机泵舱区域的管子长度还必须考虑吊装、维修的工艺要求。

⑩涂塑、涂环氧漆、涂聚乙烯等特涂管的通径、管段长度、支管位置必须符合相关施工工艺要求。

⑪在分段搭载焊缝处或设备接口处,一般设置合拢管,在满足现场精度和生产的前提下,尽量减少合拢管的数量。

(2)铁舾工艺建模要求

铁舾组合模型示例如图 3-15 所示。

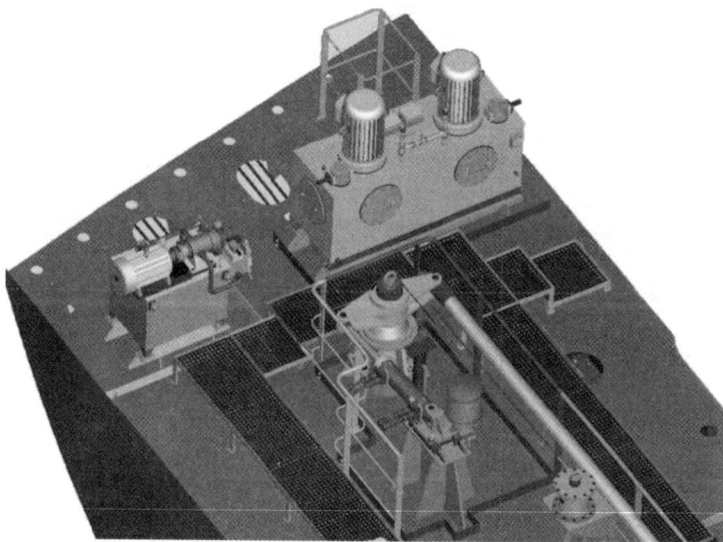

图 3-15　铁舾组合模型示例

①考虑到铁舾件在制作时的选材,选材原则一般是尽量选用型材,选用的材料规格满

足使用强度及腐蚀余量即可,尽可能选用常规市场品。

②建模时所建铁舾件整体尺寸大小要合适,方便镀锌和运输,如果太大则可考虑拆分多个。

③各零部件组合时考虑制作过程中焊接空间是否足够,焊角边缘尺寸是否留足,没有特殊情况一般全部连续焊,不采用间断焊。

④露天甲板过桥及平台尽可能采用格栅,避免使用花钢板焊接引起变形及积水。

⑤螺栓固定等可拆式的铁舾件需考虑安装螺栓等空间是否足够,液舱内避免使用螺栓式铁舾件。

⑥考虑所建铁舾件尽可能工序前移,最好能够在分段及其之前的阶段安装。如果舾装件部分跨分段则应考虑调整修改形式;在后续阶段安装时,如不方便吊运的可以考虑寻找适当位置贴附。

⑦所建铁舾件及设备周围空间应满足要求,除使用功能满足要求外,还需考虑在安装时的安装操作空间足够,方便安装工作顺利进行。

⑧合理且充分利用结构,使所建铁舾件安装更加方便,相邻或连续的铁舾件安装后的连续性需要保持一致。

(3)电舾工艺建模要求

电气组合模型示例如图3-16所示。

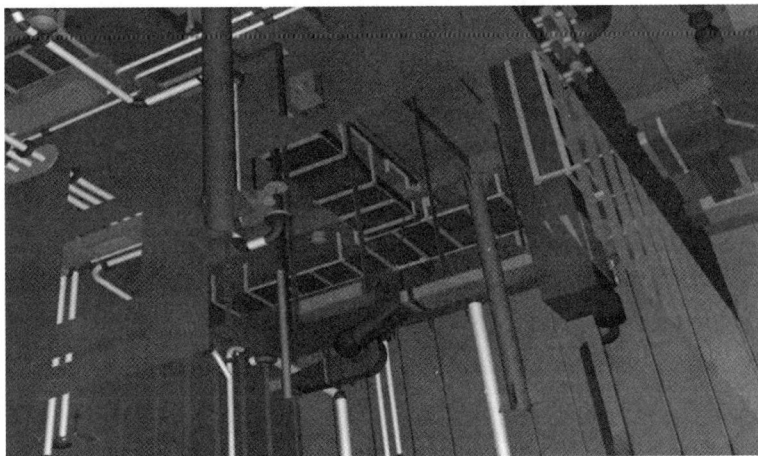

图3-16　电气组合模型示例

①机舱底层、分油机、货油泵、发电机等单元中各类设备的电缆支撑件可安装于单元平台的反面,与平台作为组合支架处理,以减少舾装材料,并促进工序前移。

②在甲板电缆托架与管束走向基本一致的情况下,电缆托架可加入管束单元内,电缆托架的形式需要做相应的调整,其旁板由扁钢改为管子,便于用管夹安装在管子支架上。

③舵机平台上的电缆托架可以与平台一体化设计,作为组合支架处理,可去除托架吊脚并减少现场烧焊工作。

④电缆支撑件应避开直梯上下空间、阀操作空间、下方设备起吊空间、设备维修空

间等。

⑤电气模型应无碰撞并留有电缆敷设空间及设备维修、操作空间。

⑥管弄等区域内多芯管与电缆的组合托架,应保证多芯管和电缆的弯曲半径,并留有足够的敷设空间。

⑦托架、扁钢的宽度,托架、扁钢、贯通件之间的距离,电缆管的大小、填料函、弯曲半径,应满足电缆敷设的要求。

⑧浇注型贯通件,应满足堵料厂家对于电缆截面积的要求,落地设备底部的贯通件,其安装高度应满足进线、接线要求,甲板面上的贯通件,如处于拦油、拦水扁铁内时,其安装高度应高于扁铁。

⑨围壁板的舱壁上的电舾装件,应保证其高度不超过围壁板,并留有电缆敷设空间。

⑩对于经常要求操作和维修的电气设备,其安装场所应有足够的通风和空间,便于安装、操作使用和维修。

⑪机械处所、居住处所的电气设备的安装高度应满足安装工艺要求。

⑫电气布置开孔时应尽量避免穿过强应力区结构,要穿过时要满足船体强力构件开孔及补强的要求。

(4)内舾工艺建模要求

居装组合模型示例如图3-17所示。

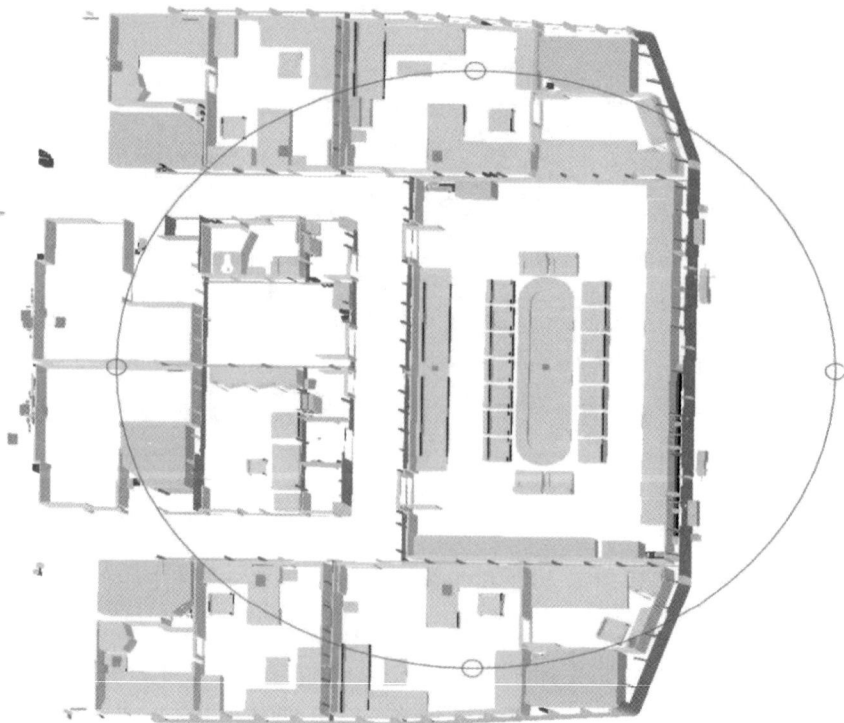

图3-17 居装组合模型示例

①在建模过程中,一定要考虑到设备应有合理的操作和维修空间。

②围壁板在排板的过程中要注意起始位置和方向,以及在围壁板上的检修门、可拆板、通风栅的布置以及型号尺寸,最后一张板的尺寸尽量不要小于 200 mm。

③天花板在排板的过程中需要注意灯、布风器、检修门的位置以及型号尺寸,天花板的排列应该与棚顶灯、布风器等协调布置。

④白铁皮建模的过程中需要注意区分干燥区域和潮湿区域,白铁皮上安装灯、开关、小型电气设备等,设备基座与型材做成组合体。

⑤在确定舱室内装饰壁板与外面钢围壁间距尺寸时应和电气、管系等相关专业协调,确保绝缘敷设及管子、电缆穿过所需尺寸,同时考虑一定的余量。

⑥钢质门踏步板和门上方的眉毛板建模过程中应注意方便安装和使用。

⑦舱室家具、卫生单元、厨房洗衣设备在建模过程中除考虑其使用功能之外,还要充分考虑其施工的便利性。

(5)冷空通工艺建模要求

冷空通组合模型示例如图 3-18 所示。

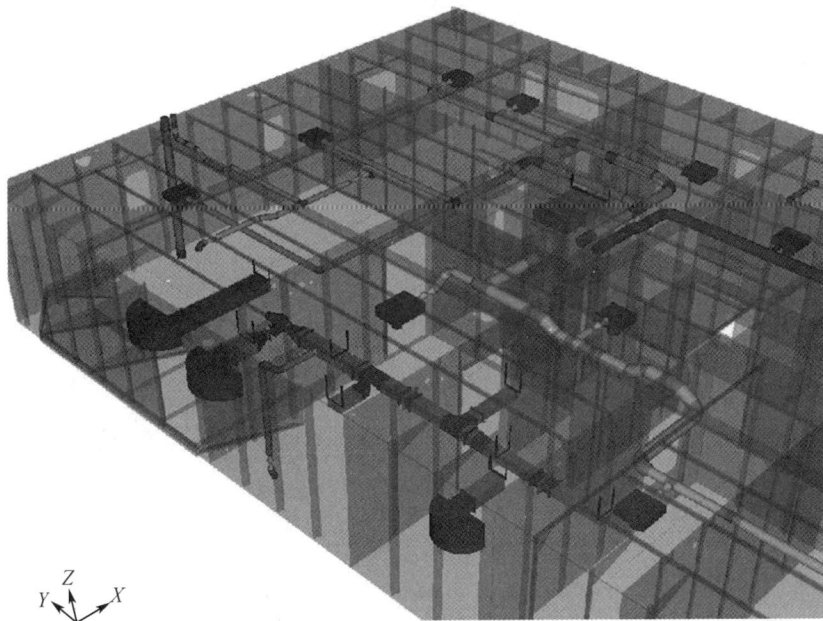

图 3-18　冷空通组合模型示例

①建模过程中需要仔细考虑冷空通设备的风管、制冷管的位置及安装维修空间。

②对于空调通风管,其布置要求需要满足相关规范要求,送风管和回风管上设置的防火风闸、调风门等一定要便于人员操作,建模时需要考虑螺旋风管及附件的使用安装要求,避免出现无法安装的局面。

③管路上宜采用小角度弯头,两个弯头的间距一般不小于管子通径的 5 倍。

④空调风管一般应布置在主干电缆和相关管系的下面,同时也要考虑相邻管系的布置情况,并保证相互间的间距要求。

⑤空调风管布置力求整齐、美观,并符合使用操作要求,便于施工、清理和维护。

⑥风管必须通过大梁时,开孔及补强要求按船体强力构件开孔及补强的规定。

⑦管路的取段、附加及支架的建模布置要合理。

⑧合拢件的设置要合理,如果风管断在分段分界面上,需预留好合拢管的位置。

3.3.5 基于三维模型的船舶单一数据源涂装工艺建模规范

基于三维模型的船舶单一数据源,依附于船体结构表面分析舱室部位划分、涂料配套、工艺特征等要素,形成三维数字化涂装工艺建模规范,指导涂装工艺定义及工艺模型的应用。

3.3.5.1 涂装工艺策划

整理和收集船舶的总布置图、舱容图、机舱设备布置图、防火分隔图、绝缘布置图、甲板敷料布置图、舱室尺寸图及封板图、污水井及通风布置图、吃水标记图等图纸,根据技术规格书、涂料厂商的产品说明书,依据每种涂料间的复涂间隔,结合全船各部位的实际施工情况编制涂装明细表。涂装明细表包括涂装部位、涂装配套、涂装阶段等信息。

3.3.5.2 涂装工艺建模流程

涂装工艺建模流程如下:

(1)根据涂装部位编码的要求,结合涂装明细表、总布置图、舱容图等图纸资料,在设计软件中以船体模型为背景对全船各个涂装部位进行区域划分,对涂装部位进行编码定义,如图 3-19 所示。

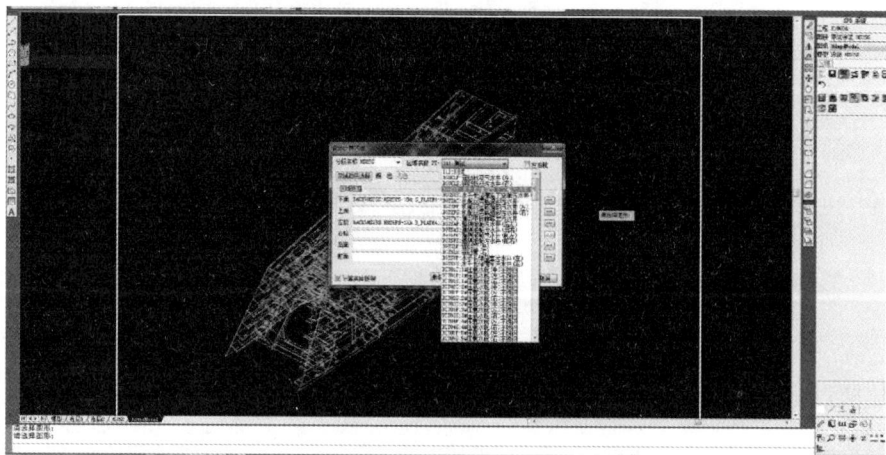

图 3-19 涂装部位编码定义

(2)利用区域划分分别计算每一个分段各个区域的面积,将计算结果保存至设计软件数据库,如图 3-20 所示。

图 3-20　计算涂装区域面积

3.3.5.3　涂装工艺建模要求

涂装工艺建模要求如下：

(1)对全船涂装明细表的内容进行合理的整理,并编写对应的代码;

(2)注意各个部位的施工阶段,特别是分段和船坞之间的施工阶段;

(3)在特殊部位维护里面编写的每个代码都只能对应一个部位名称,不能重复;

(4)确认船体模型的完整性、船体结构的完整性;

(5)确认总布置图、分段划分图、敷料布置图、绝缘布置图和舱室名称图的最新版本,注意实时动态更新;

(6)确认船体结构的分界线,包括平直底分界线和结构水线;

(7)确认涉及分界线的分段的水线型值的数据以及个别分上、下围壁的舱室;

(8)明确模型所涉及的区域名称对应的涂装油漆施工配套及相关流程。

3.4　基于三维模型的船舶建造工艺完整性定义技术

研究三维模型定义方法,根据船舶工艺信息的种类,研究建立三维工艺信息相关模型,实现在三维模型上直接进行工艺设计与工艺规划,将传统工艺卡片信息集成到三维模型中,将相关基本属性、生产与管理等信息附着在产品三维模型中,使三维模型成为设计与制造进行无缝衔接的桥梁。

3.4.1 基于三维模型的船舶单一数据源船体构件加工成形工艺完整性定义技术

分析船体构件分道切割、船体构件加工特征与加工设备或工位匹配，基于数据库获取船体构件加工指令、校验数据、流向等工艺信息完整性定义技术，形成船体构件加工成形工艺完整性定义规范，使设计信息能够满足智能化加工成形发展的需求。

3.4.1.1 船体构件加工成形工艺信息完整性

船体构件加工成形工艺信息主要基于三个方面：船体构件材料、船体构件切割工艺和船体构件成形工艺。

（1）船体构件材料工艺信息

对船体构件材料工艺信息进行分析，整理见表3-4。

表3-4　船体构件材料工艺信息

工艺信息名称	说明
物资编码	物资代码
物资型号	物资型号
物资规格	物资规格
物资数量/船	
余料类型	RAW,NEW,USED
船级	
材料牌号	
主计数量	质量
主计数量单位	
辅计数量	张、根
辅计数量单位	
工作温度	
参考标准	
注释	如果是余料且被使用，则输出应用单元

（2）船体构件切割工艺信息

对船体构件切割工艺信息进行分析，整理见表3-5。

表 3-5　船体构件切割工艺信息

工艺信息名称	说明
套料编码	
套料名称	
套料描述	
套料数量	材料数量
套料数量单位	"张""根"
英文名称	
来源	
套料类型	型材类型
余料编号	
物资编码	物资代码
物资型号	物资型号
物资规格	物资规格
物资数量	
加工单元	
材质	
切割类型	
切割长度	
切割长度单位	
画线长度	
画线长度单位	
空程长度	
空程长度单位	
使用率	

（3）船体构件成形工艺信息

对船体构件成形工艺信息进行分析，整理见表 3-6。

表 3-6　船体构件成形工艺信息

工艺信息名称	说明
零部件编码	建造分段名-件号-序号(5位)
零部件名称	零件类型的中文说明
零部件描述	
零部件数量	

表 3-6(续)

工艺信息名称	说明
零部件数量单位	根、张
英文名称	
来源	(固定)
零部件类型	P-平面板
	F-面板
	C-补板
标注	S-扶强材
零部件材质	…
零部件对称性	
尺寸	
CAD 内码	SPD 内部名
主计数量	质量
主计数量单位	
辅计数量	长度/面积
辅计数量单位	
零部件重心位置 X	
零部件重心位置 Y	零部件重心
零部件重心位置 Z	
零部件最大 X 范围	
零部件最大 Y 范围	
零部件最大 Z 范围	零部件大小包围盒
零部件最小 X 范围	
零部件最小 Y 范围	
零部件最小 Z 范围	
零部件加工编码	0 常规加工
	1 割斜
	2 刨边
	3 辊轧
初始工艺代码	…
拼接零件属性	0 否;1 是

3.4.1.2 船体构件加工成形工艺编码

对船体构件加工成形的各项工艺进行梳理和编码,为后续船体构件的装配工艺编码打下基础,见表3-7。

表3-7　加工成形工艺编码表

加工成形工艺	代码
卷板加工	B
折边肘板	F
面板弯曲、弯板加工	H
大型构件折边加工	K
肋骨冷弯加工	M
液压多点冷弯	N
滚压弯板	R
水火弯板	L

3.4.2　基于三维模型的船舶单一数据源装配工艺完整性定义技术

分析中小组立、大组立装配工艺与船舶建造工艺流程匹配及装配顺序等工艺信息完整性定义技术,形成中小组立、大组立装配工艺完整性定义规范,使设计信息能够满足智能化装配发展的需求。

3.4.2.1　装配工艺信息完整性

装配工艺信息主要基于分总段工艺和组立装配工艺两个方面。

(1)分总段工艺信息

对分总段工艺信息进行分析,整理见表3-8。

表3-8　分总段工艺信息

工艺信息名称	说明
分段编码	
分段名称	
分段描述	
数量	(固定)
数量单位	(固定)
英文名称	
来源	(固定)
分段类型	分段、总段
主计数量	质量
主计数量单位	

表 3-8（续）

工艺信息名称	说明
辅计数量	数量
辅计数量单位	
重心位置 X	分段重心
重心位置 Y	
重心位置 Z	
分段最大 X 范围	分段范围
分段最大 Y 范围	
分段最大 Z 范围	
分段最小 X 范围	
分段最小 Y 范围	
分段最小 Z 范围	
投影长	投影范围
投影宽	
投影高	
对称性	

（2）组立工艺信息

对组立工艺信息进行分析，整理见表 3-9。

表 3-9　组立工艺信息

工艺信息名称	说明
组立编码	组立编码
组立名称	
组立描述	
数量	1
数量单位	
英文名称	
来源	
装配类型	B-段、C-部、A-组、S-散
主计数量	质量
主计数量单位	

表 3-9(续)

工艺信息名称	说明
辅计数量	长度
辅计数量单位	
重心位置 X	组立重心
重心位置 Y	
重心位置 Z	
装配件最大 X 范围	组立大小包围盒
装配件最大 Y 范围	
装配件最大 Z 范围	
装配件最小 X 范围	
装配件最小 Y 范围	
装配件最小 Z 范围	
CAD 内码	
对称性	

3.4.2.2　装配工艺编码规则

船体构件装配工艺编码为组合编码体系,由工程号、船体装配码、结构流向码组成,表达船体结构的类型、装配关系、安装顺序、物流流向等工艺信息。船体结构按照中间产品类型可以分为总段、分段、中组立、小组立、零件等类型,其装配码由总段代码、分段代码、组立代码、零件代码组合而成。结构流向码可以与船体装配码组合表达,也可以作为模型的一项属性信息进行分开表达。装配编码规则如图 3-21 所示。

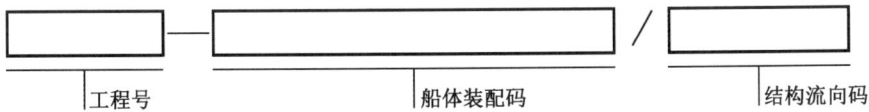

图 3-21　装配编码规则

(1)总段编码规则

总段编码为两级编码体系,由工程号和总段代码组成。工程号由企划部制定,总段代码由总段号和搭载顺序码组成。总段号参照相关公司的编码规定,搭载顺序码参照相应船型的搭载网络图。总段编码的结构形式如图 3-22 所示。

(2)分段编码规则

参与总组的分段编码为三级编码体系,由工程号、总段号、分段代码组成。分段号参照相关公司的编码规定,总组顺序码参照总段总组流程图。分段编码的结构形式如图 3-23所示。

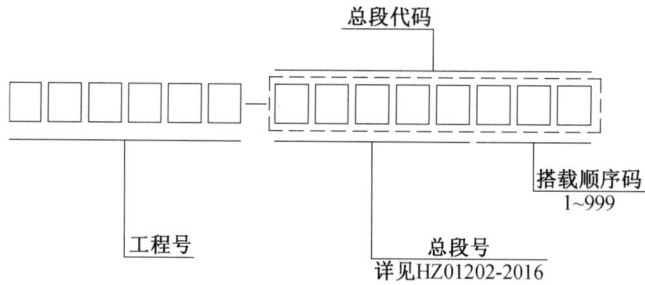

图3-22 总段编码结构形式

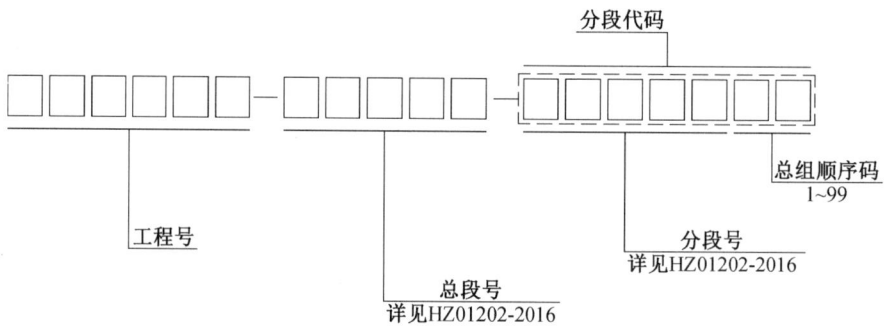

图3-23 分段编码结构形式

参与搭载的分段编码为两级编码体系,由工程号和分段代码组成,其基本形式与总段编码类似。直接参与搭载的分段编码结构形式如图3-24所示。

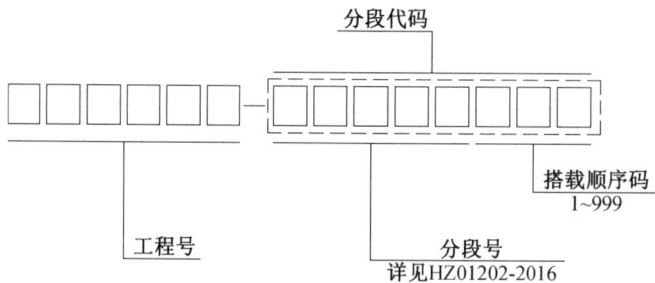

图3-24 参与搭载的分段编码结构形式

(3)船体组立编码规则

船体零件编码为四级编码体系,由工程号、分段号、上级组立名、本级组立代码组成。其中组立代码由组立名和装配顺序码组成,组立名由结构代码、位置代码、分区号所组成。船体组立编码的结构形式如图3-25所示。

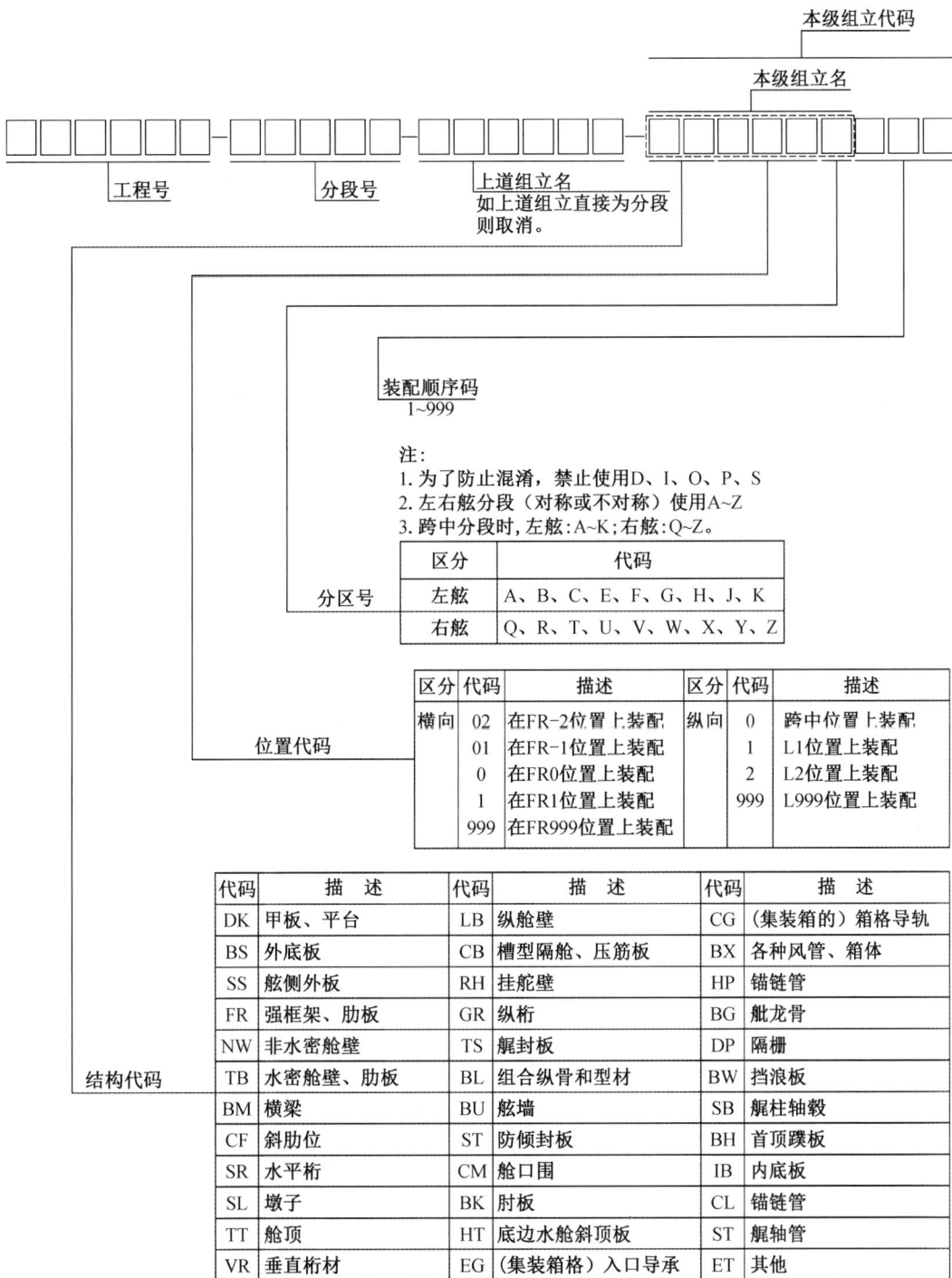

图3-25 船体组立编码结构形式

（4）船体零件编码规则

船体零件编码为四级编码体系，由工程号、分段号、上级组立代码、零件代码组成。零件代码由零件类型代码和安装顺序码组成。船体零件编码的结构形式如图3-26所示。

代码	描 述	代码	描 述
A	不拼接的板	M	甲板梁
B	肘板	P	一般板材
C	补板	S	一般加强筋
D	垫板	W	面板
F	肋板	X	纵梁
K	需要拼接的基板	Y	普通件
L	纵桁板	E	其他

图 3-26　船体零件编码结构形式

（5）组立流向编码规则

组立流向编码为两级编码体系,由本级组立物流代码和下道组立物流代码组成。组立物流代码由组立类型码、组立工位码组成,其中工位码参照公司规定执行。组立流向编码可以作为一项模型属性信息进行分开表达,也可以与分总段编码、船体组立编码组合表达。组立流向编码的结构形式如图 3-27 所示。

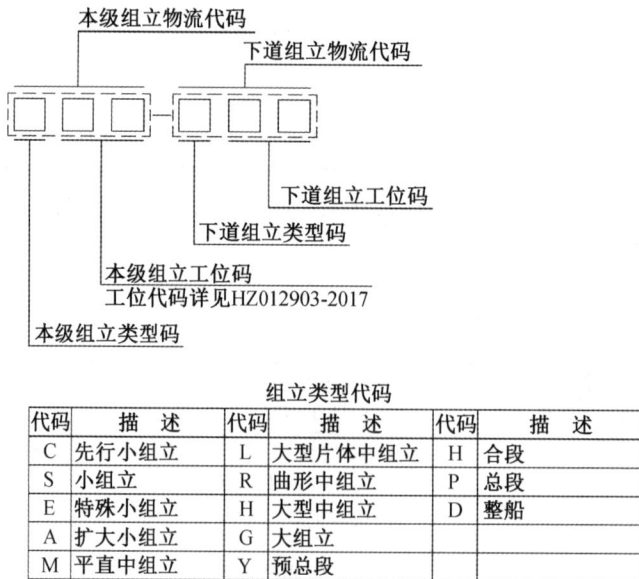

组立类型代码

代码	描述	代码	描述	代码	描述
C	先行小组立	L	大型片体中组立	H	合段
S	小组立	R	曲形中组立	P	总段
E	特殊小组立	H	大型中组立	D	整船
A	扩大小组立	G	大组立		
M	平直中组立	Y	预总段		

图 3-27　组立流向编码结构形式

（6）零件流向编码

零件流向编码为两级编码体系,由加工流向代码和下道组立物流代码组成。零件流向编码可以作为一项模型属性信息进行分开表达,也可以与船体零件编码组合表达。零件流向编码的结构形式如图 3-28 所示。

代码	描　述	设　备
B	卷板加工述	三星辊
F	折边肘板	单臂液压机
H	面板弯曲、弯板加工	水平三辊弯板机
K	大型构件折边加工	门式油压机
M	肋骨冷弯加工	肋骨冷弯机
N	液压多点冷弯	三维数控弯板机
R	滚压弯板	滚压机
L	水火弯板	水火弯板机
A/M	T排装配	T排线
X	小组立拼板	C、S、E、A组立拼板
Y	中组立拼板	M、P、R、H组立拼板
Z	大组立拼板	G组立拼板
S	小组立装配	C、S、E、A组立装配
U	中组立装配	M、P、R、H组立装配
G	大组立装配	G组立装配

图 3-28　零件流向编码结构形式

3.4.3　基于三维模型的船舶单一数据源焊接工艺完整性定义技术

分析船舶焊接方法标注规范技术、焊接材料匹配数据系统、焊接工艺与船体建造流程匹配等工艺信息完整性定义技术,形成焊接工艺完整性定义规范,使设计信息能够满足智能化焊接发展的需求。

3.4.3.1　焊接工艺信息完整性

对焊接工艺信息进行分析,整理见表 3-10。

表 3-10　焊接工艺信息

工艺信息名称	说明
分段名称	如果是分段间,为总段号
焊缝归属	0 为分段,1 为总段,2 为搭载,3 为未知
内部名	SPD 内部名称
焊缝编码	相同的焊缝编码表示同一条焊缝
零件 1	
零件 2	

表 3-10(续)

工艺信息名称	说明
接头形式	角焊,对接焊,搭接焊
长度	长度值
长度单位	毫米
坡口代码	坡口代码
焊材规格	焊接方法中的焊材规格
焊接位置	立焊,仰焊,平焊等
焊缝是否跟踪	1 追踪、0 不追踪
焊角高度	高度值
焊角高度单位	单位毫米
焊接方法	焊接方法
装配码	装配阶段码
规格 1	零件 1 规格尺寸
材料 1	零件 1 材质
规格 2	零件 2 规格尺寸
材料 2	零件 1 材质
零件 1 的 CADID	零件 1 的 ID
零件 1 的板厚 1	零件 1 的板厚
零件 1 的板厚 2	
零件 2 的 CADID	零件 2 的 ID
零件 2 的板厚 1	零件 2 的板厚
零件 2 的板厚 2	
焊缝起点坐标	
焊缝终点坐标	
WPS ID	

3.4.3.2 焊接工艺编码

焊接工艺编码包括焊缝坡口编码和焊缝编码两部分。

(1)焊缝坡口编码规则

焊缝坡口编码为一级编码体系,根据不同焊接方法和坡口形式进行归类编码。部分焊缝坡口代码形式见表 3-11。

表 3-11　焊缝坡口代码

焊接方法	代码	坡口形式	说明
FCB 法 单面自动焊	FY-1	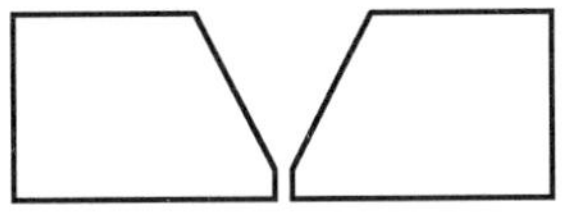	1. 只适用于平直中心拼板； 2. 焊缝背面不碳刨
CO$_2$ 陶瓷衬垫 单面半自动焊接	CV-1	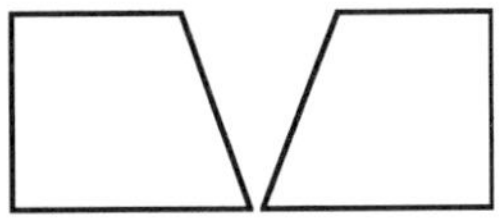	背面使用 衬垫的单面 半自动焊接
	CV-4	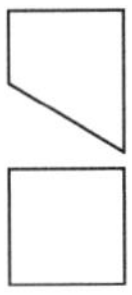	使用背面 衬垫的单面 半自动焊接
双面自动焊接	AI-1	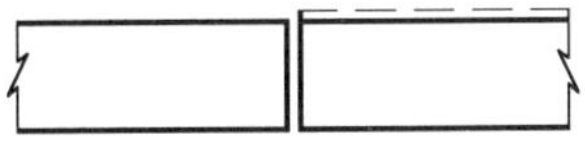	
	AY-1	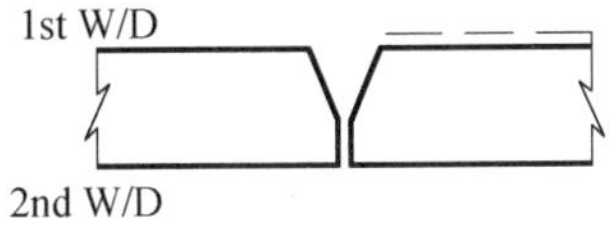 1st W/D 2nd W/D	
	AX-1	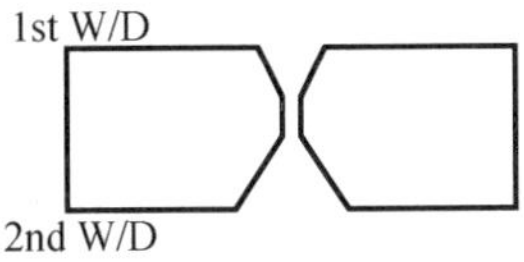 1st W/D 2nd W/D	1. 焊缝背面不碳刨； 2. 1st 为正面焊缝
气电垂直 单面自动焊接	SV-1	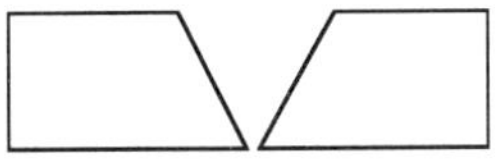	

（2）焊缝编码规则

焊缝编码为四级编码体系，由焊缝所在分段名、焊缝所在组立名、焊缝本身坡口代码和在本组立内焊缝序号组成。焊缝编码的结构形式如图 3-29 所示。

□□□□□—□□□□—□□□—□□□

分段名 — 组立名 — 坡口代码 — 序号

图 3-29 焊缝编码的结构形式

3.4.4 基于三维模型的船舶单一数据源舾装工艺完整性定义技术

以舾装模型为主、船体模型为辅,分析舾装安装精度、舾装安装工序、焊接点定位等工艺信息完整性定义技术,形成舾装工艺完整性定义规范,为舾装智能化设计奠定基础。

3.4.4.1 舾装工艺信息完整性

舾装工艺信息主要基于五个方面开展:管舾工艺、铁舾工艺、电舾工艺、设备工艺、冷空通工艺。

(1)管舾工艺信息

对管舾工艺信息进行分析,将管舾工艺信息拆分为六个部分:管路、管零件、管部件、管附件、紧固件、垫片。

对管路工艺信息进行分析,整理见表 3-12。

表 3-12 管路工艺信息

工艺信息名称	说明
管路编码	系统-管路
管路名称	管路原理
管路描述	
管路数量	1
管路数量单位	SPDM 单位 ID
英文名称	
来源	
管路系统	管路系统
CAD 内码	管路原理记录号
管路特性编码	管路特性 一般、投油管、涂塑、特涂、特殊涂装法兰、涂装特殊要求
材质	
管材级别	代码"0"输出空字符
通径	
外径	
壁厚	

表 3-12（续）

工艺信息名称	说明
法兰压力	
法兰材质	
法兰类型	法兰实体部件的类型
检查	NS＝磁性探伤检查;XR＝X 光检查;XY＝X 光拍片抽验检查; PT＝渗透检查
船级社	船级社代码
前处理	无;外场制造后镀锌;喷砂喷丸;外场制造后酸洗;镀烙;内外涂塑;镀锌; 酸洗;磷化处理;内壁涂聚乙烯;发黑;冲砂;内壁涂环氧;钝化
后处理	同上
内壁涂装	SP＝无机锌车间地漆;RI＝干性防锈漆;HO＝防锈漆;等等
外壁涂装	同上
保温材质	
刻印	使用印有船级社标记的法兰
选用标准号	
验收	船级社需要验收的管路号,验收为 1,否则为 0
设计温度	单位(°)
设计压力	单位 MPa
管零件试验水压	托盘管理表中输出的水压(单位 MPa)
系统试验水压	单位 MPa

对管零件工艺信息进行分析,整理见表 3-13。

表 3-13　管零件工艺信息

工艺信息名称	说明
管零件编码	托盘-零件名
管零件名称	管零件
管零件描述	零件描述
管零件数量	1
管零件数量单位	SPDM 单位 ID
英文名称	
来源	Make;Cooperation;Buy
管零件类型	0 为完成管,1 为调整管 2 为合拢管

表 3-13（续）

工艺信息名称	说明
CAD 内码	SPD 中的模型号
托盘号	托盘编码
托盘连续号	托盘连续号
主管规格	
零件图号	
所在管路	系统号-管路号（对应零件的管路号）
子零件数量	存储子零件数量
长度	子零件中管子长度汇总
长度单位	
质量	零件质量
质量单位	

对管部件工艺信息进行分析，整理见表 3-14。

表 3-14　管部件工艺信息

工艺信息名称	说明
管部件编码	托盘-零件名-模型号
管部件名称	使用内码名称
管部件描述	管子描述（小样中的 dc）
管部件数量	
管部件数量单位	管子:根。附件:个。连接件:个。阀:个
英文名称	
管部件来源	Make；Cooperation；Buy
管部件类型	
管部件规格	
物资编码	物资代码
物资型号	物资型号
物资规格	物资规格
CAD 内码	SPD 中的模型号
托盘号	托盘编码
托盘连续号	托盘连续号
管部件材质	材质
管子形式	直管；弯管

表 3-14（续）

工艺信息名称	说明
主管属性标志	1-主管,0-支管、连接件 主管及相连部件(除支管)标志为 1, 支管或支管部件标志为大于 1
标准部件代号	管子代号
标准图号	管子标准图号
管部件压力	
管部件压力单位	Symbol
管部件质量	
管部件质量单位	
上级管外径	仅支管才有此信息,即支管的主管管外径
上级管外径单位	仅支管才有此信息
前端余量	零件主管材料端部预放的长度(调整管、放样管), 如:50 mm 或 100 mm
前端余量单位	管子模型中的前余量
后端余量	零件主管材料端部预放的长度(调整管、放样管)
后端余量单位	管子模型中的后余量
壁厚	
壁厚单位	
壁厚等级	
法兰相对转角	
弯头角度	
弯模半径	
弯管程序	格式应为"起弯点 1,送长 1,转角 1,弯角 1; 起弯点 2,送长 2,转角 2,弯角 2;起弯点 3,……"
长度	管部件长度
长度单位	单位 mm
下料长度	
下料长度单位	
加工编码	下料-校管-装焊-打磨

对管附件工艺信息进行分析,整理见表 3-15。

表 3-15　管附件工艺信息

工艺信息名称	说明
管附件编码	管壁件:托盘+零件名(管子系统号+管路号+件号)
	连接件:托盘+零件名(管子系统号+管路号+件号)
	复板:托盘+零件名(管子系统号+管路号+件号)
阀附件代号	内码中文名称:阀附件
管附件描述	小样中的描述
阀附件数量	1
阀附件数量单位	个
英文名称	
阀附件来源	Make;Cooperation;Buy
阀附件类型	部件内码
阀附件形式	附件形式
附件型号	
阀附件规格	
物资编码	物资代码
物资型号	物资型号
物资规格	物资规格
CAD 内码	SPD 模型号
托盘号	托盘编号
托盘连续号	托盘连续号
材质	部件中的材质
标准附件代号	附件部件代号
	部件库中的代号
系统	系统号
铭板	铭板
标记	标记
标准图号	选用标准号
船级社	船级社代码
外壁涂装	管壁件:无
	连接件:无
	复板:无
所在管路	阀件:系统号-类型阀号
	管附件:系统号-管路号(对应零件的管路号)
安装位置	
质量	
质量单位	

对紧固件工艺信息进行分析,整理见表3-16。

表3-16　紧固件工艺信息

工艺信息名称	说明
螺栓螺母编码	托盘+序号
螺栓螺母代号	螺栓、螺母
螺栓螺母描述	螺栓、螺母
螺栓螺母数量	
螺栓螺母数量单位	
螺栓螺母来源	Buy
英文名称	
类型	B-螺栓
	N-螺母
规格	规格
物资编码	物资代码
物资型号	物资型号
物资规格	物资规格
托盘号	托盘编号
材质	材质
标准图号	标准号
表面处理	
等级	
厚度	(单位 mm)
质量	(单位 kg)

对垫片工艺信息进行分析,整理见表3-17。

表3-17　垫片工艺信息

工艺信息名称	说明
垫片编码	托盘+序号
垫片代号	垫片
垫片描述	垫片
垫片数量	1
垫片数量单位	个
垫片来源	Buy
英文名称	
垫片规格	

表 3-17（续）

工艺信息名称	说明
物资编码	物资代码
物资型号	物资型号
物资规格	物资规格
托盘号	托盘编号
内径	（单位 mm）
外径	（单位 mm）
厚度	（单位 mm）
材质	材质
法兰标准号	H&Z524081-2012-16015-FN3
标准图号	标准号
质量	

（2）铁舾工艺信息

铁舾工艺信息可分为铁舾装配件和铁舾零部件两个部分。

对铁舾装配件工艺信息进行分析，整理见表 3-18。

表 3-18　铁舾装配件工艺信息

工艺信息名称	说明
铁舾装配件编码	电气部件如果有产品库名称，则取产品库名称，否则命名如下： 电气基座：基座编号 电气导架：导架简易规格 电气贯穿件：贯穿件简易规格 管支架：托盘-零件名
铁舾装配件名称	电气基座、电气导架、电气贯穿件、管支架、风管支架、铁舾件
铁舾装配件描述	电气：部件标准中的DC
铁舾装配件数量	1
铁舾装配件数量单位	个
英文名称	电气：部件标准中的DE
来源	Make；Cooperation；Buy
	电气：部件标准中的来源

表 3-18（续）

工艺信息名称	说明
铁舾装配件类型	电气基座:D
	建议使用部件内码,与设备一致
铁舾装配件型号	电气基座:基座 PMC
	电气导架:导架 PMC
	电气贯穿件:贯穿件 PMC
铁舾装配件规格	电气基座:基座简易规格
	电气导架:导架简易规格
	电气贯穿件:贯穿件简易规格
物资编码	物资代码
物资型号	物资型号
物资规格	物资规格
房间编码	所属舱室
CAD 内码	模型文件中的模型号
托盘号	托盘编号
托盘连续号	空
图号	标准图号
表面处理	电气:部件标准中的 treatment
涂装	电气:部件标准中的 paint
定位坐标 X	
定位坐标 Y	
定位坐标 Z	
装配件质量	
装配件质量单位	

对铁舾零部件工艺信息进行分析,整理见表 3-19。

表 3-19　铁舾零部件工艺信息

工艺信息名称	说明
铁舾零部件编码	托盘-零件名-模型号
铁舾零部件名称	
铁舾零部件描述	L 型钢 100×100×10×10
铁舾零部件数量	
铁舾零部件数量单位	电气:个

表 3-19（续）

工艺信息名称	说明
英文名称	
来源	Make;Cooperation;Buy
铁舾零部件类型	SPD 部件内码
铁舾零部件型号	
铁舾零部件规格	
物资编码	物资代码
物资型号	物资型号
物资规格	物资规格
部件材质	
处理	无;外场制造后镀锌;喷砂喷丸;外场制造后酸洗;镀烙;内外涂塑;镀锌;酸洗;磷化处理;内壁涂聚乙烯;发黑;冲砂;内壁涂环氧;钝化
涂装	电气:部件标准中的 paint
用途	制作,安装
CAD 内码	
托盘号	
托盘连续号	
主计数量	质量
主计数量单位	
辅计数量	长度/面积
辅计数量单位	Symbol

（3）电舾工艺信息

对电舾工艺信息进行分析,电舾独有的是电缆工艺信息,整理见表 3-20。

表 3-20　电缆工艺信息

工艺信息名称	说明
电缆编码	电缆编号
电缆名称	
电缆描述	
电缆数量	
电缆数量单位	
来源	

表 3-20(续)

工艺信息名称	说明
英文名称	
电缆型号	电缆标准中的型号
电缆规格	电缆标准中的规格
物资编码	
物资型号	
物资规格	
系统号	电缆原理中的系统
子系统号	电缆原理中的子系统
电缆序号	电缆原理中的序号
CAD 内码	电缆模型号
电缆类别	电缆类别
表册名称	电缆小本名称
电缆长度	
电缆长度单位	
停止节点	
停止长度	
停止长度单位	
起始设备编码	起始设备编号
起始房间编码	起始设备所在房间的编码
起始设备坐标	起始设备坐标
起始长度	
起始长度单位	
终止设备编码	终止设备编号
终止房间编码	终止设备所在房间的编码
终止设备坐标	终止设备坐标
终止长度	
终止长度单位	
电缆路径节点列表	电缆经过的节点编号

(4)设备工艺信息

对设备工艺信息进行分析,整理见表 3-21。

表 3-21 设备工艺信息

工艺信息名称	说明
设备编码	电气:托盘+设备编号
	管子:托盘+设备名称
	其他(无原理):托盘+设备名称+模型号
设备名称	"设备"
设备描述	电气:部件标准中的中文说明
设备数量	1
设备数量单位	台
英文名称	电气:部件标准中的英文说明
设备来源	
设备类型	SPD 中的内码
设备型号	部件标准中的 DC
设备规格	部件标准中的 PMC
物资编码	物资代码
物资型号	物资型号
物资规格	物资规格
房间编码	电气:舱室代号
CAD 内码	模型文件中的模型号
托盘号	托盘编号
托盘连续号	
定位基点坐标	
设备质量	
设备质量单位	

(5)冷空通工艺信息

将冷空通工艺信息拆分为风管装配件和风管零部件两个部分。

对风管装配件工艺信息进行分析,整理见表 3-22。

表 3-22 风管装配件工艺信息

工艺信息名称	说明
风管装配件编码	
风管装配件编码	
风管装配件描述	
风管装配件数量	

表 3-22（续）

工艺信息名称	说明
风管装配件数量单位	
英文名称	
来源	
风管装配件类型	
风管装配件型号	
风管装配件规格	
物资编码	物资代码
物资型号	物资型号
物资规格	物资规格
CAD 内码	
托盘号	
托盘连续号	
风管装配件质量	
风管装配件质量单位	
风管装配件重心	
表面积	
表面积单位	

对风管零部件工艺信息进行分析，整理见表 3-23。

表 3-23　风管零部件工艺信息

工艺信息名称	说明
风管零部件编码	
风管零部件名称	
风管零部件描述	
风管零部件数量	
风管零部件数量单位	
英文名称	
来源	
风管零部件类型	
风管零部件型号	
风管零部件规格	
物资编码	物资代码

表 3-23(续)

工艺信息名称	说明
物资型号	物资型号
物资规格	物资规格
风管零部件材质	
标准部件代号	
管路属性号	
零件属性号	所属零件的模型号
CAD 内码	
托盘号	托盘名称
托盘连续号	托盘序号
定位坐标 X	
定位坐标 Y	
定位坐标 Z	
主计数量	质量
主计数量单位	
辅计数量	长度
辅计数量单位	
风管零部件重心	
厚度	
厚度单位	
绝缘厚度	
绝缘厚度单位	
风管参数	参数说明

3.4.4.2　舾装工艺编码

船舶舾装工艺建模编码体系为组合编码体系,由工程号、舾装区块码、舾装件属性码、舾装综合顺序码、舾装件流向编码组成,表达舾装件的类型、装配关系、安装阶段、安装顺序、物流流向等工艺信息。舾装件的流向编码(图 3-30)可以组合表达,也可以作为模型的一项属性信息进行分开表达。

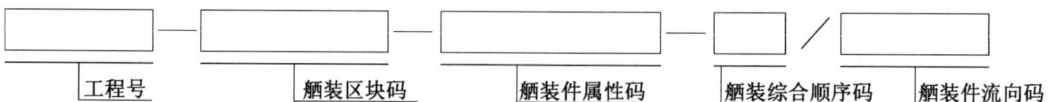

工程号 — 舾装区块码 — 舾装件属性码 — 舾装综合顺序码 / 舾装件流向码

图 3-30　舾装件流向编码

（1）舾装区块编码规则

舾装区块（Module）定义主要用于舾装生产设计规划，它的定义原则主要是以中间产品、舾装的作业托盘为背景，按照不同的专业，进行舾装作业区域的制定，划分不同类型的作业托盘，从而方便舾装生产设计。其编码的基本形式如图3-31所示。

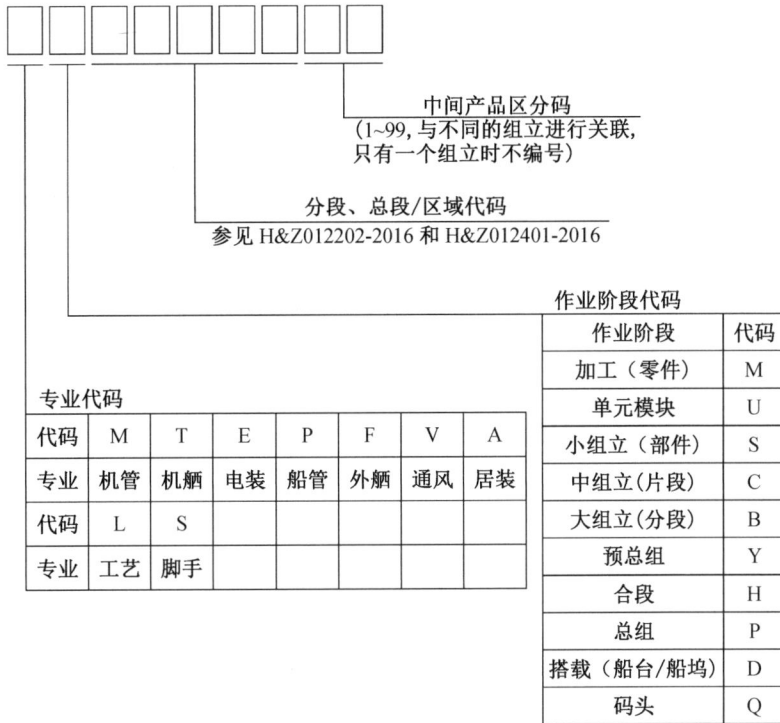

中间产品区分码
（1~99，与不同的组立进行关联，只有一个组立时不编号）

分段、总段/区域代码
参见 H&Z012202-2016 和 H&Z012401-2016

作业阶段代码

作业阶段	代码
加工（零件）	M
单元模块	U
小组立（部件）	S
中组立（片段）	C
大组立（分段）	B
预总组	Y
合段	H
总组	P
搭载（船台/船坞）	D
码头	Q

专业代码

代码	M	T	E	P	F	V	A
专业	机管	机舾	电装	船管	外舾	通风	居装
代码	L	S					
专业	工艺	脚手					

图 3-31 舾装区块编码基本形式

示例：FCCB01P2 表示铁舾专业在CB01P分段，中组立阶段的第2个中组立上的舾装区块。

示例：MBEB01C 表示机管专业在EB01C分段，大组立阶段上的舾装区块。

（2）舾装综合顺序编码规则

舾装综合顺序码（DOP Code）主要用于描述舾装件的安装顺序，也可以方便托盘中舾装件的摆放以及物资配套的领用。舾装安装顺序一般通过虚拟建造仿真规划后确定。舾装综合顺序码由作业区域码和安装顺序码组成，作业区域码根据舾装件安装的工作量以及托盘的大小确定，当作业区域较小时，第一位编码可以省略。舾装综合顺序码的基本形式如图3-32所示。

示例：A1 表示在作业区域A上面安装的第1个舾装件。

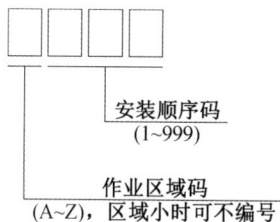

图 3-32　舾装综合顺序码基本形式

（3）舾装件流向编码规则

舾装件流向编码规则的一般规定如下：

①对于依附在结构上的舾装件，其流向编码一般取组立流向编码的前 3 位；

②对于参与单元组装的舾装件，其流向编码结构与组立流向编码的前 3 位一致，其具体结构形式如图 3-33 所示。

单元类型代码

代码	描　述	代码	描　述
P	管束单元	S	标准化单元
V	阀组单元	A	区域单元
E	设备单元	⋮	⋮
B	箱柜单元		
F	功能单元		

图 3-33　舾装件流向编码结构形式

（4）舾装件通用工艺建模编码规则

舾装件通用工艺建模编码为四级编码体系，由工程号、舾装区块码、舾装件属性码、舾装综合顺序码组成。舾装区块码参照上文规定；舾装件属性码由管理形式代码、组别代码、分类代码组成，具体编码参照《物资编码手册》；舾装综合顺序码参照上文规定。舾装件通用工艺建模编码规则适用于船装铁舾、机装铁舾、冷空通铁舾、电气舾装件、居装舾装件，其工艺建模编码的结构形式如图 3-34 所示。

（5）设备通用工艺建模编码规则

设备通艺工艺建模编码为四级编码体系，由工程号、舾装区块码、舾装件属性码、舾装综合顺序码组成。舾装区块码参照上文规定；舾装件属性码为设备名称码，其命名规则参照设备明细表，并对其进行简化；舾装综合顺序码参照上文规定。设备工艺建模编码规则适用于轮机、冷空通、外舾装、内舾装、电气设备，其编码的结构形式如图 3-35 所示。

舾装件属性码
(Attri.Code)

工程号

舾装区块码
详见6.4.2

管理形式代码
S:标准件/N:非标准件/D:临时件

舾装综合顺序码
详见6.4.3

组别代码示例(详见《物资编码手册》)

T/F(外舾/机舾)		E(电装)	
组别代码	类型	组别代码	类型
A	底座	S	铁舾装件
I	独立舾装件	E	接地材料
L	绑扎、起吊附件	F	防火和防水材料
T	梯道铁舾装件	H	绑扎材料
O	开关附件	B	电气箱
⋮	⋮	⋮	⋮
V(冷空通)		A(居装)	
组别代码	类型	组别代码	类型
V	通风附件	B	窗斗
⋮	⋮	C	天花板
		D	甲板覆盖物
		F	厨房家具
		I	散货
		⋮	⋮

分类代码示例（详见《物资编码手册》）

F/A(外舾底座)		E/S(电装铁舾)	
代码	类型	代码	类型
AC	锚链备件座	EP	电力系统设备底座
AZ	锚机钢垫片	EV	其他
BH	活动栏杆存放箱	EW	电缆托架
BL	六角螺栓	FB	扁钢
BR	系泊绞车控制台座	NP	铭牌
⋮	⋮	⋮	⋮
V/V(冷空通通风附件)		A/B(居装窗斗)	
代码	类型	代码	类型
BD	导流风闸	RA	铝质矩形窗斗
BF	挡板	RF	玻璃钢矩形窗斗
BZ	蜂鸣器	RG	(镀锌)钢质矩形窗斗
CB	静压箱	RP	(喷塑)钢质矩形窗斗
CD	调风门	RS	不锈钢矩形窗斗
⋮	⋮	⋮	⋮

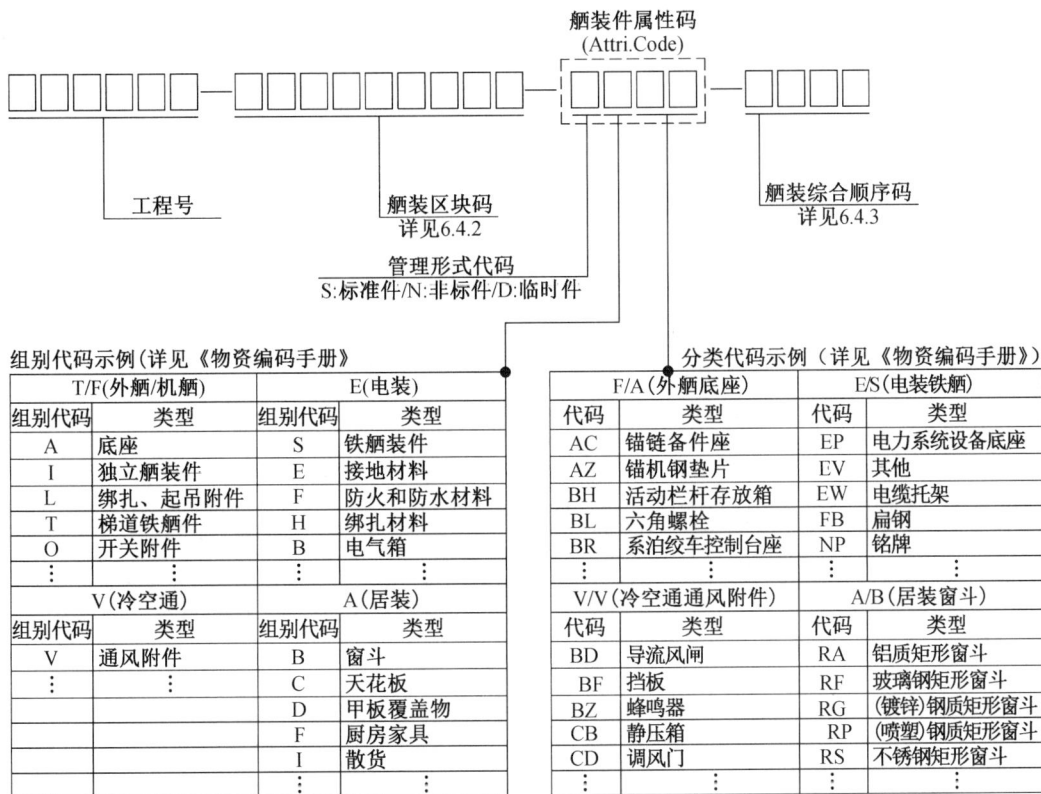

图3-34　舾装件通用工艺建模编码结构形式

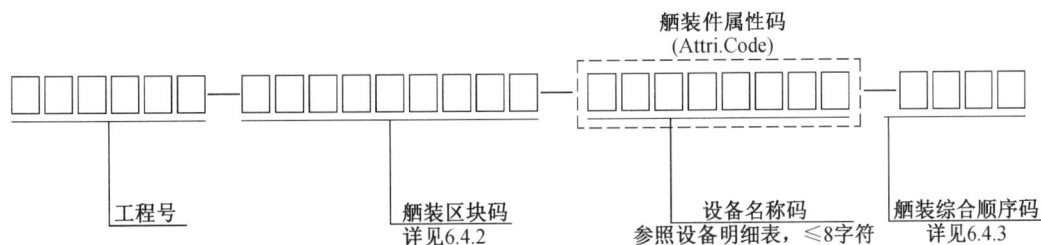

舾装件属性码
(Attri.Code)

工程号

舾装区块码
详见6.4.2

设备名称码
参照设备明细表,≤8字符

舾装综合顺序码
详见6.4.3

图3-35　设备通用工艺建模编码结构形式

(6)管系通用工艺建模编码规则

管系通用工艺建模编码为四级编码体系,由工程号、舾装区块码、舾装件属性码、舾装综合顺序码组成。舾装区块码参照上文规定;舾装件属性码由管路系统代码和管路编号组成,管路系统代码和管路编号参照详细设计原理图;舾装综合顺序码参照上文规定。管子工艺建模编码适用于船装管系、机装管系、冷空通管系,其编码的结构形式如图3-36所示。

管支架工艺建模编码为四级编码体系,由工程号、舾装区块码、舾装件属性码、舾装综合顺序码组成。舾装区块码参照上文规定;舾装件属性码由管支架代码和支架类型代码组成;舾装综合顺序码参照上文规定。管支架工艺建模编码规则适用于船装管系、机装管系、冷空通管系,其编码的结构形式如图3-37所示。

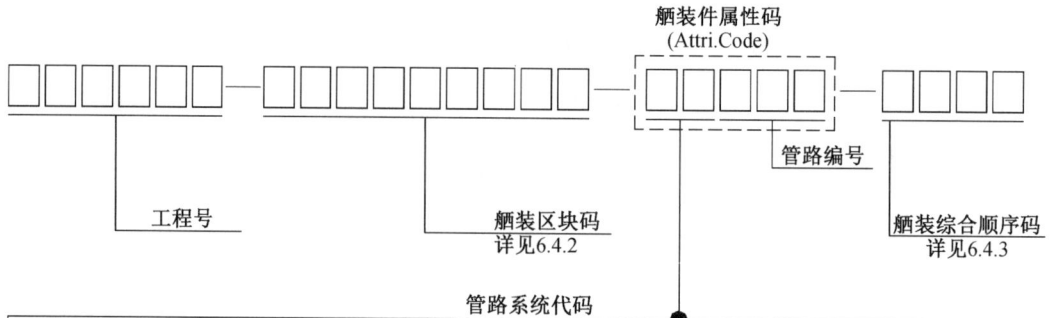

甲装管系				机装管系	
符号	系统名称	符号	系统名称	符号	系统名称
FW	淡水管(日用)	DO	柴油管	1A	压缩空气管
SW	海水管(日用)	OM	取样管	1C	应急、速关空气管
SC	落水排水管(暴露区域)	GF	CO_2管系	1C	控制空气管
PP	压缩空气管	HW	热水管	3S	机舱蒸汽管
CA	控制空气管	SE	凝水排水管	7F	机舱水雾灭火管
CS	冷却水管	SO	粪便排水管	1D	机舱凝水管
WD	消防水管	SL	污水管	1F	机舱供水管(冷水)
AP	透气管	SU	落水排水管(上层建筑)	2F	主、辅机冷却淡水管
SD	测深管	VT	传话管	2F	高温冷却淡水管
FL	注入管	PW	饮水管	3F	锅炉给水管
SM	蒸汽管	ST	扫舱管	5F	机舱供水管(饮水)
ED	凝水管	TC	洗舱管	6F	机舱供水管(热水)
HC	加热管			8F	低温冷却淡水管
WB	压载水管			1W	舱底水管
OP	液压油管			1W	压载水管
OR	液压回油管			1W	消防水管
LG	遥测管			5W	海水冷却水管
HT	遥控压力管			1H	主机燃油日用管
HP	遥控回油管			3H	锅炉燃油管
HV	遥控操纵管			4H	燃油输送和净化管
BG	舱底水管			5H	辅机燃油日用管
AF	甲板泡沫管			9H	燃油泄放管
CO	货油管			1L	滑油管
EC	电缆管			2L	舰管滑油管
风管					
DU	矩形风管	SU	系统名称		

图3-36 管子工艺建模编码结构形式

阀件附件工艺建模编码为四级编码体系,由工程号、舾装区块码、舾装件属性码、舾装综合顺序码组成。舾装区块码参照上文规定;舾装件属性码由管路系统代码和阀附件代码组成;舾装综合顺序码参照上文规定。阀件附件工艺建模编码规则适用于船装管系、机装管系,其编码的结构形式如图3-38所示。

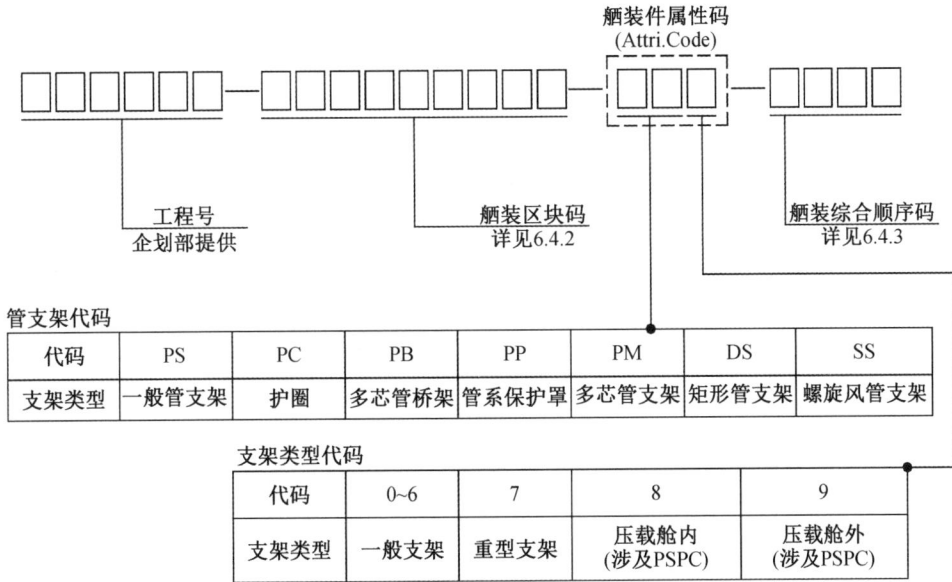

图 3-37　管支架工艺建模编码结构形式

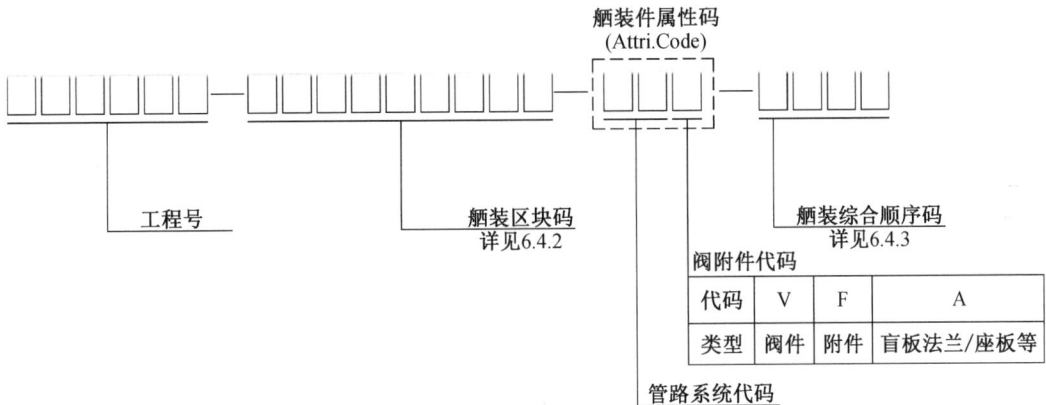

图 3-38　阀件附件工艺建模编码结构形式

（7）电缆通道工艺建模编码规则

电缆通道工艺建模编码为四级编码体系,由工程号、舾装区块码、舾装件属性码、舾装综合顺序码组成。舾装区块码参照上文规定;舾装件属性码由电缆通道代码、主干序号码、分支序号码组成;舾装综合顺序码参照上文规定。电缆通道工艺建模编码的结构形式如图3-39所示。

电缆工艺建模编码为四级编码体系,由工程号、舾装区块码、舾装件属性码、舾装综合顺序码组成。在进行电缆敷设图表达时,电缆模型与电缆通道模型一般结合在一起进行综合表达,舾装区块码参照上文规定;舾装件属性码由系统名称和编号组成,一般参照详细设计图纸进行简化;舾装综合顺序码参照上文规定。电缆工艺建模编码的结构形式如图3-40所示。

舾装件属性码
(Attri.Code)

工程号

舾装区块码
详见6.4.2

舾装综合顺序码
详见6.4.3

分支序号码
(1~99)

主干序号码

1. 第1位为字母X(长度方向)、Y(宽度方向)、Z(高度方向)
2. 后两位为数字1~99

电缆通道代码

代码	类型	代码	类型
AA	上建A甲板	EC	机舱棚
AB	上建B甲板	SG	舵机舱
AC	上建C甲板	OH	货舱主甲板
AD	上建D甲板	BS	艏部
AE	上建E甲板	ET	管弄通道
⋮	⋮	E1	机舱上平台
AN	驾驶甲板	E2	机舱2平台
AP	罗经甲板	⋮	⋮
AU	上建上(主)甲板	EF	机舱底层

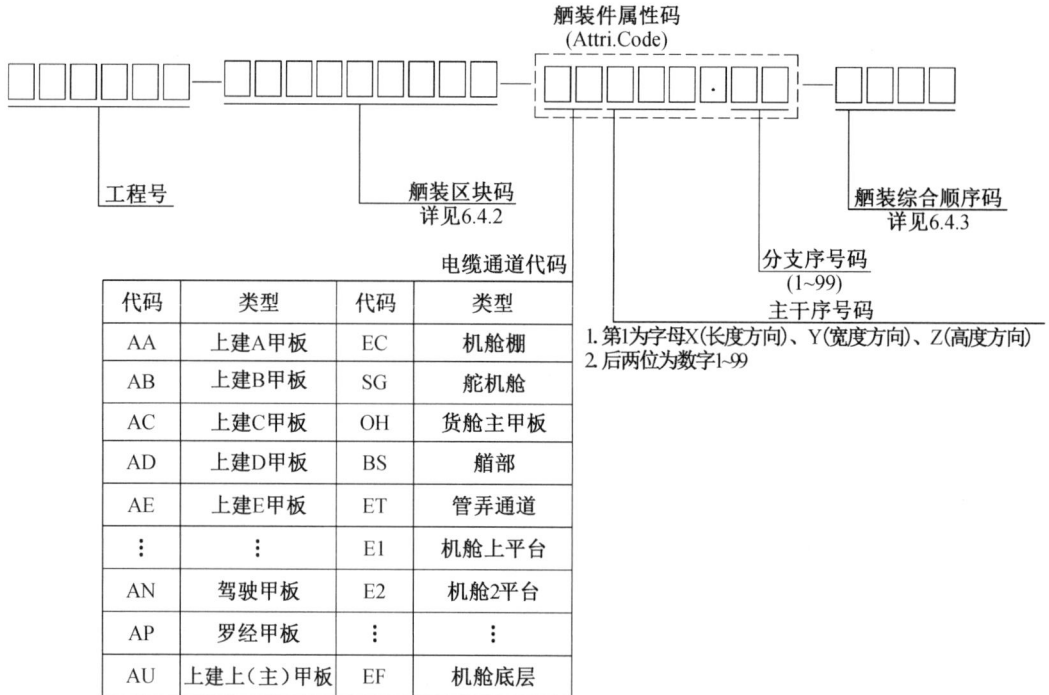

图 3-39　电缆通道工艺建模编码结构形式

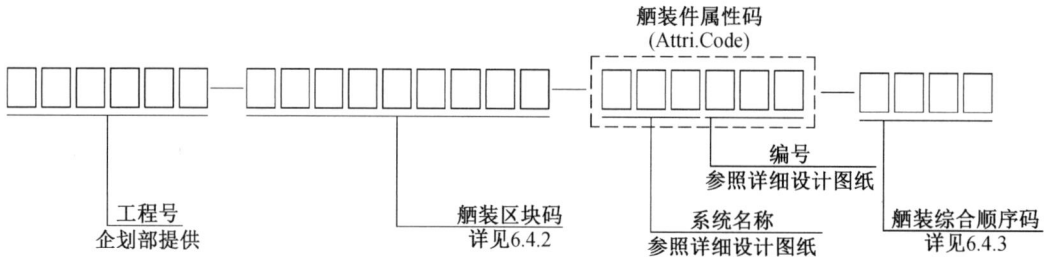

舾装件属性码
(Attri.Code)

工程号
企划部提供

舾装区块码
详见6.4.2

编号
参照详细设计图纸

系统名称
参照详细设计图纸

舾装综合顺序码
详见6.4.3

图 3-40　电缆工艺建模编码结构形式

3.4.5　基于三维模型的船舶单一数据源涂装工艺完整性定义技术

在三维模型环境下,以船体模型为背景,分析涂装工序、涂装工艺、涂装面积计算、涂装消耗系数及船舶涂料参数等工艺信息完整性定义技术,形成涂装工艺完整性定义规范,使设计信息能够满足智能化涂装作业发展的需求。

3.4.5.1　涂装工艺信息完整性

对涂装工艺信息进行分析,整理涂装工艺信息见表3-24。

表3-24 涂装工艺信息

工艺信息名称	说明
零件唯一标示	仅用于表达父子关系,分段|涂装区域
父节点	与上面相同
编码	与上面相同
名称	涂装区域名称
描述(涂装代码)	涂装区域描述
数量	1
数量单位	块
英文名称	
来源	Make;Cooperation;Buy
分段代码	分段代码
面积	
面积单位	
计算标识	

3.4.5.2 涂装工艺编码

涂装部位编码是软件进行数据汇总、抽取、交换的重要信息媒介,更是涂装建模的重要组成部分。涂装部位定义一般采用六位字母或数字,前三位称为"基础码",相同基础码的涂装部位表示涂装配套和涂装工艺相同,后三位称为"识别码",用于相同基础码涂装部位的进一步区分。涂装部位编码结构形式如图3-41所示。

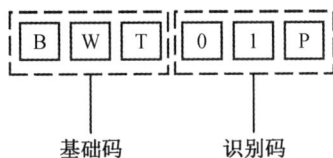

图3-41 涂装部位编码结构形式

前三位"BWT"称为"基础码",BWT定义为压载舱,全船压载舱应采用相同的油漆配套和涂装工艺;后三位"01P"称为"识别码",表示"01号压载舱左舷"。

3.5 基于模型的物量与工艺信息抽取规范

针对建造过程中对物量与工艺的要求,制定基于模型的物量与工艺信息提取规范,突破船体、舾装、涂装物量的数据完整性抽取与统一集成管理技术,实现从设计信息到采购、制造、管理的准确发布,确保船舶产品数据在流转与共享过程中的完整性、准确性。

3.5.1　船体结构物量与工艺的信息抽取规范

以船体结构的加工、装配、焊接为对象,分析对零件切割、装配、焊缝、工艺件等物量与工艺的信息抽取规范,使其满足生产过程精细化派工以及船体结构智能制造发展的要求。

3.5.1.1　船体结构物量与工艺信息数据形式

船体结构物量与工艺信息分为结构设计、结构放样、工法设计、工法工装四个专业类别,其信息类别和数据形式见表 3-25 和表 3-26。

表 3-25　结构设计与结构放样信息类别及数据形式

结构设计信息类别	数据形式	结构放样信息类别	数据形式
分段工作图	工艺指导文件	数控切割图	工艺指导文件
样冲及涂装保留图	工艺指导文件	型材套料表	XML
零件明细表	XML	外板零件清单	XML
拼板图	工艺指导文件	材料定额	XML
焊缝跟踪图	工艺指导文件	型材下料图	工艺指导文件
部件装配图	工艺指导文件	加工工艺管理表	XML
机器人装配图	工艺指导文件	智能工艺装备加工信息	XML
机器人装配信息	XML	焊接材料定额	XML
机器人焊接图	工艺指导文件	划线印字信息	XML
机器人焊接信息	XML	钢材/型材切割信息	GEN/MPG/NC0

表 3-26　工法设计与工法工装信息类别及数据形式

工法设计信息类别	数据形式	工法工装信息类别	数据形式
工艺图	工艺指导文件	脚手架搭设图	工艺指导文件
工艺件托盘管理表	XML	脚手架眼板安装图	工艺指导文件
预密性图	工艺指导文件	脚手托盘管理表	XML
工装套料图	工艺指导文件		
工艺件切割指令	GEN/MPG/NC0		

3.5.1.2　船体结构 XML 属性配置要求

船体结构 XML 属性配置要求如图 3-42 所示。

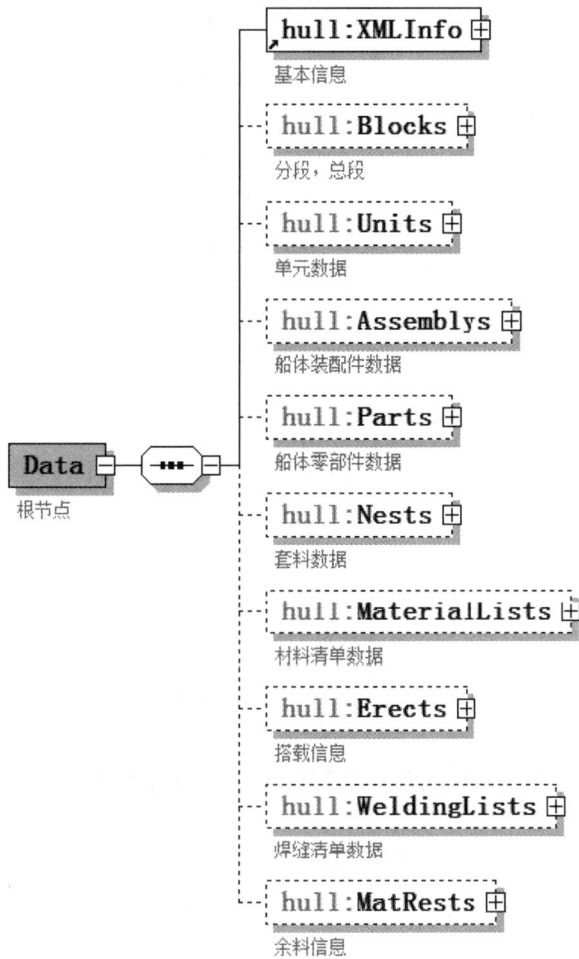

图 3-42　船体结构 XML 属性配置要求

（1）分段总段信息 XML 属性配置

分段总段信息需要满足数据管理系统输入要求，主要包含分段总段编码、分段总段类型、分段质量和重心位置、分段大小等内容。分段总段信息 XML 格式属性配置如图 3-43 及表 3-27 所示。

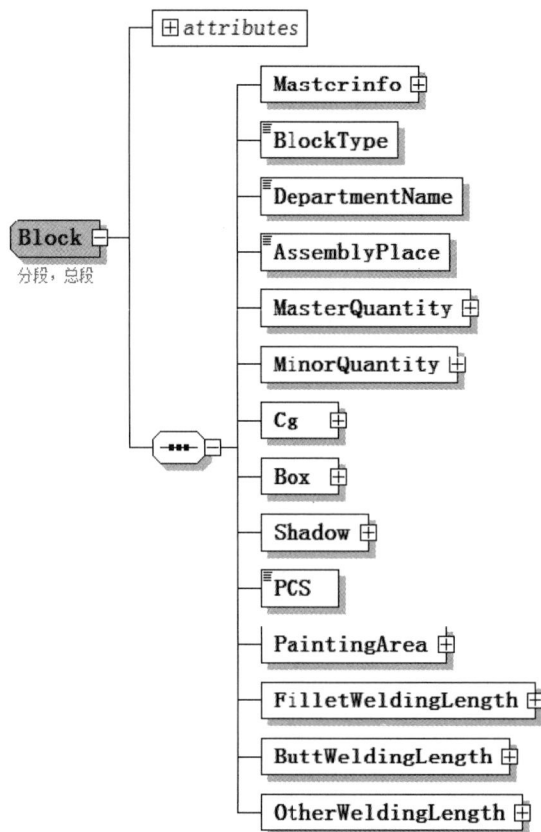

图 3-43　分段总段信息 XML 格式属性配置

表 3-27　分段总段 XML 属性

术语中文名称	英文名称	数据类型	实例	说明
分段编码	Identification	nvarchar	AB01	
分段名称	Name	nvarchar	AB01	
分段描述	Description	nvarchar		
数量	Quantity	numeric(15,5)	1	（固定）
数量单位	Unit	int	个	（固定）
英文名称	EnglishName	nvarchar(50)		
来源	Source	nvarchar(10)	自制	（固定）
分段类型	BlockType	nvarchar(10)	分段	分段、总段
主计数量	MasterQuantity	numeric(15,5)	157494	质量
主计数量单位	MasterQuantityUnit	nvarchar(10)	kg	
辅计数量	MinorQuantity	numeric(15,5)	1	数量
辅计数量单位	MinorQuantityUnit	nvarchar(10)	个	

表 3-27（续）

术语中文名称	英文名称	数据类型	实例	说明
重心位置 X	CgX	numeric(15,5)	FR0+127	分段重心
重心位置 Y	CgY	numeric(15,5)	0	
重心位置 Z	CgZ	numeric(15,5)	2D-8233	
分段最大 X 范围	BoxMaxX	numeric(15,5)	-6059.90	分段范围
分段最大 Y 范围	BoxMaxY	numeric(15,5)	7300.00	
分段最大 Z 范围	BoxMaxZ	numeric(15,5)	-4689.00	
分段最小 X 范围	BoxMinX	numeric(15,5)	4689.00	
分段最小 Y 范围	BoxMinY	numeric(15,5)	10750.08	
分段最小 Z 范围	BoxMinZ	numeric(15,5)	17852.00	
投影长	ShadowLength	numeric(15,5)	14804.29	投影范围
投影宽	ShadowWidth	numeric(15,5)	11327.65	
投影高	ShadowHeight	numeric(15,5)	7576.93	
对称性	PCS	nvarchar(3)	0	

（2）船体组立信息 XML 属性配置

船体组立信息需要满足数据管理系统输入要求，主要包含组立编码、组立类型、组立质量和重心位置、组立大小等内容。船体组立信息 XML 格式属性配置如图 3-44 及表 3-28 所示。

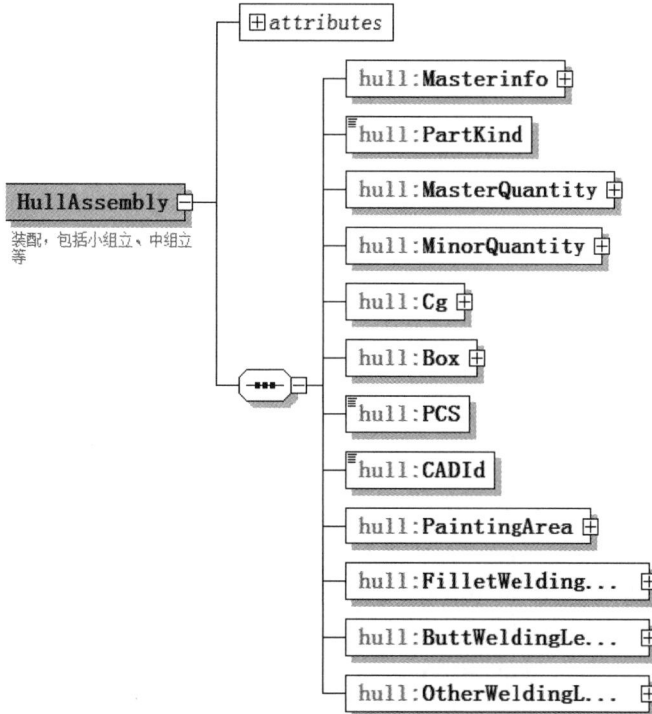

图 3-44　船体组立信息 XML 格式属性配置

表 3-28 船体组立 XML 属性

中文名称	英文名称	数据类型	实例	说明
装配编码	Identification	nvarchar	CB01P-1L	装配编码
装配名称	Name	nvarchar	1L	装配编码
装配描述	Description	nvarchar		
数量	Quantity	numeric(15,5)	1	1
数量单位	Unit	int	个	
英文名称	EnglishName	nvarchar(50)		
来源	Source	nvarchar(10)	自制	
装配类型	PartKind	nvarchar(10)	A-组	B-段、C-部、A-组、S-散
主计数量	MasterQuantity	numeric(15,5)	166.59	质量
主计数量单位	MasterQuantityUnit	nvarchar(10)	kg	
辅计数量	MinorQuantity	numeric(15,5)	1	长度
辅计数量单位	MinorQuantityUnit	nvarchar(10)	m	
重心位置 X	CgX	numeric(15,5)	FR1+362	组立重心
重心位置 Y	CgY	numeric(15,5)	-1479	
重心位置 Z	CgZ	numeric(15,5)	2D-8897	
装配件最大 X 范围	BoxMaxX	numeric(15,5)	1570.02	组立大小包围盒
装配件最大 Y 范围	BoxMaxY	numeric(15,5)	-1456.64	
装配件最大 Z 范围	BoxMaxZ	numeric(15,5)	14722.00	
装配件最小 X 范围	BoxMinX	numeric(15,5)	800.00	
装配件最小 Y 范围	BoxMinY	numeric(15,5)	-1487.29	
装配件最小 Z 范围	BoxMinZ	numeric(15,5)	13733.71	
CAD 内码	CADId	nvarchar(50)		
对称性	PCS	nvarchar(3)	0	

（3）船体零部件信息 XML 属性配置

船体零部件信息需要满足数据管理系统输入要求，主要包含编码、类型、对称性、规格、材质、厚度、大小、质量重心、加工信息等内容。船体零部件 XML 格式属性配置如图 3-45 及表 3-29 所示。

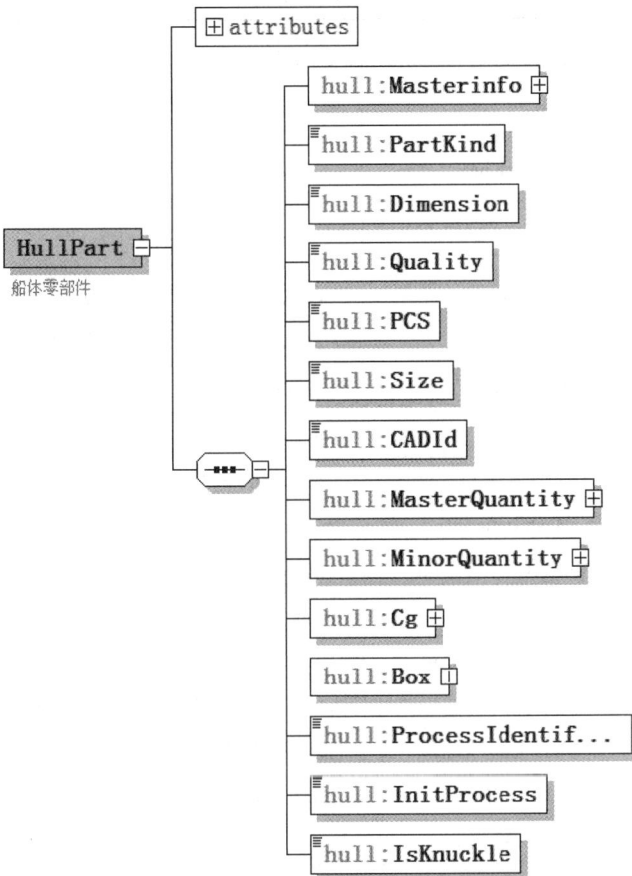

图 3-45　船体零部件 XML 格式属性配置

表 3-29　船体零部件 XML 属性

中文名称	英文名称	数据类型	实例	说明
零部件编码	Identification	nvarchar	CB01C-A57J82-00001	建造分段名-件号-序号(5位)
零部件名称	Name	nvarchar	肘板	零件的类型的中文说明
零部件描述	Description	nvarchar		
零部件数量	Quantity	numeric(15,5)		1
零部件数量单位	Unit	int	根	根、张
英文名称	EnglishName	nvarchar(50)		
来源	Source	nvarchar(10)	自制	(固定)

表 3-29(续)

中文名称	英文名称	数据类型	实例	说明
零部件类型	PartKind	nvarchar(20)	P-平面板	P-平面板 F-面板 C-补板 S-扶强材 …
标注	Dimension	nvarchar(30)	3348 * 2951	
零部件材质	Quality	nvarchar(10)	A32	
零部件对称性	PCS	nvarchar(3)	S	
尺寸	Size	nvarchar(30)	18	
CAD 内码	CADId	nvarchar(50)	AB01-21F;P1	SPD 内部名
主计数量	MasterQuantity	numeric(15,5)	164.83	质量
主计数量单位	MasterQuantityUnit	nvarchar(10)	kg	
辅计数量	MinorQuantity	numeric(15,5)	0	长度/面积
辅计数量单位	MinorQuantityUnit	nvarchar(10)	mm	
零部件重心位置 X	CgX	numeric(15,5)	FR1+362	零部件重心
零部件重心位置 Y	CgY	numeric(15,5)	-1479	
零部件重心位置 Z	CgZ	numeric(15,5)	2D-8899	
零部件最大 X 范围	BoxMaxX	numeric(15,5)	1570.02	零部件大小 包围盒
零部件最大 Y 范围	BoxMaxY	numeric(15,5)	-1456.64	
零部件最大 Z 范围	BoxMaxZ	numeric(15,5)	14722.00	
零部件最小 X 范围	BoxMinX	numeric(15,5)	800.00	
零部件最小 Y 范围	BoxMinY	numeric(15,5)	-1487.00	
零部件最小 Z 范围	BoxMinZ	numeric(15,5)	13733.71	
零部件加工编码	ProcessIdentification	nvarchar(15)	0	0 常规加工 1 割斜 2 刨边 3 辊轧 …
初始工艺代码	InitProcess	nvarchar(15)		
拼接零件属性	IsKnuckle	int	0	0 否;1 是

(4)套料信息 XML 属性配置

套料信息需要满足数据管理系统输入要求,主要包含套料编码、套料类型、加工单元、材质、切割类型、切割长度、划线长度、空程长度、使用率等。套料信息 XML 格式属性配置如图 3-46 及表 3-30 所示。

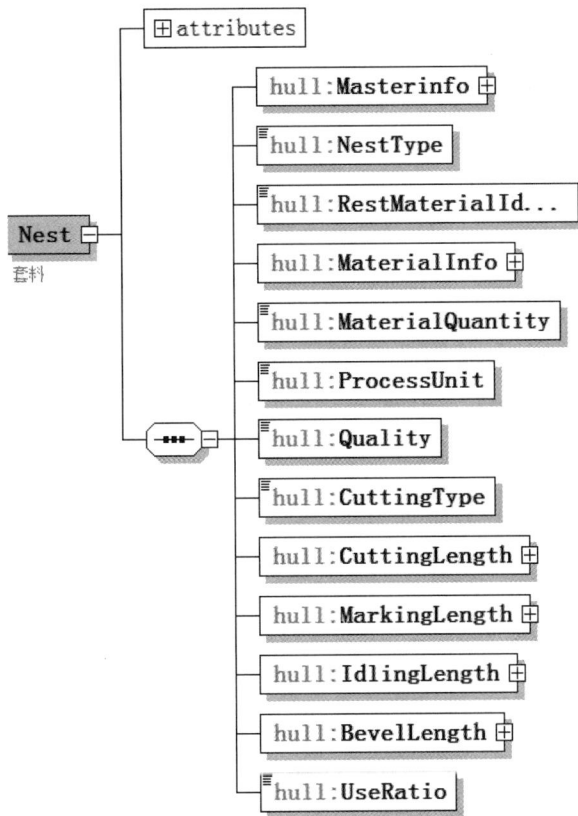

图 3-46 套料信息 XML 属性配置

表 3-30 套料 XML 属性

中文名称	英文名称	数据类型	实例	说明
套料编码	Identification	nvarchar	3113148	
套料名称	Name	nvarchar	3113148	
套料描述	Description	nvarchar		
套料数量	Quantity	numeric(15,5)	1	材料数量
套料数量单位	Unit	int	张	"张""根"
英文名称	EnglishName	nvarchar(50)		
来源	Source	nvarchar(10)	自制	
套料类型	NestType	nvarchar(15)	0	型材类型
余料编号	RestMaterialIdentification	nvarchar(50)		
物资编码	MaterialIdentification	nvarchar(30)	700805	物资代码
物资型号	MaterialModel	nvarchar(100)	W_E	物资型号
物资规格	MaterialSpecification	nvarchar(100)	16×3250×19400	物资规格

表 3-30（续）

中文名称	英文名称	数据类型	实例	说明
物资数量	MaterialQuantity	int	1	
加工单元	ProcessUnit	nvarchar(10)	CS11PS	
材质	Quality		W_E	
切割类型	CuttingType	nvarchar(15)	M	
切割长度	CuttingLength	numeric(15,5)	45012.49	
切割长度单位	CuttingLengthUnit	nvarchar(10)	mm	
划线长度	MarkingLength	numeric(15,5)	51169.99	
划线长度单位	MarkingLengthUnit	nvarchar(10)	mm	
空程长度	IdlingLength	numeric(15,5)	51385.75	
空程长度单位	IdlingLengthUnit	nvarchar(10)	mm	
使用率	UseRatio	numeric(5,3)	97.41	

（5）分段定额信息 XML 属性配置

分段定额信息需要满足数据管理系统输入要求，主要包含物资编码、钢板规格、余料类型、船级、材料牌号等。套料信息 XML 格式属性配置如图 3-47 及表 3-31 所示。

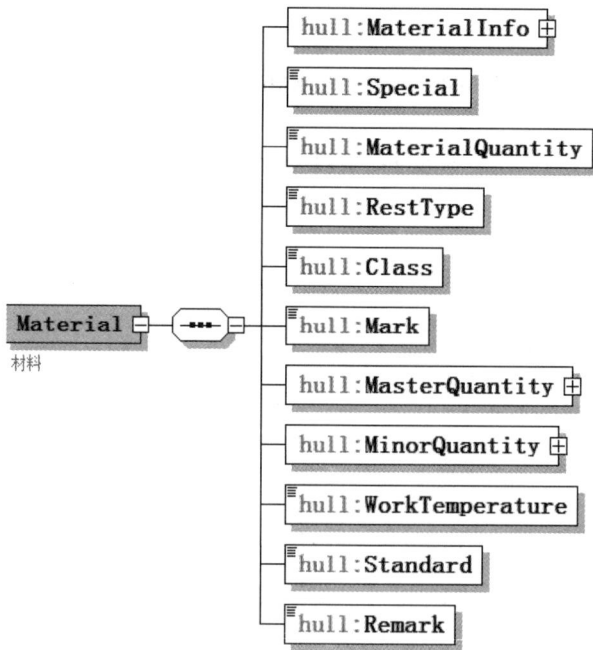

图 3-47　分段定额信息 XML 属性配置

表 3-31　分段定额 XML 属性

中文名称	英文名称	数据类型	实例	说明
物资编码	MaterialIdentification	nvarchar(30)	700805	物资代码
物资型号	MaterialModel	nvarchar(100)	A	物资型号
物资规格	MaterialSpecification	nvarchar(100)	10×1760×11700	物资规格
物资数量/船	MaterialQuantity	int	2	
余料类型	RestType	nvarchar(10)	RAW	RAW,NEW,USED
船级	Class	nvarchar(30)		
材料牌号	MaterialTrademark	nvarchar(30)		
主计数量	MasterQuantity	numeric(15,5)	1.62	质量
主计数量单位	MasterQuantityUnit	nvarchar(10)	t	
辅计数量	MinorQuantity	numeric(15,5)	1	张、根
辅计数量单位	MinorQuantityUnit	nvarchar(10)	pcs	
工作温度	WorkTemperature	nvarchar(15)		
参考标准	Standard	nvarchar(30)		
注释	Remark	nvarchar(100)		如果是余料且被使用，则输出应用单元

（6）坡口与焊缝信息 XML 属性配置

坡口与焊缝信息需要满足数据管理系统输入要求，主要包含焊缝编码、接头形式、坡口类型、焊材规格、焊角高度等。坡口与焊缝信息 XML 格式属性配置如图 3-48 及表 3-32 所示。

表 3-32　坡口与焊缝 XML 属性

术语中文名称	英文名称	数据类型	实例	说明
分段名称	BlockIdentification	nvarchar(30)	CB04C	如果是分段间，为总段号
焊缝归属	intBlock	int	0	0:分段;1:总段;2:搭载;3:未知
内部名	CADID	nvarchar(30)	CB04C0L00014	SPD 内部名称
焊缝编码	WeldingIdentification	nvarchar(80)	CB04C-AH0L1P * B1S61	相同的焊缝编码表示同一条焊缝
零件1	Part1Identification	nvarchar(80)	AH0L1P	
零件2	Part2Identification	nvarchar(80)	B1S61	
接头形式	PartsJoint	nvarchar(10)	角焊	角焊,对接焊,搭接焊
长度	WeldingLength	float	2715.00	长度值

表 3-32（续）

中文名称	英文名称	数据类型	实例	说明
长度单位	WeldingLengthUnit	nvarchar(50)	mm	毫米
坡口代码	BevelCode	nvarchar(50)		坡口代码
焊材规格	WeldingMaterialSpecification	nvarchar(50)		焊接方法中的焊材规格
焊接位置	WeldingOperation	nvarchar(10)	横焊	立焊,仰焊,平焊等
焊缝是否跟踪	WeldingTrace	int	0	1追踪,0不追踪
焊角高度	WeldingFoot	float	9	高度值
焊角高度单位		nvarchar(50)	mm	单位:毫米
焊接方法	WeldingMethod	nvarchar(50)		焊接方法
装配码	AssemblyCode	nvarchar	CB04C	装配阶段码
规格1	Part1Size	nvarchar(50)	T=18.−2740×2300	零件1规格尺寸
材料1	Part1Quality	nvarchar(10)	A36	零件1材质
规格2	Part2Size	nvarchar(50)	T=23.	零件2规格尺寸
材料2	Part2Quality	nvarchar(10)	A36	零件1材质
零件1的CADID	Part1CADID	nvarchar(30)	CB04C-0L:PLATE1	零件1的ID
零件1的板厚1	Part1Thickness1	float	18.00	零件1的板厚
零件1的板厚2	Part1Thickness2	float	0.00	
零件2的CADID	Part2CADID	nvarchar(30)	CB04C-PL1:CPLATE	零件2的ID
零件2的板厚1	Part2Thickness1	float	23	零件2的板厚
零件2的板厚2	Part2Thickness2	float	0	
焊缝起点坐标	StartPosition	PointShip3D	FR145-165;−9;0	
焊缝终点坐标	EndPosition	PointShip3D	FR147+450;9;0	
WPS ID	WPSID	nvarchar(30)		

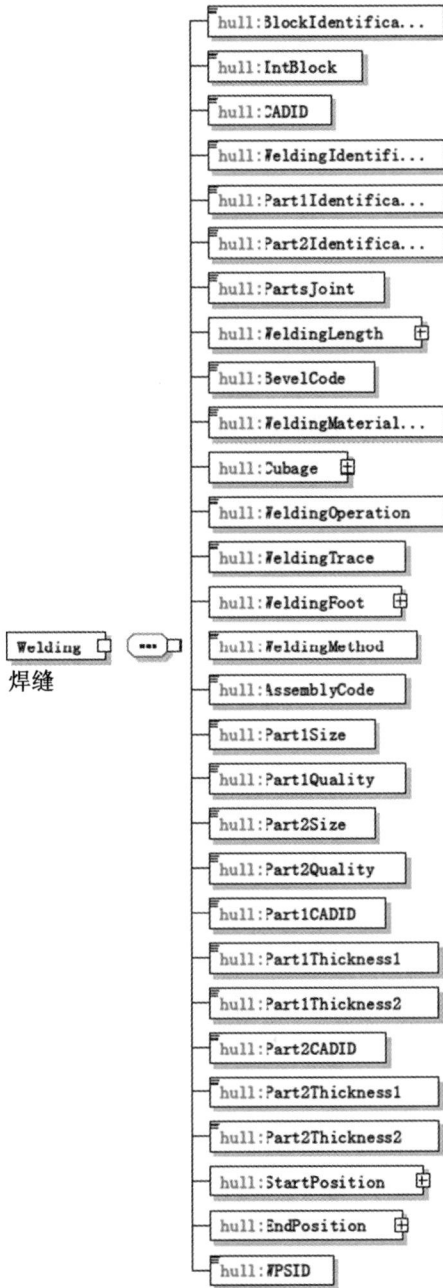

图 3-48　坡口与焊缝信息 XML 属性配置

3.5.1.3　船体结构工艺文件抽取要求

船体结构工艺指导文件一般以三维作业指导文件进行输出,板材切割、型材切割、板材加工、型材加工、装配机器人、焊接机器人等程序经设计软件输出后,统一进入数据管理系统进行管理。

3.5.2 舾装物量与工艺的信息抽取规范

以舾装托盘为制造单元,分析管舾、铁舾、电舾托盘 BOM 数据抽取规范的研究,使其满足生产过程精细化派工以及舾装集配管控的需求。

3.5.2.1 舾装物量与工艺信息数据形式

舾装物量与工艺信息分为机装铁舾、机装管系、外舾、船装管系、冷空通、内舾、电装七个专业类别。其信息类别和数据形式如表 3-33 所示。

表 3-33　舾装物量与工艺信息类别及数据形式

信息	专业						
	机装铁舾	机装管系	外舾	船装管系	冷空通	内舾	电装
设计信息及数据形式	管子加工程序(XML)						
	制作图(工艺指导文件)						
	安装图(工艺指导文件)						
	托盘管理表(XML)						
	—	水压验收清册(XML)	—	水压验收清册(XML)	试验手册(工艺指导文件)	检验(工艺指导文件)	—
	清册(XML)	管附件管材清册(XML)	清册(XML)	管附件管材清册(XML)	清册(XML)	清册(XML)	电缆表册(XML)
	订货明细表(XML)						
	—	支架零件图(工艺指导文件)	—	支架零件图(工艺指导文件)	支架零件图(工艺指导文件)	—	电缆架(工艺指导文件)
	—	复板零件图(工艺指导文件)	—	复板零件图(工艺指导文件)	复板零件图(工艺指导文件)	—	电缆贯穿件制造图册(工艺指导文件)
	—	开孔清册(XML)	—	—	开孔清册(XML)	—	开孔清册(XML)

3.5.2.2 舾装 XML 属性配置要求

舾装 XML 属性配置要求如图 3-49 所示。

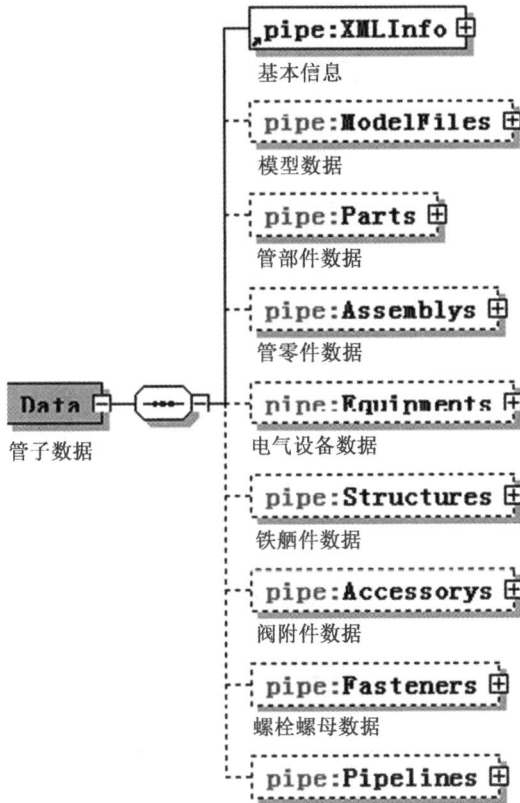

图 3-49 舾装 XML 属性配置要求

(1)管件信息 XML 属性配置

管件信息需要满足数据管理系统输入要求,其分为管路、管子零件、管部件信息。管件信息主要包含管子材料、管级、规格、余量、法兰、处理、涂装、水压、加工、检验、托盘号等信息,管路、管零件信息 XML 属性配置如图 3-50 和表 3-34、表 3-35 所示。管部件信息 XML 属性配置如图 3-51 和表 3-36 所示。

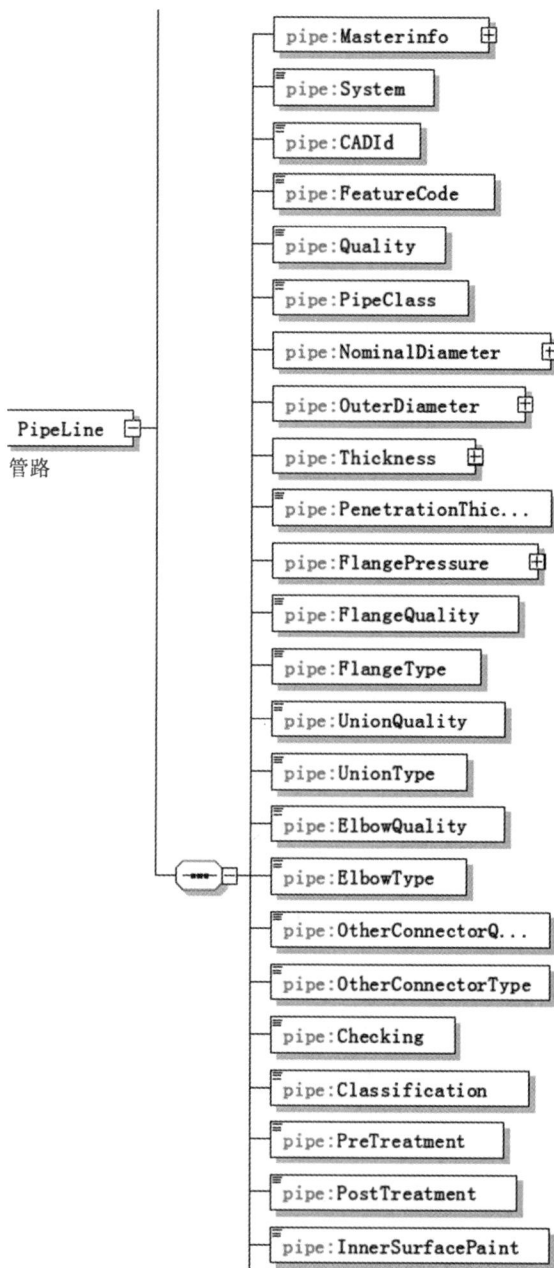

图 3-50　管路、管零件信息 XML 属性配置

表 3-34　管路信息 XML 属性

中文名称	英文名称	数据库类型	实例	说明
管路编码	Identification	nvarchar	1A-1	系统-管路
管路名称	Name	nvarchar	管路原理	管路原理
管路描述	Description	nvarchar		
管路数量	Quantity	numeric(15,5)	1	1
管路数量单位	Unit	int	条	SPDM 单位 ID
英文名称	EnglishName	nvarchar(50)		
来源	Source	nvarchar(10)		
管路系统	System	nvarchar(50)	1A	管路系统
CAD 内码	CADId	nvarchar(50)	33129	管路原理记录号
管路特性编码	FeatureCode	nvarchar(50)	投油管	管路特性 一般、投油管、涂塑、 特涂、特殊涂装法兰、 涂装特殊要求
材质	Quality	nvarchar(10)	ST20	
管材级别	PipeClass	nvarchar(15)	二极管	代码'0'输出空字符
通径	NominalDiameter	ValueUnit	125	
外径	OuterDiameter	ValueUnit	140	
壁厚	Thickness	ValueUnit	7	
法兰压力	FlangePressure	ValueUnit	4	
法兰材质	FlangeQuality	nvarchar(10)	Q235-A	
法兰类型	FlangeType	nvarchar(15)	NECK	法兰实体部件的类型
检查	Checking	nvarchar(15)	XY	NS=磁性探伤检查;XR=X 光检查; XY=X 光拍片抽验检查; PT=渗透检查
船级社	Classification	nvarchar(15)	LR	船级社代码
前处理	PreTreatment	nvarchar(15)	酸洗	无;外场制造后镀锌; 喷砂喷丸;外场制造后酸洗; 镀烙;内外涂塑;镀锌;酸洗; 磷化处理;内壁涂聚乙烯;发黑; 冲砂;内壁涂环氧;钝化
后处理	PostTreatment	nvarchar(15)	冲砂	同上

表 3-34（续）

中文名称	英文名称	数据库类型	实例	说明
内壁涂装	InnerSurfacePaint	nvarchar(15)	BB	SP＝无机锌车间地漆； RI＝干性防锈漆； HO＝防锈漆；等等
外壁涂装	OuterSurfacePaint	nvarchar(15)	CL	同上
保温材质	Insulation	nvarchar(10)	48	
刻印	Mark	nvarchar(15)	有/无	使用印有船级社标记的法兰
选用标准号	Standard	nvarchar(50)	1	
验收	InspectionLevel	nvarchar(15)	51	船级社需要验收的管路号， 验收为1，否则为0
设计温度	DesignTemperature	ValueUnit		（单位(°)）
设计压力	DesignPressure	ValueUnit	0.5	（单位 MPa）
管零件试验水压	PartTestWater Pressure	ValueUnit	4.95	托盘管理表中输出的水压 （单位 MPa）
系统试验水压	SystemTestWater Pressure	ValueUnit		（单位 MPa）

表 3-35　管零件信息 XML 属性

中文名称	英文名称	数据库类型	实例	说明
管零件编码	Identification	nvarchar	CT21PP1B59-AP136-1	托盘-零件名
管零件名称	Name	nvarchar	管零件	管零件
管零件描述	Description	nvarchar		零件描述
管零件数量	Quantity	numeric(15,5)	1	1
管零件数量单位	Unit	int	个	SPDM 单位 ID
英文名称	EnglishName	nvarchar(50)		
来源	Source	nvarchar(10)	Make	Make；Cooperation；Buy
管零件类型	PipeAssemblyType	nvarchar(10)	0-完成管	0-完成管；1-调整管； 2-合拢管
CAD 内码	CADId	nvarchar(50)	AG22CP1B59	SPD 中的模型号
托盘号	PalletIdentification	nvarchar	107	托盘编码
托盘连续号	PalletOrderNumber	int	29	托盘连续号
主管规格	MainPipeSpec	nvarchar(50)		

表 3-35(续)

中文名称	英文名称	数据库类型	实例	说明
零件图号	PartDrawingNumber	nvarchar(50)	AG22CMP1B0159G	
所在管路	BelongToPipeLine	nvarchar(50)	AZ-919	系统号-管路号 (对应零件的管路号)
子零件数量	SubPartQuantity	int	3	存储子零件数量
长度	Length	numeric(15,5)	3963.00	子零件中管子长度汇总
长度单位	LengthUnit	nvarchar(10)	mm	
质量	Weight	numeric(15,5)	20.59	零件质量
质量单位	WeightUnit	nvarchar(10)	kg	

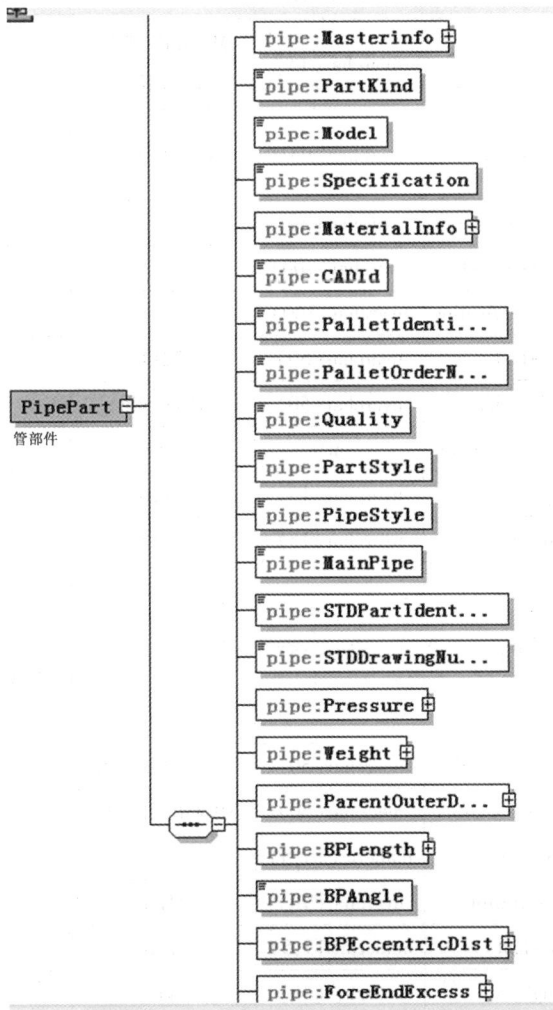

图 3-51　管部件信息 XML 属性配置

表 3-36　管部件信息 XML 属性

中文名称	英文名称	数据库类型	实例	说明
管部件编码	Identification	nvarchar	CT21PP1B59-AP136-1-123	托盘-零件名-模型号
管部件名称	Name	nvarchar	无缝钢管	使用内码名称
管部件描述	Description	nvarchar(30)	船用无缝钢管 60X4 JIS.SCH40	管子描述(小样中的dc)
管部件数量	Quantity	numeric(15,5)	1	
管部件数量单位	Unit	int	根	管子:根;附件:个;连接件:个;阀:个
英文名称	EnglishName	nvarchar(50)		
管部件来源	Source	nvarchar(10)	Make	Make;Cooperation;Buy
管部件类型	PartKind	nvarchar(15)	M01001-船用无缝钢管	
管部件规格	Specification	nvarchar(100)	89.00×5.50	
物资编码	MaterialIdentification	nvarchar(30)		物资代码
物资型号	MaterialModel	nvarchar(100)		物资型号
物资规格	MaterialSpecification	nvarchar(100)		物资规格
CAD内码	CADId	nvarchar(50)	2214	SPD中的模型号
托盘号	PalletIdentification	nvarchar(50)	EG31S06	托盘编号
托盘连续号	PalletOrderNumber	int	439	托盘连续号
管部件材质	Quality	nvarchar(15)	ST20	材质
管子形式	PipeStyle	nvarchar(15)	直管	直管;弯管
主管属性标志	MainPipe	nvarchar(15)	1	1-主管,0-支管、连接件;主管及相连部件(除支管)标志为1,支管或支管部件标志为大于1
标准部件代号	STDPartIdentification	nvarchar(50)	ST20-60X4.0	管子代号
标准图号	STDDrawingNumber	nvarchar(50)	60X4 JIS.SCH40	管子标准图号
管部件压力	Pressure	numeric(15,5)	0	
管部件压力单位	PressureUnit	nvarchar(10)	MPa	Symbol
管部件质量	Weight	numeric(15,5)	53.14	
管部件质量单位	WeightUnit	nvarchar(10)	kg	

表 3-36（续）

中文名称	英文名称	数据库类型	实例	说明
上级管外径	ParentOuterDiameter	numeric(15,5)	0	仅支管才有此信息,即支管的主管管外径
上级管外径单位	ParentOuterDiameterUnit	nvarchar(10)	mm	仅支管才有此信息
前端余量	ForeEndExcess	numeric(15,5)		零件主管材料端部预放的长度（调整管、放样管）,如:50mm 或 100mm
前端余量单位	ForeEndExcessUnit	nvarchar(10)		管子模型中的前余量
后端余量	RearEndExcess	numeric(15,5)		零件主管材料端部预放的长度（调整管、放样管）
后端余量单位	RearEndExcessUnit	nvarchar(10)		管子模型中的后余量
壁厚	Thickness	numeric(15,5)		
壁厚单位	ThicknessUnit	nvarchar(10)	mm	
壁厚等级	ThicknessClass	nvarchar(15)		
法兰相对转角	FlangeAngle	numeric(15,5)		
弯头角度	ElbowAngle	numeric(15,5)	45	
弯模半径	BendModuleRadius	numeric(15,5)	100	
弯管程序	BendPipeProcedure	nvarchar(500)	143.4,143.4,0,90;	格式应为"起弯点1,送长1,转角1,弯角1;起弯点2,送长2,转角2,弯角2;起弯点3,……"
长度	Length	numeric(15,5)		管部件长度
长度单位	LengthUnit	nvarchar(10)		单位 mm
下料长度	BlankingLength	numeric(15,5)		
下料长度单位	BlankingLengthUnit	nvarchar(10)		
加工编码	ProcessIdentification	nvarchar(500)		下料-校管-装焊-打磨

（2）管附件信息 XML 属性配置

管附件信息需要满足数据管理系统输入要求,分为阀附件、螺栓螺母、垫片信息。管附件信息主要包含阀件号、螺栓螺母代号、垫片代号、物资编码、型号、规格、来源、标准、材质、质量、安装位置等信息。阀附件、螺栓螺母、垫片信息 XML 属性配置如图 3-52~图 3-54 及表 3-37~表 3-39 所示。

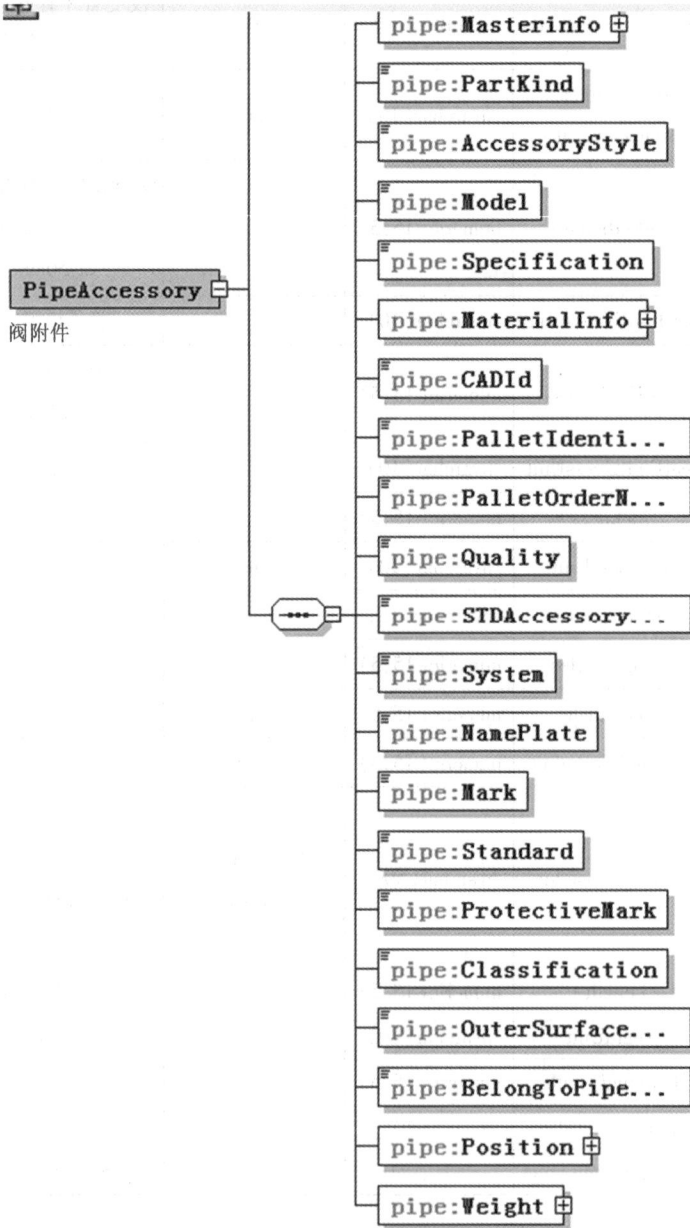

图 3-52 阀附件信息 XML 属性配置

表 3-37 阀附件信息 XML 属性

中文名称	英文名称	数据库类型	实例	说明
管附件编码	Identification	nvarchar	AG22CP1B59-2C-V142	管壁件:托盘+零件名 (管子系统号+管路号+件号) 连接件:托盘+零件名 (管子系统号+管路号+件号) 复板:托盘+零件名 (管子系统号+管路号+件号)
阀附件代号	Name	nvarchar	直通球阀	内码中文名称:阀附件
管附件描述	Description	nvarchar	不锈钢三通球阀 16015 HDMV 93-00-1	小样中的描述
阀附件数量	Quantity	numeric(15,5)	1	1
阀附件数量单位	Unit	int	个	个
英文名称	EnglishName	nvarchar(50)		
阀附件来源	Source	nvarchar(10)	Make	Make;Cooperation;Buy
阀附件类型	PartKind	nvarchar(15)	M04611-直通球阀	部件内码
阀附件形式	AccessoryStyle	nvarchar(15)	0	附件形式
附件型号	Model	nvarchar(100)		
阀附件规格	Specification	nvarchar(100)		
物资编码	MaterialIdentification	nvarchar(30)		物资代码
物资型号	MaterialModel	nvarchar(100)		物资型号
物资规格	MaterialSpecification	nvarchar(100)		物资规格
CAD 内码	CADId	nvarchar(50)	9762	SPD 模型号
托盘号	PalletIdentification	nvarchar(50)	AG22CP1B59	托盘编号
托盘连续号	PalletOrderNumber	int	3001	托盘连续号
材质	Quality	nvarchar(15)	ST20	部件中的材质
标准附件代号	STDAccessoryIdentification	nvarchar(50)	16015 HDMV 93-00-1	附件部件代号部件库中的代号
系统	System	nvarchar(50)	2C	系统号
铭板	NamePlate	nvarchar(15)		铭板
标记	Mark	nvarchar(50)		标记
标准图号	Standard	nvarchar(100)	0	选用标准号
船级社	Classification	nvarchar(15)	LR	船级社代码

表 3-37(续)

中文名称	英文名称	数据库类型	实例	说明
外壁涂装	OuterSurfacePaint	nvarchar(15)	0	管壁件:无 连接件:无 复板:无
所在管路	BelongToPipeLine	nvarchar(50)	2C-9762	阀件:系统号-类型阀号 管附件:系统号-管路号 (对应零件的管路号)
安装位置	Position	PointShip3D	FR15+312;-6405; 4D+1464	
质量	Weight	numeric(15,5)	5	
质量单位	WeightUnit	nvarchar(10)	kg	

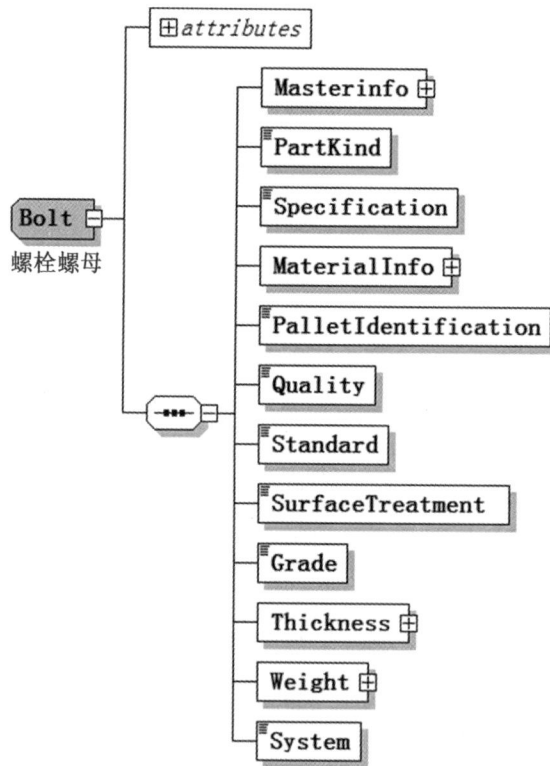

图 3-53 螺栓螺母信息 XML 属性配置

表 3-38 螺栓螺母信息 XML 属性

中文名称	英文名称	数据库类型	实例	说明
螺栓螺母编码	Identification	nvarchar	AG22CP1B59_Bolt_1	托盘+序号
螺栓螺母代号	Name	nvarchar	螺栓	螺栓、螺母
螺栓螺母描述	Description	nvarchar	螺栓	螺栓、螺母
螺栓螺母数量	Quantity	numeric(15,5)	16	
螺栓螺母数量单位	Unit	int	个	
螺栓螺母来源	Source	nvarchar(10)	Buy	Buy
英文名称	EnglishName	nvarchar(50)	Bolt	
类型	PartKind	nvarchar(10)	B-螺栓	B-螺栓 N-螺母
规格	Specification	nvarchar(100)	M12*45	规格
物资编码	MaterialIdentification	nvarchar(30)		物资代码
物资型号	MaterialModel	nvarchar(100)		物资型号
物资规格	MaterialSpecification	nvarchar(100)		物资规格
托盘号	PalletIdentification	nvarchar(50)	AG22CP1B59	托盘编号
材质	Quality	nvarchar(15)	Q235A	材质
标准图号	Standard	nvarchar(100)	GB/T5780-2000	标准号
表面处理	SurfaceTreatment		镀锌	
等级	Grade	nvarchar(10)	4.8	
厚度	Thickness	ValueUnit		(单位 mm)
质量	Weight	ValueUnit		(单位 kg)

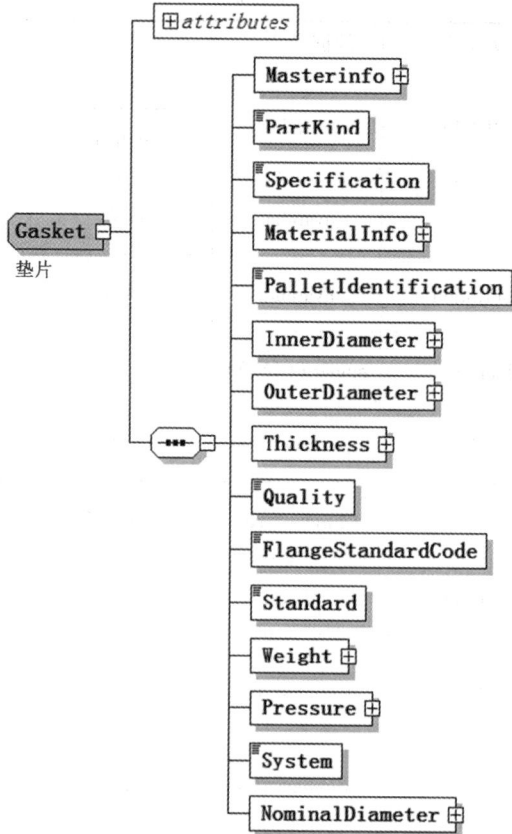

图 3-54　垫片信息 XML 属性配置

表 3-39　垫片信息 XML 属性

中文名称	英文名称	数据库类型	实例	说明
垫片编码	Identification	nvarchar	AG22CP1B59_Gasket_1	托盘+序号
垫片代号	Name	nvarchar	垫片	垫片
垫片描述	Description	nvarchar	垫片	垫片
垫片数量	Quantity	numeric(15,5)	3	1
垫片数量单位	Unit	int	个	个
垫片来源	Source	nvarchar(10)	Buy	Buy
英文名称	EnglishName	nvarchar(50)	Nut	
垫片规格	Specification	nvarchar(100)		
物资编码	MaterialIdentification	nvarchar(30)		物资代码
物资型号	MaterialModel	nvarchar(100)		物资型号
物资规格	MaterialSpecification	nvarchar(100)		物资规格
托盘号	PalletIdentification	nvarchar(50)	AG22CP1B59	托盘编号

表 3-39(续)

中文名称	英文名称	数据库类型	实例	说明
内径	InnerDiameter	ValueUnit	136	(单位 mm)
外径	OuterDiameter	ValueUnit	168	(单位 mm)
厚度	Thickness	ValueUnit	3	(单位 mm)
材质	Quality	nvarchar(15)	无石棉纤维	材质
法兰标准号	FlangeStandardCode	nvarchar(100)	GB2506-2005 10125	H&Z524081-2012- 16015-FN3
标准图号	Standard	nvarchar(100)	GB/T17727A-1999	标准号
质量	Weight	ValueUnit (单位 kg)		

(3)风管信息 XML 属性配置

风管信息需要满足数据管理系统输入要求,其分为风管装配件、风管零部件信息,主要包含风管装配件编码、风管零部件编码、材料、规格、处理、涂装、绝缘、加工、检验等信息,如图 3-55、图 3-56 及表 3-40、表 3-41 所示。

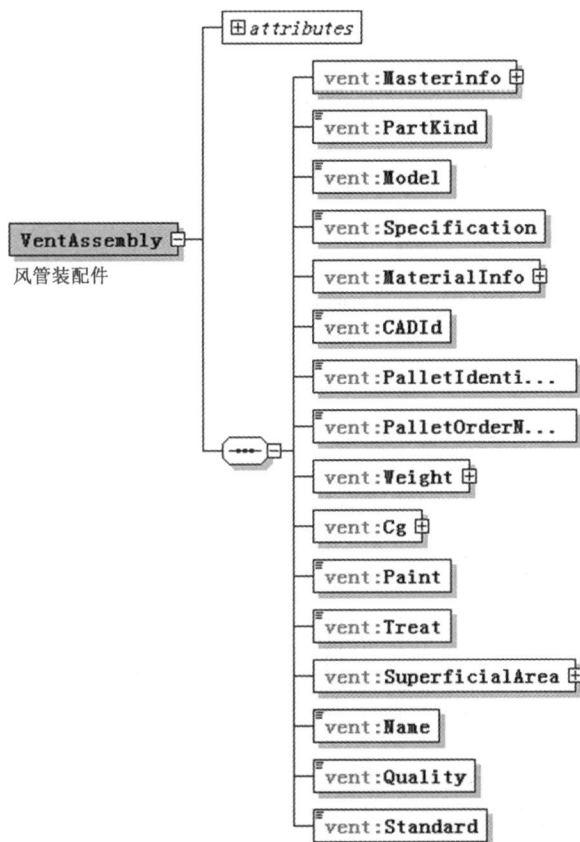

图 3-55　风管装配件信息 XML 属性配置

表 3-40　风管 XML 属性

中文名称	英文名称	数据库类型	实例	说明
风管装配件编码	Identification	nvarchar	VDM2-1	
风管装配件编码	Name	nvarchar		
风管装配件描述	Description	nvarchar		
风管装配件数量	Quantity	numeric(15,5)	1	
风管装配件数量单位	Unit	int	个	
英文名称	EnglishName	nvarchar(50)		
来源	Source	nvarchar(10)	Make	
风管装配件类型	VentAssemblyType	nvarchar(15)	87	
风管装配件型号	Model	nvarchar(100)		
风管装配件规格	Specification	nvarchar(100)		
物资编码	MaterialIdentification	nvarchar(30)		物资代码
物资型号	MaterialModel	nvarchar(100)		物资型号
物资规格	MaterialSpecification	nvarchar(100)		物资规格
CAD 内码	CADId	nvarchar(50)	1429	
托盘号	PalletIdentification	nvarchar(50)	PD12SP4B89	
托盘连续号	PalletOrderNumber	int	44	
风管装配件质量	Weight	numeric(15,5)	15	
风管装配件质量单位	WeightUnit	nvarchar(10)	kg	
风管装配件重心	Cg	PointShip3D		
表面积	SuperficialArea	numeric(15,5)	0.76	
表面积单位	SuperficialAreaUnit	nvarchar(10)	mm^2	

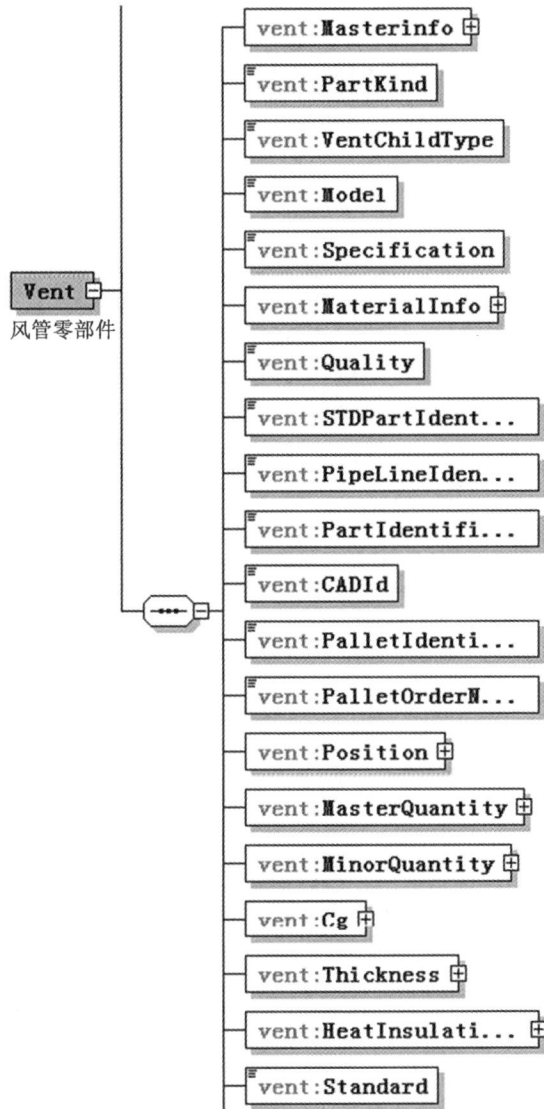

图 3-56 风管零部件信息 XML 属性配置

表 3-41 风管零部件 XML 属性

中文名称	英文名称	数据库类型	实例	说明
风管零部件编码	Identification	nvarchar	VENT-PD12PS-53	
风管零部件名称	Name	nvarchar		
风管零部件描述	Description	nvarchar		
风管零部件数量	Quantity	numeric(15,5)	1	
风管零部件数量单位	Unit	Int	根	
英文名称	EnglishName	nvarchar(50)		

表 3-41（续）

中文名称	英文名称	数据库类型	实例	说明
来源	Source	nvarchar(10)	Make	
风管零部件类型	PartKind	nvarchar(15)	M03001-方管子	
风管零部件型号	Model	nvarchar(100)		
风管零部件规格	Specification	nvarchar(100)		
物资编码	MaterialIdentification	nvarchar(30)		物资代码
物资型号	MaterialModel	nvarchar(100)		物资型号
物资规格	MaterialSpecification	nvarchar(100)		物资规格
风管零部件材质	Quality	nvarchar(10)	镀锌钢板	
标准部件代号	STDPartIdentification	nvarchar(50)		
管路属性号	PipeLineIdentification	nvarchar(10)		
零件属性号	PartIdentification	nvarchar(10)	-2259	所属零件的模型号
CAD 内码	CADId	nvarchar(50)	53	
托盘号	PalletIdentification	nvarchar(50)	PD12SP4B89	托盘名称
托盘连续号	PalletOrderNumber	int	93	托盘序号
定位坐标 X	PositionX	numeric(15,5)	FR43-300	
定位坐标 Y	PositionY	numeric(15,5)	-15100	
定位坐标 Z	PositionZ	numeric(15,5)	AD-1680	
主计数量	MasterQuantity	numeric(15,5)	6.11	质量
主计数量单位	MasterQuantityUnit	nvarchar(10)	kg	
辅计数量	MinorQuantity	numeric(15,5)	782.81	度
辅计数量单位	MinorQuantityUnit	nvarchar(10)	mm	
风管零部件重心	Cg	PointShip3D		
厚度	Thickness	numeric(15,5)	1	
厚度单位	ThicknessUnit	nvarchar(10)	mm	
绝缘厚度	HeatInsulationThickness	numeric(15,5)	0	
绝缘厚度单位	HeatInsulation ThicknessUnit	nvarchar(10)	mm	
风管参数	Attributes/ Attribute Name/ Value			参数说明

（4）设备 XML 属性配置

设备信息需要满足数据管理系统输入要求,主要包含设备型号、设备规格、设备来源、质量、数量、托盘等,设备信息 XML 格式属性配置,如图 3-57 及表 3-42 所示。

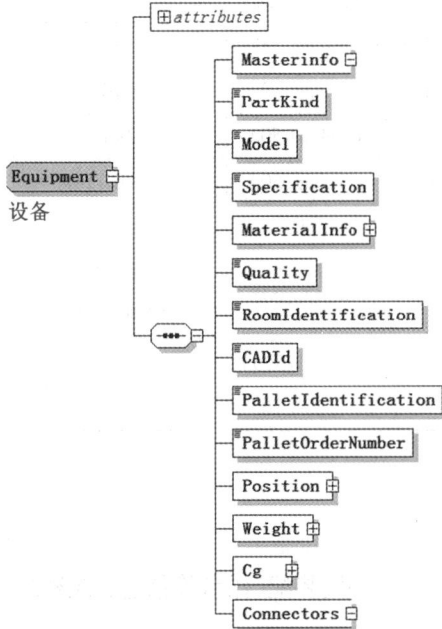

图 3-57 设备信息 XML 属性配置

表 3-42 设备 XML 属性

中文名称	英文名称	数据库类型	实例	说明
设备编码	Identification	nvarchar	E300QE1D68-ELB2436	电气:托盘+设备编号 管子:托盘+设备名称 其他(无原理):托盘+ 设备名称+模型号
设备名称	Name	nvarchar	电气设备	"设备"
设备描述	Description	nvarchar	ELB2436	电气:部件标准中的中文说明
设备数量	Quantity	numeric(15,5)	1	1
设备数量单位	Unit	int	台	台
英文名称	EnglishName	nvarchar(50)		电气:部件标准中的英文说明
设备来源	Source	nvarchar(10)	Buy	
设备类型	PartKind	nvarchar(15)	E04201-荧光灯	SPD 中的内码
设备型号	Model	nvarchar(100)	2-室内 LED 舱顶灯 S20W×2(应急)	部件标准中的 DC
设备规格	Specification	nvarchar(100)	2-室内 LED 舱顶灯 S20W×2(应急)	部件标准中的 PMC

表 3-42(续)

中文名称	英文名称	数据库类型	实例	说明
物资编码	MaterialIdentification	nvarchar(30)		物资代码
物资型号	MaterialModel	nvarchar(100)		物资型号
物资规格	MaterialSpecification	nvarchar(100)		物资规格
房间编码	RoomIdentification	nvarchar(50)	SGR	电气:舱室代号
CAD 内码	CADId	nvarchar(50)	298	模型文件中的模型号
托盘号	PalletIdentification	nvarchar(50)	E300QE1D68	托盘编号
托盘连续号	PalletOrderNumber	int	0	
定位基点坐标	Position	PointShip3D	FR30-53;9117;4D+1895	
设备质量	Weight	numeric(15,5)	50	
设备质量单位	WeightUnit	nvarchar(10)	kg	

(5)铁舾件 XML 属性配置

铁舾件信息需要满足数据管理系统输入要求,分为铁舾装配件、铁舾部件信息,主要包含名称、规格、材质、处理、涂装、质量、装配、托盘等信息,如图 3-58、图 3-59 及表 3-43、表 3-44 所示。

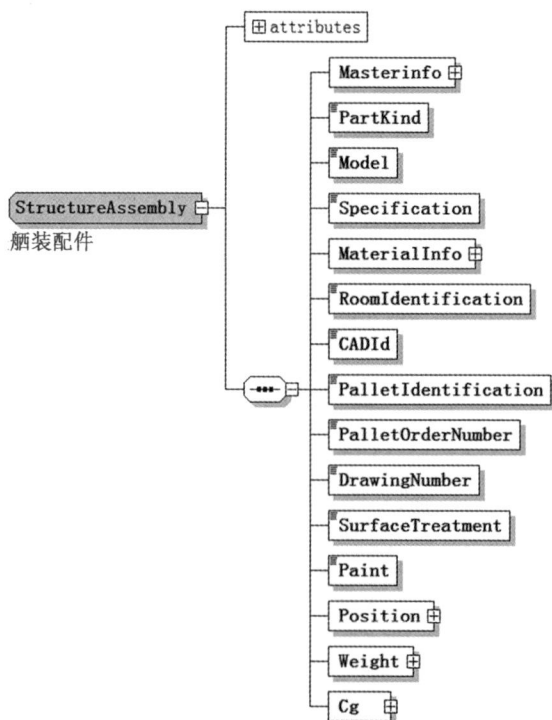

图 3-58　铁舾装配件信息 XML 属性配置

表 3-43　铁舾装配件 XML 属性

中文名称	英文名称	数据库类型	实例	说明
铁舾装配件编码	Identification	nvarchar	E300QE1D68-177	电气部件如果有产品库名称,则取产品库名称。否则命名如下:电气基座:基座编号电气导架:导架简易规格电气贯穿件:贯穿件简易规格管支架:托盘-零件名
铁舾装配件名称	Name	nvarchar	导架	电气基座、电气导架、电气贯穿件、管支架、风管支架、铁舾件
铁舾装配件描述	Description	nvarchar	壁式单层预冲孔托架	电气:部件标准中的 DC
铁舾装配件数量	Quantity	numeric(15,5)	1	1
铁舾装配件数量单位	Unit	int	个	个
英文名称	EnglishName	nvarchar(50)		电气:部件标准中的 DE
来源	Source	nvarchar(10)	Make	Make;Cooperation;Buy 电气:部件标准中的来源
铁舾装配件类型	PartKind	nvarchar(15)	SE2151-壁式组合单层直导架	电气基座:D建议使用部件内码,与设备一致
铁舾装配件型号	Model	nvarchar(100)	DAT＊-R	电气基座:基座 PMC 电气导架:导架 PMC 电气贯穿件:贯穿件 PMC
铁舾装配件规格	Specification	nvarchar(100)		电气基座:基座简易规格电气导架:导架简易规格电气贯穿件:贯穿件简易规格
物资编码	MaterialIdentification	nvarchar(30)		物资代码
物资型号	MaterialModel	nvarchar(100)		物资型号
物资规格	MaterialSpecification	nvarchar(100)		物资规格
房间编码	RoomIdentification	nvarchar(50)		所属舱室
CAD 内码	CADId	nvarchar(50)	177	模型文件中的模型号
托盘号	PalletIdentification	nvarchar(50)	E300QE1D68	托盘编号
托盘连续号	PalletOrderNumber	int	0	空
图号	DrawingNumber	nvarchar(50)		标准图号
表面处理	SurfaceTreatment	nvarchar(15)		电气:部件标准中的 treatment

表 3-43（续）

中文名称	英文名称	数据库类型	实例	说明
涂装	Paint	nvarchar(15)		电气:部件标准中的 paint
定位坐标 X	PositionX	numeric(15,5)	FR67-120	
定位坐标 Y	PositionY	numeric(15,5)	14413	
定位坐标 Z	PositionZ	numeric(15,5)	4D+2635	
装配件质量	Weight	numeric(15,5)	32	
装配件质量单位	WeightUnit	nvarchar(10)	kg	

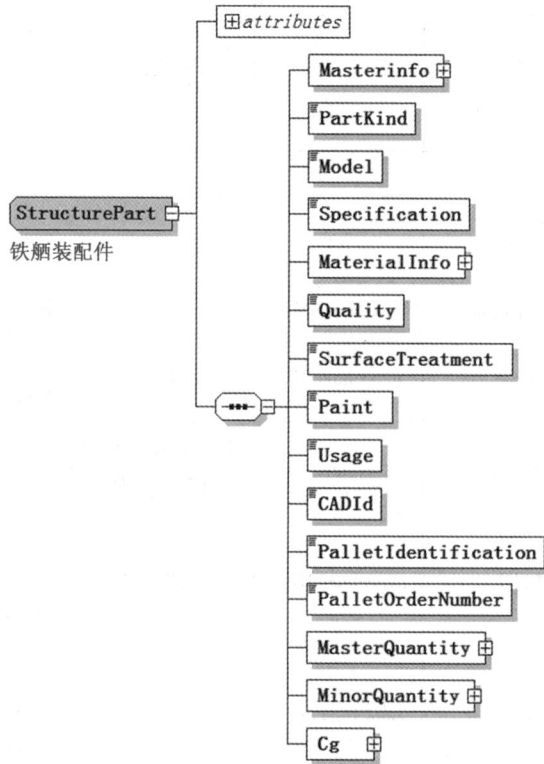

图 3-59 铁舾部件信息 XML 属性配置

表 3-44　铁舾部件 XML 属性

中文名称	英文名称	数据库类型	说明及例子	备注
铁舾零部件编码	Identification	nvarchar	E300QE1D68-177 PART0	托盘-零件名-模型号
铁舾零部件名称	Name	nvarchar	铁舾件部件	
铁舾零部件描述	Description	nvarchar	L 型钢 100 * 100 * 10 * 10	L 型钢 100 * 100 * 10 * 10
铁舾零部件数量	Quantity	numeric(15,5)	1	
铁舾零部件数量单位	Unit	int	个	电气:个
英文名称	EnglishName	nvarchar(50)		
来源	Source	nvarchar(10)	Make	Make;Cooperation;Buy
铁舾零部件类型	PartKind	nvarchar(15)	S00PL2-任意角钢 $(L_1 \times L_2 \times T_1 \times T_2)$	SPD 部件内码
铁舾零部件型号	Model	nvarchar(100)		
铁舾零部件规格	Specification	nvarchar(100)		
物资编码	MaterialIdentification	nvarchar(30)		物资代码
物资型号	MaterialModel	nvarchar(100)		物资型号
物资规格	MaterialSpecification	nvarchar(100)		物资规格
部件材质	Quality	nvarchar(10)	Q235-A	
处理	SurfaceTreatment	nvarchar(15)	酸洗	无;外场制造后镀锌;喷砂喷丸;外场制造后酸洗;镀烙;内外涂塑;镀锌;酸洗;磷化处理;内壁涂聚乙烯;发黑;冲砂;内壁涂环氧;钝化
涂装	Paint	nvarchar(15)	无	电气:部件标准中的 paint
用途	Usage	nvarchar(10)	Manufacture	制作,安装
CAD 内码	CADId	nvarchar(50)	678	
托盘号	PalletIdentification	nvarchar		
托盘连续号	PalletOrderNumber	int		
主计数量	MasterQuantity	numeric(15,5)	13.52	质量
主计数量单位	MasterQuantityUnit	nvarchar(10)	kg	
辅计数量	MinorQuantity	numeric(15,5)	0	长度/面积
辅计数量单位	MinorQuantityUnit	nvarchar(10)		Symbol

（6）电缆 XML 属性配置

电缆信息需要满足数据管理系统输入要求,主要包含电缆编号、型号、规格、长度、节点、物资编码等。电缆信息 XML 格式属性配置如图 3-60 及表 3-45 所示。

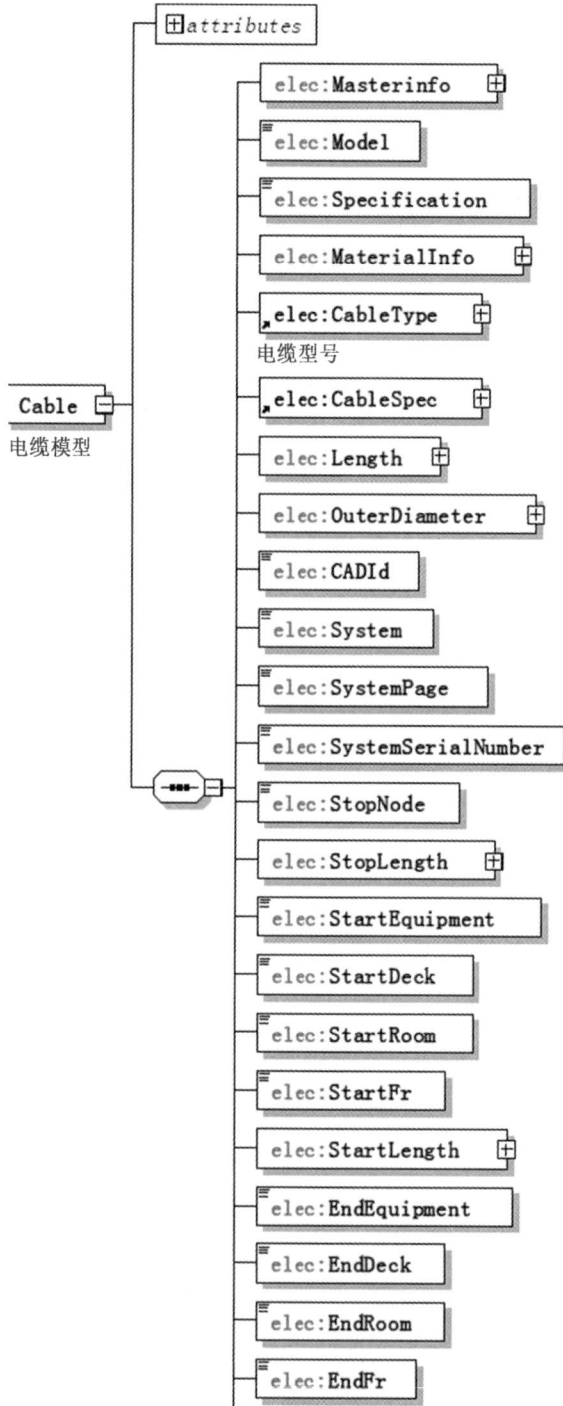

图 3-60　电缆信息 XML 属性配置

表 3-45　电缆 XML 数据属性配置

中文名称	英文名称	数据库类型	实例	说明
电缆编码	Identification	nvarchar	10207	电缆编号
电缆名称	Name	nvarchar		
电缆描述	Description	nvarchar	低烟无卤、阻燃电力控制电缆	
电缆数量	Quantity	numeric(15,5)	1	
电缆数量单位	Unit	int	根	
来源	Source	nvarchar(10)		
英文名称	EnglishName	nvarchar(50)		
电缆型号	Model	nvarchar(100)	MPYCY	电缆标准中的型号
电缆规格	Specification	nvarchar(100)	DRAKA	电缆标准中的规格
物资编码	MaterialIdentification	nvarchar(30)		
物资型号	MaterialModel	nvarchar(100)		
物资规格	MaterialSpecification	nvarchar(100)		
系统号	SystemNum	nvarchar(50)	1	电缆原理中的系统
子系统号	SystemPage	nvarchar(10)	02	电缆原理中的子系统
电缆序号	SerialNumber	int	0	电缆原理中的序号
CAD 内码	CADId	nvarchar(50)	175	电缆模型号
电缆类别	Kind		1	电缆类别
表册名称	TableName	nvarchar(50)		电缆小本名称
电缆长度	Length	numeric(15,5)	15000	
电缆长度单位	LengthUnit	nvarchar(10)	mm	
停止节点	StopNode	nvarchar	E3P01	
停止长度	StopLength	numeric(15,5)	00	
停止长度单位	StopLengthUnit	nvarchar(10)	2000	
起始设备编码	StartEquipmentIdentification	nvarchar(50)	102ESPBF	起始设备编号
起始房间编码	StartRoomIdentification	nvarchar(50)	109	起始设备所在房间的编码
起始设备坐标	StartPosition	nvarchar(15)	FR33+202;26051;12503;21638	起始设备坐标
起始长度	StartLength	numeric(15,5)	0	
起始长度单位	StartLengthUnit	nvarchar(10)	mm	

表 3-45（续）

中文名称	英文名称	数据库类型	实例	说明
终止设备编码	EndEquipment Identification	nvarchar(50)	447CO2RB	终止设备编号
终止房间编码	EndRoom Identification	nvarchar(50)	210	终止设备所在房间的编码
终止设备坐标	EndPosition	nvarchar(15)	0	终止设备坐标
终止长度	EndLength	numeric(15,5)	0	终止长度
终止长度单位	EndLengthUnit	nvarchar(10)	mm	
电缆路径节点列表	Nodes/Node Name		80(1576)；80(1575)	电缆经过的节点编号

3.5.2.3 舾装工艺文件抽取要求

舾装工艺指导文件一般以三维作业指导文件进行输出，管子加工指令、焊接机器人等程序经设计软件输出后，统一进入数据管理系统进行管理。

3.5.3 涂装物量与工艺的信息抽取规范

按涂装工艺特征和不同涂装阶段，分析涂装物量与工艺的信息抽取规范，以满足涂装作业过程的精细化派工以及智能化涂装作业发展的需求。

3.5.3.1 涂装物量与工艺信息数据形式

涂装设计信息类别和数据提供形式如表 3-46 所示。

表 3-46 涂装设计信息类别及数据提供形式

涂装设计信息类别	数据提供形式
涂装管理图	工艺指导文件
托盘表	XML
涂装机器人程序	XML

3.5.3.2 涂装 XML 属性配置要求

涂装信息需要满足数据管理系统输入要求，主要包含分段代码、涂装代码、涂装面积等。涂装信息 XML 格式属性配置见表 3-47。

表 3-47 涂装 XML 属性

中文名称	英文名称	数据库类型	实例	说明
零件唯一标示	ID	nvarchar	AB01|05FOT	仅用于表达父子关系, 分段|涂装区域
父节点	ParentID	nvarchar	AB01|05FOT	与上面相同
编码	Identification	nvarchar	AB01|05FOT	与上面相同
名称	Name	nvarchar	05FOT	涂装区域名称
描述(涂装代码)	Description	nvarchar	5 号燃油舱	涂装区域描述
数量	Quantity	numeric(15,5)	1	1
数量单位	Unit	int	块	块
英文名称	EnglishName	nvarchar(50)	空	
来源	Source	nvarchar(10)	Make	Make;Cooperation;Buy
分段代码	BlockIdentification	nvarchar(30)	AB01	分段代码
面积	Area	numeric(15,5)	141.78	
面积单位	AreaUnit	nvarchar(10)	平方米	
计算标识	Flag	bool		1:计入分段阶段面积计算; 2:不计入分段阶段面积计算

3.5.3.3 涂装工艺文件抽取要求

涂装工艺指导文件一般以三维作业指导文件进行输出,涂装机器人等程序经设计软件输出后,统一进入数据管理系统进行管理。

3.6 基于三维模型的船体建造工序定义标准

基于三维模型的船体制造工序标准的研究,以船体三维建模为基础,以空间上分道、时间上有序的整体建造方案为路线,研究船体建造的工艺流程,并以成组技术原理为依据、流程再造理念为导向,对现有工艺流程进行优化,最终建立一套分段的建造工程图,以此建立面向三维模型的工程定义标准。

3.6.1 面向智能制造船体建造工序优化

结合现有生产流程的实施改造,梳理船体分段建造的流程,对钢板预处理、零件分道切割、托盘化、小组立、中组立和大组立等工艺流程进行优化,建立适应智能制造的船体建造工艺流程,如图 3-61 所示。

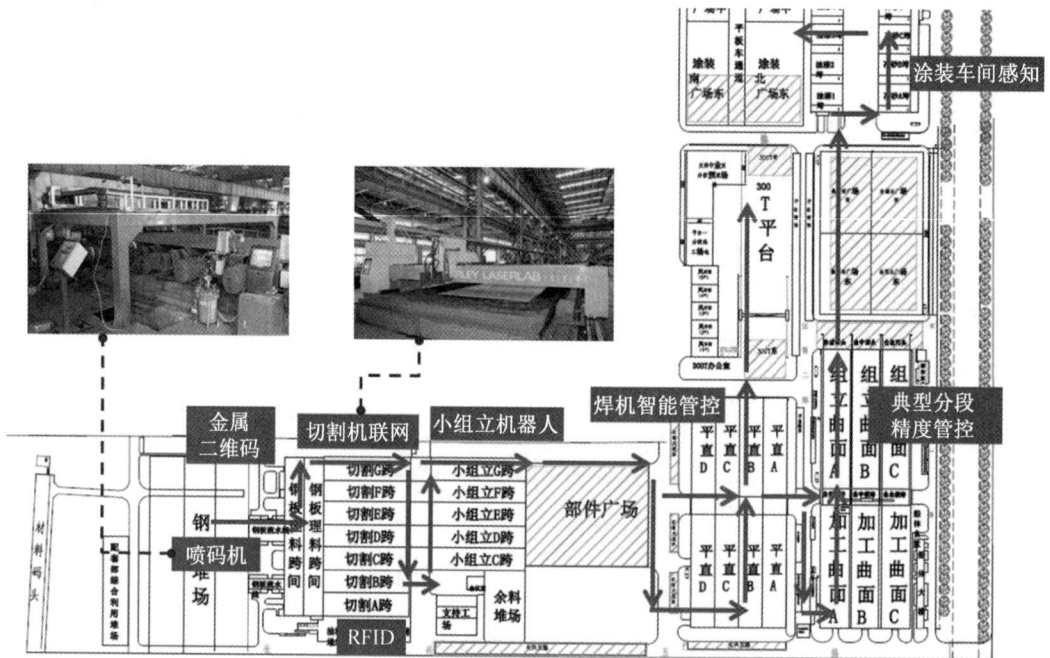

图 3-61　面向智能制造的船体建造工艺流程

3.6.1.1　钢板预处理工序优化

在钢板预处理工序中,引入喷码机,通过激光在钢板上生成金属二维码,对钢板工艺信息进行记录,便于后道工序查询。

3.6.1.2　零件分道切割工序优化

在零件分道切割工序中,对切割设备进行联网管控,套料程序和版图直接从设计端传输到生产端,并且对切割物量进行实时统计,动态调整工作包的分配。

3.6.1.3　零件托盘配送工序优化

在零件托盘配送工序中,对实物托盘进行粘贴射频识别标签,建立射频识别系统(RFID),对托盘的配送地点及计划进行管理,并实时监控托盘位置。

3.6.1.4　小组立建造工序优化

在小组立建造工序中,采用小组立焊接机器人,焊接参数从设计端直接传输到焊接机器人,对结构形式简单、数量巨大的小组立进行自动焊接。

3.6.1.5 中组立建造工序优化

在中组立建造工序中,对焊接进行联网管控,在实时统计工艺参数的同时,进行工作包的分配,并且将焊接工艺参数与工作包匹配,避免人工调节参数的错误。

3.6.1.6 大组立建造工序优化

在大组立建造工序中,引入三维点云扫描系统,对船体结构的建造精度进行监控,与设计端的理论模型进行比对,实时提供精度偏差值及线型调整方案。

3.6.2 面向智能制造的分段建造工程图

分段建造工程图是在船体详细组立施工流程的基础上,结合舾装、涂装、生产管理等信息,对分段建造过程进行合理的阶段分解,同时配合相应的作业指导及作业要求,最终形成能够指导分段建造工序的分段建造工程图。建造工程图可以完整地描述分段建造工序、标准周期、配员,对建造过程中的物流需求均能清晰地显示出来。可以将原本控制难度较高的柔性生产模式逐步形成可控的生产模式。以作业区为单位,根据分段的工序、周期以及物流信息,建立船舶分段产品的壳、舾、涂一体化的建造工艺流程。

3.6.2.1 图面要素及信息数据源

(1)中间产品
①分段建造工程图的设计范围含分段各级中间产品,包括小组立、中组立、大组立。在进行各级中间产品建造工程图设计的时候,应该按照结构、舾装、涂装一体化,以及设计、生产、管理一体化的要求进行三维工艺建模设计和出图。
②分段中包含的各级中间产品的命名规则参照《船体零件编码》的规定。
(2)工种技能
①施工的作业类型包括作业类别、主工种、副工种,其代码参照表3-48。

表3-48　作业类型代码

作业类别代码	主工种代码		副工种代码								
			1(A)	2(B)	3(C)	4(D)	5(E)	6(F)	7(G)	8(H)	9(I)
H 船体	C	加工	预处理	下料	切割	冷加工	拼板	—	—		其他
	A	组立	流水线拼板	小组立	中组立	大组立	脚手架	胎架	密试试验	工装件	
	E	搭载	*支援划线	总组	搭载	*自动焊	脚手架	—	密性试验	—	

表 3-48（续）

作业类别代码	主工种代码		副工种代码								
			1(A)	2(B)	3(C)	4(D)	5(E)	6(F)	7(G)	8(H)	9(I)
M 舾装制作	P	管子制作	一般管子	特殊管	低温管	风管及附件	合拢管/*调整管	*管子绝缘	*包铁皮	—	
	F	铁舾制作	一般铁舾	特殊铁舾	冷空通设备及基座等铁舾	舱口盖	—	—	—	—	
	W	船室制作	制作	—	—	封板	内舾铁舾件	—	内舾木工	—	
	M	机械制作	制作	—	—	—	—	—	—	—	
	E	电装	一般电舾								
	U	单元	*制作	—	管舾单元	铁舾单元	电舾单元	结构单元			
F 舾装安装	P	管子安装	一般管子	特殊管	低温管	风管及附件	合拢管/*调整管	*管子绝缘	*包铁皮	—	其他
	F	铁舾安装	一般铁舾	特殊铁舾	冷空通设备及基座等铁舾	舱口盖	—	—	—	—	
	W	船室安装	阻尼敷设	敷料敷设	绝缘敷设	封板	内舾铁舾件	*舱室设备	内舾木工	—	
	M	机械安装	轴系	舵系	主机	舱盖设备	发电机	辅机安装	甲板机构	—	
	E	电装	一般电舾	电缆敷设	切割接线	大型设备基座	设备安装	*内场配套	*设备保养	*通电保养	
	U	单元	—	*模块安装	管舾单元	铁舾单元	电舾单元	结构单元			
P 涂装	B	冲砂	冲砂	特殊冲砂	铁舾冲砂	大型舾装件	—	—	—	完工工作	
	S	涂漆	涂漆	特殊油漆	铁舾油漆	大型舾装件	—	—	—	完工工作	
	O	除锈	除锈	—	—	—	—	—	—	完工工作	
T 试验	S	调试	*钳工	*电气	*密性完整性投油	—	—	—	—	—	

② 船舶主体技术按照作业人员的类别分为切割工、冷加工、装配工、电焊工、打磨工、火工、起重工、管系工、钳工、电工、除锈涂装工等。

（3）工作包编码

①工作包（WP）编码由 5 位中间产品代码、3 位作业类型代码和 1 位作业阶段代码组成，共 9 位，其中 3 位作业类型代码由作业类别代码、主工种代码和副工种代码组成。工作包（WP）编码具体结构形式如图 3-62 所示。

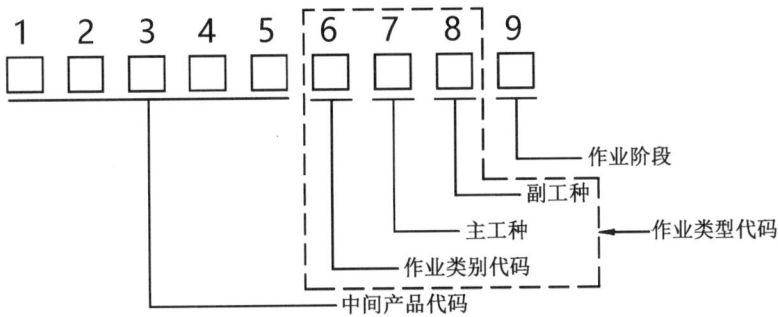

图 3-62　工作包（WP）编码具体结构形式

②作业阶段代码参照 H&Z 012006—2017《中间产品分类及作业阶段代码》规定。

③工作包（WP）编码示例，如图 3-63 所示。

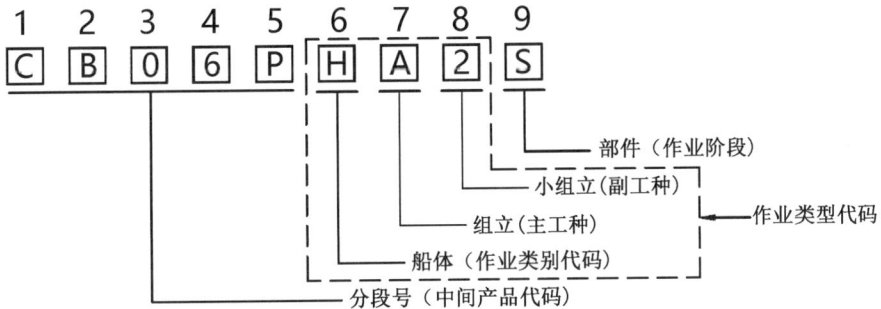

图 3-63　工作包（WP）编码示例

（4）工作指令编码

①工作指令（WO）编码是由工作包编码及工作指令分类码共同组成的，共 11 位。工作指令（WO）编码结构如图 3-64 所示。

图 3-64　工作指令（WO）编码结构

②工作指令分类码由 01~99 两位数字表示。

③工作指令(WO)编码示例,如图 3-65 所示。

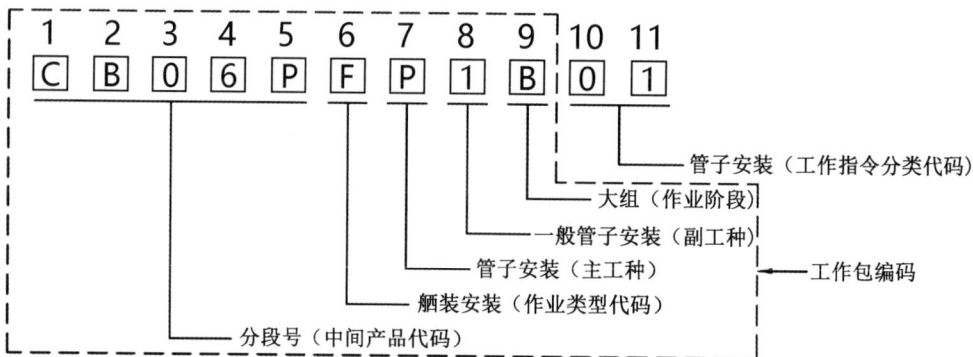

图 3-65　工作指令(WO)编码示例

(5)流向编码

①流向编码为两级编码体系,由本级组立物流代码和下道组立物流代码组成,组立物流代码由组立类型码、组立工位码组成,共 6 位。流向编码的结构如图 3-66 所示。

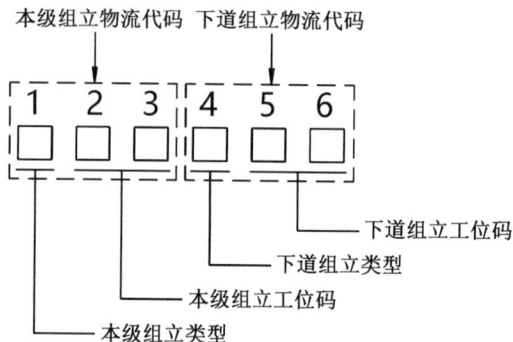

图 3-66　流向编码结构

②组立类型码 1 位,参照表 3-49,组立工位码为 2 位,参照 H&Z 012903—2017《生产场地代码规则》规定执行。

表 3-49　组立类型代码

组立类别代码	组立类型	组立类别代码	组立类型	组立类别代码	组立类型
C	先行小组立	L	大型片体中组立	H	合段
S	小组立	R	曲形中组立	P	总段
E	特殊小组立	H	大型中组立	D	整船
A	扩大小组立	G	大组立		
M	平直中组立	Y	预总段		

③流向编码示例如图 3-67 所示。

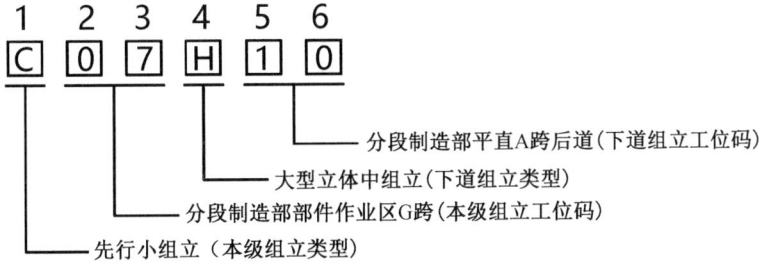

图 3-67　流向编码示例

（6）定额工时

①分段建造过程中包括切割、冷加工、装配、焊接、管件安装、铁舾件安装、电舾件安装、涂装等定额工时,参照公司的工时定额管理规定。

②定额工时基于物量的统计,根据工时定额分解体系进行计算得出。

（7）材料定额

①分段建造过程中的材料定额包括钢材、焊材、管材、铁舾、油漆等定额。

②材料定额基于物量的统计,根据企业材料定额标准手册计算得出。

（8）标准周期

①标准周期是指完成该中间产品的标准生产作业时间。

②标准周期基于定额工时的统计,根据相应主建船型典型中间产品统计数据进行计算。

（9）劳动防护提示信息

①劳动防护用品应该包含该中间产品作业过程中施工人员所需穿戴的防护用品。

②劳动防护用品参照相关《安全体系管理文件》。

（10）三维模型视图

①三维模型视图应包含三维模型结构件、舾装件的零件信息、焊接信息、尺寸信息及其他重要工艺信息。

②三维模型初始展示状态一般选用正等轴测图,摆放基面应与作业时一致,并可供阅图人自由缩放、旋转、平移、隐藏、直观地展示施工时中间产品的状态。

③三维模型视图应包含尺寸的测量以及三维注释的功能,能够快速地创建快捷视图,方便实现生产意见的快速反馈。

④三维模型包含装配树,能直观地展示中间产品的装配结构信息。

⑤三维模型应带有工艺流程动画,直观地展示中间产品的生产工艺流程。

（11）物量清单

①中间产品 BOM 需包含组成该中间产品所有的构件。

②BOM 表中含构件的名称、材质、数量信息。

③BOM 表中含构件的质量、重心等信息。

（12）工序列表

①工序列表应重点表达该中间产品的施工顺序。

②每个步骤的施工工艺中应提示重要的工艺信息。

（13）质量与精度要求

①对中间产品在建造过程中存在的质量与精度控制重难点信息进行列举。

②按照施工顺序对精度检查信息进行逐一的分解与列举。

③按照施工顺序对质量信息进行逐一的分解与列举。

（14）HSE［健康（Health）、安全（Safety）和环境（Environment）管理体系］要求

①HSE 要求应包含该工位在作业前、作业中、作业后的健康、安全与环境要求。

②HSE 要求条款参照相关《安全体系管理文件》。

（15）设备工装清单

①设备工装清单应包含在中间产品作业过程中所需要用到的设备资源信息。

②工装清单配置中应注意高效、节能、安全的需求。

3.6.2.2 设绘流程

（1）结合现有生产流程的智能化改造，梳理船体分段建造过程中的零件分道切割、小组立、中组立和大组立的工艺流程，对船体分段进行中间产品的工程分解，定义各级中间产品的构件名。

（2）针对各级中间产品的建造，定义施工场地、工装设备、施工工人的资源模型。

（3）对各级中间产品的建造工艺进行交互式的仿真，进行结构件与舾装件的综合排序工作，在工艺的仿真过程中以 TEXT 文本工具定义质量与精度的要求，定义 HSE 的要求。

（4）对三维模型的结构件与舾装件的名称、焊缝信息、装配尺寸以及重要的工艺信息进行标注。

（5）根据施工工人的属性定义，在分段建造工程图中输出工人的工种技能信息。

（6）根据施工场地的属性定义，在分段建造工程图中输出作业部门和作业场地信息。

（7）根据各级中间产品的属性定义，在分段建造工程图中输出 WP/WO 信息。

（8）根据各级中间产品的施工顺序以及场地资源设备的定义，在分段建造工程图中输出流向编码信息。

（9）抽取各级中间产品的质量、焊缝长度、表面积等物量信息，结合工艺仿真过程里面的 GANTT 图，依据相关的换算公式，在分段建造工程图中输出工时定额、材料定额以及标准周期。

（10）根据各级中间产品的装配树以及自身的属性定义，在分段建造工程图中输出 BOM 的信息。

（11）根据工艺仿真过程中的 PROCESS 定义，在分段建造工程图中输出建造工序列表。

（12）根据工艺仿真过程中的 TEXT 文本定义，在分段建造工程图中输出质量精度、HSE

信息。

（13）根据资源树的属性定义，在分段建造工程图中输出设备工装的列表清单。

典型的分段建造工程图如图 3-68 所示。

中间产品	H1860A-CB06P-A-95FC		WP编码	CB06PHA25	WO编码	CB06PHS2S01	编制	×××
工种技能	主工程/副工种	组立/小组立	作业部门	分段制造部	作业场地	部件G跨	校对	×××
	主体技术	装配电焊	流向编码	C07		H10	审核	×××
	可选技术	火工	劳动防护用品	安全帽、防护眼镜、电焊手套、安全带、帆布工作服、翻毛皮鞋、防尘口罩等			批准	×××
焊材定额	44 kg	装配定额工时	2	焊接定额工时	2	标准周期	8	
						施工周期		
						浮动差值	1	

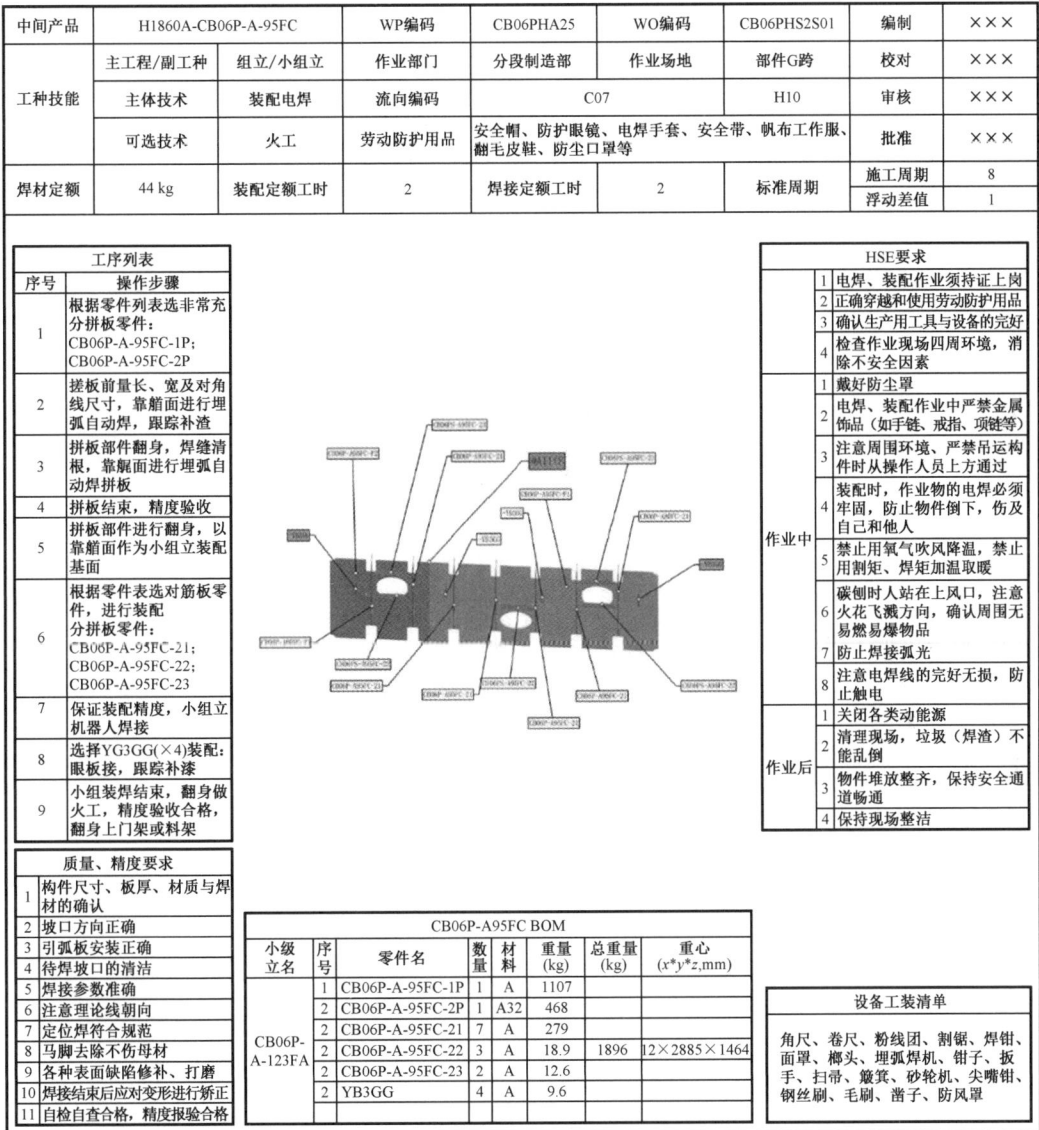

工序列表	
序号	操作步骤
1	根据零件列表选非常充分拼板零件：CB06P-A-95FC-1P；CB06P-A-95FC-2P；
2	搓板前量长、宽及对角线尺寸，靠舯面进行埋弧自动焊，跟踪补渣
3	拼板部件翻身，焊缝清根，靠舯面进行埋弧自动焊拼板
4	拼板结束，精度验收
5	拼板部件进行翻身，以靠舯面作为小组立装配基面
6	根据零件表选对筋板零件，进行装配分拼板：CB06P-A-95FC-21；CB06P-A-95FC-22；CB06P-A-95FC-23
7	保证装配精度，小组立机器人焊接
8	选择YG3GG(×4)装配：眼板接，跟踪补漆
9	小组装焊结束，翻身做火工，精度验收合格，翻身上门架或料架

质量、精度要求	
1	构件尺寸、板厚、材质与焊材的确认
2	坡口方向正确
3	引弧板安装正确
4	待焊坡口的清洁
5	焊接参数准确
6	注意理论线朝向
7	定位焊符合规范
8	马脚去除不伤母材
9	各种表面缺陷修补、打磨
10	焊接结束后应对变形进行矫正
11	自检自查合格，精度报验合格

HSE要求	
1	电焊、装配作业须持证上岗
2	正确穿越和使用劳动防护用品
3	确认生产用工具与设备的完好
4	检查作业现场四周环境，消除不安全因素
作业中 1	戴好防尘罩
2	电焊、装配作业中严禁金属饰品（如手链、戒指、项链等）
3	注意周围环境，严禁吊运构件时从操作人员上方通过
4	装配时，作业中的电焊必须牢固，防止物件倒下，伤及自己和他人
5	禁止用氧气吹风降温，禁止用割矩、焊矩加温取暖
6	碳刨时人站在上风口，注意火花飞溅方向，确认周围无易燃易爆物品
7	防止焊接弧光
8	注意电焊线的完好无损，防止触电
作业后 1	关闭各类动能源
2	清理现场，垃圾（焊渣）不能乱倒
3	物件堆放整齐，保持安全通道畅通
4	保持现场整洁

CB06P-A95FC BOM							
小级立名	序号	零件名	数量	材料	重量(kg)	总重量(kg)	重心(x*y*z,mm)
CB06P-A-123FA	1	CB06P-A-95FC-1P	1	A	1107	1896	12×2885×1464
	2	CB06P-A-95FC-2P	1	A32	468		
	2	CB06P-A-95FC-21	7	A	279		
	4	CB06P-A-95FC-22	3	A	18.9		
	2	CB06P-A-95FC-23	2	A	12.6		
	2	YB3GG	4	A	9.6		

设备工装清单
角尺、卷尺、粉线团、割锯、焊钳、面罩、榔头、埋弧焊机、钳子、扳手、簸箕、砂轮机、尖嘴钳、钢丝刷、毛刷、凿子、防风罩

图 3-68　典型的分段建造工程图

3.7　本　章　小　结

　　本章针对目前船舶生产设计过程中所涉及的加工工艺、装配工艺、焊接工艺、舾装工艺及涂装工艺主要依靠二维图纸表达,没有完整地反映在三维模型中,造成建造过程中相关工艺信息和管理信息不完整的问题,从深化生产设计工艺建模、建造过程中的物量信息抽取两大环节以及结合智能制造的发展趋势,论述了工艺建模技术规范、物量与工艺信息抽取、船体制造工序定义等技术之间的关系,实现了基于单一数据源船舶三维工艺设计技术应用,形成了面向智能制造的设计体系。

第4章 面向现场作业的三维工艺可视化技术

4.1 概　述

全球船舶制造的中心已经基本转移至中、日、韩三国,但是与日本、韩国相比,我国在设备、技术和管理方面都存在一定的差距,中国同类船舶的设计和建造效率仅为日本和韩国的 1/4~1/3。中国造船业又将面临新一轮的激烈竞争:世界航运市场不景气,船舶产能过剩,高附加值船舶制造竞争力不足,导致中国造船面临前所未有的挑战。

在当今世界造船科学技术快速发展、生产效率大幅度提高、劳动密集度明显降低的形势下,造船技术水平已经成为造船竞争力的决定性因素。目前,我国造船业的现状是设计、建造技术落后,配套产业发展滞后,是制约行业发展的主要瓶颈。高技术、高附加值船舶的数字化技术的应用明显落后于日本和韩国:尚未真正实现现代造船模式,软硬件技术不协调,造船生产效率低,建造工时是日、韩的 5~10 倍;在信息化方面,信息资源尚未实现统一管理和集成应用,就船舶工程的信息管理(如 CAD/CAM/PDM 等)而言,大都处于单项辅助管理,设计、建造的信息数据仍存在信息孤岛问题,致使整体的船舶设计、生产、管理等信息化应用水平不高。日韩造船业崛起的成功经验是,坚持科技创新,不断研究开发数字化技术,提高效率,缩短造船周期,增强核心竞争力,对于我们来说具有重要借鉴作用。在工业 4.0 的时代背景下,生产系统各环节信息的数字化水平直接决定着船舶产业链上下游企业的技术水平。

船舶是由一块块板架焊接组装而成的,板架则是从一块钢板原材料上切割而来。这些切割后的结构零部件放在托盘上,流向现场进行焊接装配为小组立,如图 4-1 所示。

以船舶小组立的设计制造为例,船舶设计生产过程中的典型问题包括:船体结构的装配工艺设计尚缺乏高效率的基于模型的可视化设计手段;切割、装配工艺信息现场可视化程度较低(操作人员、设备识别);零件流转信息以及相应现场指导书记录在纸质文件上,不利于信息查找以及分类归总且长期使用容易破损;一艘大型船舶大多由 10 万余个板架焊接而成,船舶企业往往同时在建多个船舶,生产效率低下在制造过程中逐渐累积放大,成为制约船舶结构制造的核心问题之一。

产品装配是指装配工人按照企业制定好的装配工艺规程,依据装配现场的生产技术条件,将一个个产品零件经过部装、总装,最终经检测合格形成一个具有某种功能的产品的全过程。船舶是大型机械产品,具有结构复杂、生产装配技术要求高、装配制造过程烦琐、客户需求多样的特点,其装配过程是典型的离散型装配,装配周期长。

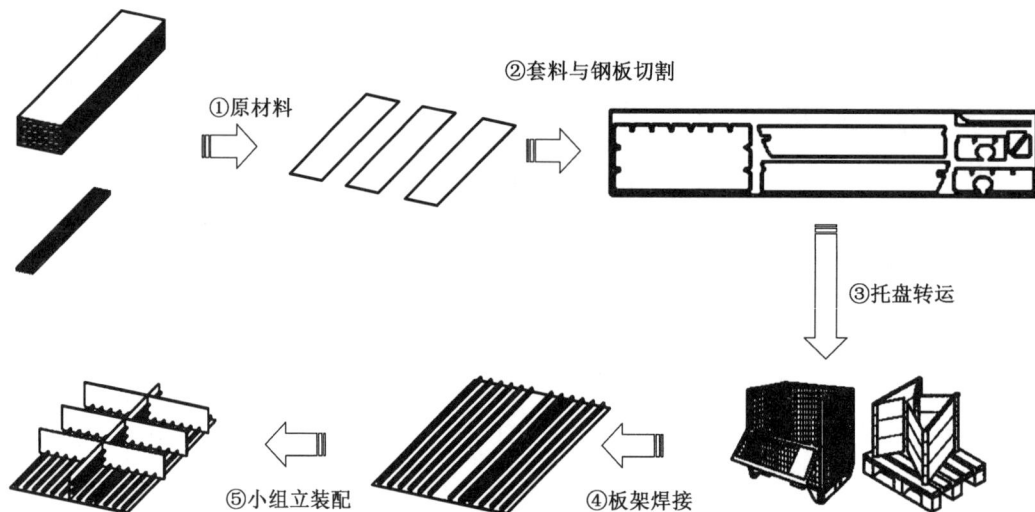

图 4-1　船舶小组立制造过程

在现代船舶制造业中,装配一直是大型机械产品生产制造过程中最为关键的一步,装配质量的高低将直接影响产品的性能和企业的生产成本。目前,从事装配工作的人员占产品生产制造总人数的 30% 左右,产品装配时间占产品生产制造总时间的 50% 左右,装配成本占产品生产制造总成本的 40% 以上。

因此,如何在保证产品装配质量的前提下,缩短装配工艺设计和编制时间,提高装配效率,降低生产成本是每一个企业急需解决的问题。目前在船舶制造业中,面向装配现场的装配工艺文件多以二维工艺卡片辅以文字说明为主。对于某些复杂产品的装配过程而言,这些工艺卡片不仅数量众多,难以管理,而且不能直观地表达产品零部件之间的装配关系,难以理解。由于缺少三维数字化装配工艺文件的指导,因此装配已经成为影响企业生产效率,制约企业发展的瓶颈。

近年来随着计算机技术的迅猛发展,传统二维图纸已经不能满足企业现代化快速发展的需要,三维 CAD 技术作为辅助设计手段越来越多地应用于制造业中,提高了产品的设计效率和生产自动化水平。由于生产装配现场错综复杂的环境以及客户千变万化的需求,装配工艺作为车间生产作业指导依据常常需要修改和补充,这些都会对工艺管理和发布造成不可预料的困难。目前,三维 CAD 技术在产品结构设计和制造加工方面已经取得了很大的成果,但在工艺设计、管理和发布方面的应用却相对较少,这在一定程度上阻碍了企业现代化进程的实现,主要表现在以下几个方面:

(1)船体制造工艺设计仍然需要较多的人工干预,分段装配结构树的生成效率较低,也缺乏有效的装配工艺可视化设计管理手段,这些都是分段装配工艺设计效率提升过程中需要解决的问题。

(2)船舶工艺编制过程中会产生大量的工艺数据和工艺文件,这些工艺数据和文件会随着装配过程逐步累积形成庞大的数据流,难以组织管理。在工程应用中,工艺人员往往需要花费大量的时间进行工艺文件存储归档。

(3)现场工艺文件大多数是纸质的,对于大型机械产品装配过程的描述,所需的工艺文件数量显著增多,可能需要几张工艺卡片表达某一道工序的工艺内容,很难保证制造工艺的正确性。此外,采用二维纸质文档进行工艺描述会出现工艺变更时间长、修改困难的情况。

(4)目前,用于指导作业的工艺内容多以二维图解或三维爆炸图添加文字描述为主,这种工艺描述方法缺乏直观性,装配工人理解工艺内容较为困难,耗费时间长。

(5)在产品复杂多变的情况下,工人岗前培训采用二维纸质工艺规程不仅费时费力,难以理解,采用视频动画介绍也只是被动接收,缺乏人机互动。

相较于传统的工艺设计和作业指导书发布规程,三维工艺可视化技术通过将三维工艺信息设计编辑、工艺信息组织管理、工艺信息发布有机结合起来,形成一个统一规划的可视化技术系统。该可视化技术系统可实现分段装配工艺的可视化设计和管理,通过数据接口获取的基于模型的工程定义(model based definition,MBD)工艺数据可以广泛发布于不同的数字化移动终端,具有管理简单、携带方便的优点,生成的三维作业指导书具有三维交互显示、结构化组织、作业辅助指导等功能。

二维纸质工艺文件在可读性、可存储性、可管理性和直观性上有较大的局限性,因此提高产品制造工艺信息的设计、管理和发布效率对提高装配质量,缩短装配时间具有非常重要的意义。

4.2　基于模型的船舶建造工艺可视化设计技术

根据分段中小组立、舾装、涂装作业策划,结合多样化可视化终端,基于工艺规程、分段模型、舾装模型、涂装模型和作业任务包,研究工艺过程的可视化建模、工艺要素的可视化组织与展现技术,设计面向实际作业场景的三维作业指导元素,以指导分段中小组立装配、焊接、舾装件装配、涂装作业等工位现场作业。

4.2.1　基于三维模型的分段装配工艺可视化设计技术

考虑到基于三维模型的工艺可视化设计过程是一个动态的过程,制定了分段装配划分自动生成和交互编辑相结合的方式。

首先,基于在设计系统已经建模的船体模型库、结构库零件和装配工艺划分规则,自动生成船体分段装配结构树,完成了装配树构建的大部分工作。

然后,基于在设计系统已经建模的船体模型库、结构库零件、分段装配树、自动装配基础数据、自动装配过程数据,使用装配工艺划分规则,结合三维模型和装配树对装配工艺进行人工交互设计和编辑,从而实现基于三维模型的分段装配工艺可视化设计。该部分可视化设计技术的架构如图4-2所示。

如图4-3所示,可视化设计的核心流程是:通过对分段装配的有效划分,生成合理的分段装配树,为每一个零件合成零件件号(零件编码),并回写到船体结构库。

其中,船体装配划分标准定义了船体装配智能划分的依据,从两个方面进行定义,一个是分段装配划分模板,另一个是分段装配划分规则。这些规则是从实际装配设计过程中总结出来的划分模式和划分规则,有一定的普遍性,可以用来作为智能装配划分的基础。分段装配划分阶段通过船体构件智能梳理、船体分段基板交互定义,依据船体装配划分规则进行分段智能装配划分和装配树交互修改,最终形成分段装配树。

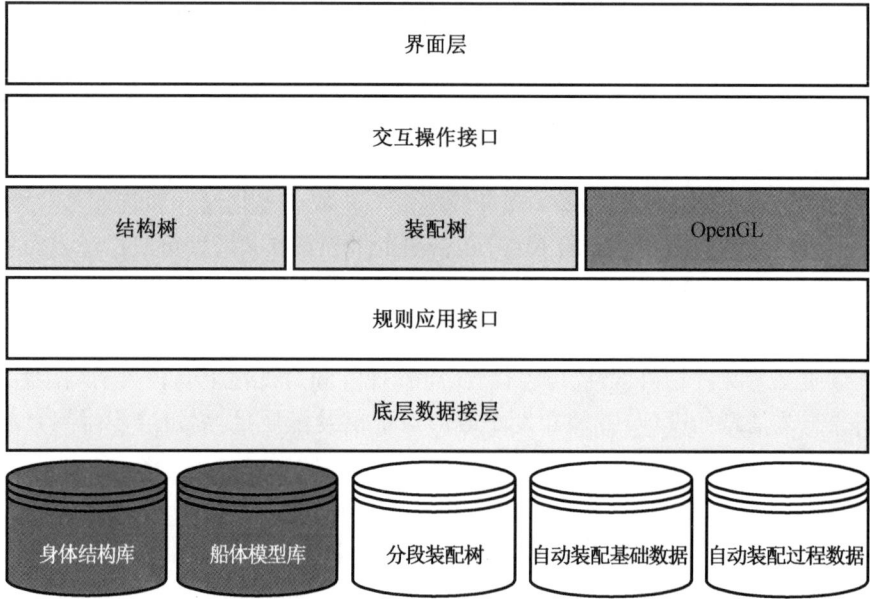

图 4-2 基于三维模型的分段装配工艺可视化设计技术的架构

4.2.1.1 装配树生成技术

要实现基于三维模型的分段装配工艺可视化设计的功能,首先就要实现船体分段装配树的生成。分段装配树中各级节点都有各自的属性、三维模型与之一一对应。

分段装配树:根据船体对分段装配树的划分,生成分段装配树。分段装配树中的各级子节点是零件节点,与船体结构树中的构件一一对应,方便对船体构件属性的查找和显示及定位。分段装配树的建立方式有如下三种:依据分段零件件号自动生成;依据船体结构树自动生成;通过三维可视化手工交互的方式分级生成。

船体分段装配树的建立需要三个要素:船体分段产品树、可视化三维视图、船体分段结构树。

船体分段产品树:就是分段结构树,是根据船体结构库建立。

可视化三维视图:用来展示三维模型以及交互拖动生成装配树,通过三维视图展示分段装配树中装配顺序的变化。

船体分段装配树:通过船体产品树及可视化三维视图中三维模型的拖动以及交互编辑产生。

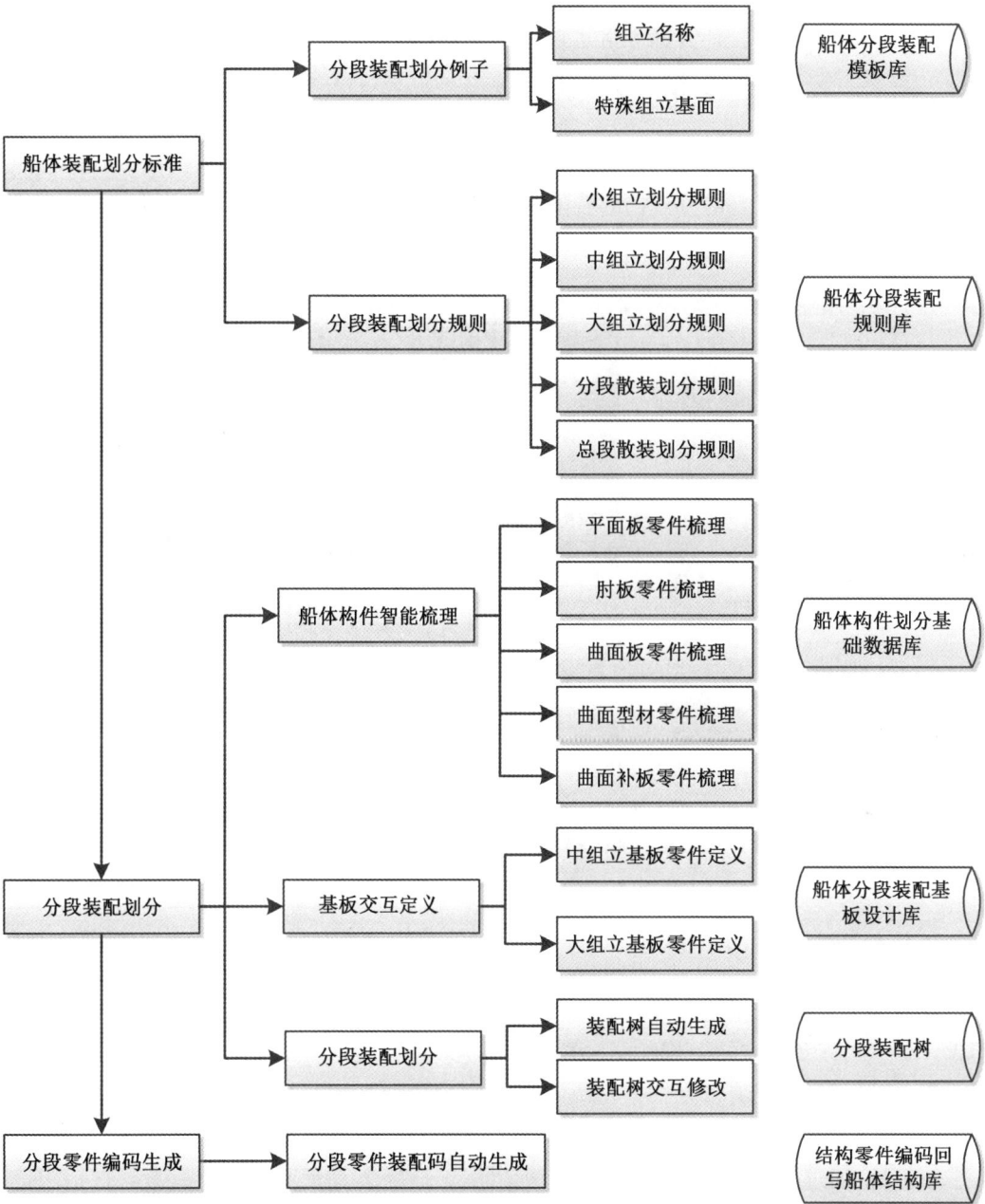

图 4-3 基于三维模型的分段装配工艺交互设计处理流程

4.2.1.2 装配树保存技术

针对装配树的保存和读取,装配树保存技术有两种方式:装配树文件格式和装配树数据库格式。采用装配树文件格式,需要编写一套索引方式来对装配树进行管理,技术复杂度较高,成熟度较低,难以实现;而利用数据库格式来进行管理,技术复杂度较低,技术成熟,容易实现。

因此,本章采用第二种数据库格式来对分段装配树进行保存和读取。

4.2.1.3　装配树工艺信息可视化交互

在分段装配树初步生成完毕之后,可以基于船体装配树和三维工艺模型,通过交互定义的方式,对已经定义好的分段内的装配树进行交互修改。分段装配工艺可视化设计界面如图 4-4 所示。

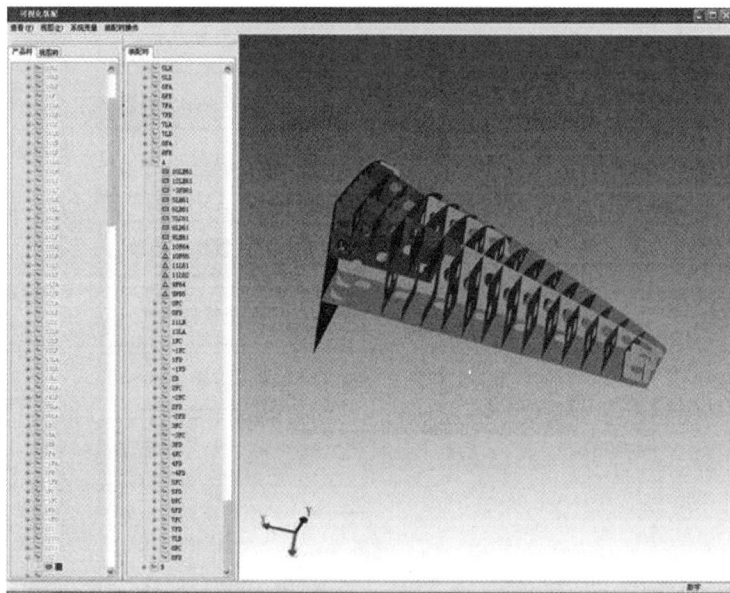

图 4-4　分段装配工艺可视化设计界面

（1）装配树修改

第一种:可以采用拖动方式来修改零件所在的装配层。拖动时,可拖动零件、部件、中组件、小分段,以及相应的子节点也一同拖动到相应的目录下。

第二种:可以采用编辑方式来修改零件及装配层的名称。先选中要修改的节点标签,单击鼠标左键,即出现该项的编辑框,可以对所选择的项进行编辑。

第三种:通过点击"Delete"键,删除装配树所选择的节点及节点下的所有零件;并且向上依次查询根节点,如果根节点的子项为空,则删除该根节点。

（2）装配树节点添加

在需要添加新的装配树节点时,可以通过点击装配树的节点,弹出供用户选择的功能菜单,支持从结构树和装配树添加装配节点。

在结构树或者装配树上所选中的节点,可以被加入到当前选择的装配树装配节点下。

（3）新零件节点的属性修改

对于新的船体结构零件,可以修改其零件属性。

其中,分段、零件名称不能编辑,规格、数量、牌号可编辑;编辑完成后,点击确定,对话框关闭,返回装配树生成对话框,完成新零件的属性修改。

(4)装配图生成技术

在船体建造工艺过程主要包括分段建造阶段和总组建造阶段。在船体装配实施建造过程中,在生成小组、中组、小分段、大分段和总组装配时,需要提供船体装配图,装配图生成流程如图4-5所示。

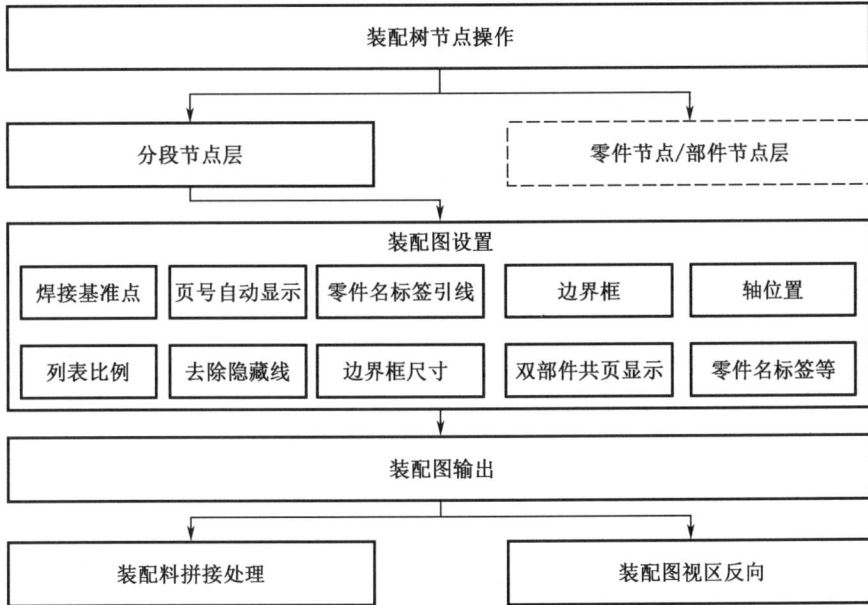

图4-5　装配图生成流程

如图4-5所示,分段装配图的生成包括基于装配树的输出层次选择、装配图设置、装配图输出、装配图拼接零件处理、装配图视区反向等步骤。

船体装配图主要包括部件装配图和中组装配图。部件装配图包括两个装配视图,一个是部件构架面截面视图,一个是消隐的构件轴侧图;其中可提供装配明细表、装配质量、装配重心,组件包括包围盒尺寸、各构件标注及安装角度标注、装配左右舷、装配朝向等信息。中组装配图生成一个消隐轴侧视图,画出装配的包围盒;其中也可提供装配明细表、装配质量、装配重心、装配左右舷等信息。

(5)装配图输出层次选择

在装配树已经建立起来后,可以进行基于装配树的装配图生成操作。

首先,需要选择要输出的装配层。如果所选择的是零件节点或所选择的部件(组件)节点层,其下只有一个零件,则装配图不能生成。如果所选择的是分段节点层,则生成装配图,生成该分段节点下的所有小组立图。如果所选择不是零件节点,也不是分段节点,则直接进入装配图纸生成下一步装配图设置的操作。

(6)装配图设置

在进行装配图设置时,需要对装配图的诸多信息进行预先设置,从而确定装配图的具

体样式,需要设置的具体信息种类有如下几种:

列表比例:决定所生成的零件名列表中的文字的宽高比例。

去除隐藏线:决定所生成的轴侧图是否是消隐的。选择状态时消隐。

轴位置:决定所生成的视图坐标系是否在视区中示意显示。选择状态时显示。

边界框:决定所生成的轴侧图是否画出范围框。选择状态时绘出。

边界框尺寸:决定所生成的轴侧图是否画出边界框尺寸。选择状态时绘出。

零件名标签:决定所生成的平面图是否指引画出零件名标签。选择状态时绘出。

零件名标签引线:决定所生成的零件名标签是否有引线。选择状态时用引线来绘出零件名标签。

页号自动显示:用来确定所输出的装配图中是否显示出页码。如果所选择的图纸中有相应的页号设置选择项,则输出页号,如果所选择的图纸中,没有相应的页号设置选择项,则不输出页号。

双部件共页显示:该选项在有可选列表的情况下可用。决定所生成的小组立装配图一张图纸中可生成两个小组立图,所生成的小组立装配图所选用的图纸采用所选择的图框。

质量重心标记:决定所生成的装配图平面图上是否标记质量重心。如果标记质量重心,则需选择相应的重心标符号,点击"质量重心标记"按钮,就可去当前符号库选择相应的质量重心标记符号。

焊接基准点:决定所生成的装配图平面图上是否生成焊接基准点。

件号引线:决定所生成的装配图平面图上的零件标注样式,如果勾选,则所生成的零件名为引线标注,并且所标注的是零件件号短名。

仅更新图标标题栏信息:该选项是在已经生成小组立装配图的情况下可用。该选项选择时,不再生成和刷新装配图视图,仅更新小组立装配图图框和标题栏信息。

仅更新图标标题栏信息及列表:该选项是在已经生成小组立装配图的情况下可用。该选项选择时,不再生成和刷新装配图视图,仅更新小组立装配图图框和标题栏信息以及零件名列表信息。

图框选择:用来确定所输出的图纸的图框。通过图框列表,该列表中所有的图框都可用来作为输出的装配图的图面。

零件表行数:用来决定生成的零件列表的最大行数,如果超过该数值,则会生成一张新表。

视口排列形式:用来确定所输出的视图在图纸中的位置。

图号:用来确定所输出的装配图中的标题栏中的图号。如果所选择的图纸中,有相应的图号缺省选项,则输出到该缺省选项中;如果所选择的图纸中没有相应的图号缺省选项或图号编辑框为空,则不输出。

部件总数:用来显示可生成的小组立图的最大可能数目。

输出范围:用来确定要生成的小组立装配图的范围。

起始页码:用来确定要生成的第一张小组立图的页号。

左右舷:当生成装配图时,可以选择要输出的图纸的视图中的模型左右舷,如果选择

"仅左",则只生成该装配节点下在左舷的模型视图;如果选择"仅右",则只生成该装配节点下在右舷的模型视图;如果选择"系统判定",在生成装配图时,如果是左右舷对称的装配,则会生成左舷视图的图纸,如果所生成的装配是不对称的,则会生成全部模型的视图。

(7)装配图输出

如果所生成的图册和图纸已经存在,则不再进行重新生成。返回装配图生成对话框。

如果选择视口排列形式为第一种横向样式,则绘出的装配图如图4-6所示。

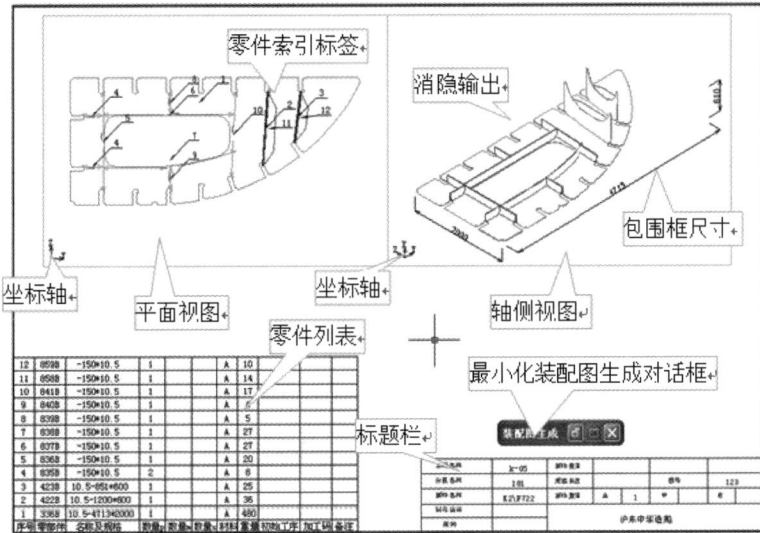

图4-6 横向样式的装配图

如果选择视口排列形式为第二种竖向样式,则绘出的装配图如图4-7所示。

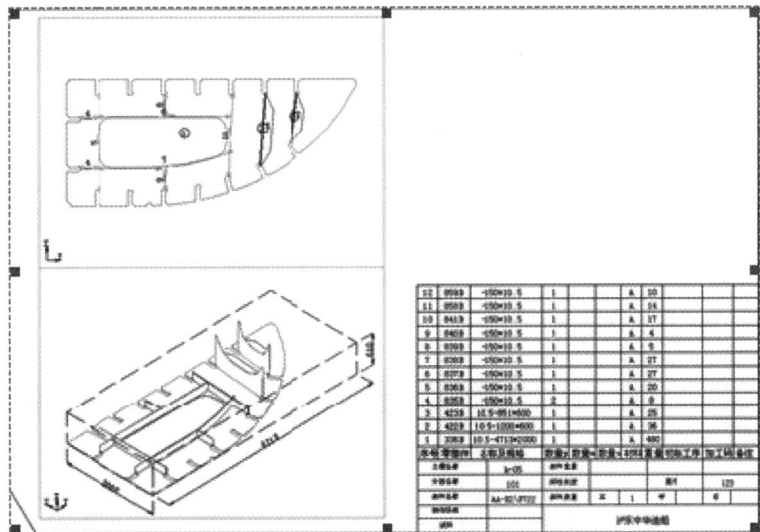

图4-7 竖向样式的装配图

（8）装配图拼接零件处理

针对拼接零件输出装配图时，所拼接的零件在视图中不标注，在列表中显示"拼接"字样，如图4-8所示。

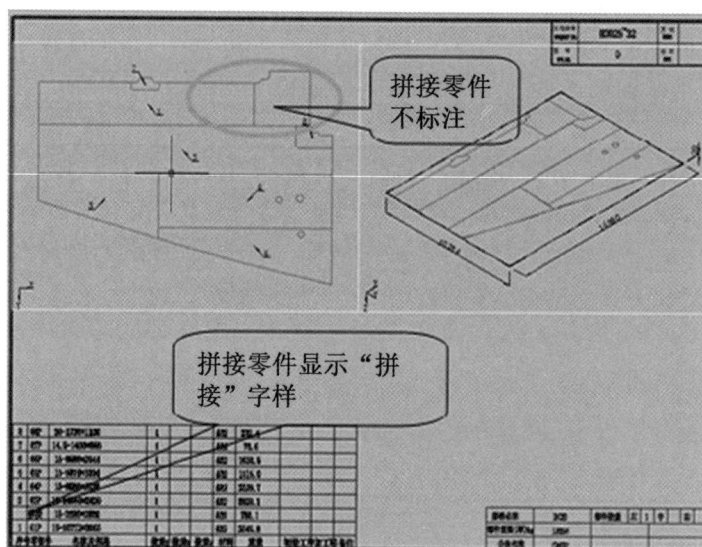

图4-8　拼接零件处理

（9）装配图视区的反向

可以对当前所生成的装配图的视图进行反向。选择装配图生成对话框中的"当前图纸视图反向"，则系统自动对当前图纸的视图进行反向。此操作除将平面视图和轴侧视图反向外，还将重新生成坐标轴、包围框尺寸、零件名标签等。零件名标签与当前的树列表相关。也可以分别进入平面视图区和轴侧视图区，利用通用功能对零件标注、尺寸标注、消隐状态进行修改。

4.2.2　基于三维模型的焊接工艺可视化技术

基于三维模型的焊接工艺可视化设计，要求基于三维焊接模型的构建，实现包括焊缝编码、焊缝长度、接头形式等诸多焊接工艺信息的生成，并通过界面交互和三维模型交互的可视化手段，实现对焊接工艺信息的交互编辑。

4.2.2.1　焊接三维模型构建

焊缝用于连接两个相邻船体结构部件，对于焊缝的计算需要基于相邻的船体结构件进行。

焊接迹线标识了焊缝的轨迹，是焊缝三维模型构建的基础。可行的焊缝迹线计算的方式就是通过对相邻船体结构部件的包围盒进行几何相贯计算得到焊接迹线。

而具体的焊缝截面形式则需要根据具体的坡口形式进行确定。

4.2.2.2　焊接工艺信息生成

在焊缝计算过程中,需要生成的焊缝工艺信息包括以下内容,这些类型的信息也是面向现场作业指导的相关必备信息:

(1)焊缝模型名称(分段名+板架或构件名+序号);

(2)焊缝编码(暂时和焊缝模型名称相同);

(3)焊接长度;

(4)角焊的焊缝参数(默认为在缺省参数表中设置的值);

(5)接头方式;

(6)生成此焊缝的两个构件名称;

(7)规格(型材)或板厚(板)及材料;

(8)焊缝是否已经保存到数据库中的标记。

4.2.2.3　焊接工艺信息可视化交互

(1)焊缝计算对象交互设置

焊缝计算对象分为两种:一种是分段内焊缝计算,一种是分段间焊缝计算。

(2)焊缝选择性计算

焊缝计算有两种方式:批量计算和单个计算。一般我们选择用批量计算来为整个分段计算焊缝。

(3)焊缝保存

对于已经生成的完整的焊缝的记录信息,需要点击保存,将其存储到焊缝数据库中。

(4)焊缝交互添加

在三维模型空间选择两个构件,系统自动查找是否存在焊缝;如果存在焊缝,则不重新生成焊缝;如果不存在焊缝,则重新计算生成焊缝,如果计算成功,将新生成的焊缝会加入到焊缝列表中。

(5)焊缝选择删除

可以通过选择指定的焊缝进行删除操作。

(6)焊缝自动编码

焊缝编码时对焊接信息进行直接标识,但是根据分段内和分段间焊缝编码需要使用不同的编码方式。

分段内焊缝编码方式:分段名-件号＊件号。

分段间焊缝编码方式:分段名-件号＊分段名-件号。

4.2.3　基于三维模型的舾装工艺可视化技术

基于三维模型的舾装工艺可视化设计,要求基于三维舾装模型的构建,实现包括安装工时估算、舾装托盘划分、托盘内的舾装安装顺序优化等舾装工艺信息的编辑功能,并通过界面交互和三维模型交互的可视化手段,实现对舾装工艺信息的可视化设计。

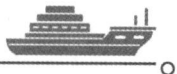

4.2.3.1 舾装工艺三维模型的构建

舾装工艺模型的构建需要基于已有的舾装模型进行,也就是舾装各专业的工艺模型的构建需要基于已有的管系、风管、电气、铁舾件等舾装模型进行。

所以,舾装三维工艺模型的建立是针对已有的工程数据,即在该工程已经存在的情况下进行。

4.2.3.2 舾装工艺信息的生成

在舾装工艺信息计算过程中,需要生成的舾装工艺信息主要包括以下三类:安装工时信息、舾装托盘信息、托盘内安装顺序信息。

(1)安装工时信息

舾装各专业安装工时的计算需要基于各舾装专业安装工时知识库进行。以管子专业为例,管系安装工时计算需要根据管径、安装类型、所在区域等规则信息,在选择的管系三维模型基础上进行计算得到。管子支架安装工时计算需要根据支架质量、施工阶段、管支架安装方式等规则信息,在选择的支架三维模型基础上进行计算得到。

(2)舾装托盘信息

按照舾装各专业划分的基本原则,将选择的三维模型放入相应的托盘,生成舾装托盘信息。

(3)托盘内安装顺序

根据舾装安装顺序的基本原则,对放入托盘的舾装模型,根据其专业类别生成在当前托盘内的安装顺序信息。

4.2.3.3 舾装工艺信息可视化交互

舾装工艺信息可视化交互包括放入托盘、托盘删除、托盘编辑。

(1)放入托盘

将选择的舾装工艺模型加入目标托盘中,实现交互式的放入托盘功能。

(2)托盘删除

将选择的舾装工艺模型从目标托盘中移除,实现交互式的托盘删除功能。

(3)托盘编辑

通过托盘交互编辑界面,可以将托盘内的舾装零件在各个托盘间进行移动编辑等功能。

4.2.4 基于三维模型的涂装工艺可视化技术

基于三维模型的涂装工艺可视化设计,要求基于三维涂装模型的构建,实现包括涂装区域范围定义、涂装交互修改、涂装面积计算等涂装工艺信息的编辑功能,并通过界面交互和三维模型交互的可视化手段,实现对焊接工艺信息的可视化交互。

4.2.4.1 涂装三维模型构建

船体涂装模型的构建需要基于已有的船体结构模型进行。舾装涂装模型的构建需要基于已有的管系、风管、电气、铁舾件等舾装模型进行。

所以,涂装三维模型的建立是针对已有的工程数据,即在该工程已经存在的情况下计算涂装的相关信息。

4.2.4.2 涂装工艺信息生成

在涂装计算过程中,需要生成的涂装工艺信息包括以下两类:涂装区域范围信息(包括分段名称、区域名称、区域颜色等)、涂装面积信息(包括船体结构的涂装总面积、舾装涂装总面积)。

4.2.4.3 涂装工艺信息可视化交互

以船体模型的涂装为例,在涂装区域划分完毕以后,需要通过交互定义,对已经定义好的区域内的板架结构进行交互修改,从而修改船体结构涂装面积计算的基础,包括:加入板架、加入单面板、去除板架、单面甲板、负面积板定义和涂装面定义等功能。

(1)加入板架

加入板架是为了当用户发现在定义的区域中缺少部分结构时,可以通过该功能将这个船体结构加入到标识的范围。

(2)加入单面板

以加入单面板方式加入的板架,其涂装计算只计算一面的面积。

(3)去除板架

通过去除板架可以将已经定义好的涂装区域内的结构去除掉。去除掉的结构,无论其涂装的定义面如何,所有的都不作为本次区域内的面积进行计算。

(4)单面甲板

甲板在涂装区域定义中经常作为区域的隔断,即只计算单面,为了方便对甲板区域进行定义,需要使用单面甲板。

(5)负面积板定义

由于在涂装计算的过程中,有时候会需要某一块板上的特定区域不进行涂装,这时可以通过定义负面积板的功能实现。

(6)涂装面定义

对于每一块实体板架结构(仅针对拉伸体而言),由于其需要涂装的面分为前后拉伸面、侧面(样条边界的拉伸面)等,用户可以根据需要来决定对哪几个面进行涂装。涂装面定义就是提供了这个功能,用户可以随心所欲地定义每一块实体的涂装信息。

4.3 面向现场应用三维作业指导的信息关联技术

针对产品模型信息、工艺信息及仿真模型格式的多样性问题,进行基于三维模型的产品设计工艺数据组织技术和工艺数据访问技术研究,实现数据的有效组织管理,保证数据的有效性和一致性。

4.3.1 基于三维模型的产品设计工艺数据组织技术

针对三维模型数据信息、制造阶段定义的数据信息的多样性,研究产品设计工艺数据组织方式,实现对原有不同类型数据进行分类管理,以利于数据信息的管理与交互。

4.3.1.1 工艺数据

(1)工艺数据管理需求

产品工艺是指施工工人按照设计要求以及工艺文件的指导,将一个个产品零部件经过组装检测后形成一个完整产品的过程。在这个过程中将产生大量的设计工艺数据,如工艺路线、技术文档、操作记录等,这些数据会随着工艺施工过程的推进而累积形成数量庞大、关系复杂的数据流。通常,产品的工艺数据文件是随着产品生产装配过程的推进而产生的。本节按照生产现场的实际情况将装配工艺数据的产生划分为三个阶段:工艺设计阶段、生产物料配送阶段和工艺执行阶段。每个阶段都包含多种工艺信息,具体描述如下:

①工艺设计阶段

工艺设计阶段是指工艺设计师根据产品结构和生产装配任务要求将产品施工过程划分为若干个施工节点单元,设计工艺路线,然后由工艺编制师绘制各类工艺文档的阶段。产品工艺设计阶段是工艺文件的产生阶段,产生的工艺信息包括工艺卡片、产品零部件配套信息、三维仿真、工装明细等。

②生产物料配送阶段

车间物料调度员根据产品工艺设计阶段产生的部装工艺信息将产品零件、装配夹具、装配工具配送到相应的工艺施工单元,装配工人按照额定工时对零件进行组装,从而产生相应的生产物料配送信息。

③工艺执行阶段

该阶段是生产现场施工工人按照设计阶段编制的工艺文件将产品从零件组装至成品的全过程。在这个过程中,施工人员会根据实际作业情况填写工序执行情况产生相应工序的工艺执行数据。本节面向生产施工现场工艺信息的发布,考虑的主要工艺数据是前两个阶段产生的工艺文件,对于施工工艺执行阶段生成的反馈信息暂不考虑。前两个阶段的施工工艺数据作为生产施工环节的指导性文件,是规范工艺动作、评价施工质量的重要依据,具有以下三个特点:

(a)以生产施工工艺流程组织工艺数据

通常,一个复杂产品的装配过程都会分解成若干个装配单元先进行部装装配,最后进行总装装配组成一个完整的产品。在这个过程中必不可少的是装配作业工艺流程图,图中每一个装配节点就代表了一个装配单元,代表了一个装配工序。

(b)工艺数据文件具有多样性和复杂性

目前大型车间装配的产品往往都是由许多个零件组成,其结构复杂多样,装配方法选择的多样性决定了产品装配工艺的多样性。此外,随着计算机辅助技术的快速发展,三维数字化装配技术在装配行业中的应用也越来越广泛,装配工艺数据文件的种类也逐渐增多,这些类型各异的工艺数据的汇集将产生一个关系错综复杂的装配工艺数据集。

(c)工艺数据不断推陈出新

产品装配工艺的设计和执行是需要不断变更的,作为具有指导性质的工艺文件,必须根据生产现场装配过程中出现的状况及时做出变更。因此,装配工艺的形成也是在不断的版本更新中,渐渐走向成熟的。这些不同版本的工艺文件的交叉使用会给维护工艺数据的一致性带来一定的困难。

综上所述,面向装配现场三维装配工艺发布系统的装配工艺数据即来自两个不同的企业部门,具有复杂性、多样性和动态变化的特点,这些特性对保证发布系统工艺数据的准确性和完整性提出了要求。如何对这些工艺数据进行妥善的存储管理将是保证各类工艺数据的关联性、维护数据一致性的关键,也是保证工艺数据完整性、确保装配质量的基础。

(2)工艺数据组成

生产施工现场存在着各种工艺数据,如何将这些工艺数据进行归档和分类是进行工艺数据组织和发布操作的基础。这里所讨论的工艺数据主要来自产品工艺设计阶段和物料配送阶段。因此可以将装配工艺数据按照其产生阶段进行分类。基于三维模型的工艺发布系统主要用于生产施工现场的指导,其内容主要是产品施工工艺信息,如图4-9所示。

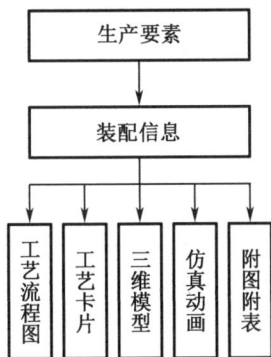

图4-9　工艺数据组成

产品施工工艺信息产生于工艺设计阶段,主要是用来描述产品的零部件信息、整体结构信息、部装工序信息、总装工序信息。此时,产品装配工艺信息主要以装配工艺文件的形式呈现,包括装配工艺流程图、装配工艺卡片、三维模型、三维动画仿真、产品说明、附表、附图等。

（3）工艺数据管理约束

面向施工现场的工艺数据文件必须满足以下规则：

①数据完整性

数据完整性要求工艺文件所描述的信息必须是完整的，不能缺少必要的信息，如描述对象的编号、名称等，不能为空。在数据库中，通常采用外键、约束、规则和触发器来保证数据的完整性。

②数据一致性

数据一致性要求工艺文件必须采用一致的编制方法，包括技术插图的制作、多媒体文件的设计、文本内容的描述、统一的数据类型、数据形式等。例如在制作多媒体文件时，颜色信息的使用必须遵循企业制定的标准规范，在数据处理时，表达方式应进行统一。

③数据可用性

数据可用性要求工艺文档描述的值应与现实世界相同，便于用户轻松访问，并保证当前制作的工艺文档符合当前的生产装配环境。历史工艺数据文件应进行专门的分类保存，便于实现工艺数据文件的版本管理。

④数据安全性

数据安全性是对军工类产品装配提出的关于工艺文件的特殊要求，这些描述产品以及产品装配工艺信息的文件必须严格管理，对于涉及重要信息的数据文件应采取加密措施，防止数据泄露。

4.3.1.2 工艺数据组织

面向生产现场的工艺数据既有来自产品施工不同阶段的数据，又包括产品工艺信息和生产管理信息，种类繁多。如何将这些工艺数据组织关联起来，是产品工艺数据集成管理的基础。本文基于生产现场产品装配流程的思想，提出了基于装配流程的施工工艺数据组织方式，全面清晰地描述了装配工艺数据之间的关系，为工艺数据的发布提供底层数据支持。

（1）基于装配流程的工艺数据组织思想

面向生产现场的装配工艺数据主要用于描述和控制产品的装配过程，这些工艺数据主要以完整的工艺文件形式表达。本节结合复杂产品生产装配作业的特点，根据施工工艺数据的产生过程，分析生产施工过程中所涉及的产品工艺信息和物料资源信息，提出了以装配流程为主线的产品工艺信息数据组织方式，既符合产品施工装配作业的特点，又为进一步装配工艺数据发布奠定了基础。生产装配流程是指产品从零件组装到产品总装，将一个个零件按照一定顺序装配成产品的全过程。

装配节点信息是基于生产装配流程的信息是生产装配流程组织框架的重要组成部分，代表了每个装配工艺单元的具体装配活动。

在复杂产品的装配流程中，产品总装装配流程大都对应着产品的整体装配，部装装配流程则对应着产品组件的装配。通常，一个产品的装配流程可以细分到几十个部装流程，每个部装流程包含数十道零件装配工序，每道工序又包括多个工步，这样产品的各个装配层级就存在一定的嵌套关系,这种嵌套关系使得各个装配层级之间的工艺内容具有一定的继承性,如图4-10所示。

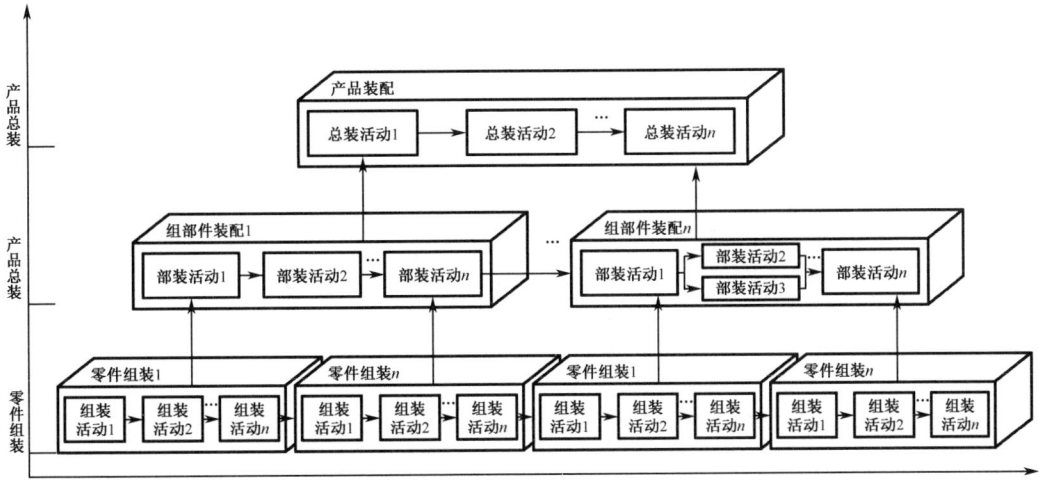

图 4-10 生产装配流程

此时,子级装配流程所有信息的汇总即是对父级装配流程的描述。按照实际产品装配情况,生产装配过程中存在以下三种层次关系:总装与部装的关联、部装与工序的关联、工序与工步的关联。

(2)基于装配流程的嵌套式工艺数据组织

基于装配流程的工艺数据组织方式,是综合所有工艺数据按照某一特点构造的全局逻辑结构,是三维装配工艺发布系统各个阶段工艺数据集成管理的基础。

任何工艺数据文件描述的工艺数据信息都不是独立存在的,而是相互联系、相互依存的。在大型装配车间中,复杂产品的生产装配大都是通过流水线形式实现的。从第一道装配工序开始,产品经历了从零件到部件再到成品的全过程,后面的每一道工序都是在前一道工序的基础上进行零部件装配的。由此可见,尽管不同的装配工艺文件可能属于不同的工序,不同的产品组部件,描述的内容不尽相同,但其中的描述信息都是产品装配整体过程的一部分,因此,可以以产品生产装配流程为逻辑结构关系组织装配工艺数据。

产品的装配过程是指装配工人将零件按照工艺流程从最小装配工步开始一步步组装成产品的过程,每个工艺流程包含多个装配工艺,一个装配工艺包含多个装配工序,一个装配工序又包含多个装配工步,这些工步、工序、工艺对应的工艺数据层层嵌套,如图4-11所示。工艺节点数据包括产品三维模型、装配仿真动画、工艺附图等;工序节点数据包括工艺卡片、工序附图、工序仿真动画和工位人员信息;工步节点数据包括零部件配套信息、工装夹具信息和辅助材料信息。产品工艺数据与工艺目录树、产品结构树、装配资源树和辅助材料树相关联,产品结构树包含对应工艺的零部件配套信息,装配资源树和辅助材料树包含相应装配工艺所使用的辅助工具信息。

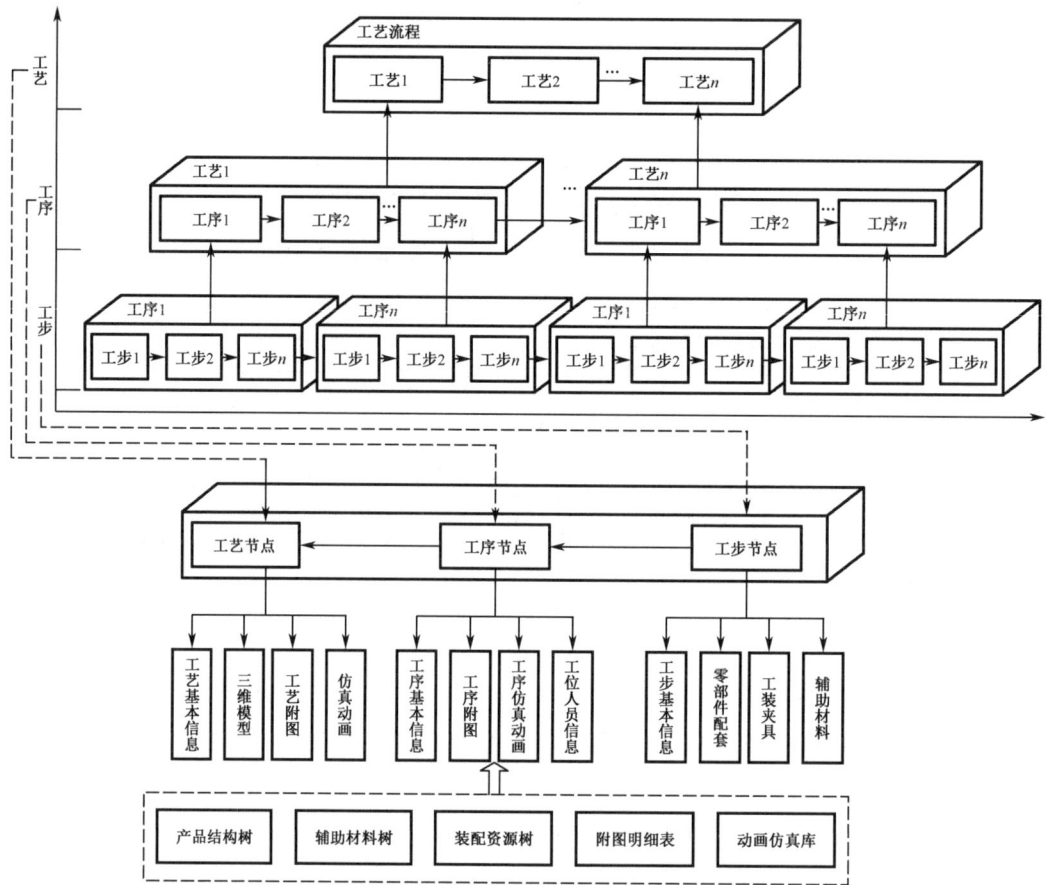

图 4-11 基于装配流程的工艺数据组织

基于装配流程的嵌套式组织模型对于工艺数据的处理分析具有诸多优势。首先,生产装配的各种信息以装配工艺树的形式结合为一体,将总装工艺数据连接在产品结构树节点下,部装工艺数据挂接在组部件节点下,便于数据的查询操作和分析;其次,嵌套式数据组织模型易于用户对工艺文件内容的理解,当需要与其他应用系统进行数据集成时,方便实现数据共享,能够完整展现整个装配过程。同时,由于基于生产装配流程的嵌套式数据组织模型可以从产品的总装装配逐层追溯到装配过程中任意一工步的信息情况,为装配工艺数据的发布也提供了理论依据。

(3)基于三维模型的单一工艺节点工艺信息定义

从嵌套式数据组织模型可知产品装配的各个节点既相互联系,又具有自身的独立属性。单一工艺节点的独立属性决定了描述节点信息的工艺文件之间必须存在一定的约束关系,通过这种约束关系全面清晰地表达装配节点的所有信息,为各个节点工艺数据发布提供数据支持。通常,一个装配节点的信息需要包括产品零件信息、装配工序信息,本部分按照信息的性质将节点信息进行分类,借助多维数据模型思想,构建一个三维空间数学模型来描述装配节点内部信息间的关系,如图 4-12 所示。

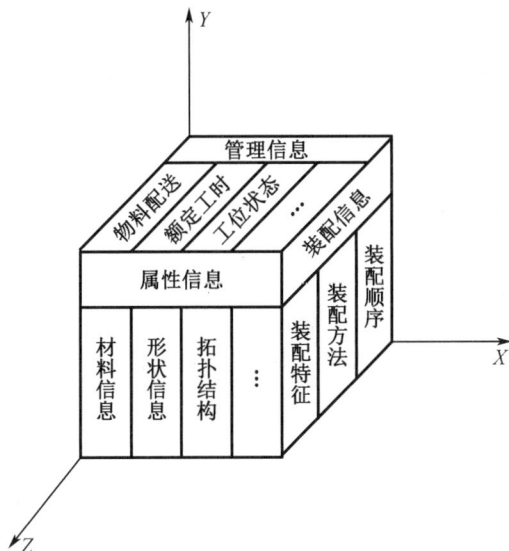

图 4-12　模型节点数据模型

①X 轴

X 轴描述属性信息,主要指装配节点所用到的零件、夹具、工具等物理实体信息,如零件的材料信息、几何形状信息、拓扑结构等。这类信息通常采用三维几何模型以及模型附图形式表达。

②Y 轴

Y 轴描述生产管理信息,主要包括装配资源的配送信息、装配额定工时、工位人员信息等。这类信息通常采用附表形式表达。

③Z 轴

Z 轴描述节点装配工艺信息,这是描述装配节点单元的最主要信息,主要指零件的装配特征、装配方法、装配顺序等。这类信息通常采用工艺卡片、仿真动画的形式表达。通过这种表示方法,装配节点整体仍然保持着原来的独立属性,仍然具有原本唯一的存储 ID,并保持与相邻装配节点的关系。通过节点的三维数学模型将节点原本无序的工艺文件组织起来,建立节点内部信息的相互联系。对任意一个装配节点来说,将其在装配过程中所涉及的工艺数据按三维数学模型联系起来,所得到的并集便可以反映节点的所有装配工艺信息,为现场装配提供完整的技术支持。三维属性模型可以看成一个三维矩阵,每一个维度表示装配节点的某一类信息,其中任意一个维度信息的变化均会引起其他两个维度的变化,比如当 X 轴物理实体信息发生变化时,说明了装配节点所使用的零件发生变化,其装配特征、装配方法、零件配送信息肯定会不同,这必然会引起 Y 轴生产管理信息和 Z 轴装配工艺信息的改变。因此,模型中三轴之间的工艺数据信息相辅相成,缺一不可,这种节点数据结构组织方式也为在工艺发生变更时装配工艺文件快速生成提供了一种解决办法。

通过模型 ID 将三维标注、零部件属性、生产管理信息、装配工艺等信息进行关联集成,即在前述信息文件中加入模型 ID 字段内容,使得非三维模型数据可以通过模型 ID 做到数据层的关联查询,以及集成到三维模型上的定义。

4.3.2 基于三维模型的工艺数据访问技术

随着计算机辅助技术在装配制造行业的应用,产品装配工艺设计不仅仅只是简单的二维图纸,还包括基于产品三维模型的装配序列规划、过程仿真等。因此,需要根据实际情况,对面向生产现场的三维装配工艺数据进行集成管理,实现工艺数据传递和发布的准确性。研究三维工艺可视化系统中包含的三维模型数据、图纸数据、视频数据等结构化或非结构化数据,将可视化装配、焊接等工艺信息,以及任务分配等管理信息存储在数据库和文档库中,形成三维工艺设计数据库的快速读取和访问接口。

4.3.2.1 三维装配工艺数据接口

产品三维装配工艺数据主要由产品装配工艺信息组成,这些工艺数据来源于生产装配工艺设计阶段的不同功能模块。通过对这些不同设计模块的工艺信息的集成便于实现三维装配工艺数据的管理设计以及发布,同时,在设计过程中导入相应的三维装配工艺描述信息,保证二维工艺信息与三维信息的一致性。

三维装配工艺信息转换接口主要用于工艺数据文件的集成转换和传递。

工艺编制模块制作完工艺文件后,上传结构化的格式数据文件和非结构化文件的相对路径信息,如图4-13所示。其中,XML和JSON作为结构化数据文件格式,具有数据简单灵活、数据传递便捷、树形层次规范等优点,可以方便准确地提取树节点的信息,主要包含装配工艺描述信息和产品装配结构树。这些信息经过分析后可以分别转化为工艺卡片和工艺流程图,同时以三维模型为基础进行装配仿真动画编制,最终将所有工艺数据存储到工艺数据库中。

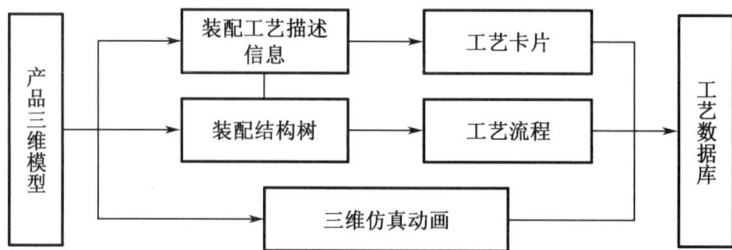

图4-13 工艺数据文件转换和传递

4.3.2.2 工艺数据文件组织管理

数据库系统作为工艺数据文件的实际存储仓库,为工艺信息发布系统提供底层数据支持。本部分以产品生产装配流程为工艺数据之间逻辑联系,将工艺数据文件进行分类存储,并提供相应的数据访问接口。三维装配工艺系统涉及大量复杂多样的装配工艺信息,这些工艺信息涵盖文字、数字、树结构、图片照片、动画、视频音频、三维模型等多种工艺文件类型,但数据库技术只支持结构化数据的存储。其中,文字和数字这种结构化信息用字符格式表达可以直接写入数据库,以数据表单为中心进行存储与管理;而其他非结构化类型信息,如图片、动画、视频、音频、三维轻量化模型等必须要先转化为字符或数字格式,才能进行存储。树结构主要指产品结构树、装配资源树等信息,需要通过转换为 ID 表结构形式存储到数据库中,树的每一个节点都重新赋予一个数字代号和一个唯一的数字位置 ID,确定每一个 ID 值所代表的序号和父节点序号的属性。这样在显示树节点信息时就可以通过程序直接读取 ID 值,通过 ID 值判断树的节点位置,显示 ID 值所对应的树节点信息。如图 4-14 所示,以显示子节点 2.2 信息为例,其本身序号为 7,父节点序号为 5,则 ID 值为(7,5),只要通过程序调取其 ID 值(7,5)就可以判断其在结构树中的位置,显示相应节点的信息。

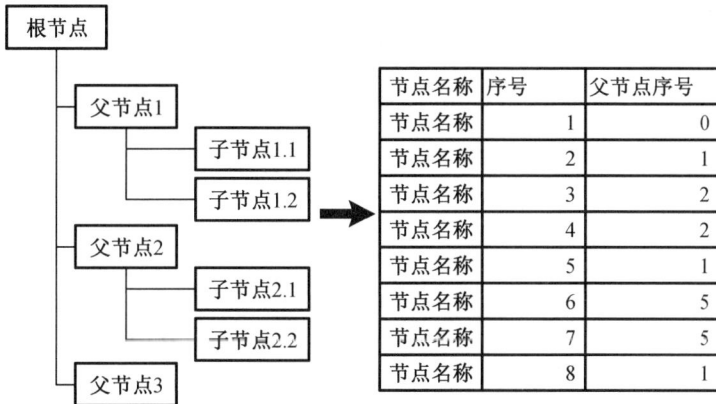

节点名称	序号	父节点序号
节点名称	1	0
节点名称	2	1
节点名称	3	2
节点名称	4	2
节点名称	5	1
节点名称	6	5
节点名称	7	5
节点名称	8	1

图 4-14　树结构转化为 ID 表

三维轻量化模型来自设计部门,是产品装配工艺设计的依据,也是描述产品装配工艺信息的基础数据。三维装配工艺发布系统在存储产品结构信息时,会自动存储相应节点对应的三维模型的文件地址,这样每当产品的结构信息发生改变时,会自动更新节点对应的三维模型的存储文件。如图片、动画、视频、音频等其他非结构化工艺数据采用文件数据库和关系数据库同时使用的方式进行存储。首先在文件数据库存储相应工艺数据的实体文件,然后在关系数据库中构建结构化的数据表存储文件库中实体文件的路径、属性等。以这种数据表与装配信息表的关联实现非结构化数据与结构化数据的关联,从而只需要通过程序读取文件存储的相对路径,根据路径信息就可以读取相应的工艺文件。

4.4　船舶建造三维作业指导生成技术

基于船舶的三维模型,结合企业标准作业规程,分类型、分工序对通用性的作业步骤、作业要求等进行三维仿真模拟,建立三维标准作业规程。研究基于船舶建造三维模型的文字注释、指定视角等表达技术,实现三维工艺文档的生成。

4.4.1　船舶分段三维作业指导书模板

三维作业指导书模板决定了三维作业指导书的展现形式,其需要和基于三维模型定义的工艺信息组织结构相适应。研究船舶建造三维作业指导书的标准文档及格式,实现对三维模型或工艺模拟中不便表达的质量要求、安全、环境、健康等作业要求以列表形式展现,并根据船舶建造工艺应用对象及实际生产的需求,确定三维作业指导书需要的选择项后,形成三维作业指导书模板。

通过结合作业现场所需,在分析三维作业指导书具体展示内容的基础上,确定三维作业指导书模板的各展示要素,以及在三维作业指导书上的结构化布局,使得三维作业指导书能形式合理,贴合生产实际,满足生产所需。

通过对现场作业信息的类型分析,以及对实际交互操作的需求分析,可知三维作业指导书应当体现出作业概况、MBD 工艺信息、作业仿真等作业信息,并附加各种三维操作功能。如图 4-15 所示,三维作业模板可大致划分为如下几个区域。

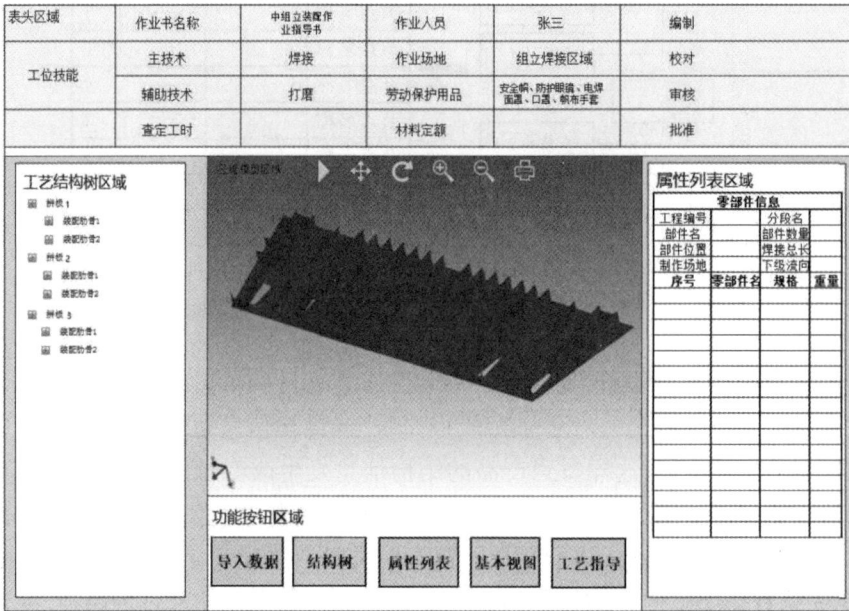

图 4-15　三维作业指导书模板示意图

(1)工艺结构树区域

该区域位于指导书左侧,在该窗口中可以通过使用结构树对各制造级别的船体结构中间产品以及三维模型、三维标注等需要进行三维渲染的信息进行结构化展示,展示当前零件中各部分部件的工艺顺序,支持各种结构树的基本操作,以及与模型交互窗口中模型的关联互动。

(2)三维视图与交互区域

该区域位于指导书中间,用于展示三维模型、三维标注、文字等三维信息,支持旋转、移

动、缩放、透明、隐藏等各种三维空间中的模型交互功能。

（3）产品属性与作业信息区域

该区域位于指导书右侧，在该区域中通过使用数据列表对零部件的部件属性信息等进行条目化展示，并支持与模型交互窗口中模型的关联互动。

（4）交互功能按钮区域

由于三维空间的交互功能比较复杂，不可能全部集成在鼠标菜单中，因此需要单独开立菜单栏。通过分析可知，该区域应当主要包含导入数据、清除数据、主视图、结构树展开/收起、属性列表展开/收起、基本视图、工艺仿真指导、二维图纸、多视图选择、系统设置等功能按钮。其中，导入数据功能用以导入得到的三维工艺模型、标注、工艺信息、仿真动画等三维作业指导数据；清除数据用以清除当前指导书内的数据；主视图主要用以以特定轴测视角观察三维空间中的模型信息；结构树和属性列表功能主要用以调出和隐藏产品工艺结构树和属性列表；工艺指导功能可以加载并播放当前零部件的生产工艺仿真动画视频，用以对零部件的工艺过程进行动态演示，并辅以必要的作业质量要求等文字说明，辅助操作人员观看与操作；二维图纸用以加载相应的二维图纸，辅助指导工艺施工；多视图选择功能主要包含了前视图、后视图、左视图、右视图、俯视图、仰视图等各视向视图选择功能，方便用户以特定视图方向展示并查看当前零部件；系统设置主要用以对系统进行一些相关参数的设置。

目前，三维装配工艺发布系统的模板研发形式主要有两种：一种是基于自定义模板的完全自主开发，另一种是基于 3D-PDF 文档的二次开发。

4.4.1.1　基于 SPD 的自定义模板开发

基于自主设计系统 SPD 的自定义模板开发，可以依据自主设计系统的数据现状，实现对模板的完全自主定制开发。

如图 4-16 所示，为基于 SPD 的自定义模板开发，其左侧为产品结构区，中间为三维视图与交互区，右侧为产品属性/作业信息区，底部为交互按钮区域。

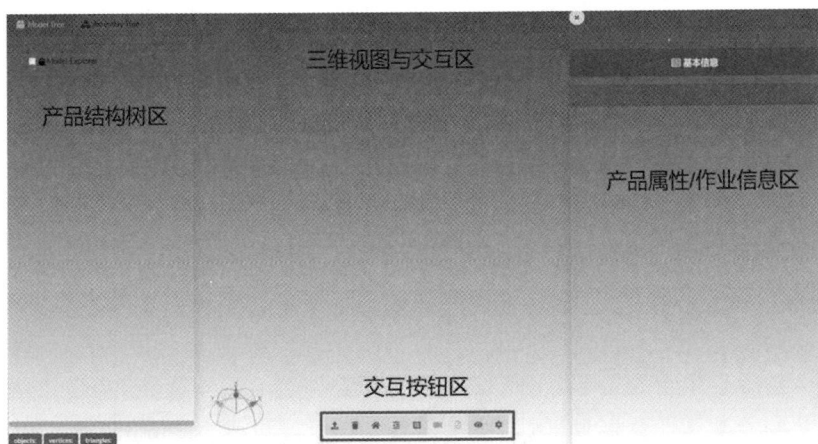

图 4-16　基于 SPD 的自定义模板

如图 4-17 所示,交互按钮区域从左至右,包括导入、清空、主视图、结构树、属性、工艺指导、图纸、设置等功能按钮。

如图 4-18 所示,在三维视图与交互区里面,添加右键菜单,菜单上加载隐藏、透明、非透明、反选、显示所有等功能,以辅助三维空间的模型操作。

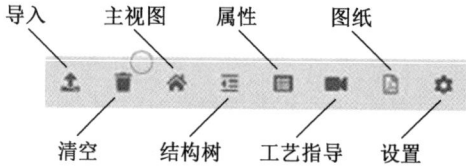

图 4-17 交互按钮区域

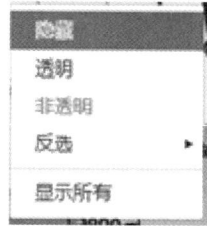

图 4-18 三维模型交互右键菜单

4.4.1.2 基于 3D-PDF 的二次开发模板开发

目前,从 CATIA 系统输出三维模型数据到 COMPOSER 中进行三维工艺编辑,输出单个制造级别(如小组立)的单个 3D-PDF 三维作业指导书。这样的初始文档缺乏产品装配组织关系和船体结构制造属性,尚不能满足现场三维作业的工艺完整性需求,所以需要在已有工作的基础上进行基于 3D-PDF 的三维作业指导模板二次开发。

独立的中间产品三维作业指导书除了需要包含基本的概况信息外,相互之间也需要结构化的组织关系展示,因为分散的三维作业指导文件不利于查看和管理。所以,基于 3D-PDF 的二次开发模板需要具有以下部分。

(1)产品目录结构树

如图 4-19 所示,用以对各制造级别的组织关系进行结构化,并实现对各个子制造级的三维作业指导书的映射和集成。

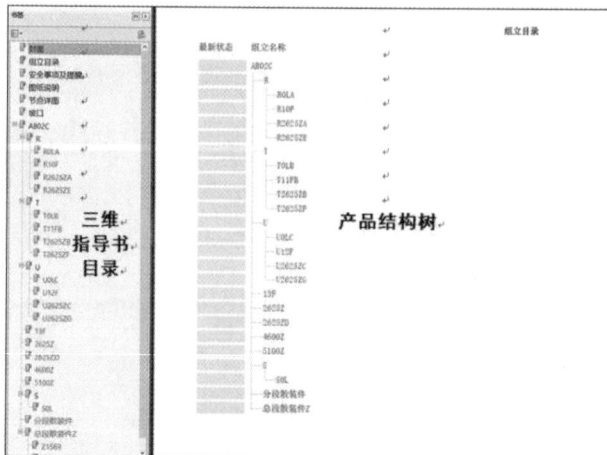

图 4-19 指导书目录与产品结构树

（2）零部件属性列表

如图4-20所示,展示所展示中间产品的零部件属性信息,以指导现场的工艺信息查询。

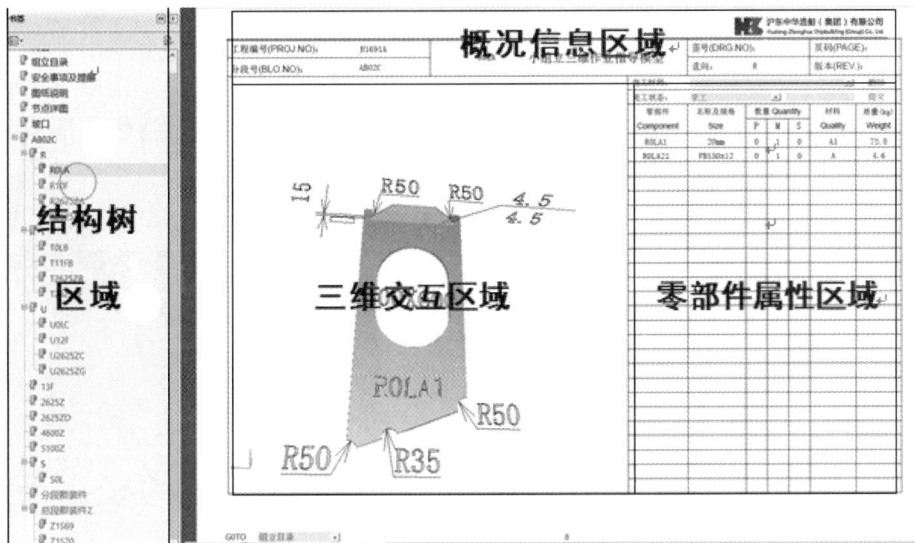

图4-20　单个指导书界面布置

4.4.2　三维工艺文档生成技术

装配工艺电子文档是三维装配工艺信息集成发布的媒介,是生产现场进行装配操作的指导文件,在三维数字化装配工艺系统中起着关键的作用。分析三维模型中的工艺信息、虚拟仿真输出结果文件等,提取关键信息,并以三维可视化的方式显示出来,生成包含施工作业动画、施工作业说明、三维可视化模型等内容的三维工艺文档。

4.4.2.1　装配工艺数据的快速检索

装配工艺树作为工艺数据的组织管理核心,在装配工艺文档的生成发布中起着导航的作用。基于装配工艺树,装配工人可以根据工艺属性关键词或基于装配工艺树的深度遍历快速检索到工艺数据,从而根据发布显示的装配工艺文档进行装配。

（1）基于关键词的模糊检索方法

装配工艺树在继承产品装配结构树装配关系的基础上,每个树节点均关联了相应装配操作的工艺信息。基于关键词的模糊搜索方法就是以某一类型装配工艺数据的基本属性信息作为关键词进行模糊检索,例如以装配工艺文件名称、装配工艺编号、产品零部件名称、装配工人姓名等属性信息作为关键词进行关联检索,获取相应属性对应的工艺数据信息,发布到电子文档中。此方法可以检索获得属性关键词对应的装配工艺数据,但由于工艺树节点下关联了多种类型的工艺数据信息,若需要发布更多更精确的工艺信息,还需要多次进行检索。

（2）基于装配工艺树的深度遍历检索方法

装配工艺树以树状结构表示产品装配信息,要实现装配工艺数据的存储、查询和发布离不开对装配工艺树的检索遍历。在数据库中，以 ID 表来记录工艺树的结构信息，表达树节点间的父子继承关系和兄弟关系。因此，基于产品装配工艺树节点的深度遍历检索方法是根据已知工艺数据在装配工艺树上的节点位置信息，深度遍历工艺树，然后通过 SQL 语句查询对应节点在数据库表中对应的工艺信息。遍历是指沿着某条检索路径依次对工艺树中每个节点均做一次且仅做一次访问。装配工艺树节点的深度遍历是按照先子后兄的顺序进行遍历，在按照某条路径检索时对装配工艺树的每一个节点先判断其是否有子节点，如果有子节点，继续遍历下去，直到子节点为空，认为此节点为这一检索路径的终端节点。再判断终端节点是否有兄弟节点，若有兄弟节点，将其作为父节点继续进行深度遍历；若无兄弟节点，则返回其父节点，判断父节点是否存在兄弟节点，若存在，则继续采用上述检索兄弟节点的方式，直到检索遍历返回到工艺树的根节点。通过对装配工艺树节点的深度遍历，快速准确地对装配工艺树节点进行定位，获取节点关联的工艺数据，在此基础上将工艺数据发布出去。

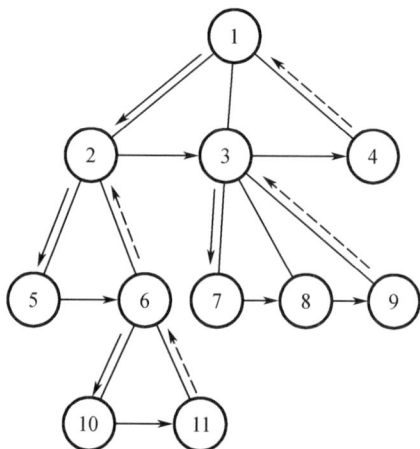

图 4-21　深度遍历流程

如图 4-21 所示为深度遍历流程，假设从顶点 1 出发进行遍历搜索。在访问了节点 1、2、5 到达这条检索路径的终端后，由于节点 5 有兄弟节点 6，则以节点 6 为父节点继续检索，依次访问节点 10、11。在访问完节点 11 后返回到节点 6、节点 2。由于节点 2 还有未被访问的兄弟节点 3、4，则继续检索访问下去，检索顺序依次为节点 3、7、8、9，在返回访问节点 4，最终返回到开始节点 1。因此，图 4-21 系统功能所示的深度遍历访问顺序为：1→2→5→6→10→11→6→2→3→7→8→9→3→4→1。

4.4.2.2　装配工艺数据的发布

装配工艺数据的电子文档发布是三维作业指导生成的重要内容，主要通过对发布物进行模板样式定制化设计，将从装配工艺树检索到的表格、文字、图片、动画等工艺文件快速发布到三维作业指导电子文档模板相应的功能模块。

（1）电子文档模板制定

目前，三维装配工艺发布系统的电子文档发布形式主要有两种：一种是基于 3D-PDF 文档的二次开发，另一种是基于自定义模板的完全自主开发。

3D-PDF 是一种支持互动式 3D 文档嵌入的 PDF，可以支持其他 CAD 软件导入的模型文件，且其三维交互操作等内容已嵌入在模板中。但是考虑到造船行业装配工艺的具体实际，需要在 3D-PDF 上进行可以与前端工艺软件 3DVIA Composer 融合的二次开发。

根据前文已经分析的内容，可以明确三维作业指导电子文档需要呈现的具体内容，从而制定出自定义电子文档模板，并进行完全自主开发。这样的优势在于可以根据具体需求对电子文档的模板布局进行修改。

上述两种形式均可以方便地应用于常见的移动终端、网页端。

(2)装配工艺数据发布映射

根据工艺数据的描述方式不同可以将工艺数据分为三类：文字信息、工艺附图和仿真动画。为了将检索到的装配工艺信息精确地发布到电子文档模板的相应模块中，需要对发布物进行数据模块模板设计，并构建装配工艺数据从数据库到发布物各功能模块之间的映射对应关系。

文字信息作为结构化格式信息，是对装配工艺的具体描述，主要包括对装配操作的描述和相应装配操作的装配资源、辅助材料信息，其相应的发布模块模板设计为文字框形式，框中记录了相应的工序信息。

工艺附图和仿真动画作为非结构化格式信息，本身是以文件形式存在，因此只需要对工艺附图和仿真动画发布位置进行定义即可实现工艺数据的精确发布。需要指出的是，由于装配仿真动画是通过相应的工艺仿真软件编制完成的，还需要将其转换成常见的视频格式，需要在仿真动画模块发布模板设计时嵌入播放器，从而实现仿真动画的播放展示。

(3)三维作业指导电子文档生成及发布

通过调用定制工艺模板的方式实现装配工艺信息的三维作业指导电子文档生成及发布，定制模板主要实现工艺数据精确化和模块化发布，具体流程如图4-22所示。登录三维装配工艺发布系统导入装配工艺树，选择装配工艺树节点，读取数据库，进行工艺数据汇总，包括：工艺基本信息、三维模型、仿真动画、工艺附图、装配资源等，每种工艺数据对应一个发布模块。然后打开，获取各发布模块的模板信息，按照设定好的发布映射规则依次将工艺数据写入相应的功能模块中，在所有数据均写入后，保存并关闭即可。

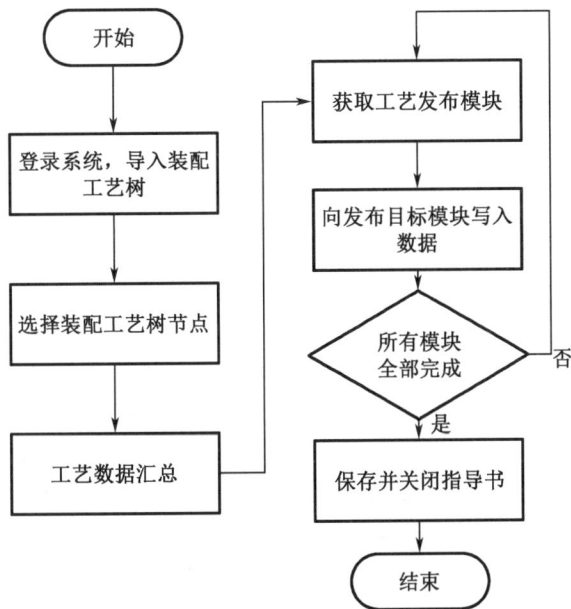

图4-22 三维作业电子文档发布流程

（4）工艺数据网页发布

工艺数据的网页发布采用当前较为流行的发布方式：IIS。IIS 是一组 Web 服务组件，包括 Web 服务器、FTP 服务器等，可以轻松地向 Web 浏览器提供文档，也可以放置网站文件和数据文件，让用户直接浏览和下载，具有简单高效的特性，在 Windows 操作系统下，用户通过对网页功能控件的操作实现工艺文件的浏览和下载，具体流程如图 4-23 所示。工艺数据文件的详细内容存储于数据库中，在工艺数据显示发布时，依据装配工艺树的节点进行工艺数据汇总，根据节点 ID 值访问数据库，获取各种类型文件的存储路径，按照工艺文件的数据类型映射发布相应的显示发布模块。此外，由于在网页设计时提供了网页的局部刷新功能，在工艺数据网页发布时可以单一选择某一类工艺文件进行更新发布。

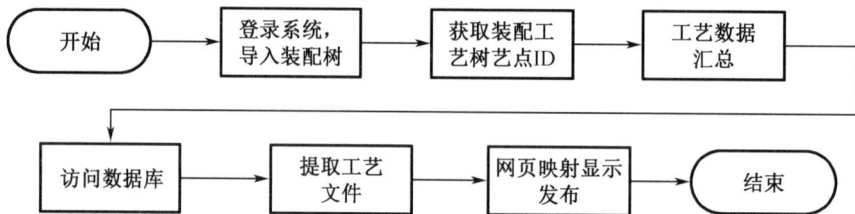

图 4-23　网页发布数据流程

4.5　船舶典型车间作业指导平台

结合船舶建造现场可视化需求，以分段加工车间为对象，提出三维作业指导平台建设方案，形成典型车间作业指导平台应用示范。

4.5.1　船舶三维作业指导书系统

结合船舶制造企业的实际情况，对船舶建造现场的可视化技术应用场景进行分析，构建基于三维模型的可视化作业现场指导体系，研究基于三维工艺信息模型的作业现场可视化浏览器，开发船舶三维作业指导书系统。

4.5.1.1　系统需求分析

如图 4-24 所示，三维装配工艺发布系统根据舱段装配工艺设计的特点，以及大型车间装配指导的现状和需求，建立合适的装配工艺表达方式，制定工艺编制规范，建立三维装配工艺数据管理数据库，满足工程化应用要求。在产品装配工艺树的基础上，引导装配工人通过三维装配工艺发布系统快速生成能够指导现场生产装配的工艺电子文档。结合需求，在进行原型系统开发时，以装配工艺快速发布为目标，以工程实用为出发点，提出了三维装配工艺发布系统的设计思路：

（1）工具化

工艺编制人员能够快速进行装配工艺设计，装配人员能够通过系统快速生成工艺电子

文档。

（2）模块化

企业不同人员对发布系统功能的需求不尽相同,系统发布的内容也多种多样,因此在系统设计时基于面向服务的原则,采用模块化的思想设计功能模块,提高系统利用率。

（3）集成化

目前许多制造企业已经普及了信息化系统,如 ERP、MES 等,在设计系统时,应考虑系统与已有系统的集成,确保工艺数据的一致性和安全性。

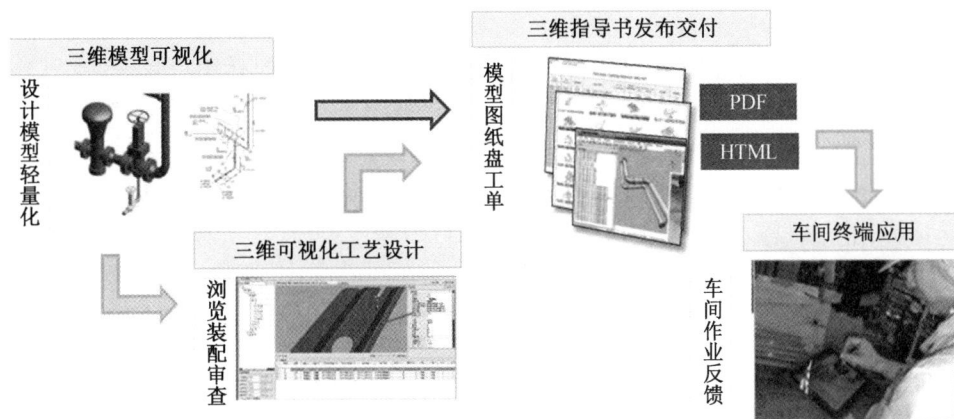

图 4-24　系统功能

4.5.1.2　系统架构

如图 4-25 所示为三维工艺发布系统体系层次架构图。该架构自下而上共有五层:标准层、数据层、软件层、功能层和应用层。

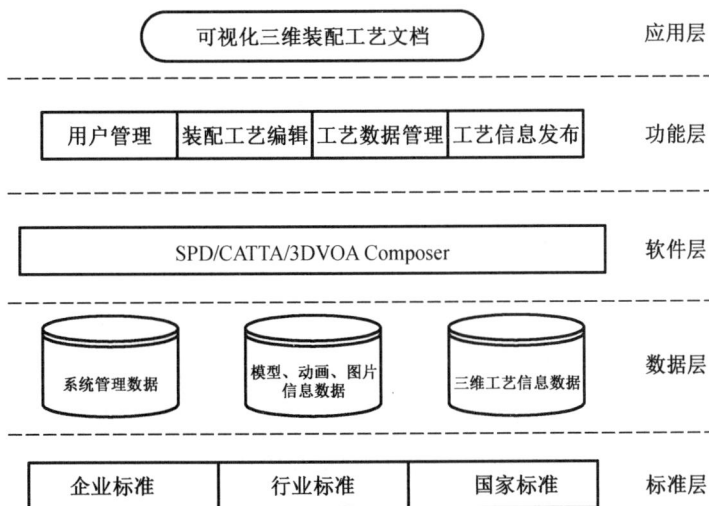

图 4-25　三维工艺发布系统体系层次架构

（1）标准层

标准层为底层,选用国家、行业、企业现有标准作为装配工艺编制管理标准。

（2）数据层

数据层是在标准层基础上编制的装配工艺信息,主要由系统管理数据、三维模型、装配仿真动画、工艺附图、二维工艺信息数据等组成,这些信息的存储管理方式有两种:①通过数据表形式存于数据库中;②通过存储相对路径方式存储于数据库中。

（3）软件层

软件层是三维装配工艺发布系统开发环境层,为系统功能的实现提供了技术支持。

（4）功能层

功能层是系统功能的体现,直接操作管理数据层数据,主要包括用户管理、装配工艺编辑、工艺数据存储管理、工艺信息发布。

（5）应用层

应用层是以 Web 页面或者 Excel 表格为基础的工艺发布界面,用户通过客户端根据需要可以查看相关的装配工艺信息。

4.5.1.3　系统模块组成

三维工艺发布系统功能模块主要包括四个部分:用户管理、装配工艺信息编辑、工艺信息存储管理、工艺信息发布,具体功能结构如图 4-26 所示。

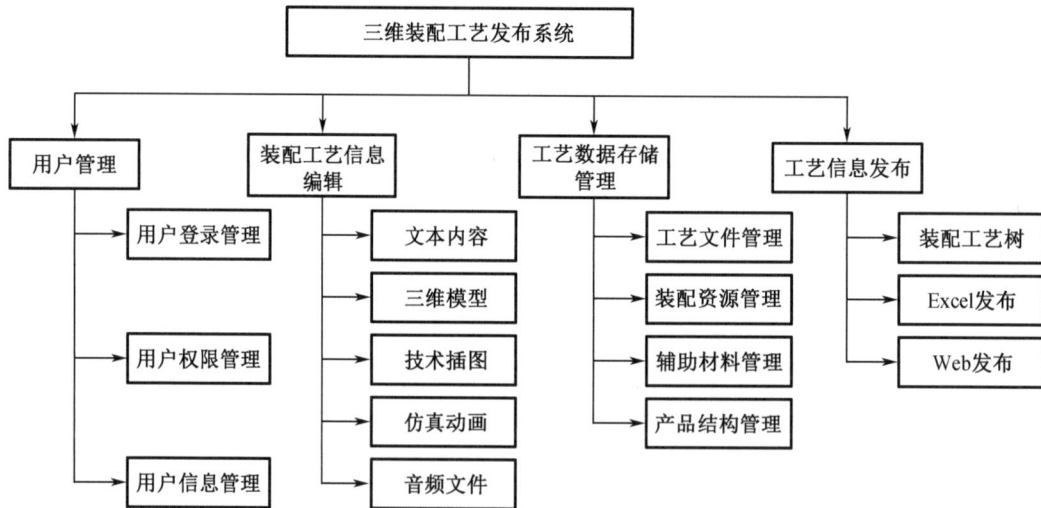

图 4-26　三维工艺发布系统功能结构

（1）用户管理

用户管理是对发布系统登录用户的管理,防止非法用户进行误操作,保证系统的安全性,主要包括用户登录管理、用户权限管理、用户信息管理。

（2）装配工艺编辑管理

装配工艺编辑管理是指工艺设计部门根据生产装配任务并结合装配现场情况编制工

艺文件,主要包括文本内容、三维模型、技术插图、仿真动画、音频文件等。

(3)工艺数据存储管理

工艺数据存储管理是指对装配工艺信息的集成,包括工艺文件管理、装配资源管理、辅助材料管理和产品结构管理。

(4)工艺信息发布

工艺信息发布是装配工艺信息存储管理的目的所在,通过对装配工艺树的操作,将工艺数据进行汇总,发布到相应的电子文档中,主要包括 Excel 表格发布和 Web 发布两种发布形式。

4.5.2 三维工艺现场人机交互界面

经过分析,在车间生产现场,为采用移动终端触摸屏实现对三维作业指导信息的实时交互,达到帮助现场施工人员快速浏览和查看所需三维工艺信息的目的,三维作业指导系统应当包含以下交互功能:

(1)模型移动触屏操作

使用触屏操作方式,在三维空间中,两根手指点击选中模型状态并在屏幕上移动,实现模型位置姿态的改变。

(2)模型旋转触屏操作

使用触屏操作方式,在三维空间中,单根手指点击选中模型状态并在屏幕上移动,实现模型角度姿态的改变。

(3)模型缩放触屏操作

使用触屏操作方式,在三维空间中,两根手指点击选中模型,并向中间聚合散开,实现改变模型的显示大小的状态。

(4)模型隐藏

点击模型,长按出现右键菜单,选择隐藏所选模型。

(5)模型透明

点击模型,长按出现右键菜单,选择透明所选模型。

(6)模型非透明

点击模型,长按出现右键菜单,选择使所选模型非透明。

(7)模型反选透明

点击模型,长按出现右键菜单,选择透明已选中零件模型以外的所有零件模型。

(8)模型反选隐藏

点击模型,长按出现右键菜单,选择隐藏已选中零件模型以外的所有零件模型。

(9)模型显示

点击模型,长按出现右键菜单,选择所有模型恢复显示。

(10)主视图

在交互功能按钮区,点击显示模型主视图视角。

（11）视图选择

在交互功能按钮区,点击显示模型正视、后视、俯视、仰视、左视、右视等视图视角。

（12）数据导入

在交互功能按钮区,点击选择导入所需制造对象的三维工艺信息。

（13）数据清除

在交互功能按钮区,点击清除掉当前制造对象显示的三维工艺信息。

（14）图纸查看

在交互功能按钮区,点击显示当前制造对象的二维 PDF 图纸。

（15）工艺指导

在交互功能按钮区,点击播放当前制造对象的工艺指导仿真视频。

4.5.3 各系统间数据转换接口技术

4.5.3.1 SPD 系统面向三维作业指导的数据接口

为实现基于自主造船设计系统 SPD 的三维工艺信息集成,并支持自主三维作业指导平台在船舶工业的应用实践,需要制定合适的工艺信息集成策略,开发面向三维作业指导的数据集成接口,并解决 SPD 系统的模型、标注在三维作业指导平台上具体应用时的模型轻量化、三维标注生成等问题。

实现工艺信息的集成,即将标注、属性等非模型信息定义到统一的工艺模型上,具体表现为将从 SPD 抽取的模型、标注、属性等数据文件相互一一对应地关联起来。这里采用在所有数据文件中嵌入模型 ID 字段信息的方法,以期达到模型与标注、属性的唯一对应,以及各个信息之间可以直接索引的效果。

为满足设计要求,SPD 系统中的船体模型采用直线圆弧样条曲线的表达方式,以便在建模过程中,支持较高建模精度下的模型编辑功能。但是三维作业指导平台只会使用三角面片对模型进行三维展示,精度也有所降低。这里,结合 SPD 系统的具体实际,采用降低弧线段分割密度的方法对船体模型进行轻量化转换,以满足三维作业指导的模型显示需求。

SPD 系统拥有对模型进行自动二维标注的功能,暂不支持完整的三维标注,但三维作业指导需要使用三维标注对三维模型进行说明。这里采用结合 SPD 模型和相关辅助的三维信息对二维标注进行转换,生成三维标注。

如图 4-27 所示的接口集成策略,在获取到轻量化三维模型、三维标注、制造属性等数据后,分别将其按照指定格式存储为 JSON、XML 类型的数据文件,并通过模型 ID 将三种信息一一对应关联起来,从而将标注、属性定义到统一的工艺模型上,实现了工艺信息数据集的可检索、可解析、可结构化组织,为在三维作业指导平台上的应用提供了数据支撑。

（1）三维模型轻量化

三维模型本身的复杂性决定了模型数据量庞大,如果不对三维模型进行轻量化,则供终端渲染的中间数据交换文件过大,对计算机资源要求也较高,无法满足制造现场快速浏览三维模型的需求。中性显示模型数据交换采用三角面片表示零件的几何形状,具有实现快速浏览的显著优点,本节采用的就是这种数据交换模式[5],即将 SPD 的三维模型数据输出为三角面片供终端渲染使用。SPD 在对三维模型的面片划分过程中,遇到模型实体的边界是曲线时,要将曲线拟合成近似直线段来进行描述,这与输出模型时的轻量化控制密切相关[6]:拟合划分得到的直线段越密集,三角面片数就越多,精度就越高,中间模型文件就越大;划分得到的直线段越稀疏,三角面片数就越少,精度就越低,中间模型文件就越小。

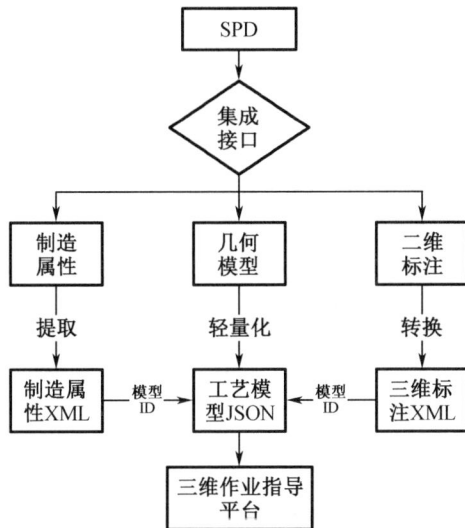

图 4-27　面向三维作业指导的工艺信息集成转换策略

SPD 系统采用圆弧直线样条来描述曲线,以图 4-28 所示中的曲线 ABC 为例,其描述格式为:A 点坐标(X_A, Y_A),AB 段圆弧的半径 R,B 点坐标(X_B, Y_B),BC 段直线的半径(为 0),C 点坐标(X_C, Y_C)。

通过设定圆弧段拱高对圆弧样条曲线进行精度控制的步骤如下:

第一步,设定圆弧段拱高阈值 σ;

第二步,计算划分角度 α:只有当 AB 圆弧段的拱高 $H > \sigma$ 时,AB 圆弧段才需要划分,划分的原则是要使得划分后的 PB 段拱高 $h \leqslant \sigma$,则划分角度 $\alpha = 2\arccos(1 - \sigma/R)$;

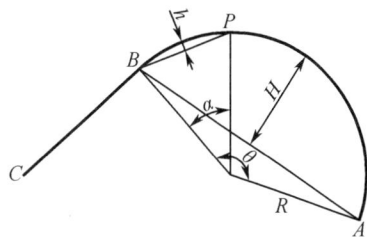

图 4-28　SPD 圆弧直线样条曲线

第三步,计算划分段数 N:$N = \theta/\alpha$ 向下取整再加 1;

第四步,计算所有划分点 $P_k(k = 1, 2, \cdots, N)$:

①由 A、B 两点确定直线方程:

$$A'X + B'Y + C = 0 \tag{1}$$

②由方程组计算 O 点坐标 (X_O, Y_O) :

$$\begin{cases} (X_O - X_A)^2 + (Y_O - Y_A)^2 = R^2 \\ (X_O - X_B)^2 + (Y_O - Y_B)^2 = R^2 \\ (A'X_O + B'Y_O + C)(A'X_C + B'Y_C + C) > 0 \end{cases} \tag{2}$$

③由极坐标计算圆弧段起始角度 θ_1 与终止角度 θ_2 :

$$\begin{cases} X_A = X_O + R\cos \theta_1 \\ Y_A = Y_O + R\sin \theta_1 \end{cases} \qquad \begin{cases} X_B = X_O + R\cos \theta_2 \\ Y_B = Y_O + R\sin \theta_2 \end{cases} \tag{3}$$

④计算各等分角度 A_k :

$$A_k = \theta_1 + k(\theta_2 - \theta_1)/n, \ k = 1, 2, \cdots, N \tag{4}$$

⑤计算坐标 $P_k(k = 1, 2, \cdots, N)$:

$$\begin{cases} X_k = X_O + R\cos A_k \\ Y_k = Y_O + R\sin A_k \end{cases} \tag{5}$$

如图 4-29 是设定两个不同 σ 值的情况下,一块船体结构板转换成面片模型时的面片数对比,其中图 4-29(b)中面片数是图 4-29(a)中的 40%左右。所以,使用 SPD 输出面向三维作业指导的轻量化模型时,一般采用一个满足终端显示精度要求的较大阈值 θ 来进行拟合划分,从而输出较轻量化的模型数据文件。

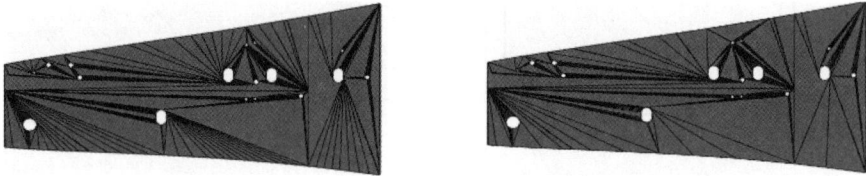

(a) 高精度,面片数 5918　　　　　　　　(b) 低精度,面片数 2384

图 4-29　船体板模型三角面片化精度控制

(2)三维标注生成

为了实现基于 SPD 为三维作业指导平台快速生成三维标注数据,本节采用了由已有二维标注直接生成三维标注的方法。三维标注位置由所在标注平面法矢和标注基点决定,考虑到 SPD 二维工程图纸上的视图模型与三维设计模型一一对应,且 SPD 记录了二维标注的局部坐标系、对应的三维模型所在的三维模型空间坐标系、标注的二维绘制数据等信息,所以通过计算得到三维标注平面法矢和标注基点,即可构造出三维标注。

①标注平面法矢计算

SPD 绘制二维标注所在的基准坐标系为 $O\text{-}UVW$,二维标注绘制于 UOV 平面上, W 为平面法向。 $O\text{-}UVW$ 对应于一个全船三维坐标系下的局部坐标系 $O_1\text{-}X_1Y_1Z_1$,将法向 W 通过坐标转换到全船三维坐标下即可得到三维标注绘制平面的法向向量 W_1 ,计算公式如下:

$$\begin{bmatrix} X_{X1} & Y_{Y1} & X_{Z1} \\ Y_{X1} & Y_{Y1} & Y_{Z1} \\ Z_{X1} & Z_{Y1} & Z_{Z1} \end{bmatrix} \times \begin{bmatrix} X_W \\ Y_W \\ Z_W \end{bmatrix} = \begin{bmatrix} X_{W1} \\ Y_{W1} \\ Z_{W1} \end{bmatrix} \tag{6}$$

②标注基点计算

在二维图纸中,尺寸标注和引线标注最常用,其需要转换计算的标注基点有所不同,如图 4-30 所示。

图 4-30 二维标注的标注基点

针对船体小组立和管子零件,其标注基点的转换计算策略分别如下:

船体结构的二维标注中,尺寸标注类型已包含三维标注基点数据,但引线标注仅含有二维标注数据,所以需要计算得出三维标注基点。如图 4-31 所示,计算引线二维标注基点对应的三维标注基点的步骤如下:

第一步,将二维标注基点 $P(U_P,V_P,0)$ 转换到全船三维坐标系下,得到三维点 $P'(X', Y',Z')$,计算采用公式(6);

第二步,将垂直于视图平面的 W 向量转换到三维模型空间中,得到相应三维方向向量 W',计算采用公式(6);

第三步,三维点 P' 与 W' 确定一空间直线 L,直线 L 与三维模型实体产生一系列实体交点,实体最上端的交点取为二维标注基点对应的三维标注基点。

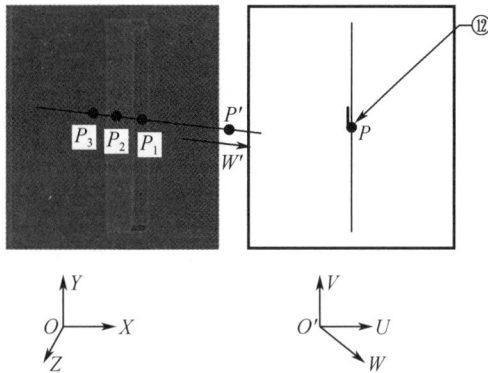

图 4-31 船体结构二维标注基点转换计算

4.5.3.2 SPD 系统面向异构 CAD 系统的数据接口

在船舶行业中,不同的组件或产品所使用的 CAD 建模软件可能各不相同,不同的企业也会因为需求或功能的不同采用不同的 CAD 建模系统。对于各种适用于船舶行业的 CAD 系统,其所侧重的方面各不相同,比如 SPD 系统的自动装配模块可协助设计人员有效提高分段装配工艺的设计效率,CATIA 系统可通过 COMPOSER 模块实现基于 3D-PDF 的三维作业指导书发布。实现异构 CAD 系统间船体模型数据的交换与重用,可以充分发挥各个 CAD 系统的优势,提高三维工艺发布的效率,避免工作量巨大的重新建模工作,并提高船舶产品的开发设计效率。为此,进行 SPD 系统和 CATIA 系统之间的异构船体模型转换探究,可以为三维作业指导信息的快速发布奠定基础。

异构船体模型转换路线(图 4-32),涉及的技术主要包括异构 CAD 系统的船体模型数据解析、船体模型数据本体的构建。

(1)异构 CAD 系统的船体模型数据解析技术

在 SPD 系统中,对于输出的船体模型文件,其几何数据存储在 DXF 文件中,装配层次结构数据存储在 XML 文件中。DXF 文件是通过段名来区分船体模型的不同组成部分,并将几何信息存储在块段中。船体模型由多个分段组成,各个分段由多个平面板架、曲面板架和加强筋等组成。作为船体结构基本单元的板架,又由许多板材零件和型材零件组成。XML 文件中记录了船体模型的装配层次结构和质量、材料注释等非几何信息。

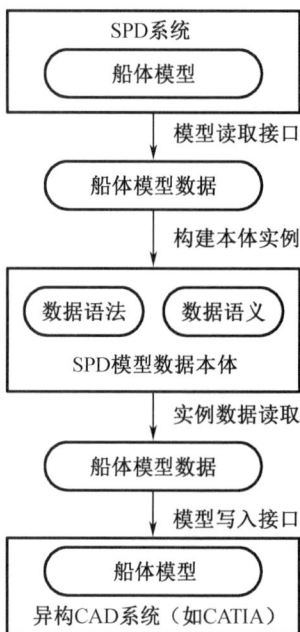

图 4-32　面向异构 CAD 系统的 SPD 船体模型转换路线

SPD 系统船体模型数据文件的组织结构如图 4-33 所示。

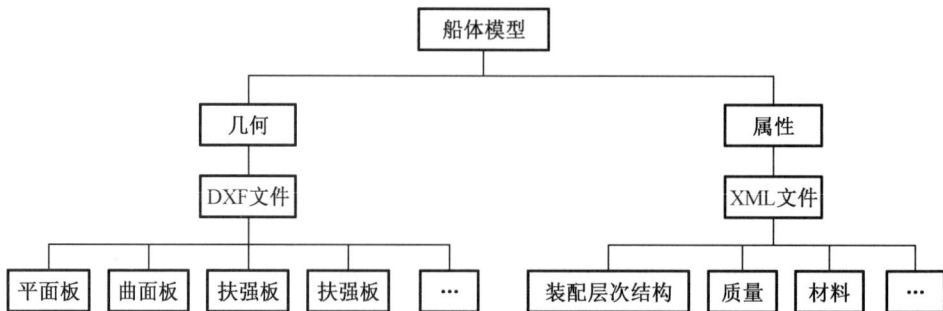

图 4-33　SPD 系统船体模型数据文件的组织结构

SPD系统船体模型的数据解析分为DXF几何文件的解析和XML属性文件的解析。

一个DXF文件由若干个组构成,每个组占两行,第一行为组码,第二行为组值。组码指示数据类型的代码,组值为具体的数值,二者结合起来表示一个数据的含义和值。其中,常用组码如下:0指示实体类型的文本字符串,2指示名称(比如属性标签、块名称等),8指示图层名,10、20、30指示点的 X 坐标值、Y 坐标值、Z 坐标值。在异构模型转换过程中,为了提升转化效率,并不需要提取DXF文件的所有信息,只要获取表段中的图层表、块段和实体段,就能得到模型的几何数据。在图层表中提取每一层的颜色、线型,在块段中提取块所在的层、属性及其在图形中的位置,在实体段中提取直线的起点、终点,以及圆的圆心、半径等几何信息和各实体所在的层。本节的船体模型只需得到船体各个分段的名称和构成段的三角面片,因此通过 Block 字符串获得块段中的所有内容后,筛选出其中的 3D FACE,就得到了所有面片,面片的法向量可以通过面片的顶点求出。

SPD系统的船体模型几何数据读取流程如图4-34所示。

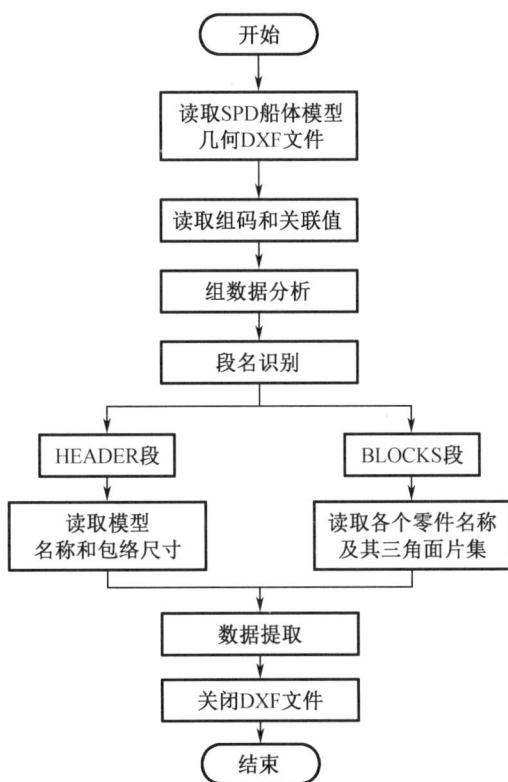

图4-34　SPD系统的船体模型几何数据读取流程

在 SPD 系统中,XML 文档是一种树结构,船体模型的装配层次结构存储在"Assemblys"和"Parts"两个元素下。"Assemblys"的子元素名为"HullAssembly",该元素的 ID 为船体模型子装配体的名称。"Parts"的子元素名为"HullPart",该元素的 ID 为船体模型中零件的名称。"HullAssembly"和"HullPart"两个元素都有一个名为"ParentID"的子元素,用于记录子装配体或零件的父装配体。通过遍历 XML 文档中的"Assemblys"和"Parts",就能够获得船体模型的装配层次结构。SPD 系统装配层次读取流程如图 4-35 所示。

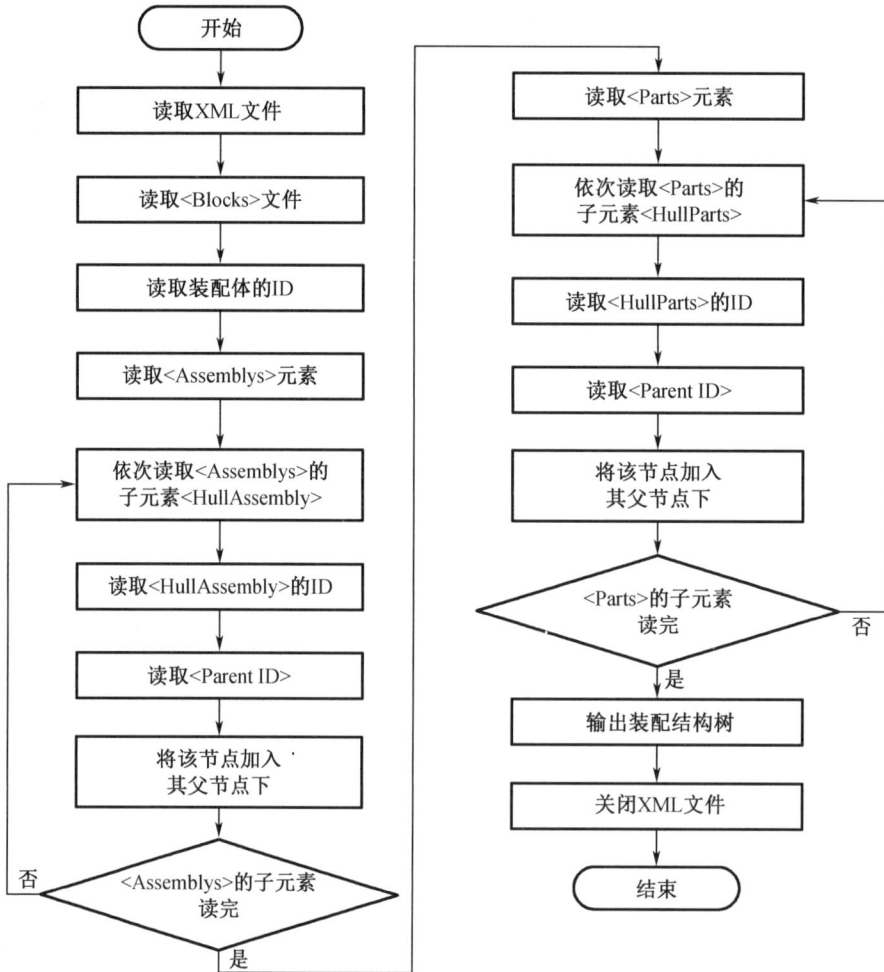

图 4-35　SPD 系统装配层次读取流程

在 CATIA 系统中,船体模型的存储格式是 3D XML 数据文件格式。CATIA 系统中的船体模型的数据以一种树状层次结构来表达和存储。零件是船体模型中最底层的对象,由板架、型材等实体组成,实体中包含几何信息和非几何信息;部件是由多个零件组装而成的对象,记录了零件间的连接关系;产品由多个部件和零件组成,一个产品也可以有多个子产品。

CATIA 系统船体模型文件组织结构如图 4-36 所示。

CATIA 系统船体模型数据的读取流程如图 4-37 所示。

(2)统一结构化的船体模型语义表示技术

异构 CAD 模型的转化方法主要有直接转化法和基于中性文件的转化法两种类型。近年来,基于中性文件的转化方法得到了广泛的应用,具有代表性的中性文件标准有基于图形交换规范(IGES)和产品模型数据交换标准(STEP),另外常用的中性文件还有网络本体语言(Ontology Web Language,OWL)。STEP 语言在转换几何数据时表现良好,但在转换过程中,与设计意图相关的非几何数据,如修改历史、约束和特征等,可能存在丢失的情况。STEP 方法在一致性检查、计算机可读性和计算机可理解性、CAD 模型数据丢失、设计过程中产生的数据、语义的解释、表示和交换能力、基于逻辑的推理能力以及不同分类法的集成等方面都有一定的局限性。OWL 能够显式地解释、表示和交换分配给 CAD 模型数据的语义信息,因此利用 OWL 能够解决 STEP 文件交换方法中的非几何数据丢失问题。

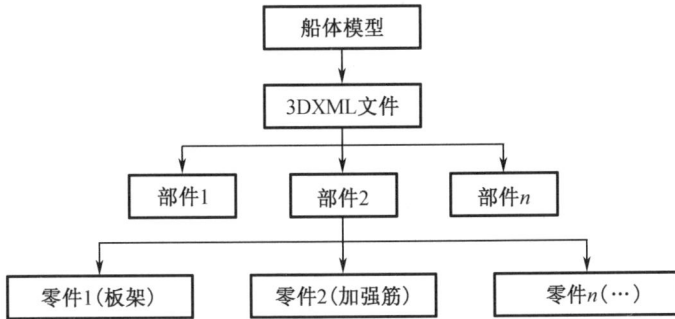

图 4-36　CATIA 系统船体模型文件组织结构

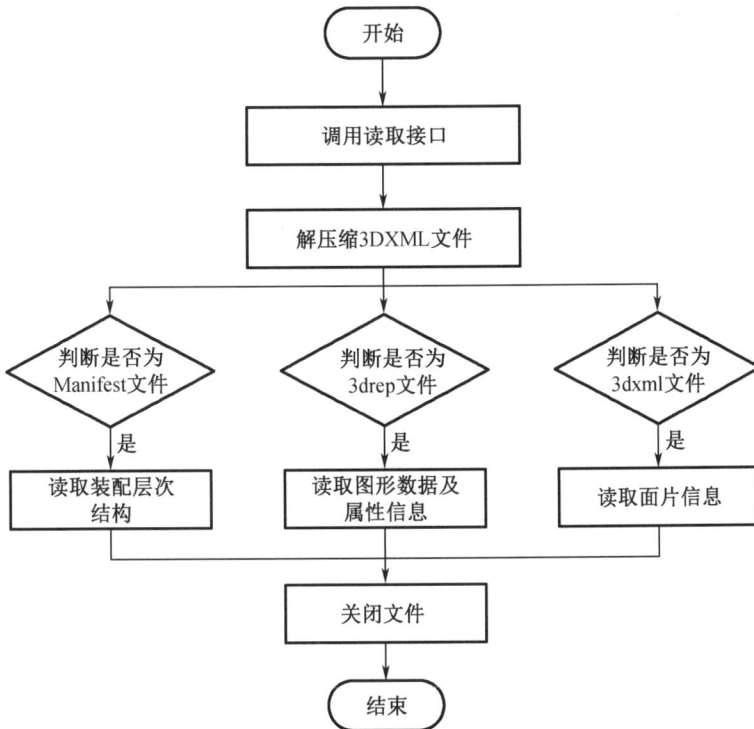

图 4-37　CATIA 系统船体模型数据的读取流程

OWL 语言是本体的一种描述语言,一个 OWL 的本体可以包含关于类、属性及其个体的描述。类表示个体的集合,它使用数学的方法描述出该类中成员必须具有的条件。类需要被形式化地描述出来,不同的类可以被组织为体现父类子类关系的树形大纲结构。属性是个体之间的二元关系。

针对船体模型的特点,构建了如图 4-38 所示的本体。在本体的构建过程中,以船体模型(Hull-Model)为父类,船体模型的子类是装配体(Assembly),装配体的子类可以是装配体类本身,也可以是零件类(Part)。Hull-Model、Assembly、Part 类都有"name"属性,对应的是装配体或零件的名称。零件类有几何(Geometric)和属性(Attributes)两个子类。几何类又有类别(Classification)和三角面片集(Primitives)两个子类,其中,常见的类别有面板、曲面板、扶强材、肘板、补板、支柱、型材、角钢等;三角面片集子类用于存储构成几何形体的所有三角面片。属性类的子类用于存储零件的材料、质量、重心等信息。Protege 是一个图形界面的本体开发工具,它支持丰富的知识模型,用户使用 Protege 不需要掌握具体的本体表示语言,只需在概念层次上进行领域本体模型的构建,并且该软件还能导出 OWL 等文本表示格式,通过该工具可完成上述本体的构建。

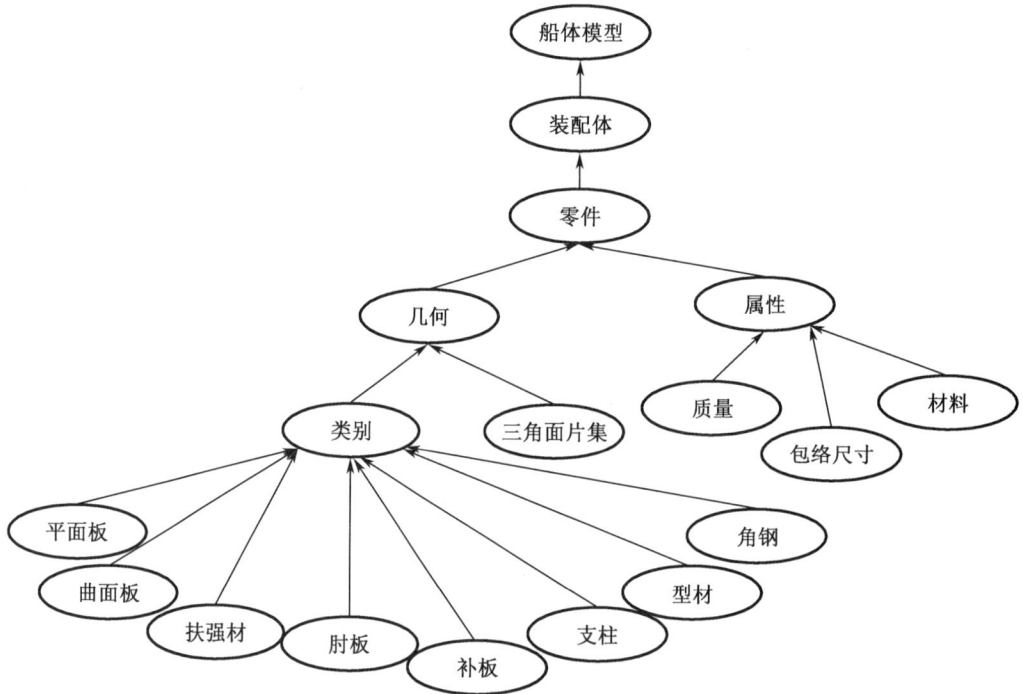

图 4-38　船体模型本体结构

通过相应 CAD 系统获取船体数据,即船体的装配层次及其几何信息后,就可以创建本体的实例。首先将船体模型的名称填充至 Hull-Model 的属性 name 中,然后根据船体数据中的装配层次创建一一对应的 Assembly 类和 Part 类,并将各个装配体或零件的名称填充至 name 属性中。最后将各个零件的类别和三角面片分别填充至 part 的子类 Classification 和 Primitives 中,即可完成本体的实例化(图 4-39)。

通过前面所述的 SPD 系统和 CATIA 系统的模型读写接口,解析船体模型数据,然后将其存入本体中,即本体的实例化,就可以利用该本体转换成任意的 CAD 模型。在获取目标

CAD 模型的写入接口后,对实例化的本体中的相应信息进行检索,输入到 CAD 系统的模型写入接口中,完成异构 CAD 模型的转换。

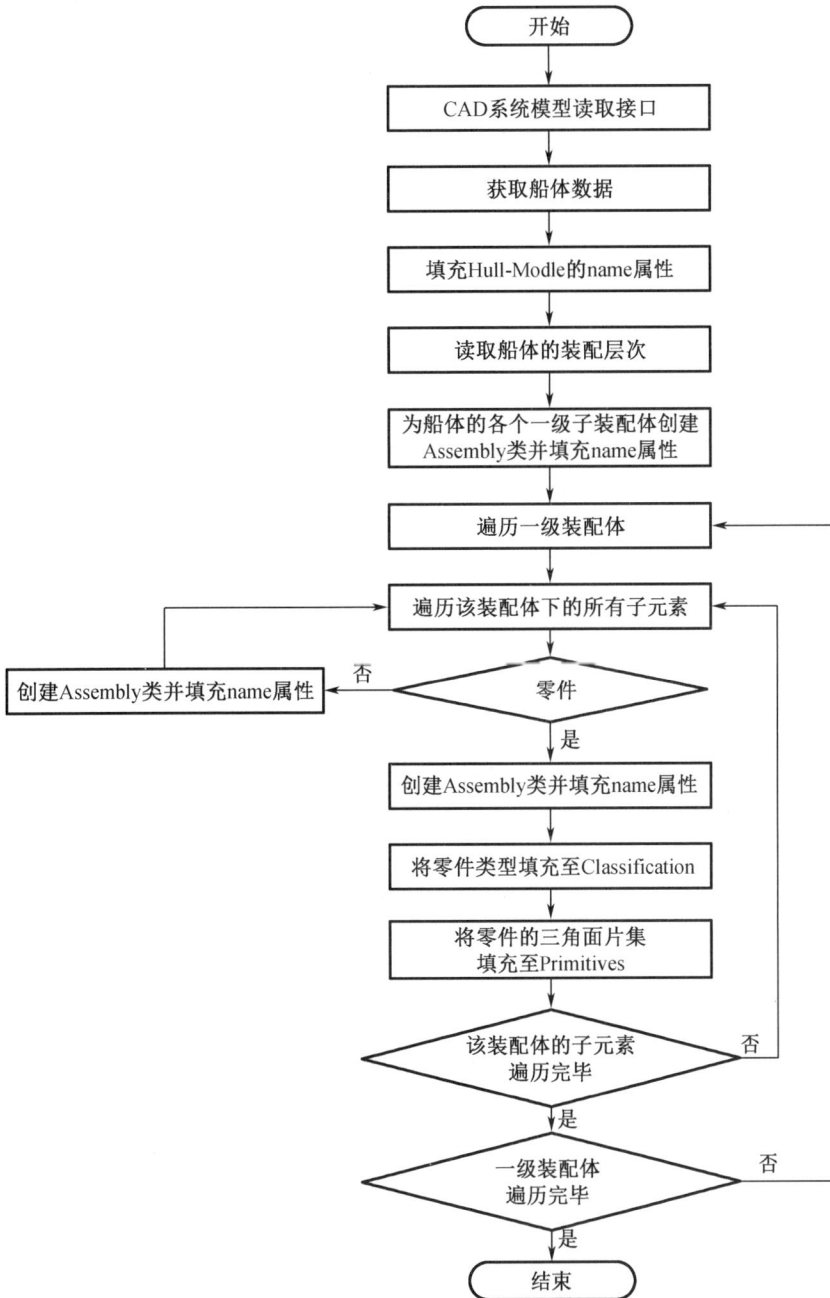

图 4-39　本体实例数据的填充

4.6 三维工艺可视化系统实例验证

目前,在国内造船行业使用的造船 CAD 系统中,SPD 以业务功能紧密贴合船舶设计业务实际为特点,CATIA 则借助于平台基础具有较强的三维建模功能。其中,SPD 属于国产造船设计系统,在底层数据获取与处理、三维装配工艺自动化编辑方面等具有优势,CATIA 则在三维作业指导发布方面具有较高成熟度。针对以上情况提出基于 SPD 和 CATIA 两个系统的三维工艺可视化路线,三维工艺可视化设计基于 SPD 系统进行,三维作业指导发布则分别基于 CATIA 的路线和自主开发的路线进行。

4.6.1 平台环境

4.6.1.1 基于 SPD 和 CATIA 的三维工艺可视化系统

如图 4-40 所示,基于 SPD 和 CATIA 的三维工艺可视化系统结合了不同的造船 CAD 系统的优点,打通了异构 CAD 系统的船体模型转换瓶颈,实现了 SPD 系统三维工艺可视化设计和异构系统三维工艺发布的结合和贯通。

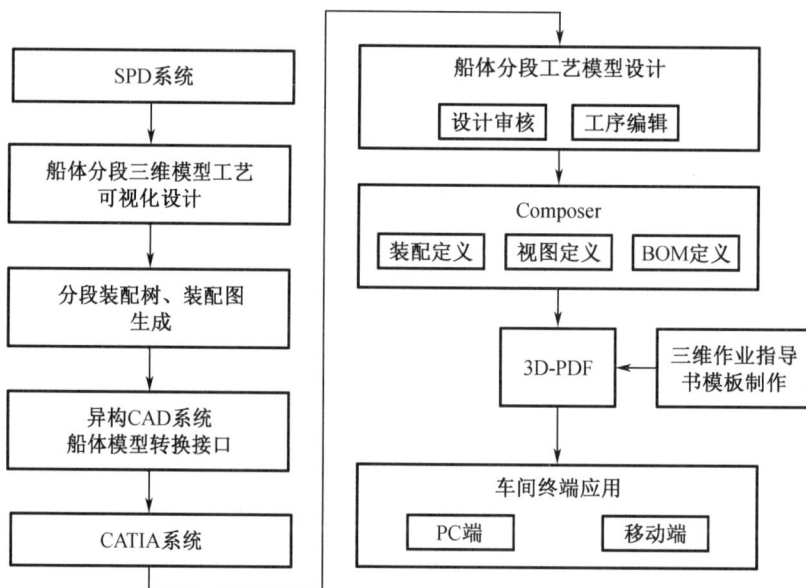

图 4-40 基于 SPD 和 CATIA 的三维工艺可视化系统

开发环境:基于.Net Framework 的 Visual studio 集成开发环境。
开发工具:SPD 建模软件、CATIA 建模软件、3D-PDF、Visual C++编程语言。

4.6.1.2 完全基于 SPD 的三维工艺可视化系统

图 4-41 为基于 SPD 的三维工艺可视化系统架构。

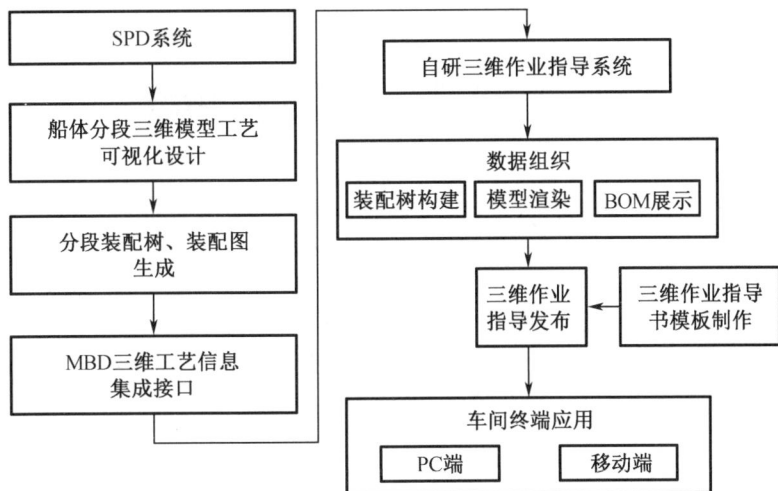

图 4-41　基于 SPD 的三维工艺可视化系统架构

基于 SPD 的三维装配工艺发布系统架构的系统设计如图 4-41 所示。通过网络化的平台实现系统的功能和服务，实现工艺数据文件的传递。

开发环境：基于 . Net Framework 的 Visual studio 集成开发环境。

开发工具：SPD 建模软件、SPD 工艺编辑软件、Visual C++编程语言、SQL Sever 关系数据库管理系统、Asp. net 和 IIS 网站开发发布工具。

4.6.2　示例验证

本节以国内某船厂一个典型的船体分段结构模型为例，对上述路线进行如下验证。

4.6.2.1　基于 SPD 的三维装配工艺可视化设计验证

在 SPD 系统中，对一个船体结构分段（如图 4-42 所示为 AB01C 分段）进行可视化自动装配、快速生成装配结构树、快速输出该分段中小组立的装配图，再通过面向异构 CAD 系统 CATIA 的船体模型转换接口将 SPD 系统的船体模型的几何和装配属性信息转换，得到 CATIA 能够解析的船体模型 3D XML 文件，为后续基于 CATIA 和 COMPOSER 系统进行三维作业指导发布奠定基础。

（1）装配树生成与三维交互

如图 4-43 所示，通过使用 SPD 的"分段装配树生成"模块，可以在不打开装配树的情况下，直接根据结构库中的数据、模型数据、分段装配划分原则、缺省值等信息，直接生成分段装配树。点击"分段装配树生成"按钮，弹出分段选择对话框，选择需要生成或刷新分段装配树数据的分段，点击"确定"按钮，则系统会自动针对所选择的分段进行分段装配树的自动生成和刷新，并同时生成相关分段信息。

如图 4-44 所示，对于快速生成的分段装配结构树，可以通过对装配结构树的交互操作实现对分段结构树的交互编辑，修改方法有以下三种：拖动、编辑、删除。

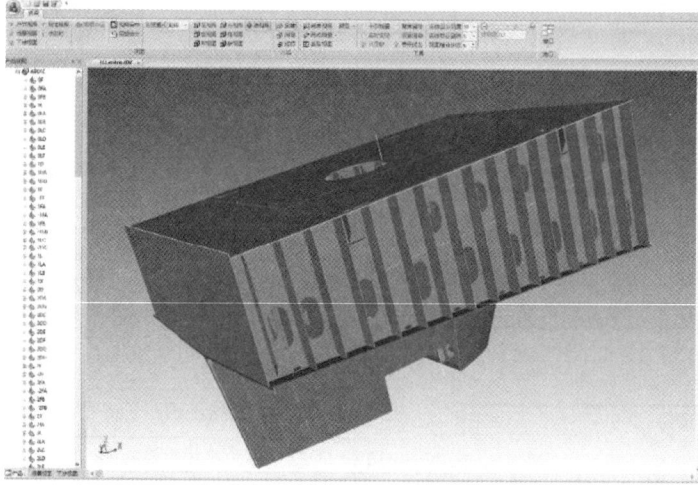

图 4-42　SPD 中的船体分段模型

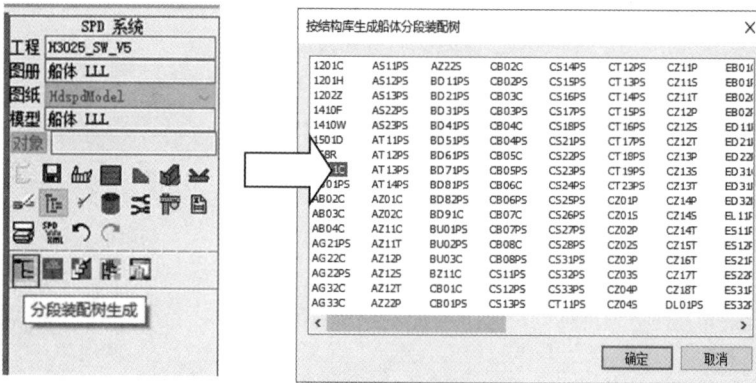

图 4-43　分段装配树快速生成

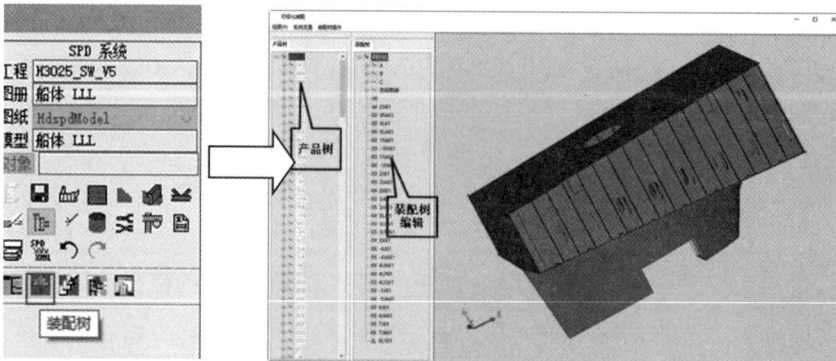

图 4-44　SPD 的分段可视化装配设计

（2）装配图生成

如图 4-45 所示，通过使用 SPD 的装配图生成功能可以实现组立装配图的快速生成，通过选择，可以实现分段中组立装配图和小组立装配图的快速批量输出。

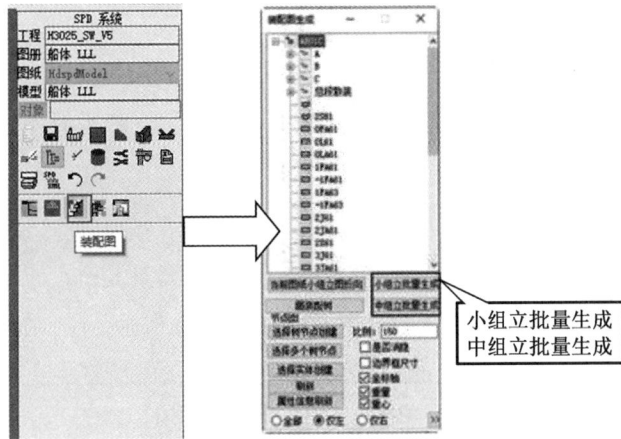

(a)SPD 的分段装配图快速生成界面

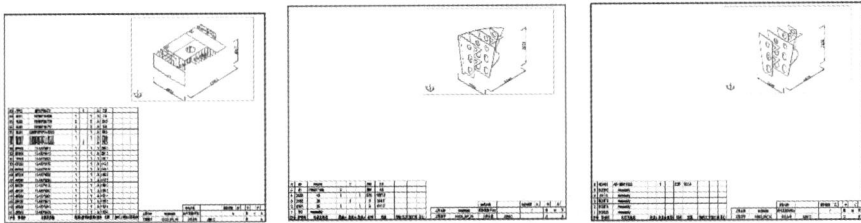

(b) 批量生成的若干中组立装配图

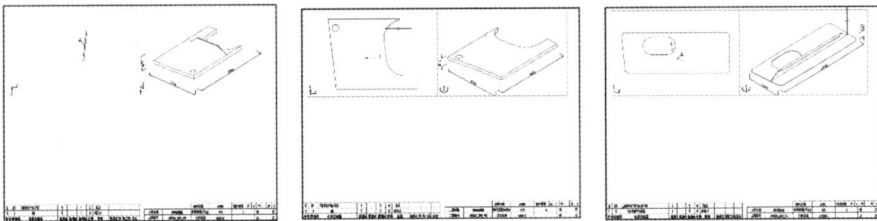

(c) 批量生成的若干小组立装配图

图 4-45　SPD 装配图快速输出

（3）面向异构 CAD 系统的船体模型转换

首先，通过 SPD 的模型和属性输出接口（图 4-46(a)）可以导出指定船体模型的几何 DXF 文件和装配属性 XML 文件。然后，再通过面向 CATIA 的转换接口（图 4-46(b)）可以生成能够被 CATIA 系统接受的 3D XML 文件，在保证装配层次关系不丢失的情况下，实现船体模型在两个系统之间的转换。

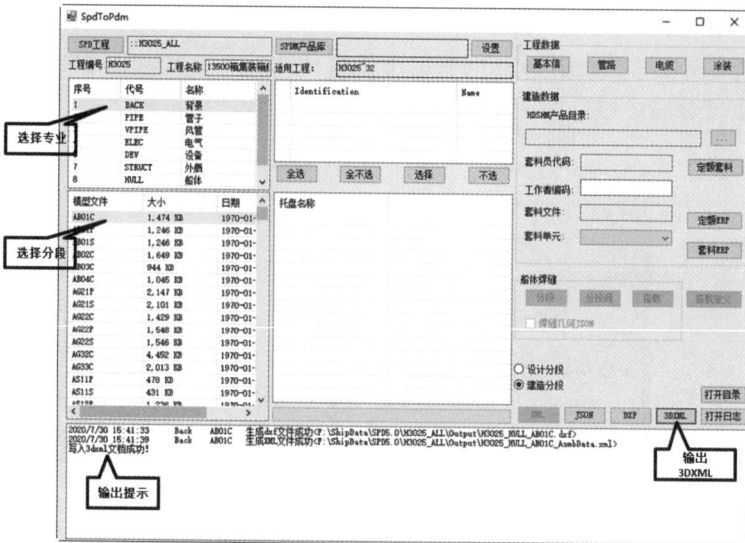

(a)SPD 的模型和属性转换输出 3DXML 文件

(b)CATIA 中的相同船体分段模型和装配结构树

图 4-46　SPD 面向 CATIA 系统的船体模型转换接口

4.6.2.2　基于 SPD 和 CATIA 的三维作业指导书发布技术验证

（1）工艺编辑

在 CATIA 设计系统中对船体分段模型进行工艺信息编辑，然后将相关信息导出到 3DVIA Composer 中进行再次工艺信息编辑。如图 4-47 所示，用户在进入 3DVIA Composer 中后，对组立模型以及装配工艺进行视图定义、装配定义、协同定义、Bom 定义等三维工艺可视化定义工作，为发布三维作业指导书提供基本支撑数据。

如图 4-48 所示，通过 Composer 将定义好的组立作业指导信息发布生成 3D-PDF 文件。

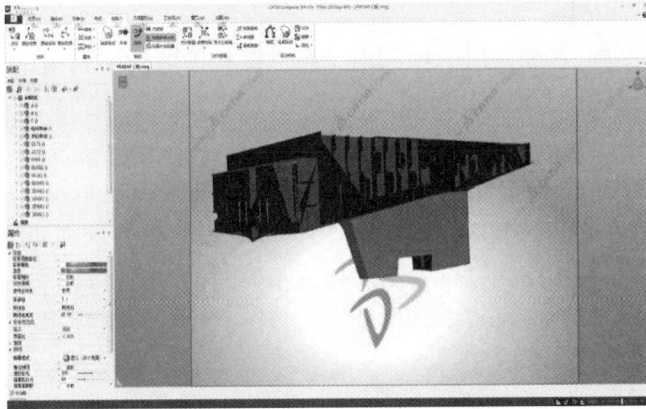

图 4-47　3DVIA Composer 编辑界面

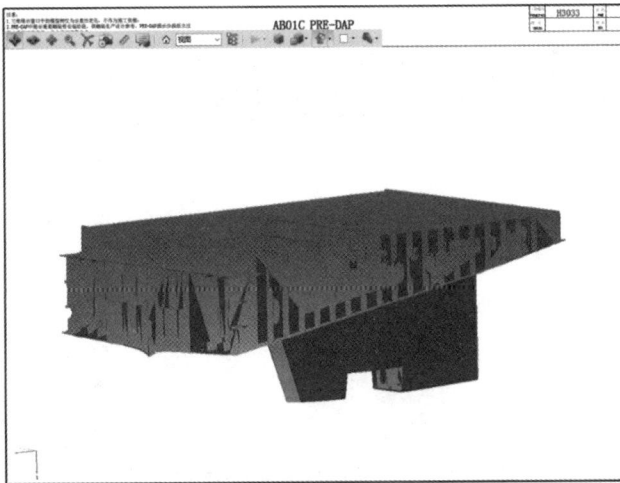

(a) 分段模型三维展示

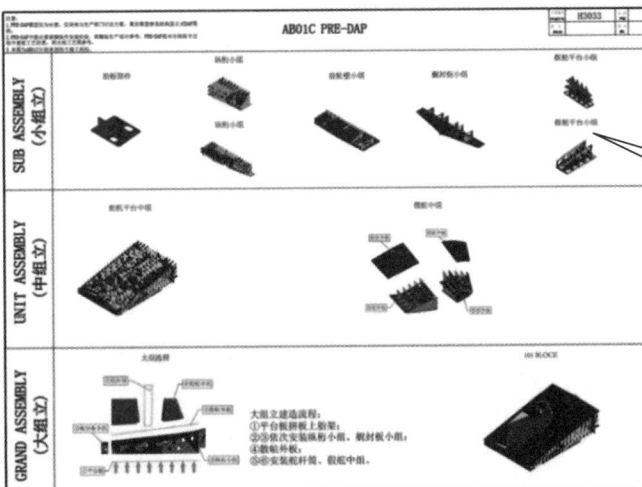

(b) 分段组立施工流程

图 4-48　同一分段的 3D-PDF 文件

（2）三维装配结构树

对于船舶组立结构，在 3D-PDF 中列出了组立结构的装配结构树，可以查看同一分段模型下的各级组立结构的装配层次关系。

（3）三维工艺仿真指导

以 AB01C 分段中的一个假舵平台小组立为例，在 3DVIA Composer 中进行的视图定义过程中，按照当前组立的装配顺序，将处于不同装配阶段的模型及其动作分别放在一个视图中，最终组成了一个视图序列。该视图序列位于界面的左侧，可以展现当前组立结构进行装配的一系列动态过程，通过点击具体的一个视图，可以查看当前装配阶段下组立的装配动作。

此外，在查看三维作业指导的模型时，用户可根据需要显示或隐藏相关的工艺指导信息，以及对组立模型进行三维交互操作，进行各种视图的查看。图 4-49 所示为发布在移动终端上的 3D-PDF 三维作业指导书文件。

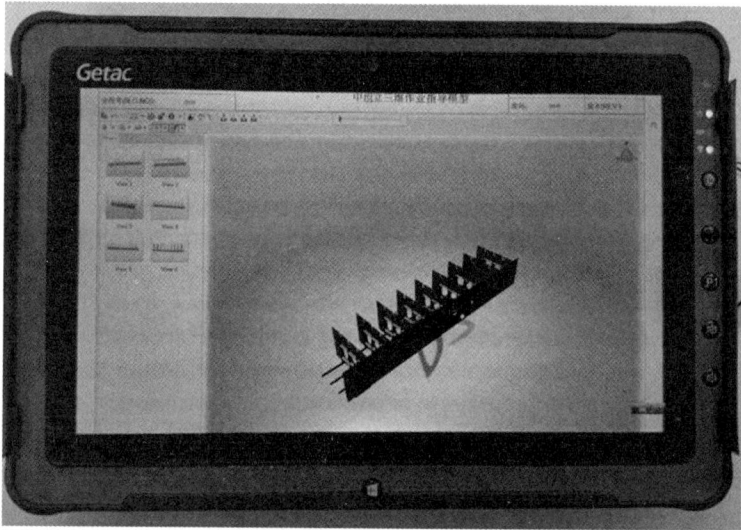

图 4-49　发布于终端的 3D-PDF 三维作业指导书

4.6.2.3　完全基于 SPD 的三维作业指导书发布技术验证

（1）MBD 信息集成

如图 4-50~图 4-52 所示，将 SPD 系统中的一小组立模型以及其他标注、属性等信息通过集成接口进行导出，得到中间数据文件。

用户在启动三维装配工艺发布系统之后，需要在登录界面选择用户身份，输入用户名和密码之后才能进入相应的功能界面。其中，系统管理员作为系统最高级人员，可以对登录人员的角色和权限进行设置。系统登录界面和系统管理界面如图 4-53 所示。

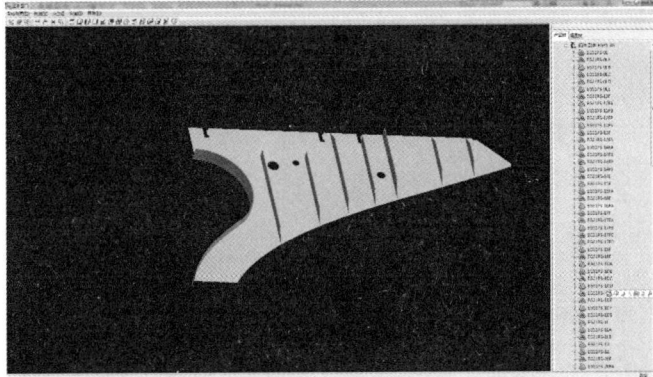

图 4-50　SPD 模型

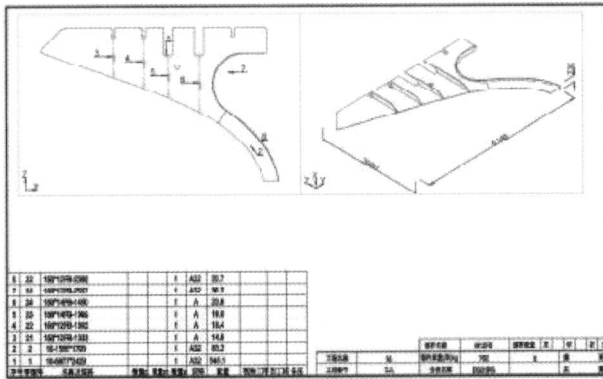

图 4-51　SPD 装配图

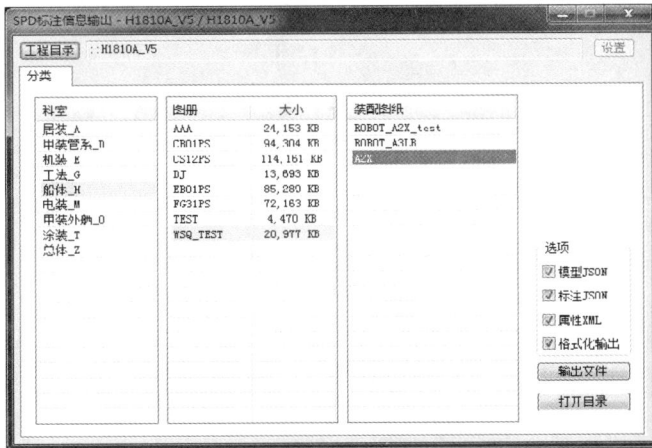

图 4-52　SPD 面向三维作业指导的集成接口

图 4-53　系统登录界面

　　用户在进入三维装配工艺发布系统之后,选择下方菜单栏的导入按钮,打开对话框选择数据文件,如图 4-54 所示。

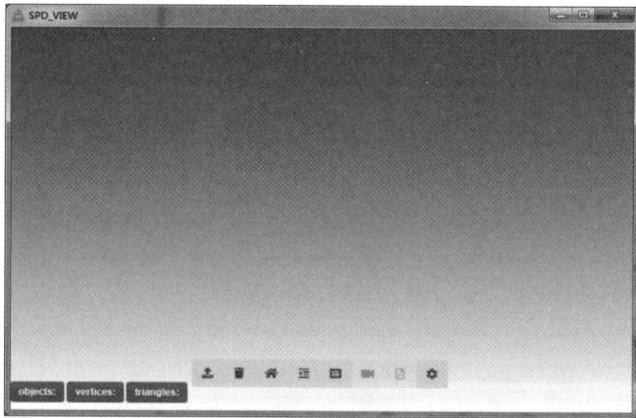

（a）主界面

（b）数据导入

图 4-54　主界面与数据导入

打开三维模型后,进入三维作业指导界面,点击主视图按钮,可将当前的视图调整为主视角,如图4-55所示。

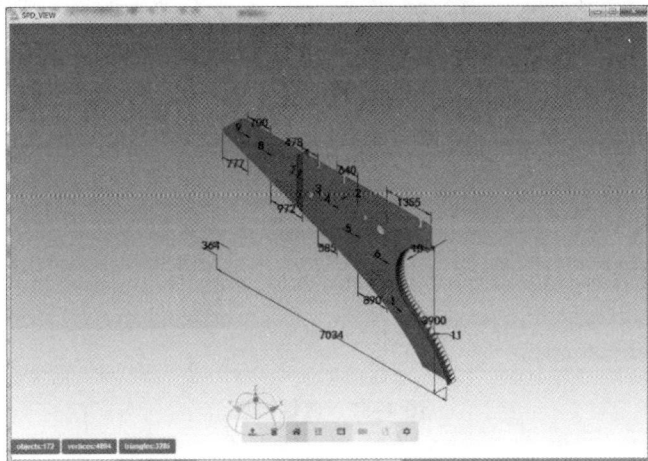

图4-55 主视图

(2)三维装配结构树

装配结构树中本身存储了产品对象中结构与非结构化信息工艺数据信息,结构树上的节点与模型和标注一一对应,工艺员通过添加、删除、导入、更新等操作对工艺文件进行管理。装配结构树如图4-56所示。

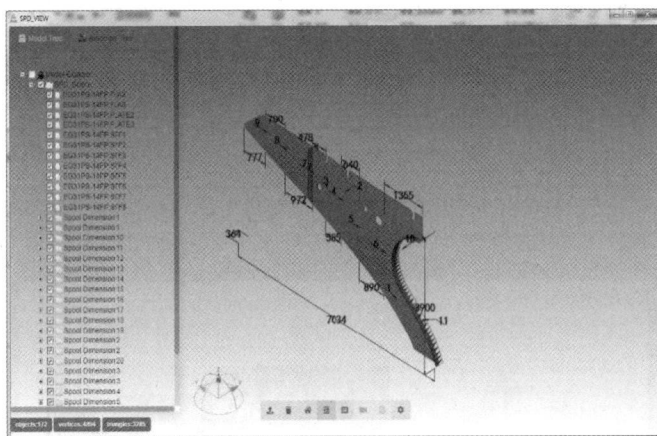

图4-56 装配结构树

装配属性管理主要是针对产品属性信息的管理。工艺员可以通过添加、删除、更新等操作对产品信息进行管理,这些信息保存到装配资源表中,可以通过产品显示界面查看相应的零部件每一个模型均关联的零部件的详细信息,如图4-57所示。

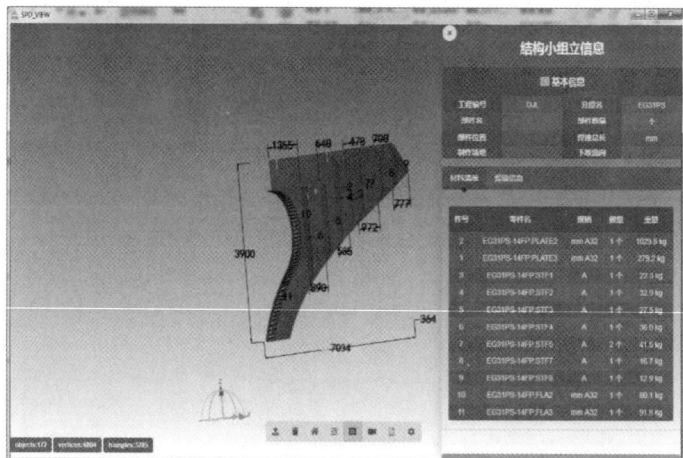

图 4-57　属性信息

（3）三维工艺仿真指导

工艺节点的关联内容包括基本信息、仿真动画、三维模型、工艺附图、生产要素信息汇总等；工序节点的关联内容包括工序基本信息、零部件配套信息、工艺附图、仿真动画、生产要素信息汇总等；工步是装配的最小组成单元，其节点关联内容包括基本信息、零部件信息、装配资源信息和辅助材料信息。根据装配工艺文件编制的实际情况以及节点实际装配工艺内容，节点关联工艺内容可能存在差异。在装配工艺树编辑完成后，工艺人员需要再次对各工艺内容检查核实，经系统管理员确认后才能导出到工艺发布模型，进行装配工艺发布操作。

打开作业指导界面，点击工艺指导按钮，调出当前零件关联的工艺指导信息，操作界面如图 4-58 所示。

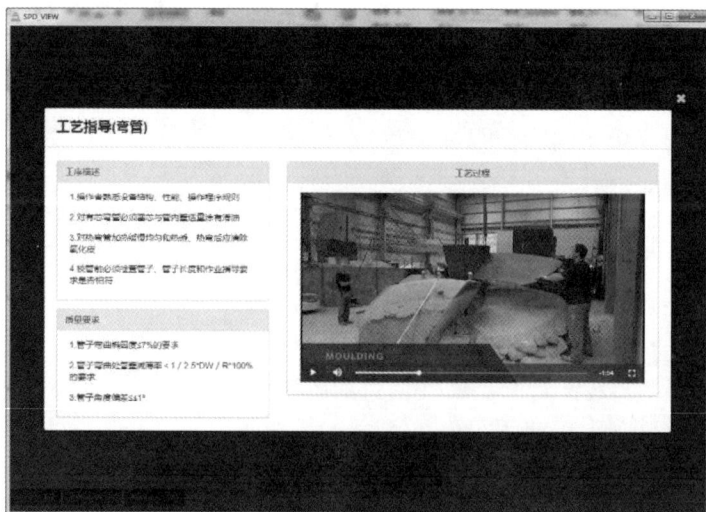

图 4-58　工艺指导

三维作业指导时,用户可根据需要显示或隐藏相关的工艺模型信息,便于交互和深入操作,如图 4-59 所示。

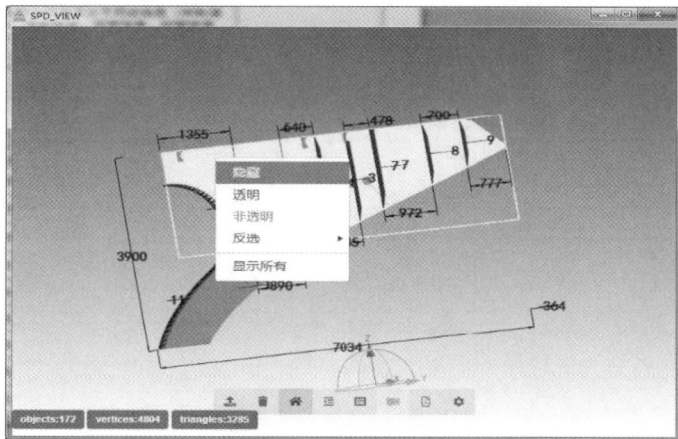

图 4-59 交互操作方法

图 4-60 为发布在移动终端上的三维作业指导书。

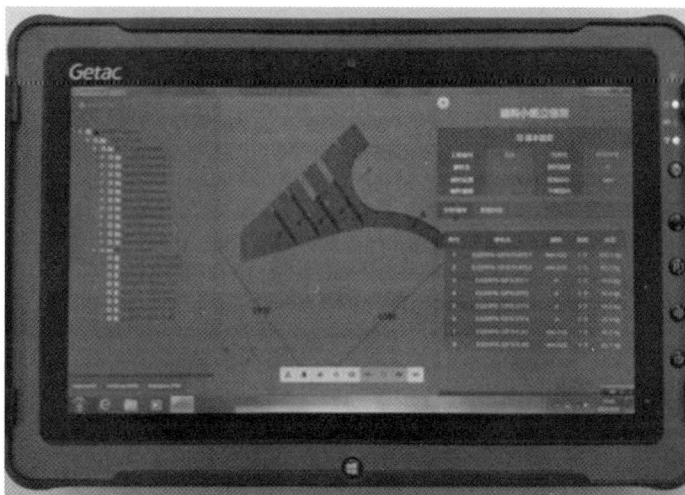

图 4-60 发布于移动终端的三维作业指导书

4.7 本 章 小 结

针对目前国内造船企业中仍然以二维工艺为主进行设计和车间作业指导的情况,结合车间复杂中间产品装配的特点,本章探讨了装配图批量生成技术、产品工艺数据存储技术、三维作业指导的信息关联技术、船舶三维作业指导书模板定制技术、数据转换接口技术、人机交互技术等关键技术,并形成了相应的三维工艺可视化技术系统。

针对车间复杂中间产品工艺的特点,对面向生产现场的三维工艺信息模型的信息组成进行了分析和总结。在此基础上,结合产品结构工艺信息模型的表达方式,提出了基于零件特征的装配工艺信息集成模型。通过对现场工艺数据的组成分析,阐述了工艺数据管理的必要性。在对每个作业单元所用到的工艺文件进行定义和管理后,以生产流程为逻辑结构实现工艺数据之间的联系,最后以关系数据库存储这些工艺数据。运用提出的 EBOM 到 MBOM 的转换映射方法,实现产品树到制造结构树的转换,在对制造结构树进行管理合并后生成工艺树作为工艺发布的依据,并对工艺变更管理的状况进行分析,提出了三种针对不同情况的工艺变更处理流程。

第 5 章 面向智能制造的产品数据管理系统

5.1 概 述

国外对如何加强对船舶设计制造过程中的信息数据管理的问题进行了深入的研究。Myung-II Roh 等人提出了语义产品模型数据结构的构想,据此开发了初步船体结构建模系统,利用产品模型数据结构在初步设计阶段快速生成 3D 模型及相应管系模型,并能精确提取生产材料信息。Soon-Hung Han 等人采用在网络中集成异构 CAD 数据库的数据增强方法,实现了各设计阶段的数据交换。Soon-Sup Lee 等人开发了基于网络的船舶数据信息管理系统,致力于利用集成系统框架集成并存的知识数据库,构建船舶设计的支持系统。总体来说,国外的大型复杂产品研制企业制定了针对自身企业的相应标准,并且在生产制造的各个环节当中都融合了以 MBD 技术为核心建立的产品数据集,建立了完整的技术体系,实现了整个制造过程从产品设计到工艺设计规划与仿真装配的数字化。

近年来,我国船舶工业快速发展,产业规模迅速扩大,国际市场份额大幅跃升,船舶制造能力和水平全面提升,造船质量和效率取得较大提高,船舶工业在由大变强的道路上迈出了坚实的一步。但我们也应清醒地看到,我国造船业总体上仍处于粗放型的发展阶段,与先进造船国家在生产效率、管理水平上的差距明显,我国造船业数字化工艺设计能力严重不足,船舶制造装备与系统自动化、智能化水平低,缺乏有效数据支撑的数字化、智能化装备应用,以及造船过程管控,制造技术与信息化技术融合与集成程度低等问题非常突出。随着国际市场竞争的日益激烈,资源和环境约束不断强化,劳动力等要素成本不断攀升,主要依靠资源要素投入、规模扩张的粗放发展模式难以为继,加快提升船舶设计水平、提高生产效率、有效降低造船成本、大幅提高造船质量刻不容缓。

针对船舶设计数据管理水平不高、设计制造信息集成能力不足的问题,通过突破船舶单一数据源详细设计和生产设计建模,以及完整性要求和智能化工艺设计技术,基于超大型矿砂船(very large ore carrier, VLOC)、液化天然气(liquified natural gas, LNG)船的设计 CAD 系统,建立异构 CAD 接口,将船体加工工艺设计数据、船体焊接工艺设计数据、船体装配工艺设计数据、管系工艺设计数据、舾装工艺设计数据、涂装工艺设计数据通过接口发布到面向智能制造的产品数据库,在产品数据管理系统中对工艺物量数据进行重构组织,根据智能车间相关工装设备的数据输入要求,生成船体物料清单(bill of material, BOM)、管子 BOM、舾装 BOM、涂装 BOM,通过基于 SOA 的服务接口发布到车间制造执行管控系统,实现基于三维模型的设计制造一体化(图5-1)。基本建立面向船舶智能制造的设计技术体系,对关键工序形成相应的船舶设计可集成的验证平台,实现船舶设计统一的数据源,详细设计和生产设计深度满足智能制造的要求,提高船舶数据集成化、数字化、智能化水平,为未来建设智能船厂,实现智能制造奠定基础。

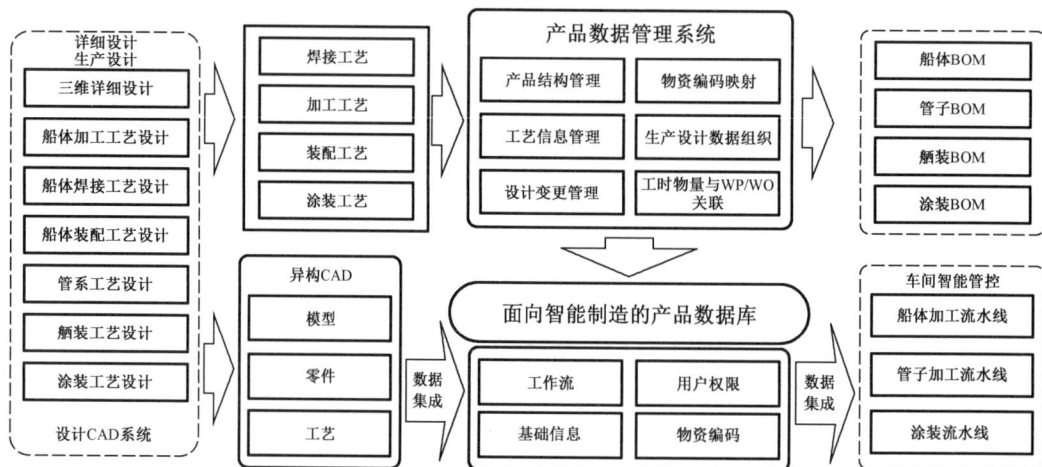

图5-1　基于三维模型的设计制造一体化实施示意图

5.2　面向智能制造的船舶生产设计数据组织技术

船舶建造以BOM组织生产,针对船舶建造结构化及非结构化数据进行组织与管理,探究BOM的组织形式,实现船体BOM、管子BOM、涂装BOM的统一管理。

生产设计在整个船舶设计过程中有着非常重要的地位,其数据的准确性直接影响着后道业务。生产设计阶段会产生大量的数据(如图纸、模型数据、指令等),但大多数造船厂对这些数据缺乏统一管理,仅对图纸和文件进行简单管理,下游生产部门很难获取完整且准确的设计数据,给采购配套和生产准备带来了很多困扰。针对生产设计数据缺乏统一管理、各种BOM定义不清晰的问题,通过分析各专业生产设计业务的特点,定义生产设计的BOM模型及其转换方法,实现对生产设计数据的结构化、过程化管理,有效保证数据的完整性、正确性和一致性,从而提高船舶产品的设计质量。

按照各专业对BOM表达方式的要求,以船体BOM、管子BOM、涂装BOM为对象,进行BOM数据的重新组织,形成船体制作装配BOM、管子制作安装BOM、涂装制作安装BOM。通过设计编码、多BOM转换、版本管理等技术,实现BOM的自动生成和变更管理。生产设计数据组织路线图如图5-2所示。

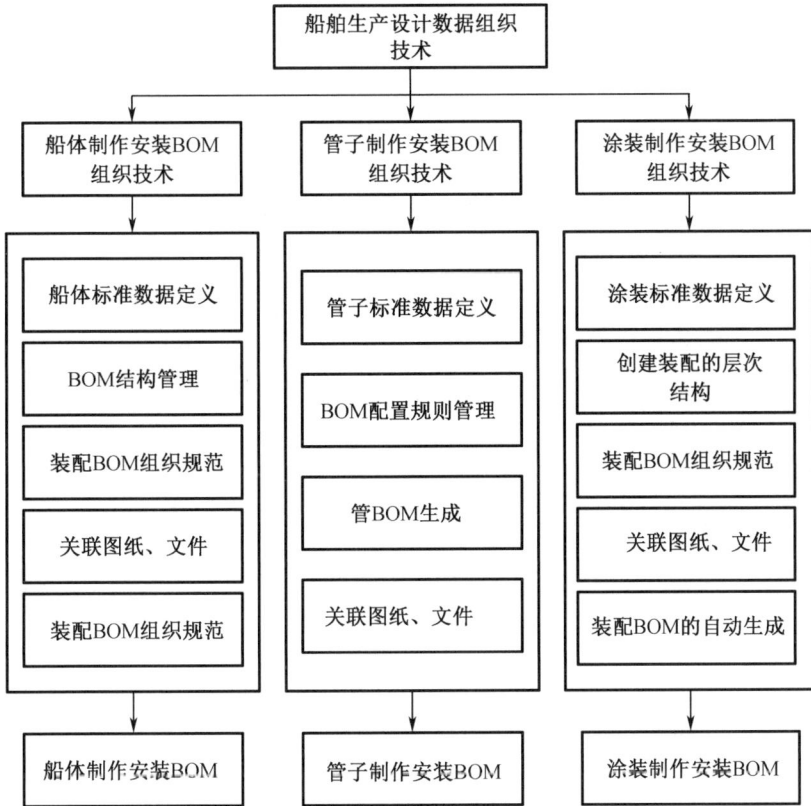

图 5-2　生产设计数据组织路线图

5.2.1　船体 BOM 数据组织技术

船体工程 BOM 主要承载设计信息,来源于 CAD 系统,包含设计部门组织和管理的信息。船体结构,分为整船、分段、板架及零件等 4 层。第 1 层为整船,一个系列船对应一个 EBOM 结构;第 2 层为分段,是船体设计分工的基本单位(对称分段按一个分段处理),一个分段由一个设计员建模完成,并与技术文件关联;第 3 层为板架,与以零件为基本单位建模的三维设计软件不同,TRIBON 建模的基本单位是板架,每个板架包含一个或多个零件;第 4 层为零件,虽然建模时不能按单个零件建模,但可通过"板架分离"将板架拆分成单个零件,每个零件都有自身的属性(材质、质量、重心及表面积等)和三维数模。

船体制作装配 BOM 是船体装配工艺数据的信息化组织,首先,以树状结构的形式表达了船体装配的层次结构;其次,通过树状节点对零件、部件、组件、分段、总段及完整船体进行抽象表达,以节点属性表达工艺过程和属性信息;最后,以装配 BOM 结构为中心,关联和存储相关的工艺文件、图纸、文档等其他信息。可以说,船体制作装配 BOM 是船体装配工艺信息化的核心数据。基于智能制造的特定要求,探究船体制作装配 BOM 的组织和定义,统一标准化船体制作装配 BOM 结构,对于增强数据重用性,消除信息孤岛,促进船体制作装配智能化,具有十分重要的意义。

船体 BOM 提取的零件信息和材料信息,重构零件层次结构。在船体 BOM 中,零件不再依附于板架,而是依附于套料板或套料型材,因此需对原料库中的钢板和型材进行编号,并附加上切割版图、切割指令和打磨信息,生成满足切割、加工部门需要的工艺数据。并针对每个零件生成一个二维码,每个二维码包含对应零件的零件名、材质、质量等信息,以及原材料的编号等信息。加工部门在进行零件切割的过程中,喷上二维码,施工人员便可以通过扫描二维码来实现零件信息的查询和材料信息的追溯。

船体装配 BOM(MBOM)反映零件经历小组立、中组立、大组立、分段、总段,直到最后形成整船的过程,其数据来源于船体设计装配信息,去掉需外协的分段或总段信息,按照装配顺序调整零件和组立的结构,形成船体装配 BOM,最终可形成指导船厂装配作业的三维作业手册。

船体质量 BOM(QBOM),生成原材料质量检验数据,生成零件切割加工质量检验数据;生成分段、组立焊接装配质量检验数据;根据船厂生产计划生成外包、外协件质量检验数据。最终将船体质检部门质量检验所需的各种报表都包含在船体质量 BOM 中。

船体 BOM 数据组织流如图 5-3 所示。

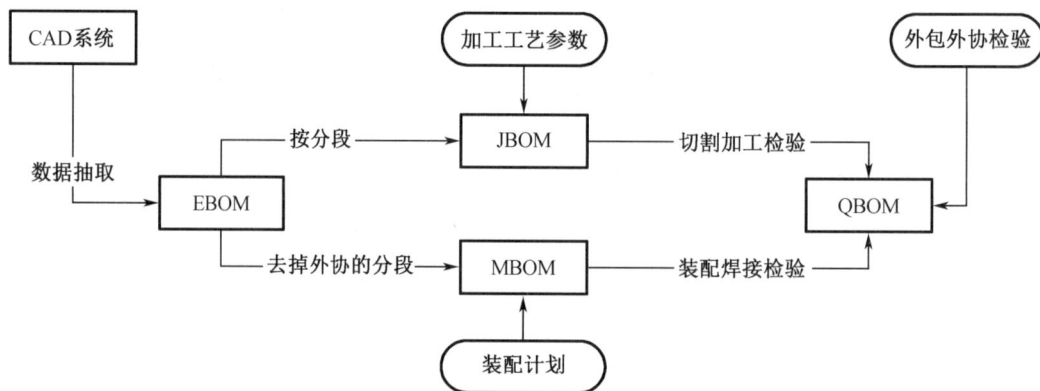

图 5-3　船体 BOM 数据组织流

5.2.2　管子制作安装 BOM 数据组织技术

管子制作安装 BOM 可以认为是按一定层次结构组织的托盘管理表。与传统托盘管理表不同,BOM 结构强调数据重用性,管子制作安装 BOM 可以从前道设计数据经过 BOM 转换得来,而不像传统方法一样需要手工编制。管子制作安装 BOM 组织技术根据现场管子制作、安装的要求对管子制作安装数据进行层次结构化管理,同时通过设计编码、多 BOM 转换、版本管理等技术,实现 BOM 的自动生成和变更管理,以对管子制作、安装智能制造提供数据支撑。

管子工艺 BOM(EBOM)从三维设计软件抽取管子建模数据,包括管子类型、材质、形状、尺寸、数量,以及管子三维模型。管子 EBOM 从设计角度反映管路系统,以及连接管路的阀、附件。将管子模型分离后生成管段,管段下包含零件。

按照成组技术原理,根据管子区域分段托盘的交货期、生产大节点、车间的搬运或吊装能力,并按照管子的材料、形状、尺寸、工艺的相似性划分管子零件,生成管子零件明细表、管子材料明细表、管子小票图或管子模型,并附上管子工艺文件,生成管子加工 BOM (JBOM),提供给船厂管加工车间或外包给管子公司进行管子切割、弯管、校管、焊接、打磨、清洗等加工工艺流程。针对每个管子零件生成一份二维码,包含管子的基本信息和材料信息,由加工部门喷在管子外壁,实现管子零件信息的快速查询。

根据管子装配计划,从 EBOM 提取的管子零件明细表和管子装配模型,可生成管子 MBOM,目前船厂一般都是以管子安装图指导管子的装配作业,可依据管子装配模型生成管子安装三维作业指导,现场工人可在电脑或移动客户端查看管子三维装配模型,这样可避免工人因为对图纸理解的误差产生的装配错误。另外,对于需要在现场制作的管子,需同时提供 JBOM 和 MBOM 给现场,由工人在现场制作管子。

管子 QBOM 包含管子的质量检验信息。管子在加工过程中需对管子的尺寸、表面处理情况进行检验,对管子法兰连接件的焊接质量进行检验,对管子及其附件进行液压试验。管子在装配过程中,需确保管子开孔严格按照开孔图,在重要部件开孔需进行补强,确保管子法兰与机械设备的连接自然对中,确保管子支架固定良好。船厂管子检验过程中所需各种报表也包含在管子 QBOM 中,船厂质检部门可依据 QBOM 完成管子加工和装配各阶段的检验工作。

管子 BOM 数据组织流如图 5-4 所示。

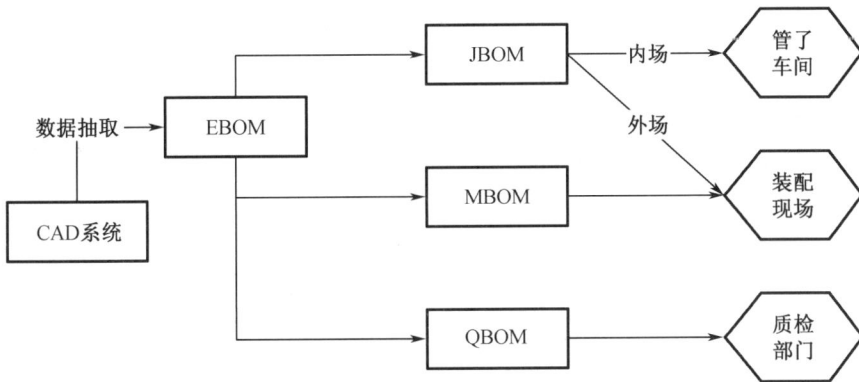

图 5-4　管子 BOM 数据组织流

5.2.3　涂装 BOM 数据组织技术

涂装 BOM 数据组织技术是针对涂装信息的特性,对涂装设计、工艺信息进行梳理。涂装 BOM 信息包括涂料、涂装设备、工时定额、作业周期、生产管理等信息。利用涂装工程定义标准、涂装工程智能分解标准、涂装工艺信息和涂装智能设备信息,基于单一数据源三维模型,制定涂装生产设计 BOM 组织标准。

船舶涂装工艺阶段包括分段涂装、船台涂装、码头涂装、坞内涂装、舾装件涂装等。涂装生产设计内容包括船体分段除锈涂装图册、船体区域除锈涂装清册、钢质舾装件除锈涂装清册等。涂装 BOM 以层次结构的形式,分区域、阶段对涂装生产设计数据进行组织、存储和表达,同时通过设计编码、多 BOM 转换、版本管理等技术,实现 BOM 的自动生成和变更管理,以对涂装作业智能制造提供数据支撑。

5.3 船舶生产设计系统数据集成技术

船舶生产设计系统数据集成技术针对生产车间的领料和工艺过程的要求,集成物料 BOM 和工艺 BOM,为车间级的生产管理、物资管理等生产业务系统提供数据源。

CAD 与 PDM 的集成是要求比较高、难度比较大的一个环节。要解决异构 CAD 系统的信息交换问题,尤其是需要保证 CAD 的数据变化与 PDM 中数据变化的一致性。其关键在于构建产品模型数据交互规范,实现产品数据管理系统与异构 CAD 系统的数据交互,如图 5-5 所示。

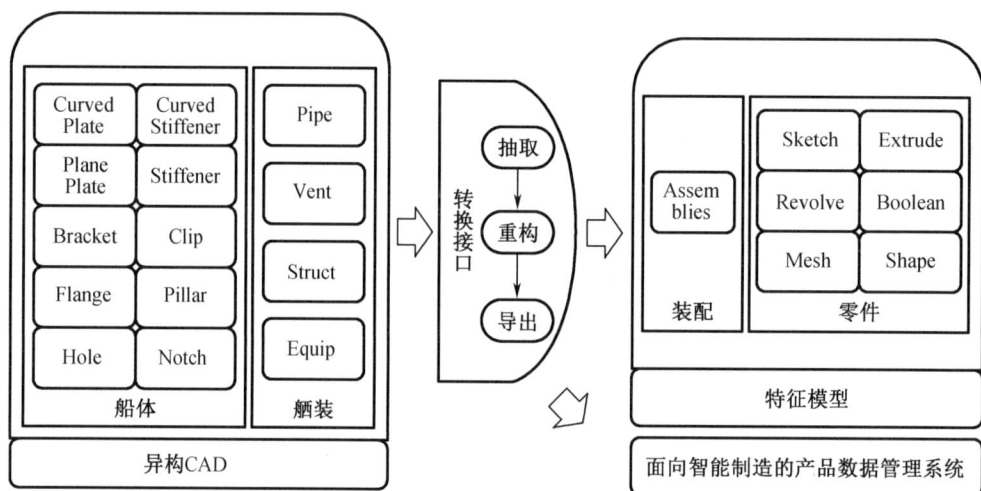

图 5-5　CAD 系统与产品数据管理系统数据交互图

基于中间文件建立 CAD 系统的零部件属性与产品数据管理系统的映射关系。将不同 CAD 系统的产品模型转换为统一的数据格式,实现 CAD 数据智能抽取并转换成统一数据格式。

设计数据抽取接口。基于 CAD 系统与产品数据库的映射规则,各 CAD 系统提供了数据调用的接口,数据抽取接口对 CAD 系统的方法进行调用,将产品模型数据通过接口转换并发布到面向智能制造的产品数据库统一平台上,实现数据间的智能交互。

按照船体、电气、舾装等专业对设计工艺物量数据组织的要求,基于产品数据库中的零部件设计属性、装配信息、工艺信息,实现对产品的零部件信息的集中展示与浏览。

异构系统之间的 PDM 中 BOM 信息的获取方式:可以通过与 CAD 系统建立接口,实现数据的双向传递。数据不仅是单向地从 CAD 到 PDM 传输,还可通过接口文件从 PDM 系统导入到 CAD 中。对接口文件数据进行差异性分析,以保证 CAD 中的修改与 PDM 中的修改的互动性和一致性。

5.3.1　异构 CAD 数据集成难点分析

在异构 CAD 的数据之间进行数据交换的过程中,要想实现严格的等价交换是比较困难的,主要原因是异构数据模型间存在着结构和语义的各种冲突,这些冲突主要包括三大类。

(1)命名冲突:即源模型中的标识符可能是目的模型中的保留字,这时就需要重新命名。

(2)格式冲突:同一种数据类型可能有不同的表示方法和语义差异,这时需要定义两种模型之间的变换函数。

(3)结构冲突:如果两种数据库系统之间的数据定义模型不同,如分别为关系模型和层次模型,那么就需要重新定义实体属性和关联,以防止属性或关联信息的丢失。

由于目前主要探究的是异构 CAD 的数据交换问题,根据解决问题的需要,可将上述三大类冲突再次划分为结构冲突和语义冲突两大冲突。

结构冲突是指需要交换的源数据和目标数据之间在数据项构成的结构上的差异。语义冲突是指属性在数据类型、单位、长度、精度等方面的冲突。

结构冲突可分为两种情况:相似结构冲突和异构结构冲突。相似结构是指源和目标模式在表内部构成上相似,异构则与之相反。

5.3.2　异构 CAD 数据规范定义

5.3.2.1　中间文件定义

在异构 CAD 数据交互集成过程中,需要从设计系统获取的数据主要包括三维模型、BOM 和设计 & 工艺属性。

针对数据集成的具体需求,定义了数据统一转换与管理格式,如图 5-6 所示。对模型、产品结构信息及属性信息数据等不再是离散的保存,而是通过与 CAD 和 PDM 的集成,将数据统一由 XML 文件格式进行管理和转换输出。使用 XML 格式文件来定义几何和结构树信息,实现快速的文件传输和加载,同时保持精确几何图形和结构树信息。

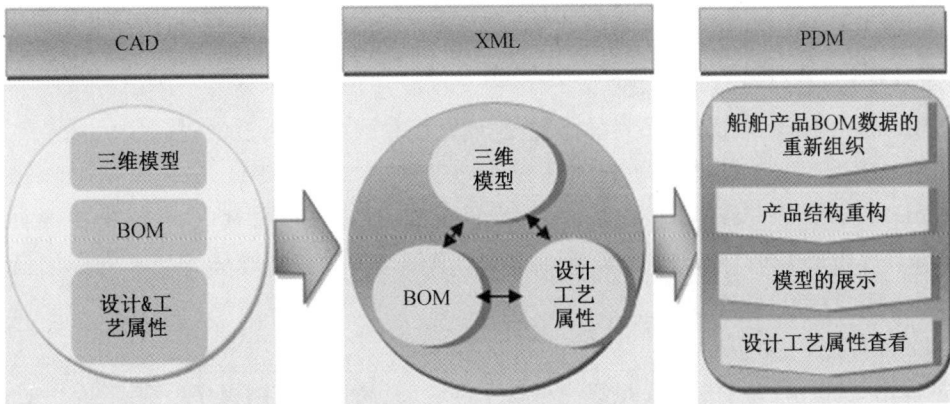

图 5-6　设计数据统一转换与管理工具技术方案

5.3.2.2　结构树信息定义

在 TRIBON、SPD 系统中的初步设计或详细设计阶段,BOM 一般是按照功能或专业来划分,以便于设计分工;但在生产设计阶段,则主要是从船厂的建造角度考虑,按区域、作业阶段、作业类型进行划分,这必然导致不同类型的 BOM。

从 TRIBON、SPD 系统中分别抽取详细设计阶段和生产设计阶段的产品结构和属性信息后,生成船体及其他各专业系统模型。

通过结合分布式事务管理器(distributed transaction manager,DTM)中集成的 BOM 信息、模型信息和其他部件信息,可以生成设计 BOM 和制造 BOM。DTM 允许多种结构表示(多BOM 视图),能够表述产品从设计到制造的全过程。

5.3.2.3　工艺属性信息定义

工艺属性信息包括各专业相关的零件属性信息,如船体专业工艺属性信息,它包括船型数据定义、船体结构报表、船体零件装配明细表、船体装配计划;管子专业工艺属性信息,它包括基本数据、部件通用数据、部件专业数据;风管专业工艺属性信息,它包括托盘管理、零件边界、零件处理及零件托盘等;电气专业工艺属性信息,它包括设备布置、设备属性、设备基座属性、通道参数、贯穿件参数、导架参数、电缆参数及托盘属性等;铁舾件专业工艺属性信息,它包括型材、零件、板件等属性信息。

将定义好的船体、管子、风管、电气及铁舾件等专业工艺属性信息保存至 XML 中,XML中的属性信息与三维模型相关联设计,可用于构建不同的视图和进行信息查询,还可导出到外部应用系统中进行应用。

5.3.3　基于 XML 的异构 CAD 数据读取与转换技术

XML 具有下述特点:

(1)XML 提供了一种灵活的数据描述方式

XML 支持数据模式、数据内容、数据显示方式三者分离的特点,这使得同一数据内容在不同终端设备上的个性化数据表现形式成为可能,在数据描述方式上可以更加灵活。

(2)XML 具有很强的链接能力

XML 可以定义双向链接、多目标链接、扩展链接和两个文档间的链接。

(3)XML 具有自描述性

XML 文档通常由模式描述文件和事例文件组成,前者用于描述 XML 事例文件所能使用的标记、标记的结构、标记的含义等,而 XML 事例文件则使用这些预定义的标记描述数据,所以 XML 具有自描述性。

(4)XML 简单,易于处理

从数据处理的角度看,XML 足够简单易于读取,又易于被应用程序处理。

上述特点使得 XML 可以为结构化数据、半结构化数据等多种数据源的数据内容加入标记,适于作为一种统一的数据描述工具,扮演异构 CAD 系统之间数据交换载体或多源异构

CAD 数据集成的角色。XML 已经成为 Internet 环境下数据表达的公开且被广泛支持的标准。基于中间 XML 文件建立 CAD 系统的零部件属性与产品数据管理系统的映射关系,实现 CAD 数据智能抽取并转换成统一数据格式。

5.3.4　基于 XML 的数据集成技术

信息技术的广泛集成是以产品数据管理(PDM)和过程管理(PM)为基础,实现异构 CAD 的有机集成,在并行工程中 PDM 也是重要的基础。

基于 XML 数据的集成技术采用产品模型数据交互规范,将不同 CAD 系统的产品模型转换为统一的数据格式,进行集中统一存储。基于 XML 建立 CAD 系统的零部件属性与产品数据管理系统的映射关系。对零件结构、设计属性、装配信息、工艺信息进行重新组织,构建产品结构,实现对产品的零部件信息的集中展示与浏览。根据智能车间作业特征进行生产设计数据组织,为智能车间管控系统提供设计数据支撑。基于 SOA 的数据集成方式,实现面向服务的集成接口,通过这些接口,进行系统间的数据交互,实现产品数据管理系统中的 BOM 数据向智能车间管控系统的数据传递。数据集成交互图如图 5-7 所示。

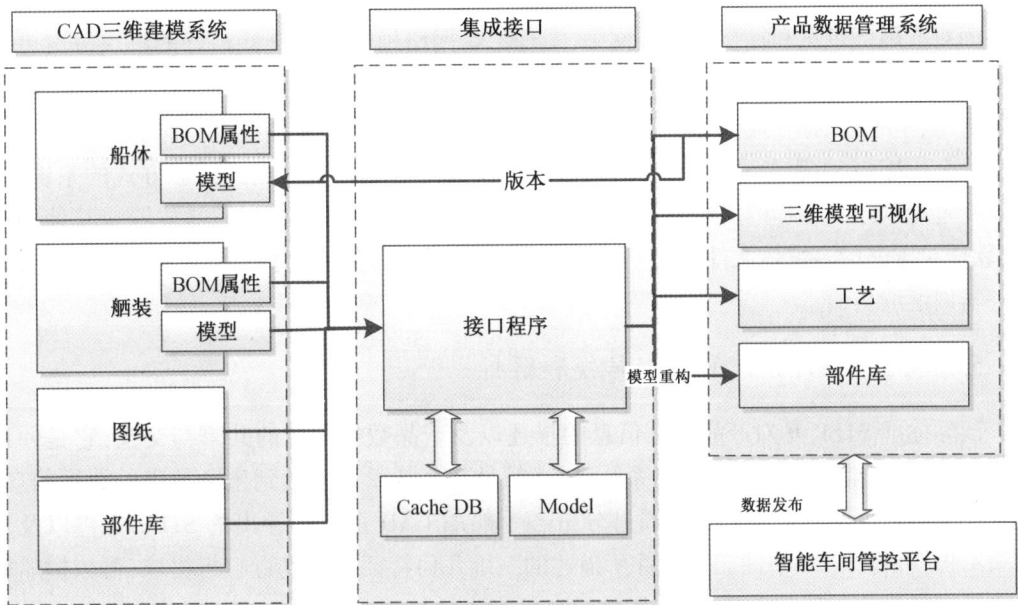

图 5-7　数据集成交互图

由于 CAD 系统的异构性,需要交换的数据具有多个数据源,不同数据源的数据模式可能不同,导致源数据和目标数据在结构上存在差异。在进行数据交换时,首先必须将数据模型以统一的 XML 格式来描述,这就需要使用 XML 的 DTD(Document Type Definiton)或 XML Schema 来定义文档的结构,DTD 定义 XML 文档的基本结构,但不涉及任何有关的实际数据,通过定义适当的 DTD 将源 CAD 库中的数据转换成 XML 文档,然后使用 DOM 技术来解析 XML 文档,这样就可以将 XML 文档中的数据存入目标数据库,从而实现异构数据的交换。由于 DTD 文档定义的数据结构与源数据库中的数据结构保持一致,这样保证了生成的 XML 文档与源数据库中数据一致性。

5.3.5　模型属性及工艺信息轻量化

5.3.5.1　模型属性与工艺信息数据

模型属性信息包括各专业相关的零件属性信息,如船体专业工艺属性信息包括船型数据定义、船体结构报表、船体零件装配明细表、船体装配计划。

在船舶设计生产中,模型可用于现场三维作业指导、虚拟仿真、强度校核、三维模型评审等,因此船舶三维轻量化模型的属性与工艺信息应根据该模型的作用流向对原始数据进行一定层次的筛选。从而,在轻量化处理方案中,可预先设计几种模型流向,根据流向制定一些典型的模型属性与工艺信息筛选器,确保轻量化模型中的属性与工艺信息满足生产需要。

5.3.5.2　轻量化模型数据交互

面对有限的带宽和拥挤的拨号网络,实现窄带网络模型数据交互最好的解决方案就是流式传输方式。通过流式方式进行传输,即使在网络拥挤或差的拨号连接的条件下,也能提供清晰、不中断的信号给客户端。流式传输方式是将多媒体文件经过特殊的压缩方式分成一个个压缩包,由服务器向用户计算机连续、实时传送。在采用流式传输方式的系统中,只需经过几秒或几十秒的启动延时即可在用户的计算机上利用相应的播放器或其他的硬件、软件对压缩的多媒体文件解压后进行播放和观看,多媒体文件的剩余部分将在后台的服务器内继续传输。

5.3.5.3　设计系统的数据转换和解析

国际标准 STEP 是对产品数据信息的描述以及产品数据信息的共享与交换,它是一种中性交换机制,能够独立于各具体系统,描述的是产品从设计开发到生命结束的数据信息,而且能保持数据的一致和完整。通过分析各个船舶 CAD 系统所导出的 STEP 文件以及其语法结构,可将 STEP 中性交换文件所描述的三维几何特征信息进行解析提取,再依据船舶三维模型轻量化处理输入要求,归类整理存储。

对于具体的模型属性以及工艺信息,应根据船舶三维设计系统对该类型信息的存储方式进行数据转换与解析。例如数据库驱动型的三维设计系统,可从其数据库中根据船舶零件以及装配结构获取;具有完整的产品生命周期管理的三维设计系统,可根据其模型以及工艺信息存储格式利用该系统的二次开发以及数据导出工具获取。同时,相对先进的造船企业,其船舶三维设计系统可与产品数据管理系统实现无缝对接,因此本报告中的模型属性与工艺信息也可从产品数据管理系统提取。

本设计系统数据转换与解析实现路径如图 5-8 所示。

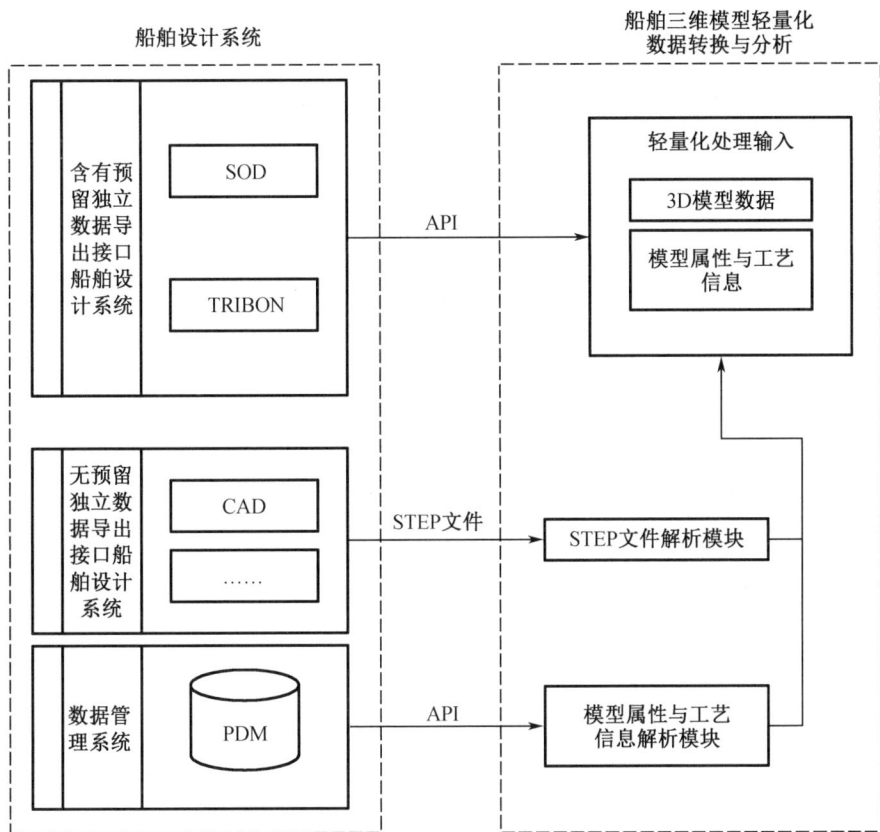

图 5-8　设计系统的数据转换与解析

5.3.5.4　轻量化模型应用接口

为了使得经过轻量化处理后的船舶三维模型能够更好地为下游软件以及模型展示服务,模型轻量化处理方案中还需要设计一定的应用接口,方便与其他三维软件能进行较好的数据共享。船舶轻量化模型主要应用于船舶三维设计、制造、装配以及质量管理,如三维设计评审、三维作业指导、制造工艺仿真、现场问题反馈等。因此,轻量化处理软件中的应用接口应根据当前三维轻量化模型的流向设计接口。在该接口中应包含三个功能,分别是模型选择功能、模型属性与工艺信息选择功能、模型属性与工艺信息传输或存储功能。

模型选择功能即在模型处理过程中,可根据下游软件或用户的需求选择部分船舶模型或整船模型导出,如选择某个分段、某个托盘等;而模型属性与工艺信息选择功能是与模型选择功能配套的,即在选择了什么样的模型后,为了满足需要而选择一定的模型属性与工艺信息;模型属性与工艺信息传输与存储功能,是为了将已选择的模型与属性工艺信息打包成第三方下游软件可识别的存储格式以及确保轻量化模型能正常使用。

5.3.5.5　模型轻量化处理方法

由 Tribon、SPD 等船舶三维设计生产软件所建的船舶模型含有大量的复杂装配模型,从而导致浏览模型时占用很大内存,显示浏览非常缓慢或者无法打开。产生这些问题的主要原因有两个:第一,零件模型通过参数化表达(造型历史、特征定义/参数),不能实现快速加载和显示;第二,某些装配体中装配多个相同零件时,装配文件内部重复记录该零件几何信息。为了实现船舶三维模型快速显示与浏览,应将其中的零件模型进行三角化处理,使其变成三角形网格模型。网格模型也分为高精度和低精度显示,高精度的网格模型包含的三角面数量很大,随着零件数量的增加,装配模型的显示会越来越困难。因此本方案将零件模型设计为三种精度的网格模型,第一、二层次轻量化模型用于表达能看见的零件模型,第三层次轻量化模型描述内部不可见的零件模型。建立轻量化装配模型结构,将装配数据与零件数据分开描述。装配数据描述各零部件装配结构信息和配合关系信息、零部件引用信息;零件数据描述精确的几何数据的边、面属性链表和非精确的三角化边、面、点等显示信息。通过控制三种不同精度轻量化模型的加载显示顺序,可实现大型邮轮三维装配模型的实时交互显示、浏览。船舶三维几何模型轻量化思路如图 5-9 所示。

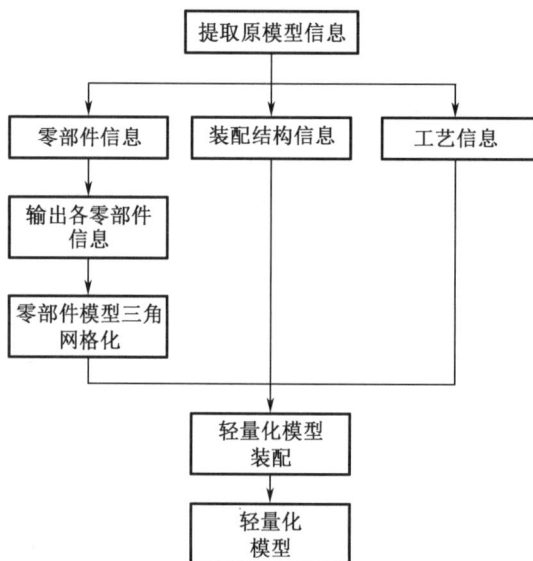

图 5-9   船舶三维几何模型轻量化思路图

5.3.6   工艺数据交互与反写技术

工艺数据交互流程主要包括工艺数据抽取、数据映射存储、信息回写等过程。工艺数据交互流程如图 5-10 所示。

(1)模型数据读取模式

Tribon:利用 Python 脚本语言调用 Tribon Vitesse 提供的关于装配的 API 函数进行装配信息的提取。或者利用开发语言调用 Tribon 的 TbAssPartsListGen 接口进行提取。

SPD:利用 SPD 提供的关于装配的 API 接口(Assembly Xml)进行装配信息的提取。

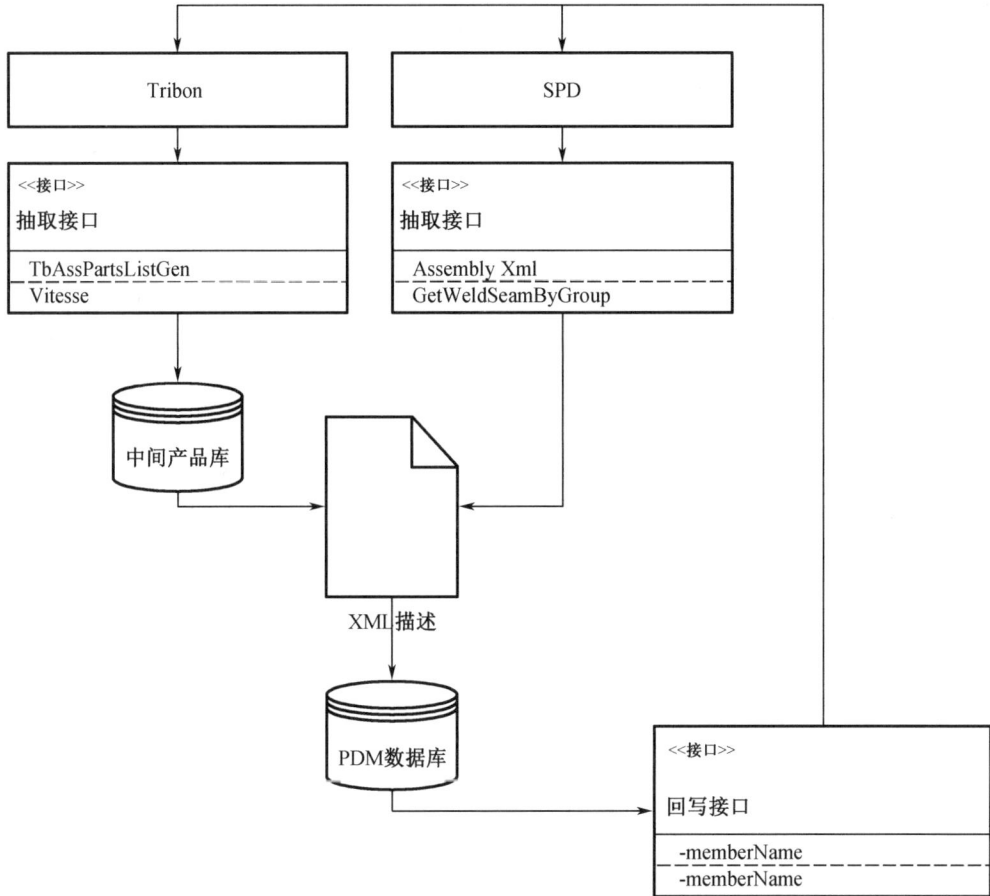

图 5-10   工艺数据交互流程

（2）模型信息反写模式

Tribon：将 Tribon 的部件信息写到文本中，再利用批处理脚本调用 Tribon 提供的 API 函数将文本中的部件信息写入 Tribon。

SPD：分别利用 SPD 提供的关于管子的 API 接口（WritePipeRecords）及关于电气的 API 接口（WriteElecRecords）将管子原理信息和电气原理信息写入到 SPD。

5.3.7   SPD 产品数据集成技术

5.3.7.1   SPD 产品结构数据

在 CAD 模型数据交互集成过程中，不仅要从设计系统中获取三维模型数据，最主要的是还要获取产品的 BOM（结构树数据）。产品结构是企业信息的主干载体，串联起产品全生命周期的信息流转。造船过程的不同阶段对产品定义的组织方式也有所不同。

在初步设计或详细设计阶段，BOM 一般是按照功能或专业来划分，以便于设计分工；但在生产设计阶段，则主要是从船厂的建造角度考虑，按区域、作业阶段、作业类型进行划分，这必然导致不同类型的 BOM。

在 SPD 系统中分别抽取生产设计阶段的产品结构和属性信息后生成船体及其他各专业系统模型。

通过结合数据转换接口平台中集成的 BOM 信息和模型信息与其他部件信息，可以生成设计 BOM 和制造 BOM。数据转换接口平台允许多种结构表示，如图 5-11 所示，能够表述产品从设计到制造的全过程。

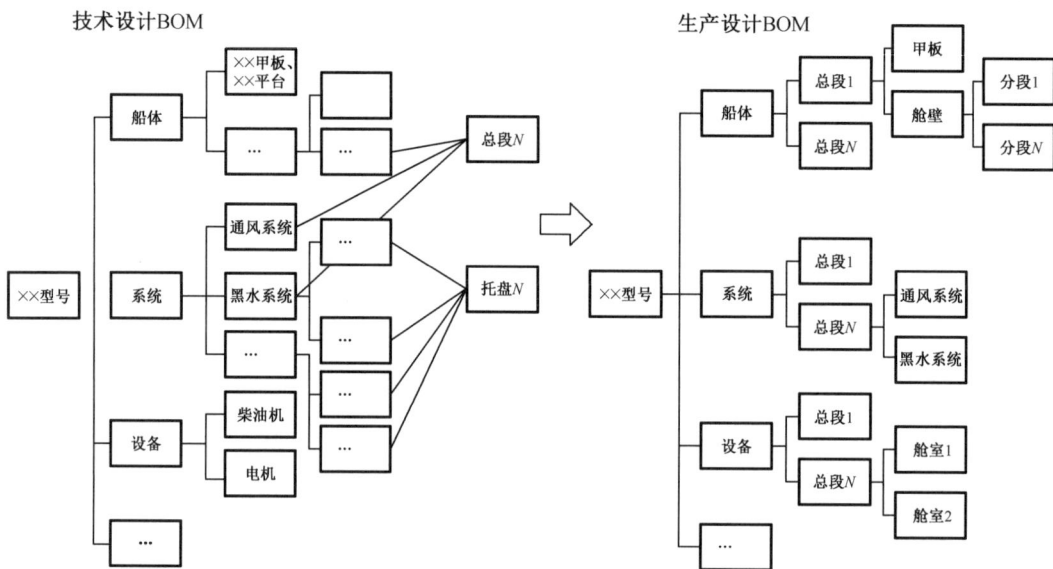

图 5-11　多 BOM 关系示意

5.3.7.2　SPD 零件属性信息数据

从 SPD 系统中提取模型相关的所有设计 & 工艺属性，以支持后端的集成应用需求。所提取的设计 & 工艺属性包括编码、材料、质量、安装位置等原有设计系统所支持的所有属性信息。

在 SPD 系统中的属性信息输出文件格式为 XML 文件，在该系统 XML 文件中定义了模型属性名称及其所对应的值，提取之前，需要对其数据层次结构进行解析，现对各专业导出的 XML 文件进行分析。

（1）船体专业

从 SPD 船体装配系统导出 XML 数据格式如图 5-12 所示，其中"DATA"为 XML 属性信息的根节点，包括"CAD_TOOL""PROJECT_NUMBER""BLOCK_NAME""SPECIALITY"及"ASSEMBLY"子节点，其中"CAD_TOOL""PROJECT_NUMBER""BLOCK_NAME"和"SPECILIFY"分别对应的属性为"TOOL""NUMBER""NUMBER"和"ZHUANYE"。"CAD_TOOL"的值为该数据所用的 CAD 设计工具名称，值一般为"SPD"，"PROJECT_NUMBER"为该文件所在的工程号，值一般为数字，"BLOCK_NAME"所对应的为该文件所在的分段号，值一般为数字，"SPECILIFY"所对应值为"HULL"专业。其中属性"ASSEMBLY"中包含

"AssemblyName""ATTRIBUTES""SUB_ASSEMBLIES"及"HullPart"属性,该层次的"ATTRIBUTES"包含了该"ASSEMBLY"多个属性信息,如:下级流向、组立级别、当前流向、父装配及子装配,每个属性有各自的属性值。在"HullPart"层次中也定义了"ATTRIBUTES",该"ATTRIBUTES"中包含了"HullPart"的属性,如:所属板架、重心、Side、材质、加工代码、零件类型、质量、零件代码、零件厚度、面积、规格描述及零件长度,每个属性对应各自的属性值。

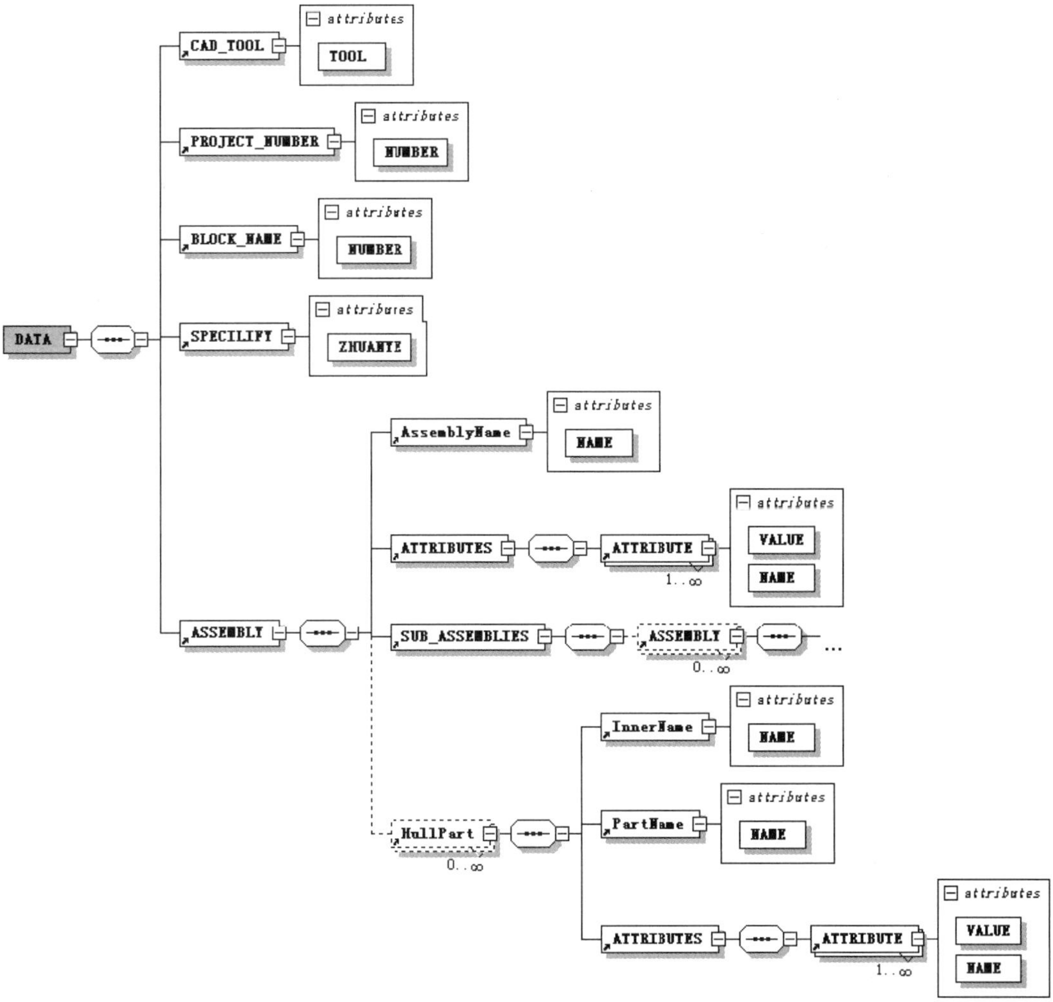

图5-12　船体专业装配数据属性结构示意图

(2)管子专业

从SPD管子专业导出XML数据格式如图5-13所示,"DATA"为XML属性信息的根节点,其中包括"CAD_TOOL""PROJECT_NUMBER""MODULE_NAME""SPECIALITY"及"PART_STRUCTURE"子节点,其中"CAD_TOOL""PROJECT_NUMBER""BLOCK_NAME"和"SPECILIFY"分别对应的属性为"TOOL""NUMBER""NUMBER"和"ZHUANYE"。"CAD_

TOOL"的值为该数据所用的 CAD 设计工具名称,值一般为"SPD","PROJECT_NUMBER"
为该文件所在的工程号,值一般为数字,"BLOCK_NAME"所对应的为该文件所在的分段号,
值一般为数字,"SPECILIFY"所对应值为"PIPE"专业。"PART_STRUCTURE"节点中包含
"PART_TYPE""PART_MOD""PART_NUMBER""ATTRIBUTES"及"CHILDREN"子节点。
在"PART_STRUCTURE"节点中的"ATTRIBUTES"包含了该"PART_STRUCTURE"多个属性
信息,如:物资代码、舾装件编号、数量、质量及表面处理,每个属性有各自的属性值;在
"CHILDREN"层次中定义了"PART_COMP",其中"PART_TYPE"定义了管子部件的类型,
在该层次中也定义了"ATTRIBUTES",该"ATTRIBUTES"中包含了"CHILDREN"的属性,
如:物质代码、部件名称、部件规格、部件描述、部件类型、单位、材质、数量、质量、面积、规格
描述及零件长度,每个属性对应各自的属性值。

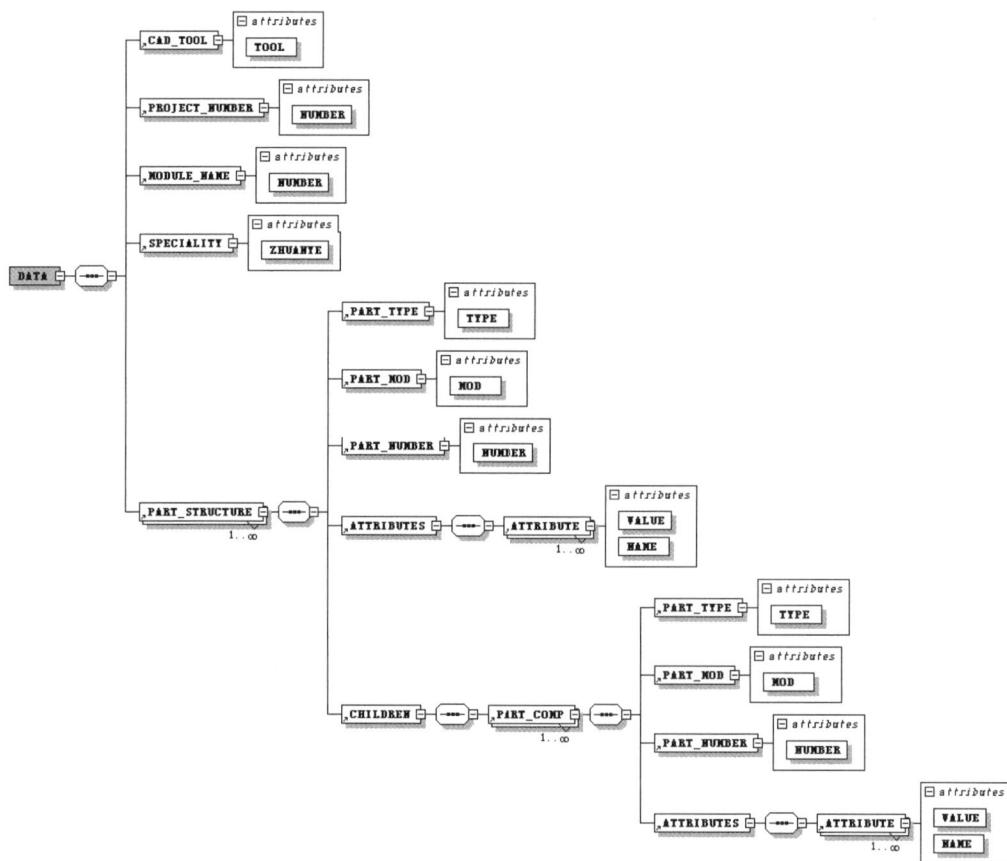

图 5-13　管子专业属性结构示意图

③风管专业

从 SPD 风管专业导出 XML 数据格式,其中"DATA"为 XML 属性信息的根节点,包括
"CAD _ TOOL""PROJECT _ NUMBER""MODULE _ NAME""SPECIALITY""PART _
EQUIPMENT""PART _ VSTRUCTURE"及"PART _ VENT"子节点,其中"CAD _ TOOL"
"PROJECT_ NUMBER""BLOCK _ NAME"和"SPECILIFY"分别对应的属性为"TOOL"

"NUMBER""NUMBER"和"ZHUANYE"。"CAD_TOOL"的值为该数据所用的 CAD 设计工具名称,值一般为"SPD","PROJECT_NUMBER"为该文件所在的工程号,值一般为数字,"BLOCK_NAME"所对应的为该文件所在的分段号,值一般为数字,"SPECILIFY"所对应值为"VPIPE"专业。"PART_EQUIPMENT"节点中包含"PART_TYPE""PART_MOD""PART_NUMBER""ATTRIBUTES"及"CHILDREN"子节点,在"PART_EQUIPMENT"节点中的"ATTRIBUTES"包含了该"PART_EQUIPMENT"多个属性信息,如:物质代码、设备名称、数量及质量,每个属性有各自的属性值。"PART_VSTRUCTURE"节点中包含"PART_TYPE""PART_MOD""PART_NUMBER""ATTRIBUTES"及"CHILDREN"子节点。在"PART_VSTRUCTURE"节点中的"ATTRIBUTES"包含了该"PART_VSTRUCTURE"多个属性信息,如:物质代码、舾装件编号、数量、质量及表面处理,每个属性有各自的属性值。"PART_VENT"节点中包含"PART_TYPE""PART_MOD""PART_NUMBER""ATTRIBUTES"及"CHILDREN"子节点,在"PART_VENT"节点中的"ATTRIBUTES"包含了该"PART_VENT"多个属性信息,如:物质代码、数量及风管零件描述,每个属性有各自的属性值。在"CHILDREN"层次中定义了"PART_COMP"属性,其中"PART_TYPE"定义了风管部件的类型,在"PART_COMP"层次中也定义了"ATTRIBUTES",该"ATTRIBUTES"中包含了"CHILDREN"的属性,如:物资代码、部件名称、部件描述、部件类型、单位、材质、数量及单重属性,每个属性对应各自的属性值。

④电气专业

从 SPD 电气专业导出 XML 数据格式,其中"DATA"为 XML 属性信息的根节点,包括"CAD_TOOL""PROJECT_NUMBER""MODULE_NAME""SPECIALITY"及"PART_ELEC"子节点,其中"CAD_TOOL""PROJECT_NUMBER""BLOCK_NAME"和"SPECILIFY"分别对应的属性为"TOOL""NUMBER""NUMBER"和"ZHUANYE"。"CAD_TOOL"的值为该数据所用的 CAD 设计工具名称,值一般为"SPD","PROJECT_NUMBER"为该文件所在的工程号,值一般为数字,"BLOCK_NAME"所对应的为该文件所在的分段号,值一般为数字,"SPECILIFY"所对应值为"ELEC"专业。"PART_ELEC"节点中包含"PART_TYPE""PART_MOD""PART_NUMBER""ATTRIBUTES"及"CHILDREN"子节点,在"PART_ELEC"节点中的"ATTRIBUTES"包含了该"PART_ELEC"多个属性信息,如:物资代码、数量、质量、舾装件编号、扁钢描述及表面处理,每个属性有各自的属性值。在"CHILDREN"层次中定义了"PART_COMP",其中"PART_TYPE"定义了类型,在该层次中也定义了"ATTRIBUTES",该"ATTRIBUTES"中包含了"CHILDREN"的属性,如:物质代码、部件名称、部件规格、部件描述、部件类型、单位、材质、数量及单重,每个属性对应各自的属性值。

⑤铁舾件专业

从 SPD 铁舾件专业导出 XML 数据格式,其中"DATA"为 XML 属性信息的根节点,包括"CAD_TOOL""PROJECT_NUMBER""MODULE_NAME""SPECIALITY"及"PART_STEEL"子节点,其中"CAD_TOOL""PROJECT_NUMBER""BLOCK_NAME"和"SPECILIFY"分别对应的属性为"TOOL""NUMBER""NUMBER"和"ZHUANYE"。"CAD_TOOL"的值为该数据所用的 CAD 设计工具名称,值一般为"SPD","PROJECT_NUMBER"为该文件所在

的工程号,值一般为数字,"BLOCK_NAME"所对应的为该文件所在的分段号,值一般为数字,"SPECILIFY"所对应值为"STEEL"专业。"PART_ELEC"节点中包含"PART_TYPE""PART_MOD""PART_NUMBER""ATTRIBUTES"及"CHILDREN"子节点,"PART_STEEL"节点中的"ATTRIBUTES"包含了该"PART_STEEL"多个属性信息,如:铁舾件描述、物质代码、舾装件编号、表面处理、涂装及质量,每个属性有各自的属性值;在"CHILDREN"层次中定义了"PART_COMP",其中"PART_TYPE"定义了铁舾件零件的类型,在该层次中也定义了"ATTRIBUTES",该"ATTRIBUTES"中包含了"CHILDREN"的属性,如:物质代码、部件名称、部件规格、部件描述、部件类型、单位、材质、数量及单重,每个属性有各自的属性值。

5.3.8 Tribon 产品数据集成技术

基于 Tribon 抽取的三维模型数据、产品结构、零部件设计属性、装配信息、工艺信息,对零部件的产品结构进行重构,实现对产品的零部件信息的集中展示与浏览。

把 Tribon 模型信息同步到 PDM 软件系统当中,要同步的信息包括数据信息和图形信息。数据信息抽取到 PDM 的后台数据库中,图形信息会同步到用户建立的 FTP 服务器中。产品结构分为三个层次,分别是工程名、专业、分段,实现分段信息同步、更新模型版本、分段 Tribon 的船体模型数据导入 BOM 数据库、模型预览、属性查看等功能。

以船舶各设计阶段的数据(送审设计、详细设计、生产设计)为载体,解析并抽取几何、拓扑、位置和装配等信息,建立几何模型与产品结构树的对应关系,按异构系统之间数据匹配原则,建立非结构化数据至统一数据格式的映射,建立统一 BOM 表、SPD 系统/Tribon 系统数据库的共享数据模型,最后合并这些数据模型,建立起能同时支持 SPD 系统/Tribon 系统的统一模型数据库,实现设计信息的数据转换,设计信息与产品结构树的集成。

Tribon 数据同步界面如图 5-14 所示。

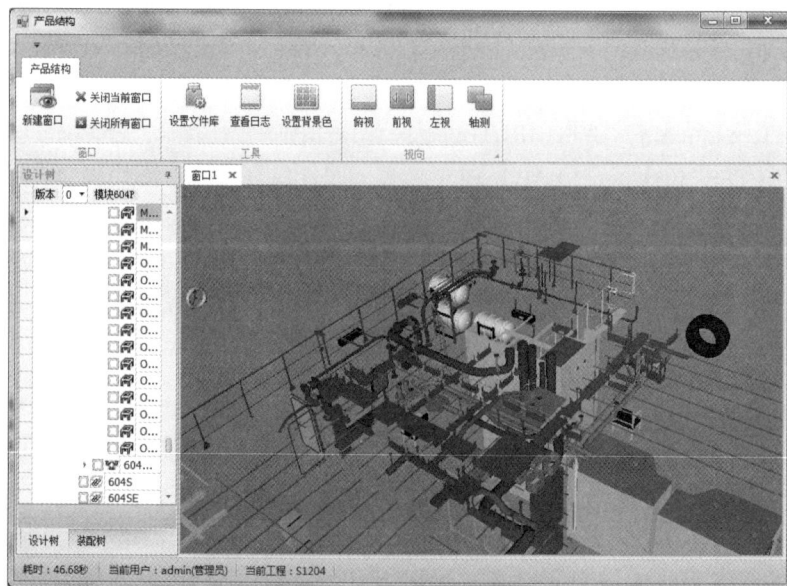

图 5-14 Tribon 数据同步界面

5.4　精细化工时物量管理与 WP/WO 关联技术

工时物量与 WP/WO 关联技术的关键,就是要基于船舶制造现场任务包的划分、其物量构成体系和工时定额分解体系,建立物量和工时两者之间的关系,形成基于任务包的工时物量定额体系。

通过适合产品导向造船模式的编码系统,工时系统与工时做成和反馈密切相关。工时做成系统的基本思想是按组立阶段、按中间产品来分项给定,改变了传统工时路线定额方法,与产品导向造船的一级工艺和追求封闭的阶段中间产品相适应。该系统建立了工时反馈、分析的基本框架,同时建立了中心、单船和各工种工时累计的数学模型和计算分析方法。准确的工时系统是建立生产计划的关键,也只有以此为基础才能建立科学的计划系统,以指挥整个生产系统正常和有序地运转。工时评价和反馈是一项重要工作,依据产品导向型作业分解工时所对应的劳动力消耗指数、生产进度指数、生产率指数,建立系统到区域及汇总到系统的评价体系。

运用工时物量定额体系,可以准确地计算出每个任务包的工时,便于管理人员精确合理地安排作业任务,以及能够准确地反馈现场生产中出现的问题,使得现场施工更加紧凑,能够指导后续船型的计划安排,可以减少每个任务包的工时浪费,进而可以大大地缩短工期,达到精细化造船。

当工时物量定额体系运行后,可以建立物量构成体系数据库和工时定额体系数据库,将体系中所涉及的各任务包的物量和工时定额都录入到数据库中,以方便后续船型能够方便地调用数据,并反馈现场数据,从而不断优化工时物量定额体系。

5.4.1　设计物量数据分类方法

基于产品数据管理平台与 CAD 系统的数据集成接口,抽取零部件的物量信息,通过对参数的分析将物量数据进行精细化分解,形成物量数据分类管理库,实现资源自动预估及优化,为标准工时的预估提供数据基础。

在应用工时物量定额体系时,首先需要明确目标船有多少种物量,才能进行之后的工时定额统计。这就引进了物量构成体系。物量构成体系是针对目标船型中需要采用物量评价工时的任务包,将所有可以用于统计的物量进行细分和罗列,以便进行工时计算。物量构成体系需要设计部门去统计和维护,通过现场反馈的各种物量,将不同类型的物量进行归纳整合,纳入物量构成体系中。物量构成体系中的固有分类,按照大工种的分类方式分为船体、舾装、涂装和支持作业,这四大固有分类是不变的。固有分类下面可以根据任务包工时评价的需要进行自定义,即将各个标准任务包中所包含的物量都分解出来。

5.4.1.1　船体物量统计

Tribon 系统中的模型信息可以延伸应用到造船各个过程,如物料管理、计划、生产、财务及船舶维修、跟踪服务。Tribon 系统提供多种数据抽取方法,如通过基于数据提取命令几何宏语言或调用 API 提取数据函数;通过报表生成器读取建模文件挖掘所需要的产品信息等;以分段为单位获取分段的质量和中心,提取型材的数量及长度;以分段为单位提取分段零件表、钢材材料表、平直型材零件表、弯曲型材零件表、通用件表、套料信息表,进行套料零件分析、套料零件检查、板厚检查,获取结构模型中焊接类型、焊角高度、焊缝长度、焊缝连接的零件等焊接信息;提供管系、电缆等进行精确干涉检查的三维几何模型。将抽取的各类信息导入到 PDM 的一体化数据平台中,重建产品结构模型,基于规则进行各种统计分析,如分段下所有焊缝长度的自动统计,指定条件查询焊缝长度,生成焊缝长度报告、生成外板端缝、舯舷接缝、舯舷样箱剖面线等,结构零件和外板套料、数控切割指令自动生成、动态模拟校验,进行钢板余料的管理,舾装管子的自动开孔。

5.4.1.2 舾装物量统计

以管系、管支架、风管三维建模为核心,建立舾装产品三维模型,生成管子制作图、安装图、托盘表、支架制作表、设备布置图等施工文件。数据库中包含中间统计数据,可以定制数据挖掘规则,用户能够再次进行"个性化"的数据分类汇总,如按施工部门、工艺阶段、区域、托盘、系统或全船统计;还可以生成其他管理信息系统识别的数据格式,如管系托盘表、管子明细表、管子材料表、附件名细表、附件汇总表、连接件汇总表、垫片螺栓汇总表、加工安装工时表、表面处理表、开孔清册、复板清册等,指导物资的预估、采购、领料、成本核算等造船阶段的各个环节。

5.4.1.3 以物量工时为核心的数据管理

在以几何模型、物量工时信息、生产管理数据为基础的一体化数据知识库平台上,数据浏览工具以层次清晰的产品结构树形式,分门别类查看信息,如零件的几何数据、材料数据、工艺信息,查看零件三维模型,包含图纸、物料的对应关系,提供工具对图纸信息、物料的属性进行维护,建模数据修改后,物料信息将自动刷新。无建模软件的专业在图纸修改后,将图纸修改所导致的物料变更维护到统一数据库平台中,物料属性变更后,系统将自动刷新物料关联图纸上的物料清册。

集中的数据浏览保证了不同部门、不同专业能够进行并行协同工作,各专业的设计在任何时候对其他部门或专业都是完全可视化的,同时根据需求对物料进行查询、统计汇总。

完善的修改单信息管理,架起了图纸修改与物料变更的桥梁。图纸出图及物料数据的发布之后,对图纸及物料所做的修改以修改单的形式体现。修改单记录了更改相关的图纸信息、更改原因及其图纸所涉及的零件修改信息、工时修改信息、物料变更信息。

PDM 系统是一个统一的 BOM 输出平台。系统支持在产品设计活动中及时方便地共享和查询相关产品信息,信息涵盖设计、变更以及产品数据发布等过程的各个环节,系统自动生成生产所需各种 BOM,一体化基础数据平台保证了数据的准确性、完整性、格式的标准统一。系统根据设计人员指定的规则自动完成物料分类汇总,图纸信息、物料、托盘、定额工时、工艺项目、修改单等的关联使得设计人员进行各种关联查询成为可能。

5.4.1.4　物量数据可视化范例

（1）支架制作表（截图如图 5-15 所示）

	A	B	C	D	E	F	G	H	I	J	K	L	M	N	O	P	Q	R	S	T
1		工程编号：S1165/66																	图号：	
2		托盘代号：3E30D1P1																		
3	序号	代号	管夹					间距						高度	数量	材料规格	下料长度	表面处理	首端形式	末端形式
4			D1	…	…	…	Dn	Tf	L1	…	…	…	Le							
5	1	CA01	42B					60						120	1	L40X4CX5	170	镀锌	无	L100
6	2	CA02	42B					60						120	1	L40X4CX5	180	镀锌	无	无
7	3	CA03	42B					60						120	1	L40X4CX5	170	镀锌	无	L100

图 5-15　支架制作表截图

（2）管子明细表（截图如图 5-16 所示）

	A	B	C	D	E	F	G	H	I
1									
2	工程编号	S1165							
3	统计范围	托盘代号01D2010BP1	01D3010BP1	01D3210BP1	01D3310BP1	01D3510BP1	01D3710BP1	01D3810BP	
4	序号	零件名	规格	材料	校管	表面处理	总管	支管	备注
5	1	AV148-1	89*8	20钢	内场	热镀锌	纯直管	无支管	
6	2	BG01-1	219*8	20钢	内场	热镀锌	纯直管	有支管	
7	3	BG01-2	219*8	20钢	内场	热镀锌	纯弯管	无支管	
8	4	BG01-3	219*8	20钢	内场	热镀锌	纯弯管	无支管	
9	5	BG11-1	140*6.5	20钢	外场	热镀锌	纯直管	无支管	
10	6	BG11-2	140*9.5	20钢	内场	热镀锌	纯直管	无支管	
11	7	BG11-3	140*9.5	20钢	内场	热镀锌	纯弯管	无支管	

图 5-16　管子明细表截图

5.4.2　基于物量的定额工时计算方法

针对不同物料工艺特性,基于物料的精细化分类和物量的定额工时计算方法,实现物量定额工时的准确预估。

物量是质量、长度、面积等简单的物理量,为生产管理诸如定额、计划、调度等提供依据。每个物量可细分,如其中质量又可分为零件加工质量、部件质量、组合件质量、分段质量等,为各工序工位的工作负荷提供依据。长度又可分为切割长度、装配长度和焊接长度。这三种长度在同一工作对象上(例如一个分段)实际上是不一样的。即使是同一个零件边缘也不一样,比如某些边缘只需要切割,不必装配和焊接;某边缘装配一次,但焊接要进行数次。面积可分为内表面和外表面,对于涂装备料与工时计算都不一样。这就使得管理量的统计变得很复杂。日本有些船厂,只采用质量一种管理量。通过长期统计与回归得出不同施工阶段的质量与总工时的关系,这种关系如通过百分比,在直角坐标系上表示,纵坐标表示周期,横坐标表示质量和总工时,所绘成的曲线称作工厂的能力曲线,可以通过不同的施工阶段完成的施工质量,在能力曲线上求出总工时。然后再根据总工时,按一定的比例,对各工种工时进行分配。这种比例关系也是经过长期通过对不同产品对象、不同部位、不同施工阶段，准确地统计回归而得到的。这样质量就成为生产的唯一管理量，作为生产管理的唯一依据。由于其在焊接方面考虑不够，估计的工时不准确，导致计划的偏差较大。随着造船 CAD/CAM 系统软件的迅速发展，大多数日本船厂采用焊接参数长度作为估计工作量的参数。尽管这个参数计算比较麻烦，但借助于造船 CAD/CAM 系统软件及计算机等工具，也就变得简单。世界上大多数先进船厂采用这种管理量。目前我国很多船厂已引进了造船 Tribon 软件，在装配计划模块，该软件定义了各制造级的阶段、类型的工艺属性，能提供零件形状特性和装配特性，通过对参数的处理，可得到装配长度或焊接长度。对于没有应用 CAD/CAM 技术的船厂，焊接参数长度的计算可通过手工获得。

下面列举几个工时数据可视化范例。

（1）分段定额工时表（表 5-1）

表 5-1　分段定额工时表

SS1147/3010　　　分段　　　工程内容：双层底

工时 工种 / 工序	数切	光切	手切	刨边	锯压	撑	下料	火工	装配	手焊	垫焊	自动焊	扣刨	门切	合计
板材零件	534.62	☐	☐	☐	123.1	☐	☐	☐	☐	☐	☐	☐	☐	☐	☐
	☐	☐	☐	☐	☐	☐	☐	☐	☐	☐	☐	☐	☐	☐	☐
型钢零件	☐	☐	16.46	☐	9.57	☐	18.48	11.45	☐	☐	☐	☐	☐	☐	☐
	☐	☐	5.65	☐	☐	☐	4.46	18.06	☐	☐	☐	☐	☐	☐	☐
部件成型	☐	☐	☐	☐	☐	☐	☐	25.14	45.87	62.43	☐	☐	15.31	☐	☐
	☐	☐	☐	☐	☐	☐	☐	☐	☐	☐	☐	☐	☐	☐	☐
N 拼板	☐	☐	☐	☐	☐	☐	☐	2.88	9.33	☐	☐	☐	17.56	2.74	☐
	☐	☐	☐	☐	☐	☐	☐	☐	☐	☐	☐	☐	☐	☐	☐
N 制造	☐	☐	☐	☐	☐	☐	☐	23.85	30.67	48.81	☐	☐	4.4	☐	☐
	☐	☐	☐	☐	☐	☐	☐	☐	☐	☐	☐	☐	☐	☐	☐
P、H 拼板	☐	☐	30.09	33.35	☐	☐	☐	11.05	27.4	☐	☐	☐	87.19	23.33	☐
	☐	☐	☐	☐	☐	☐	☐	☐	☐	☐	☐	☐	☐	☐	☐
P、H 制造	☐	☐	☐	☐	☐	☐	☐	15.73	34.49	60.34	☐	☐	3	☐	☐
	☐	☐	☐	☐	☐	☐	☐	☐	☐	☐	☐	☐	☐	☐	☐

(2)加工安装工时表(截图如图5-17所示)

	A	B	C	D	E	F	G	H	I	J	K	L	M
1													
2	工程编号	S1165											
3	统计范围	托盘代号01D2010BP1	01D3010BP1	01D3210BP1	01D3310BP1	01D3510BP1	01D3710BP1	01D3810BP1	01D4110BP1	01D4110BP1	01D4210BP1	33E02	
4	序号	下料	管管	式割	校管	内焊	弯热	加工工时	安装	测校	水焊	安装工时	备注
5	1	74.58	31.26	19.82	224.89	282.56	137.07	768.13	1756E.8	20	431.5	18020.29	

图 5-17 加工安装工时表截图

(3)电装车间定额物量工时工程(截图如图5-18所示)

	A	B	C	D	E	F
1						
2	图号:S1149E020101M 图名:管弄电气设备明细表 项目:管弄电气设备					
3	序号	工艺	数量	来源	车间	工时
4	1	白枳舱顶灯 AC220/60	16	H	06	
5	2	应急白枳舱顶灯 AC220/60	15	H	06	
6	3	防水高低压插座箱 AC220/24	8	H	06	
7	4	广播兼通用报警系统，防水式扬声器 IMCOS 6811	3	H	06	
8	5	液位传感器接线盒	10	H	06	
9	6	液位传感器 4-20mA	10	H	06	
10		注：本内容是电气器材、设备的数量，其中包括所有设备安装及座、架装配，定位，电焊。具体参照《S1149E02010.D.管弄电气设备布置图》的位置和技术要求施工。另：设备安装后根据图号为《S1149E000801M.电气设备铭牌清册》的要求，将设备铭牌装妥				

图 5-18 电装车间定额物量工时工程截图

(4)管材物量(截图如图5-19所示)

	A	B	C	D	E	F	G	H	I	J	K	L
1	project_id	target_id	ystem_nam	tystem_	item_id	rial_grou	activity_id	rection_	quantity	luction_gro	ellelate_code
2	S1135	81020P00G			无缝管20# 48X6.5	S	管子配料A		1803D		03E1020BP1
3	S1135	81020P00G			无缝管20# 76X5	S	管子配料A		17903.75		03E1020BP1
4	S1135	81041P00G			无缝管20# 114X3.5	S	管子配料A		8325		05E1041BF1
5	S1135	81041P00G			无缝管20# 140X3	S	管子配料A		6086.25		05E1041BF1
6	S1135	81041P00G			无缝管20# 219X3	S	管子配料A		7855.1		05E1041BF1
7	S1135	81041P00G			无缝管20# 22X3	S	管子配料A		31016.25		05E1041BF1
8	S1135	81041P00G			无缝管20# 22X3.5	S	管子配料A		91962.5		05E1041BF1
9	S1135	81041P00G			无缝管20# 34X3.5	S	管子配料A		14003.75		05E1041BF1
10	S1135	81041P00G			无缝管20# 40X3.5	S	管子配料A		11348.75		05E1041BF1

图 5-19 管材物量截图

（5）弯曲型材零件表（截图如图 5-20 所示）

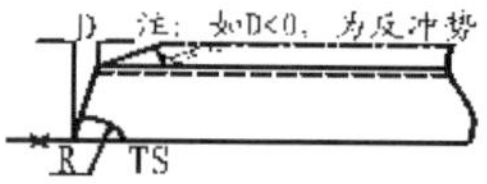

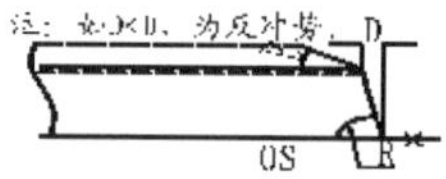

零件名	类型规格	长度	材质	TS	OS	TS	OS	R	A	B	C	D	E	余量	坡口	备注
9010-C5--7003	HP/240x12.0	4817	A	0	0	1	0					0	90		0	
	弯曲											0	90		0	31
9010-C1--7001	HP/240x12.0	9730	A	0	0	1	0					0	90	30	0	
	弯曲											0	90	##	0	
9010-C3--7002	HP/240x12.0	9858	A	0	0	1	0					0	90	30	0	
	弯曲											0	90	0	0	31

图 5-20　弯曲型材零件表截图

（6）套料信息表（截图如图 5-21 所示）

钢板号	钢板规格	板数量	材质	零件数	切割长度	划线长度	空走长度	利用率
\multicolumn{9}{c}{1041+1042　分段套料板基本信息汇总表}								
L1041-2101X20	20.0*1220*2400	1	A	8	16.07	5.83	10.03	57.5
L1041-2102X18	18.0*2400*10000	1	A	7	82.25	45.88	52.81	76.1
L1041-2107X17	17.0*2300*11800	1	A	2	32.22	132.13	35.77	96.7
L1041-2108X16	16.0*2400*10000	1	A	1	24.72	28.70	11.89	98.9
L1041-2109X16	16.0*2400*10000	1	A	1	24.73	38.57	19.58	99.0

图 5-21　套料信息表截图

（7）焊接信息（截图如图 5-22 所示）

分段名	总长	平面板架	平面板架fillet	平面板架butt	曲面板架	曲板架fill	曲面板架butt	成型	成型fillet	成型butt	组立	组立fillet	组立butt
3010	3456405.307	748753.738	617851	130902.738	0	0	0	1040476.097	1021120.128	19355.969	1667175.472	1584318.126	82857.346
3110	4989504.156	1406648.534	1183360.452	223288.082	0	0	0	1458990.811	1430518.956	28471.855	2123864.811	2023246.505	100618.306
3211	5307129.514	1581460.407	1304788.526	276671.881	0	0	0	1527085.176	1510139.738	16945.438	2198583.931	2087876.475	110707.456
3212	3542542.686	1086174.26	907869.546	178304.714	0	0	0	1142714.464	1140416.026	2298.438	1313653.962	1258342.505	55311.457
3411	5044587.341	1537790.43	1242119.536	295670.8935	0	0	0	1682023.111	1645084.984	36938.127	1824773.801	1727574.494	97198.9065
3412	3522965.365	1096996.42	888555.616	208440.804	0	0	0	1262706.08	1242933.192	19772.888	1163262.865	1119268.411	43994.454
3611	5481163.117	1852142.399	1545041.654	307100.745	0	0	0	1651830.832	1636026.832	15804	1977189.886	1876791.608	100398.278
3612	3549821.313	1289104.387	1083610.208	205494.179	0	0	0	1233523.056	1233523.056	0	1027193.87	985470.592	41723.278
3811	5161215.111	1350048.824	1085240.081	264808.7425	0	0	0	1752842.433	1703348.134	49494.299	2058323.854	1966168.045	92155.809
3812	3696632.386	1028172.54	836725.736	191446.804	0	0	0	1327092.099	1294990.278	32101.821	1341367.747	1298540.069	42827.678
4011	4900276.334	1312362.011	1062106.9	250255.1105	0	0	0	1660236.315	1605781.378	54454.937	1927678.008	1837444.234	90233.7745

图 5-22　焊接信息表截图

（8）吊攀明细表（截图如图5-23所示）

	A	B	C	D
1	3611分段板架吊攀明细表			
2	板架号	板架重量	吊攀规格	吊攀数量
3	3611-H1	29164.85938	10吨	4
4	3611-H10	8751.139648	5吨	4
5	3611-H2	10272.54004	10吨	4
6	3611-H3	27562.35938	10吨	4
7	3611-H4	9576.94043	5吨	4
8	3611-H7	25135.84961	10吨	4

图5-23　吊攀明细表截图

（9）引熄弧板明细表（截图如图5-24所示）

	A	B	C	D
1	3611分段板架吊攀明细表			
2	板架号	板架重量	吊攀规格	吊攀数量
3	3611-H1	29164.85938	10吨	4
4	3611-H10	8751.139648	5吨	4
5	3611-H2	10272.54004	10吨	4
6	3611-H3	27562.35938	10吨	4
7	3611-H4	9576.94043	5吨	4
8	3611-H7	25135.84961	10吨	4

图5-24　引熄弧板明细表截图

（10）打磨信息汇总表（截图如图5-25所示）

	A	B	C	D
1	3611分段板架吊攀明细表			
2	板架号	板架重量	吊攀规格	吊攀数量
3	3611-H1	29164.85938	10吨	4
4	3611-H10	8751.139648	5吨	4
5	3611-H2	10272.54004	10吨	4
6	3611-H3	27562.35938	10吨	4
7	3611-H4	9576.94043	5吨	4
8	3611-H7	25135.84961	10吨	4

图5-25　打磨信息汇总表截图

5.4.3　基于任务包的实动工时统计

针对物量数据解决计划与执行能力之间的矛盾,基于对任务包及物量的精细化划分,结合实动工时的反馈,与基于任务包分解的定额工时进行差异分析,准确估计制造所需资源和作业时间,实现单位物量的工时预估与实动工时反馈趋于一致。

构建面向智能制造的零部件产品信息库,对物量工艺数据进行分类组织汇总,通过对参数的处理,得到装配、焊接、涂装等物量信息,结合劳动力消耗系数,初步计算形成定额工时预估量,为精细化车间作业计划编制与派工提供基础。

根据实动工时的反馈,与基于任务包分解的定额工时进行比对分析,结合任务包对应的物量信息,实现单位物量的工时预估与实动工时反馈趋于一致(图5-26)。

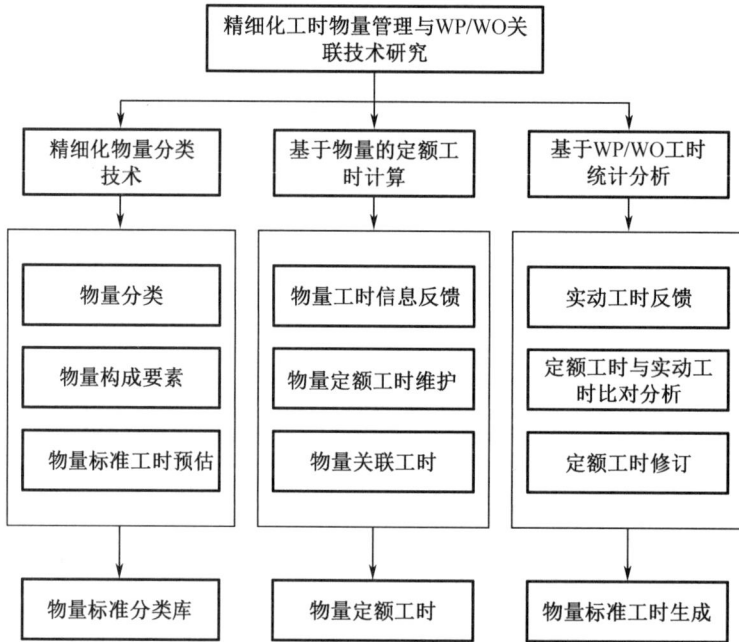

图5-26 精细化工时物量管理路线

生产任务包体现了船舶制造过程中的装配关系和生产作业的描述,在生产阶段、作业工序划分的基础上,对船舶建造工程进行全面分解,建立施工项目与施工单位、施工者的一一对应关系,其制定过程跟基础物量数据和计划的编制密切相关,其包括了任务包的名称、作业阶段、作业内容、作业部门、物量工时。将任务包进一步分解形成更小的作业项目即派工单,是现场基本施工部门的作业依据。所有操作任务之间相互关联,体现了造船业务流程,架起了管理计划层和底层基础物量数据之间的桥梁。

工作包和派工单系统代码的构成形式如图5-27所示。

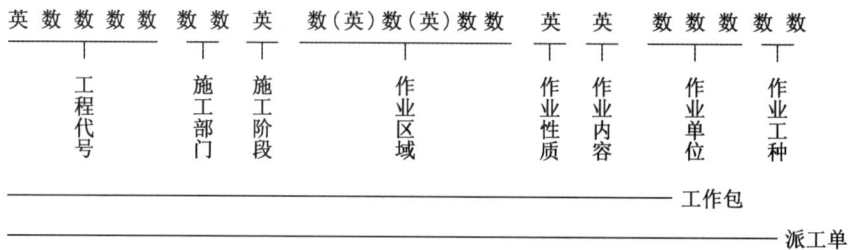

图5-27 工作包与派工单构成图

任务包和派工单的建立需要从PDM的一体化基础物量平台中获取该船型的标准项目

分解及产品结构 BOM。根据结构 BOM 和零件信息,获得任务包的装配关系,根据作业任务的装配方法,结合知识库中的装配和焊接规则,以及吊运、火工规则和资源匹配规则,完成所有操作任务、配合任务的任务包和派工单的生成。

生产任务包的应用基于知识库,应用知识推理、系统分析等方法,将其与资源、服务匹配,生成车间生产计划和调度所需的信息。经过合理调度,得到车间层的生产作业计划,实现车间有序生产。涂装作业 WP/WO 见表 5-2。

表 5-2　涂装作业 WP/WO

序号	WP								WO	
	作业阶段		作业区域	作业性质		作业内容			作业单位	
	代码	名称		代码	名称	代码	名称	代码		名称
1	D	分段涂装	分段号	C	涂装	B	打磨、油漆	001		打磨、结构修补
								002		油漆
						C	喷沙、油漆	001		喷沙、结构修补
								002		油漆
						D	预涂	001		预涂
						E	油漆修补	001		油漆修补
						F	交验	001		喷沙交验
								002		漆膜交验
						G	辅助配合	001		清洁
								002		电焊结构修补
								003		密性等配合

5.4.3.1　典型物量统计

焊接长度是指拼板、部件、组合件、分段制作的焊接长度。为在一定程度上反映焊接工作量的大小和困难程度,有必要把实际焊接长度化为换算焊接长度。这种换算是通过乘以影响系数而得出,这种影响系数有时有多个,例如:

(1)不同规格、厚度的钢板和型材,不同的焊接层数。

(2)不同的焊缝种类,如手工焊、自动焊、半自动焊、衬垫焊、下行焊、重力焊,以及二氧化碳气体保护焊或其他焊接种类。

(3)不同的焊接形式,如连续焊、间断焊、双面焊或单面焊。

(4)不同的焊接方式,如平对焊、立对焊、仰对焊、平角焊、立角焊、仰角焊等。

(5)不同的边缘处理形式,如无坡口、"V"形坡口、"U"形坡口、"X"形坡口或"K"形坡口等。如果边缘处理与板厚建立了标准关系,则边缘影响因素可以忽略。

(6)不同的工作环境,指处于不同的施工阶段,其环境不同,如室外或室内,敞开或密闭,高空或平地等。

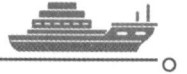

(7)使用钢种的不同,堆焊难度也不同。一般来说,低合金钢要比低碳钢难度大些。

这些影响因素都是在严格执行工艺规程基础上长期统计回归而得出的。但由于影响因素非常复杂,在使用时应根据实际情况做调整。计算方法是以正常状态下的每米焊接长度为参照,计算各种状态下的影响系数,然后将不同状态下的影响系数乘以该状态下的实际焊接长度而得出换算焊接长度。无疑,这种物量的计算是非常烦琐的。

焊接长度统计表是焊接的管理表,由于焊接工时和焊接材料消耗与焊缝的板厚、焊脚尺寸、焊接姿势等有关,所以必须根据上述因素和焊接长度查焊接定额标准,才能正确算出焊接工时和材料消耗量。

焊接长度的计算随焊缝形式而变化,具体算法如下:

(1)对接焊缝为焊缝的接缝长度;

(2)双面连续角焊缝为两侧焊缝长度之和;

(3)搭接焊缝为正反面焊缝长度之和;

(4)间断焊焊缝长度为:(接缝长度-加强焊接长度)×焊段长度/节距+加强焊长度。

分段焊缝长度统计表见表5-3。

表5-3 分段焊缝长度统计表

分段焊接长度统计表			制表		日期				
产品名称			图号		分段号		共 页	第 页	

序号	大接缝名称	连接件名称	焊缝形式	影响系数	焊接长度/m								备注
					对接缝				角焊缝				
					平	立	横	仰	平	立	横	仰	
		…	…	…	…	…	…	…	…	…	…	…	…
		小计											

5.4.3.2 工时统计与反馈

我国船厂一般以技术部门制订的一系列工艺项目明细表作为制定工时定额的依据,施工时,车间再根据工艺工时定额下达施工工时定额。每一项目可分为准备阶段、加工阶段、分段建造,包括部件、组合件制作阶段,船体总装阶段。这种工艺项目明细表,实际上仍然是很粗的大项目,到具体施工时还要细分,以施工单的形式向各工序、各工位下达工时。这样导致船厂在工时统计时是把发生的工时按工种逐月汇总,至完工时才统计出总工时。因造船工时庞大、周期长,这样统计出来的工时比较笼统,做完了才汇总出总工时,对工时数量已无法调整,在哪个部位也无法查找。日本对造船工时的统计与我国不同,它是分阶段、分作业位置统计的,对开工以来的各个阶段发生的工时进行跟踪统计,实时登录数据,从放样、下料、外板加工、分段装配、船台合拢、下水后的舾装等各个阶段的工时进行分别统计，又按分段、按时间段随时了解工时发生的动向，进行反馈。

借鉴日本的经验，针对背景船厂实际，按照下列方式进行工时统计：先由造船部门根据自身特点制订一个规划，拟出一个统计大纲，以任务包为单位确定统计路径、报表输出模式，再根据这个大纲进行编程。建立输入模块，方便大量数据的输入。

现场各生产部门，根据生产中的统计数据来作为工时定额分解体系的依据，再由成本部门维护工时定额分解体系。生产部门针对不同的任务包，定义评价该任务包工时的物量类型，以及工时和物量之间的关系（即工时定额）。

5.4.3.3　工时统计范围

（1）区域

根据背景船厂特点，将造船分成 4 个区域：内场、外场、船台和码头。

内场，也就是内场加工预制作业，包括放样、下料、外板展开、冷热加工、室内的分段准备等。

外场，就是地上分段、大组立作业、分段装配等。

船台，是分段的合拢装配。

码头，是下水后的轮机安装、船上电器舾装。

每一个区域发生的工时都按工种分类合计，方便比较。

（2）阶段

按时间分段不同，不同于背景船厂以往那样，把开工到完工的总工时统计出来，而是从开工到完工各个时间段随机统计，并且最起码是按周统计，把每周从周一到周末发生的工时画成坐标图，并连成曲线，与前一周或其他周进行比较，便于及时分析监控。同时，各个时间段的工时也可根据实际需要随时提取，进行随机统计，以便对用工有清楚的了解。

5.4.3.4　工时统计路径

船厂下设工程部，工程部下面再设工段、班组，每天工人完成的实动工时由班组长在下班前记录好，以小时为单位，第二天交到工段，工段集中后交登录员输入电脑，工段输完数据后通过网络或软盘片传输到工程部，工程部再进行汇总，按月输出各类统计结果报表。

（1）工时精细化分类

因造船工时庞大，有几百万，工期一到二年，跨度如此大的工作，仅按进度统计总工时是不够的，因此把工时按各个段落进行细分，统计出各个部位、各个作业位置、各个时间区间的工时。

（2）工时反馈实际信息

工时汇总是反映实际的变化情况，经过对数据的加工可以得出以下八个方面实际信息。

①一个中心、作业区和班组实际生产发生时数，以及工时在作业对象上的分布情况；

②各中心、作业区和班组各工种投入时数；

③可考核各个中心、作业区和班组工作情况，即人力资源效率指标；

④对应各开工分段、总段或坞内船舶搭载生产进展情况;

⑤统计单船各工种投入工时数累积曲线、单船工时累积曲线,并与原曲线进行比较,对各计划提出相应修改;

⑥可以统计出每个分段(或总段)的实际工时,与计划工时进行比较,寻找平衡的支撑点;

⑦根据实际工时判断人力资源作业工效,如每米焊缝工时、每装配长度工时、每切割长度工时、每根管子安装工时、每吨舾装质量作业工时、每吨分段组立工时等指标,由此可以建立有效的工时数据库;

⑧评估各中心、作业区、班组生产的综合情况,与船厂激励机制挂钩。

5.4.3.5 工时和物量之间的关系

在工时定额分解体系中,通过现场统计得到任务包的工时定额,即生产单位物量所需要的工时情况。正常情况下现场生产中存在各种不确定因素,现场统计数据中的工时和物量都不是呈线性关系的,在特殊情况下,工时物量的关系也是会产生变化的。

从物量和工时的统计数据中,我们得到一系列任务包的物量及其所需要的工时,但只是一些离散的点,如何从这些离散点中找出自变量与因变量之间的一个近似的函数关系式,可通过曲线拟合法、最小二乘法原理拟合。与插值法有所不同,用最小二乘法所得的函数 $y=f(x)$ 并不要求通过所给定的每一点。因为我们统计所得到的数据带有统计误差,要求所有的曲线通过所有的点,就会使曲线保留一切统计误差,而这不是我们所希望的结果。如果个别数据精度很差,那么插值效果是不理想的。为此考虑放弃曲线严格通过所有节点,尽量反映所给数据的一般趋势,尽可能不要出现局部波动,所以采用最小二乘法原理和方法来实现这一目标。另外,工时与物量之间关系是随时间和船舶批量而变化的,还要以工作实绩为参照不断地进行修正,力求更准确反映两者之间的内在关系(图5-28)。

5.4.3.6 工时估算影响因素

(1)船体制造

按照现代造船模式要求,将船体分解为零件加工、部件装配、小分段装配、分段装配、总段装配和船台装配等几个制造级,使得一个庞大的复杂工程变成除零件加工制造级外通用性和相似性极大的装配焊接问题,针对每一制造级的产品特征,在每一制造级形成一定的实绩和相关数据后,可以简单地以每一制造级特征参数或以船体钢料或以焊接参数长度来模拟工时与物量之间数学关系式。

(2)管子加工与安装

管子的安装按工种分船装和机装,按制造级分单元装、分段装和船内装。以每根管子为对象,统计其所需加工制造工时和安装工时,进而得到总加工工时。同时在模拟管子工时与物量之间关系式时还应考虑船型因素,不同类型船舶其加工和安装的工时与物量之间关系有着较大不同。

(a)现场统计数据中的工时和物量关系　　(b)简化后的工时和物量关系

(c)不同准备时间下的工时和物量关系　　(d)有安装件下的工时和物量关系

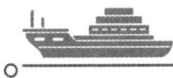

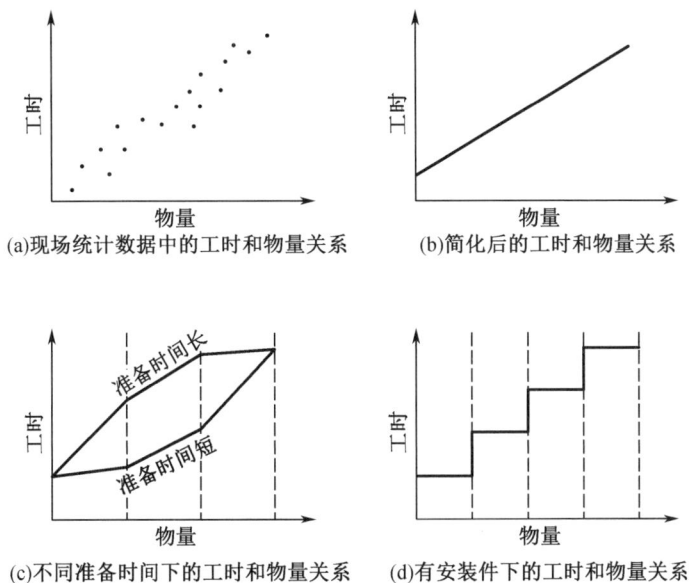

图 5-28　工时与物量量化关系

(3)电气工程

以每公里电缆长度安装工时作为单位,可分解成金属舾装件,包括电缆紧固件、小型设备支架或机座、电缆敷设和切割接线的单位工时。

(4)铁舾装件和机电设备安装

铁舾装件一般以舾装件质量和船上区域来决定其加工和安装工时。机电设备安装工时由船厂实绩来确定。

(5)涂装工程

分段涂装工时取决于单位涂装面积,还包括船型、涂层要求等因素。

5.4.3.7　基于物量的定额工时计算方法

工时物量定额体系是船舶建造过程中计划编制与负荷计算的重要依据,与船厂的设备配置、工艺流程有紧密的联系。工时物量定额体系中包含了物量构成体系和工时定额分解体系。通过物量构成体系和工时定额分解体系,得到标准工时。再结合生产中出现的各种因素以及各种施工计划的变更,得到最终的目标工时,用来指导生产从而达到工时物量定额体系的最终目的,定额工时路线如图 5-29 所示。

5.4.3.8　作业物量与工时函数

工时与作业物量有对应关系,工时体现了物量,工时分定额工时和实际工时,定额工时是建立在实际工时和作业物量上的统计值,因为人的效率总是在提高,使得实际工时小于估计的定额工时,它们的比值控制在 90% 左右。

组立工时分小组立、中组立、大组立和总组立工时,其工种主要为装配、焊接、冷加工、热加工及托盘安装(要求一个托盘对应一个工时),即组立阶段舾装工时分铁舾件安装、管舾件安装、单元模块安装等,加上辅助工时组成了组立工时($C_K, k=1,\cdots,m$),其中 m 为输出层节点数。根据前文的分析,工时要按组立阶段所生成的部件(一般超过两个)、组件(一般为一个以上)、分段(一个)和总段(一个)所给定。

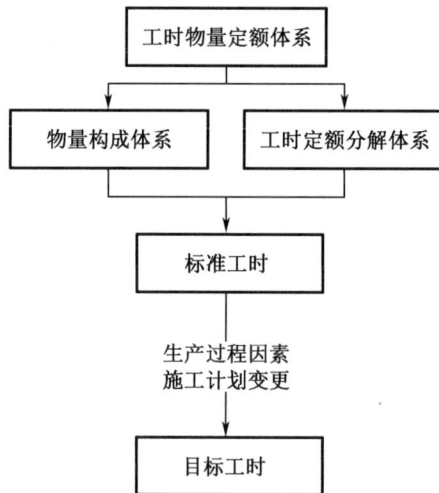

图 5-29　定额工时路线

综合起来这些参数可以分为:

①组立阶段,小组立 S,中组立 A,大组立 B,总组立 G,坞内搭载 D。

②形成中间产品的质量 WT_1,设备质量 WT_2,铁舾装件托盘质量 WT_3,管舾装件托盘质量 WT_4,装焊长度 L,管子根数 N。

③舾装属性,设备(单元)安装 UY,托盘安装 TP,铁舾件安装 TX,管舾件安装 PX,电舾装件安装 DX。

④分段类型,平直/曲面 PC,分段组立难易程度 C。难易程度用难度系数来表示。

5.4.3.9　实动统计

①统计数据本身不准确,如生产过程中生产方式的改变导致数据统计标准不一致。

②统计的数据点不够多。从每种中间产品中看出,尽管设计了很多个样品,但是有好多点是相同的,这就使得在拟合过程中发挥作用的点大大减少,拟合结果不准确;而且,这只是第一次拟合,产生这样的误差分布应属于正常。

③批量船的建造会因工人的熟练程度的提高、制造方法的改进等原因而不同,后续船统计所得的工时数据同前一条船相比要小,导致误差产生。

正常情况下,当误差在5%以内时,船厂可通过加班或者通过个别工时负荷不足的产品来平衡,这样整体保持不变。误差大于5%时,通过加班、外包作业任务重新分解方式来解决。

a. 舷侧分段工时计划对比表(表5-4)

表5-4 舷侧分段工时计划对比表

项目	分段名									
	221	222	223	224	225	226	227	228	229	321
	P.S	P.S	P.S	P.S	P.S	P.S	P.S	P.S	P.S	P.S
实际值	240	461	506	506	506	506	506	452	388	315
估算值	281.2	478.5	530.4	530	530	530	530	460	416.3	367.5
绝对误差	41.2	17.5	24.4	24	24	24	24	8	28.3	52.5
相对误差/%	14.7	3.7	4.6	4.5	4.5	4.5	4.5	1.7	6.8	14.3

b. 底边舱分段工时统计表(表5-5)

表5-5 底边舱分段工时统计表

项目	分段名									
	401	402	403	404	405	406	407	408	409	304
	P.S	P.S	P.S	P.S	P.S	P.S	P.S	P.S	P.S	P.S
实际值	1 082	1 414	1 580	1 584	1 604	1 584	1 592	1 564	1 243	1 176
估算值	1 176.4	1 251.2	1 472.4	1 420	1 491.5	1 420	1 478.9	1 457.4	1 105	1 036.7
绝对误差	94.4	-162.8	-107.6	-164	-112	-164	-113.1	-106.6	-138	-139.3
相对误差/%	8.0	5.0	7.3	11.5	7.5	11.5	7.6	7.3	12.5	13.4

c. 双层底分段工时计划比较表(表5-6)

表5-6 双层底分段工时计划比较表

项目	分段名									
	DB	DB	DB	DB	DB	DB	DB	DB	DB	DB
	01P	02P	03P	04P	05P	06P	07P	08P	09P	10P
实际值	1 896	2 642	2 736	2 642	2 736	2 642	2 736	2 946	2 060	1 196
估算值	2 084.3	2 772.3	2 833.6	2 772.3	2 833.6	2 772.3	2 833.6	3 116.1	2 141.8	1 233
绝对误差	188.3	130.3	97.6	130.3	97.6	730.3	97.6	170.1	81.8	37
相对误差/%	9.0	4.7	3.4	4.7	3.4	4.7	3.4	5.5	3.8	3.0

运用最小二乘法理论对几种典型中间产品的工时与物量之间关系进行拟合。由于船厂提供的每种典型任务包数据较少,拟合的关系式不能得到检验,与实际情况相比会存在一定的误差。而且,随着工人熟练程度的增加、生产设备的改进等,上述表达式还需做出一

定的修正。修正的幅度根据每一工种而定,日本船厂修正幅度正常为 5%～10%。

5.5　设计工艺信息管理技术

面向车间智能管控系统的工艺信息管理,针对车间管控工艺信息的要求,开展以工艺结构为核心,对装配工艺信息、焊接工艺信息及涂装工艺信息进行组织管理,为智能车间管控系统提供数据支撑。

船舶建造工艺信息包含工艺模型信息、工艺文档信息和工艺过程信息三部分。其中工艺模型信息为产品基本工艺信息,如零件的材料、尺寸、质量等;工艺文档信息包含技术文件和工艺文件等;工艺过程信息主要指工艺设计过程中角色、权限、任务状态等的过程控制信息。工艺信息库的建立是为了解决智能制造过程中的工艺流程的数据采集、记录和分析、工艺流程智能决策等问题。

探究产品工艺信息分类管理方法,推进车间智能管控系统更好地将生产计划转化成与车间及可用生产资源实际相符的任务清单。以工艺结构为核心,围绕装配工艺、焊接工艺以及涂装工艺的信息管理技术,形成一个信息完整,可用于现场指导施工的交互式作业指导书,用于指导现场生产作业。针对车间管控工艺信息的要求,开展以工艺结构为核心,对装配工艺信息、焊接工艺信息及涂装工艺信息进行组织管理,为智能车间管控系统提供数据支撑。

5.5.1　以工艺结构为核心的工艺信息管理

针对工艺设计过程中产生的工艺信息多种多样且数据量庞大的问题,以产品工艺结构树为核心来组织和管理工艺信息的技术,形成产品数据管理系统中的产品结构管理模块,实现直观有效地管理各阶段的工艺信息。

面向智能制造的工艺文件数字化管理的关键是要对工艺信息进行数字化,形成计算机可识别、可复用并相互关联的数据及文件体系。分析船体构件加工成形、中小组立焊接、船体分段外板涂装、管子法兰焊接的工艺数据特点,根据最终的短板装备的数据应用要求,制定较为通用的数据规范。针对不同的设计软件开发相应的模型接口,进行数据的提取与重新组织。通过面向机器人应用的工艺规划软件,进行机器人作业的工艺、路径规划,或是将工艺信息传递到数字化车间的智能加工装备,驱动机器人运行。对于非结构化类的工艺文档,建立数字化档案库,通过工艺文档管理平台进行工艺文件的统一归档、审签、浏览和下发。

当前主流的船舶设计软件有 Tribon、AM、SPD、CATIA 等,不同的 CAD 系统数据格式各不相同,多源的数据交互共享较为困难。针对异构 CAD 系统的信息交换技术,本书提出面向多源的数据规范格式,建立一套通用的工艺数据结构,并据此开发工艺数据管理系统。基于中间文件建立不同 CAD 系统的零部件属性与工艺数据管理系统的映射关系,实现异构 CAD 数据智能抽取并转换成统一数据格式。以中小组立焊接工艺数据为例,通过对不同设计软件进行分析后,可将中小组立的焊接工艺数据分为几何信息、装配信息、焊缝信息和零件属性4类：

（1）焊缝几何信息：描述焊缝路径的几何数据/文件，可用于面向机器人应用的工艺规划软件，进行机器人路径的规划；

（2）装配信息：包括装配名称、建造方向等，体现船体结构件之间的拓扑关系；

（3）焊缝信息：包括焊缝名、焊缝长度、焊接姿态、焊接类型、坡口代码等；

（4）零件信息：包括零件内部名、零件外部名、板厚、材质、零件位置、零件开孔等。

基于这4类信息，形成规范化的中小组立焊接工艺数据描述结构，不同的设计软件将基于此规范结构，开发相应的工艺模型处理接口，抽取形成标准化的工艺文件信息。其他类别的工艺信息通过梳理也可形成类似的标准化工艺数据格式。

5.5.2　工艺数据组织及集成技术

采用产品工艺模型数据交互规范，实现将不同CAD系统的产品模型转换为工艺数据管理系统可识别的数据格式，进行集中统一存储。基于可扩展标记语言（XML）建立CAD系统的零部件属性与产品数据管理系统的映射关系。通过对设计CAD抽取的零部件设计属性、零件结构、装配信息、工艺信息进行重新组织，重新构建零部件的工艺结构树，实现产品零部件信息的集中展示与浏览。在构建工艺结构树的过程中，需要根据智能车间作业特征进行生产工艺数据组织，比如需要考虑车间内作业的工艺流程、零部件的流向以及车间作业的计划。工艺结构树将为车间智能管控平台、智能化装备提供工艺数据支撑。

基于面向服务的架构（SOA）的数据集成，开发集成接口，通过这些接口进行系统间的数据交互，实现工艺数据管理系统中的数据向车间智能管控系统、车间智能加工生产线的数据传递。工艺数据组织与集成如图5-30所示。

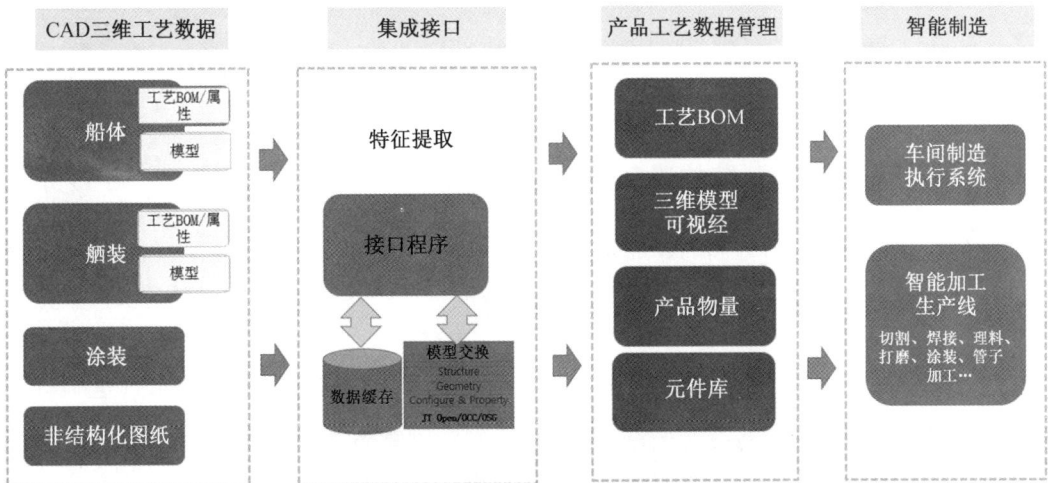

图5-30　工艺数据组织及集成示例

5.5.3　非结构化工艺文档管理技术

推行船舶加工的智能制造,对于设计工艺信息的需求更加迫切。工艺设计的交付物中必然有大量的非结构化的工艺文档,针对船舶设计过程中工艺文档数量大、需流程化审签、版本多等管理方面的困难,需集中化管理船舶工艺设计文档,实现工艺文档的电子化审批流程管理技术、工艺文档更改管理技术、多视图设计任务反馈技术、多维度工艺文档安全控制管理技术和打印信息跟踪管理技术,形成覆盖工艺文档设计计划、设绘、审核、归档、打印、发放等过程的管理方法,开发船舶设计工艺文档信息管理软件,为面向智能制造的工艺文件数字化管理技术提供有效支撑。工艺文档管理框架如图 5-31 所示。

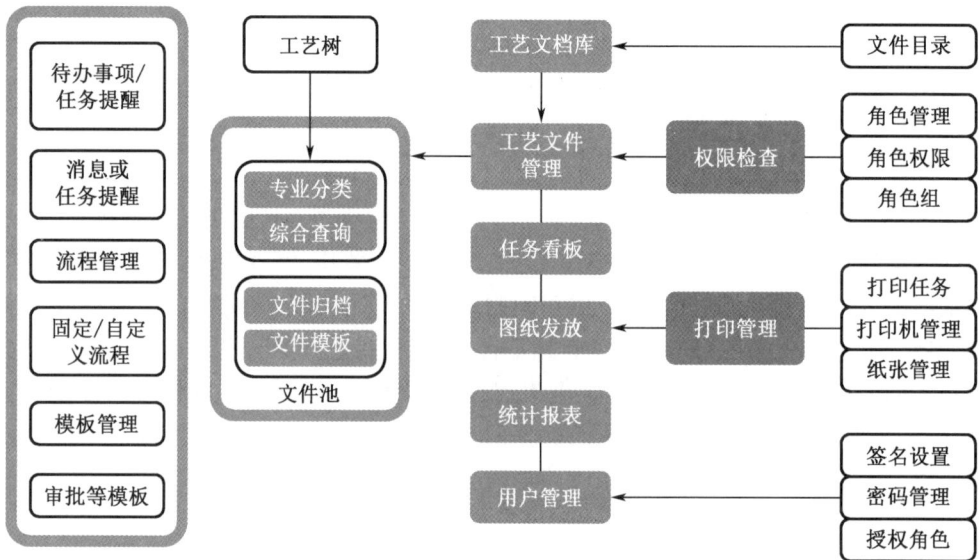

图 5-31　工艺文档管理框架

5.5.4　面向智能制造的工艺数据应用

船厂在进行智能制造方面的建设时,构建车间制造执行管控系统(MES)和建设智能生产线是其中的重点核心工作。针对 MES 系统和智能生产线的运行,需要设计源头的大量工艺数据作为支撑。

对于船厂典型的设计 CAD 系统,建立异构 CAD 接口,通过接口将船体焊接工艺设计数据、船体装配工艺设计数据、管系工艺设计数据、舾装物量数据、涂装工艺设计数据等服务于智能车间的工艺物量数据发布到面向智能制造的产品数据库,在产品数据管理系统中对工艺物量数据进行重构组织。根据 MES 系统、智能车间相关工装设备的数据输入要求,生成船体 BOM、管子 BOM、舾装 BOM、涂装 BOM,并通过基于 SOA 的服务接口发布到车间MES 系统或相关装备的应用软件。

车间 MES 系统可基于工艺物量信息进行车间计划编排、量化派工、质量管理、劳务结算等。车间智能制造装备基于工艺信息进行工艺规划,以中小组立智能焊接生产线为例,针对船厂的中小组立焊接生产线运行需求,根据设计源头的三维模型及焊缝数据,进行每条焊缝的机器人路径规划和工艺规划,生成焊接程序,下发到焊接生产线指导焊接作业。图5-32为基于焊接工艺数据的机器人应用实例。

工艺信息数字化管理技术是船舶企业推进智能制造建设落地的重要环节之一,要做好这项工作,需要厘清智能车间制造执行系统或智能加工生产线对工艺数据的需求,突破工艺数据数字化管理的关键技术,形成多源数据的规范要求,并基于数据规范进行数据的提取与组织,解决数据的应用问题。通过工艺信息的数字化管理,最终实现车间制造执行管控系统的更好落地,支撑船舶加工智能制造装备进行高效、连续、均衡地生产。

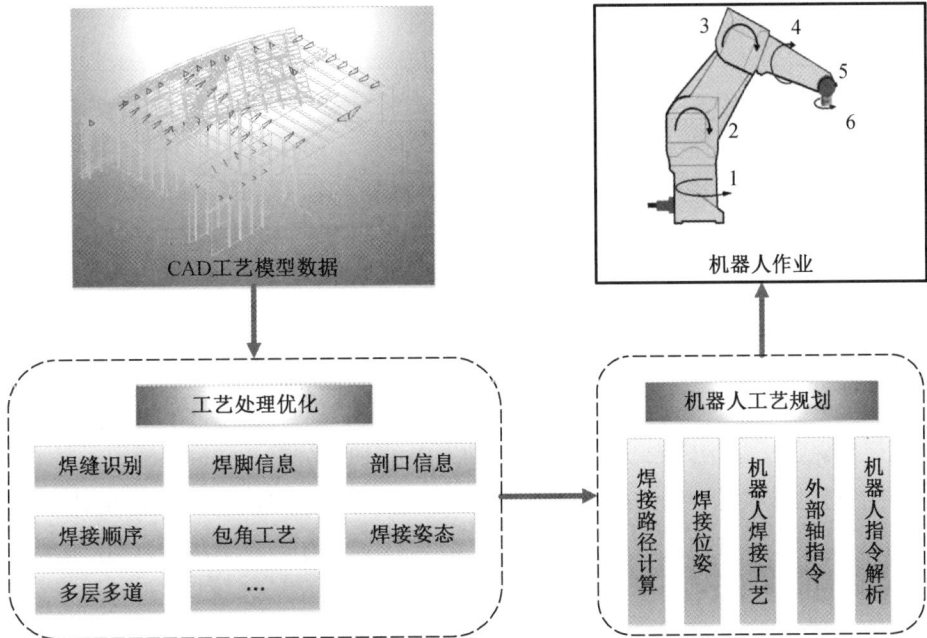

图5-32　基于焊接工艺数据的机器人应用实例

5.6　设计及物资编码映射技术

为支持产品设计、工艺、生产过程基础物料一致性,PDM 设计资源库需要实时使用 ERP 的物料编码相关信息作为建库依据。实现设计和物资编码的映射,确保物料信息的精确传递,促使设计与制造信息的集成。

5.6.1　编码规范标准

针对船舶生产过程中产生大量的数据无法统一、有效管理的现状,对编码规范标准,形成统一的数据规范标准,实现产品数据的全生命周期的流转,建立数据信息共享基础标准。

良好的数据表结构是好的系统设计的基础。在物资管理系统中,与物资编码相关的数据表包括供应商目录表、供应商信息表、计量组信息表、仓库表、物资分类目录及规则表、物资信息表等多张数据表。与物资编码相关的数据表分为两类:结构目录表、编码信息表。物资编码结构目录表见表5-7。

表5-7 物资编码结构目录表

节点名称	节点显示的名称	NodeName	类型
节点 ID	节点唯一身份	NodeID	Varchar
节点说明	节点的说明	NodeDesc	Varchar
父节点 ID	该节点的父节点 ID 号	ParentNodeID	Varchar
节点排序值	同级排序值	NodeIndext	float
编辑人	节点的历史编辑人	Editors	Varchar
编辑时间	节点的最后编辑时间	EditTime	Datetime
附注 1	附注	Remark1	Varchar
附注 2	附注	Remark2	Varchar
附注 3	附注	Remark3	Varchar

该表架构保证了结构树表的最大通用性,以 Parent ID 及 Node Index 确定了整个树状结构的唯一性,同时是客观事实的高度抽象,无论是物资分类、供应商分类,还是计量组分类,都可以抽象为这样的结构进行存储,这样就减少了代码的复杂度及重复性,并易于后期维护。

物资编码信息表描述了物资分类树中的单个物资的详细信息。针对不同类的物资,其明细信息表的设置不同,通过信息所属节点的 ID 号与结构树表取得关联。物资编码明细信息表的设计,见表5-8。

表5-8 物资编码明细信息表

信息所属节点的 ID 号	BelongNodeID varchar
信息字段 1	根据具体表,设计相应的物资
信息字段 2	根据具体表,设计相应的物资
信息字段 3	根据具体表,设计相应的物资
信息字段 4	根据具体表,设计相应的物资

5.6.2　编码映射规则

针对异构 CAD 系统间数据格式不统一,无法进行交互共享的问题,基于产品配置信息的建模及集成技术,将不同 CAD 系统的产品模型转换为统一的数据格式。在标准的设计编码数据与不同的物料编码系统之间,建立属性描述关键字的映射来实现编码的映射。

5.6.2.1　物资编码自动生成

(1)手动自动生成

在物资结构树中对物资的录入和物资编码的维护采用手工输入,每新添加一类物资,按顺序添加新的码位,其中物资大类从 01 开始,留有两位,中类和小类控制在 001~999 的999 个中。同时在添加新物资、形成新的物资编码的同时,存在"物资基本信息"和"物资附件信息"两项。在物资基本信息里填写新加物资的属性等信息,在物资附件信息里添加物资相关的附件,比如主机等设备所带的设备阀件等,是跟随物资,作为物资附件来管理和存储的,不会形成新的物资编码,作为物资附件信息被保存和描述。在物资类别中添加物资时,根据物资类别码、厂商码和顺序码组成的物资编码是自动生成的。

(2)批量生成

对于批量生成的物资编码,有两种导入平台格式:导入平台 A 和导入平台 M。

导入平台 A(Automatic),它主要是针对"物料名称"严格等于"明细物料类别名称"的情况,这样,编码器就可以根据名称将所属物料类别自动准确地匹配出来,该导入平台智能自动化程度高,所需数据少。但必须要求用户正确、准确地核实物料名称,不得马虎。

导入平台 M(Manual):如果不能满足平台 A 要求的一一对应的关系,那么,我们就要指定该物料到底属于哪一物料类别,这就要求针对每一物料,在导入的文档文件(如 Excel)中,必须从物料类别第一级开始,一直到明细级都要有名称,然后根据各级物料类别名称最终匹配出物料类别来。目前,该导入平台类别预置最大支持九级,实际使用多少级无须人工设置,根据规则导入,系统会自动设置。如:编码规则使用的是四级,那么,当我们导入物料信息后,系统会自动启动并启用四级,而其他五级不使用,修改时也只需修改这四级的名称即可,判断灵活。当我们导入完编码信息时,还可以进行系统智能检查,如果检查出导入的信息不全或不合要求,系统会将出错信息反馈在可视化界面供用户参考;如果成功实现编码,智能编码器还能根据用户的要求,将编好的码自动导入"物资物流系统"物料信息库中。

5.6.2.2　物资编码与设计软件的映射

在物资分类目录基本完善,并且贯穿各个部门统一认识的基础上,在设计软件(诸如Tribon、AM、SPD 等)中的尽可能完整的模型,是否能够顺利连接生产设计与物资系统的关键所在。以下论述以 Tribon 系统为例。在 Tribon 中,船用物资可以分为两大类,即关联了

Component 库的物资,不能关联 Component 库的物资。以下分别论述:

其一,没有关联 Component 库的物资。这些物资诸如船体的板材、型材、焊材等。它们的特点是种类较少,属性均较为固定,如板材,属性固定为长度、宽度、厚度、材质、船级。对于这些种类的物资,我们可以针对性地通过定制的数据提取技术进行导入,或者通过制定格式的中间文件或托盘清单进行定制导入,将固定格式的属性信息进行物资编码的计算。

其二,关联了 Component 库的物资。这些物资诸如管子、阀件、附件、电缆等等。它们的特点是种类繁多,属性依据种类不同而各不相同,比如蝶阀,包括型号、公称压力、公称通径和材质等属性,而液位计则包括型号、压力和通径的属性。针对这样的特征,我们应当结合物资分类标准及相关物资种类的属性,对 Component 库的填写标准进行规范,或者借助外围程序控制 Component 库信息的填写,在设计中,通过提取规范的符合物资分类标准的 Component 信息,将制定字段处理后参与物资管理系统的物资编码的计算。即 Component 库中并不记录物资编码,但将按照严格的标准记录符合物资分类及属性标准物资的各信息,在统一输出后,通过采购申请之时,生成物资编码,这样可以解决设计变更、异地协同设计的物资编码的唯一性的问题。

综上所述,物资分类目录树是基础,是所有物资编码生成的存储目录。其余两种代码生成方式都是从物资目录树中提取物资分类目录代码,形成新的序列码。如果要添加新的物资种类,则要在物资目录树中进行维护和添加。

Tribon 提供了对 Component 库的批量导入与导出的接口,用户可以通过这两个接口程序对 Tribon 的 Component 库进行后台操(批量提取和批量导入)。

通过 Tribon 提供的接口程序,从物资管理系统的相应模块中,对 Component 信息进行完善,如选择厂商、填写计量单位、填写属性等诸多信息,在完成编辑后,利用接口程序重新导回 Tribon 的 Component 库中以供设计使用。

通过这种方式,使得填写的信息尽可能避免因人为因素而产生的输入错误,同时保证对物资基本属性的定义在各个系统之间的一致性。具体的实践细节,各个船企可以根据自行现有标准进行因地制宜的定制开发。但在此处,对于导入成功与否的判断应在系统中做出严密判断,避免因错误而导致导入失败,使得物资编码与实际中的设计数据产生不一致之处。

5.6.3 编码智能匹配技术

产品零部件在 CAD 系统与业务系统中存在编码不一致的问题,对 CAD 设计编码与业务编码进行智能匹配,实现物料信息自动匹配物资编码,同时根据物资编码准确获取物资属性。

根据同类船型的材料使用情况及用户的配置,确定映射的材料数据,并按照使用频率进行排序匹配,按匹配的有效关键字在目标系统中组成检索语句,使用搜索目标的材料描述,以缩小材料搜索范围,将结果反馈到界面以协助用户完成编码映射工作。物资编码映射技术路线如图 5-33 所示。

通过设计软件提供的接口程序,从物资管理系统的相应模块中,对 Component 信息进行完善,如选择厂商、填写计量单位、填写属性等诸多信息,在完成编辑后,通过这种方式,实现编码的智能匹配,同时保证对物资基本属性的定义在各个系统之间保持一致。但在此处,对于匹配成功与否应在系统中做出严密判断,避免因匹配错误而导致物资编码与实际中的设计数据产生不一致的问题。

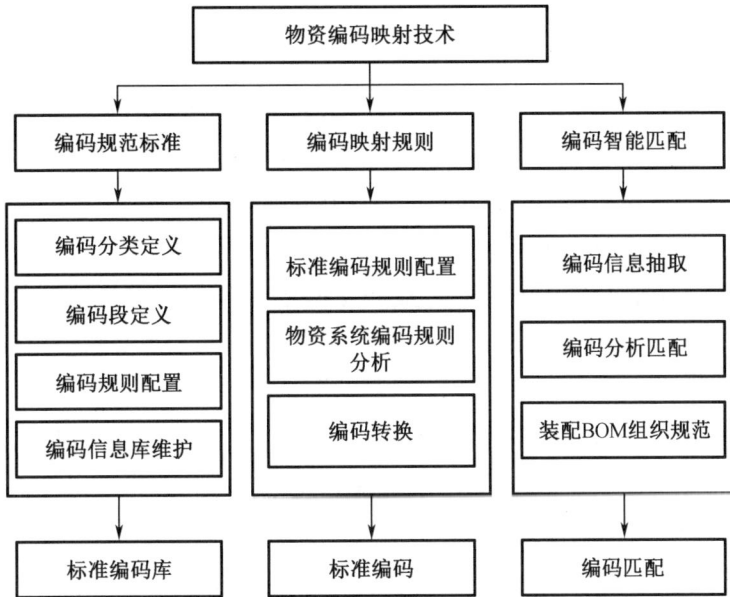

图 5-33　物资编码映射技术路线图

根据同类船型的材料使用情况及用户的配置,确定映射的材料数据,并按照使用频率进行排序匹配,按匹配的有效关键字在目标系统中组成检索语句,使用搜索目标的材料描述,缩小材料搜索范围,将结果反馈到界面以协助用户完成编码映射工作。

5.7　产品数据管理系统开发与应用

基于国内外 PDM 系统,研制开发适合船舶行业的产品数据管理系统,统一管理设计 BOM 及工艺 BOM 等,并实现数据的统一发布。

基于敏捷开发模式进行产品数据管理系统开发。敏捷开发模式是一种可以应对快速变化需求的新型的软件开发方法,强调业务专家与开发团队的紧密协作,通过沟通反馈细化需求,定期迭代开发。产品数据管理系统业务复杂,并且需要按照设计的实际需求及时地改变开发的计划和需求,以文档为驱动的传统开发模式并不能适用开发,而以人为核心、迭代、循序渐进的敏捷开发可以满足开发需求。针对产品数据管理的实际需求,搭建产品数据管理的系统开发平台,并应用敏捷开发模式进行系统开发,通过测试管理与性能优化等方式形成完善的面向智能制造的产品数据管理系统。

5.7.1 产品数据管理系统架构设计

船舶产品数据管理系统是一个大型的、企业级的应用系统,其架构设计需要考虑核心设计元素。对分层架构设计模式进行深入探究,实现系统的架构设计。

(1)系统总体设计

产品数据管理系统的开发目标,是建立一个准确、即时、全局共享的基础数据平台,用来管理船舶产品从设计到制造全生命周期所产生或所需的一切信息。产品数据管理系统的建设目标是成为企业的基础数据中心,成为企业信息化孤岛的数据集成纽带,为生产制造、管理各领域的相关业务系统提供所需的设计基础准备数据。

(2)产品数据管理系统架构设计

由于产品数据管理系统的对象繁多、业务逻辑复杂,需要许多基础模块作为支撑。使用分层架构设计模式进行架构设计,可以做到关系分离、高级服务与低级服务分离、特定于应用的服务与一般性服务分离。层可以减少耦合和依赖性,增强内聚性,提高代码复用性,使概念更清晰。结合上述领域驱动设计理念,产品数据管理系统将采用分层体系架构,并基于.NET平台进行设计实现。产品数据管理系统的总体架构分为表现层、应用层、业务逻辑层、数据访问层、基础设施层、持久层。

5.7.2 产品数据管理系统模块设计

针对船舶产品数据管理系统对象繁多、业务逻辑复杂、变更平凡等特征,设计系统功能模块,基于合理的模块划分,建立起对产品数据的组织、查询、共享、变更进行有效管理的体系。

为了有效地集成管理、应用产品数据,BOM管理应包含如下核心模块:工程管理、部件管理、BOM清单管理、设计变更管理、数据抽取、与其他系统集成、系统管理。在这几大核心模块的支撑下,建立起对产品数据的组织、查询、共享、变更进行管理的体系。

5.7.3 产品数据管理系统集成与应用

针对船舶智能制造对产品数据集成共享的要求,对产品结构管理模块、船舶CAD与产品数据管理系统的集成模块、产品数据管理系统与其他业务系统的集成模块进行集成,实现产品数据的全生命周期管理、共享。

总体来说,通过系统架构设计与模块设计,利用CAD数据自动抽取、设计编码与物资编码的自动映射、定额工时自动计算等技术,将产品数据管理各系统模块进行集成,形成面向智能制造的产品数据管理系统,并对系统进行完整性测试与分析,在实践过程中加以应用、

论证,实现船舶产品设计建造过程的物量数据、工艺数据、工时数据的有效管理和数据的传递,打通船舶产品设计到生产作业现场的数据流,为车间级的智能制造提供数据支撑。编码智能匹配技术路线图如图 5-34 所示。

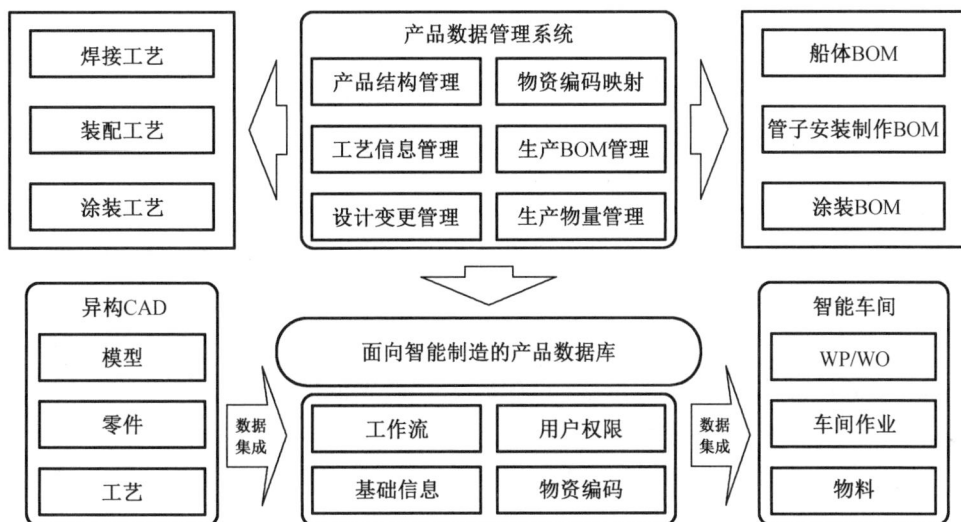

图 5-34 编码智能匹配技术路线图

5.8 本 章 小 结

基于大型散货船、LNG 的设计 CAD 系统,建立异构 CAD 接口,通过接口将服务于智能车间的工艺物量数据进行发布,将船体加工工艺设计数据、船体焊接工艺设计数据、船体装配工艺设计数据、管系工艺设计数据、舾装工艺设计数据、涂装工艺设计数据通过接口发布到面向智能制造的产品数据库,在产品数据管理系统中对工艺物量数据进行重构组织,根据智能车间相关工装设备的数据输入要求,生成船体 BOM、管子 BOM、舾装 BOM、涂装 BOM,通过基于 SOA 的服务接口可以发布到车间制造执行管控系统,最终实现基于三维模型的设计制造一体化。

参 考 文 献

[1] 张玉奎,张宜群.船舶智能制造技术顶层研究[J].应用科技,2017,44(1):5-8,13.

[2] 刘文建.船舶智能制造技术发展趋势及标准体系框架分析[J].科学与信息化,2017 (28):83-84.

[3] 吴笑风,岳宏,石瑶,等.我国船舶产业智能制造及其标准化现状与趋势[J].舰船科学 技术,2016,38(5):1-6.

[4] 陆庆新.智能制造技术在船舶行业的应用探究[J].内燃机与配件,2021(12):180-181.

[5] 邓昂,陶国君,王燥春.基于CATIA COMPOSER的虚拟仿真在造船工艺设计中的应用 [J].中国水运,2021(9):91-94.

[6] 鲁雄飞,邓中军.船舶智能制造技术的应用及发展[J].船舶物资与市场,2020(6):1-2.

[7] 徐玉春,张秀英.船舶数字化设计技术和分段测量数据匹配计算方法[J].舰船科学技 术,2022(8):145-148,160.

[8] 邓小龙,柳存根.船舶三维数字化设计研究[J].船舶工程,2010,32(5):40-43.

[9] 喻天祥,王冬梅,祁超,等.面向船舶智能制造的工艺数字化管理技术[J].造船技术, 2020(2):69-71,76.

[10] 何丽丝,曹荣,王德禹.面向送审的船体结构三维模型转化数据技术研究[J].中国舰 船研究,2021,16(5):206-215.

[11] 许晓东,何丽丝,王德禹.基于约束RRT算法的船舶管路自动布置技术[J].船舶工程, 2021,43(6):18-23,29.

[12] 罗金,周瑜,慈元茂.依据MBD的LNG船分段虚拟建造仿真技术[J].造船技术,2021, 49(3):49-55,59.

附录 A　船舶数字化检验应用指南

第1章　通　　则

第 1 节　一 般 规 定

1.1.1　适用范围

1.1.1.1　本指南规定了船舶开展数字化检验的实施条件、方法步骤、应用原则以及审图和检验要求。适用于申请中国船级社(以下简称"CCS")数字化检验附加标志的船舶。

1.1.1.2　检验对象的数字化程度和数字化检验应用范围不影响申请数字化检验附加标志。

1.1.1.3　数据采集方式包括但不限于下述一种或多种方式的组合:

(1)连续监测;

(2)离线测量;

(3)系统生成;

(4)知识录入;

(5)人工输入,例如证书、报告、记录类文档数据。

1.1.1.4　适用的数据类型包括:

(1)结构化数据,例如结构化查询语言(简称"SQL")数据库;

(2)非结构化数据,例如文本文档、图片、音频、视频;

(3)半结构化数据,例如计算机运行日志、可扩展标记语言(简称"XML")文件。

1.1.2　一般要求

1.1.2.1　申请 CCS 数字化检验附加标志的船舶,应按本指南制定获取检验数据的实施计划,并接受 CCS 的相关检验。

1.1.2.2　经 CCS 验证的检测/诊断设备(包括检验对象内嵌的自检功能)对检验对象的检测/诊断输出数据可直接作为数据源。例如固定式探火系统的自检功能经 CCS 检验后,其自检结果可直接作为数字化检验的数据。

1.1.2.3　经 CCS 检验的船载系统收集和/或诊断的数据可直接作为数据源。

1.1.2.4　检验对象涉及第三方服务机构提交的检验数据时,例如状态监测评估数据,则此类机构在开展服务前应经 CCS 供方认可。

1.1.2.5　船东或船舶管理公司应确保检验数据真实有效。

1.1.2.6　如果检验数据验证结果显示检验对象存在有需要注意的缺陷、损坏或恶化,或发现存在影响检验数据有效性的缺陷时,则验船师可要求进一步进行相关项目的检查,包括用常规检验方式进行检验。

1.1.2.7　船舶检验采用数字化检验时,还应满足国际公约、船旗国主管机关、港口国监督机构、地区性组织等相关法规要求和 CCS 相关规范要求。如本指南与上述法规和规范要求不一致时,以国际公约、船旗国主管机关、港口国监督机构、地区性组织和 CCS 规范为准。

1.1.3　定义

除另有规定外,本指南有关定义如下:

(1)检验对象:系指船舶文件/资料、船体结构、机械设备(系统)等所有船舶检验目标。

(2)数字化:系指利用信息系统、各类传感器、机器视觉等技术,获取检验对象的原始数据、各种信息和相关知识,形成可识别、可存储、可计算的数据,以建立相关的数据模型,进行处理、分析和应用。

(3)检验数据:系指用于评估检验对象的性能、状况等重要监督控制或质量保证的数据。

(4)数字化检验:系指对检验数据进行验证,以评估船舶检验对象的状态、完整性、符合性等检验要素处于可接受的程度,是一种基于数据驱动的船舶检验技术方法。

(5)数字系统:系指利用数据对特定物理实体的数字化呈现,反映物理实体的特定生命周期过程的系统。

1.1.4　规范性引用文件

相关文件中的条款通过本指南的引用将成为本指南的一部分,凡是标注日期的引用文件,仅标注日期的版本适用于本指南。凡是不标注日期的引用文件,其最新版本(包括所有的修改通报、变更通告)适用于本指南。

第 2 节　附 加 标 志

1.2.1　附加标志

1.2.1.1　经申请,并经 CCS 审图与检验合格,可授予如下数字化检验附加标志:

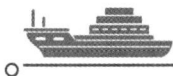

DDV

DDV 为 Data Driven Verification,表示船舶具备采用数字化检验方式开展检验的条件。

1.2.1.2 申请船舶数字化检验附加标志时,不限定检验对象的应用范围。

1.2.1.3 船舶数字化检验附加标志的授予、保持、暂停、取消和恢复应满足 CCS《钢质海船入级规范》第 1 篇或其他适用规范的规定。

第 2 章　实 施 计 划

第 1 节　一 般 规 定

2.1.1　一般要求

本章规定了实施计划的编制和实施要求。

第 2 节　编 制 要 求

2.2.1　一般要求

2.2.1.1　船东或船舶管理公司应根据船舶开展数字化检验的实施条件、应用范围、方法步骤、检验对象数字化程度及其使用说明书(如适用)等要求,制定获取检验数据的实施计划,并报 CCS 审批。

2.2.2　主要内容

2.2.2.1　获取检验数据的相关设备/系统(包括船上和岸基设备,例如计算机系统、传感器、摄像头、数据中继组件、船载数据服务器、远程数据服务器等)的构建方式、方法,以及系统原理和主要零部件性能参数和/或试验报告等。

2.2.2.2　船舶开展数字化检验的应用范围,包括检验对象及其检验项目。

2.2.2.3　检验数据的标识、采集、集成、模型及应用(如适用)的范围和方法等,至少包括:

(1)数据标识的原则、编码方法和编码管理,以及检验数据标识清单。

(2)数据采集方式、方法、条件和计划,以及数据范围(例如采集数据的周期、频次等)或种类(例如运行参数、维保记录),并提供必要的技术说明(例如技术方法、应用标准等)。获取检验数据的方式、方法可参考本指南附录 1。

(3)数据存储/备份机制。

(4)数据集成方法,包括校准、共享、融合、分发等处理过程。

(5)数据模型及应用的功能和方法。

2.2.2.4　管理和操作人员的职责分工。

2.2.2.5　明确分发或授权访问的检验数据范围、形式和方法,以及数据时效性。

2.2.2.6　根据实船情况,CCS 认为必要的其他内容。

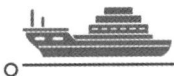

第 3 节　实 施 要 求

2.3.1　一般要求

2.3.1.1　船舶相关管理和操作人员应熟悉、遵守经审批的实施计划。

2.3.1.2　实施计划的变更应满足本指南第 6 章 6.2.6 的要求。

2.3.2　过程控制

2.3.2.1　船舶相关管理和操作人员应及时完成检验数据更新和维护工作。

2.3.2.2　参照 CCS《船舶与海上设施数字系统验证指南》第 1 章第 5 节的要求,定期开展数据质量评估,以持续提升检验数据质量。

第3章 船舶检验数据

第1节 一般规定

3.1.1 一般要求

3.1.1.1 本章规定了用于数字化检验的数据要求。

3.1.1.2 获取检验数据的相关设备/系统(包括船上和岸基设备,如适用),其系统可靠性、完整性、网络安全、数据质量应分别满足 CCS《船舶与海上设施数字系统验证指南》第1章第2节、第3节、第4节和第5节的适用要求。

3.1.1.3 获取检验数据的相关设备/系统可以设计成从数据标识到应用自成一体,也可以由多个子系统组合,建立数据存储和有效的调用关系,实现对检验数据的标识、采集、集成、应用(如适用)和管理。

3.1.1.4 获取检验数据的相关设备/系统应根据 CCS《船舶与海上设施数字系统验证指南》第7章第4节的要求进行安装和部署,实现集成运营。

3.1.1.5 基于船舶现有条件开展数字化检验时,应参照本章要求对获取检验数据的能力进行评估,必要时进行相关试验。

3.1.2 功能与组成

3.1.2.1 获取检验数据的相关设备/系统,应具备数据标识、采集、集成和应用(如有时)能力,以及数据管理、数据维护、用户管理、权限设置、查询、预警、报表制作等管理功能。

3.1.2.2 获取检验数据的相关设备/系统运行期间应能识别、记录主要状态参数和故障报警,以及警报和警告限制参数的修改记录。

3.1.2.3 获取检验数据的相关设备/系统采取必要的措施,防止篡改数据,必要时可设置时间戳、电子签名等。

3.1.2.4 获取检验数据的相关设备/系统应在正常供电失电时,能自动转接到备用电源。该备用电源可采用蓄电池组,其容量应至少维持 30 min 的供电需要。若可能因电源的中断而受到有害影响时,则应采用不中断的方式转换到备用电源。

3.1.2.5 计算机系统应满足 CCS《钢质海船入级规范》第7篇第2章第6节中Ⅰ类计算机系统的要求。

3.1.2.6 传感器应满足 CCS《钢质海船入级规范》第7篇第2章第7节的要求。

3.1.2.7 船载数据服务器、数据中继组件(包括数据传输设备、网络安全设备等)、远程数据服务器等数据采集基础设施应满足 CCS《船舶与海上设施数字系统验证指南》第3章第2节 3.2.2 的要求。

第 2 节　数 据 标 识

3.2.1　一般要求

标识编码是对标识对象赋予特定代码的过程。

3.2.2　数据标识

3.2.2.1　数据标识的原则、编码方法和编码管理应满足 CCS《船舶与海上设施数字系统验证指南》第 2 章第 2 节的要求。

3.2.2.2　编码标准应至少包括应用范围、编码方法、编码结构和编码规则,一般选择数据通用标准(例如国际标准化组织标准 ISO19848《船载机械设备的标准数据》)或 CCS 接受的其他适用的专有标准。

3.2.3　验证要求

一般参照 CCS《船舶与海上设施数字系统验证指南》第 2 章第 3 节的要求进行验证,如采用其他方法应经 CCS 同意。

第 3 节　数 据 采 集

3.3.1　一般要求

3.3.1.1　数据采集是指通过连续监测、离线测量、系统生成、知识录入和人工输入等一种或多种方式相结合的形式获取数据,传输并存储在船载数据服务器和/或远程数据服务器的过程。

3.3.1.2　数据采集应满足 CCS《船舶与海上设施数字系统验证指南》第 3 章第 1 节的要求。

3.3.2　数据采集

3.3.2.1　一般参照 CCS《船舶与海上设施数字系统验证指南》第 3 章第 2 节 3.2.1 的要求确定数据采集构架。

3.3.2.2　数据接口协议、传输协议、交换格式、通信要求应分别满足 CCS《船舶与海上设施数字系统验证指南》第 3 章第 2 节 3.2.3、3.2.4、3.2.5 和 3.2.6 的要求。

3.3.2.3　根据检验种类、检验项目和数据应用和/或验证的要求确定数据采集方式、方法和范围,可以用一类数据对应多个检验项目,也可以用多类数据对应一个检验项目的要求。

3.3.2.4　检验数据的采集,可以参考以下方式构建采集子系统(或功能模块):

（1）电子文档管理系统：对船舶文档资料，包括手册、图纸、证书、报告、技术案卷、记录簿、航海图书/资料、操作说明、人员资格和技能证书等，建立电子文档资料信息数据库，并实现船舶文件资料的数字化应用与管理。

（2）船体结构检查系统：建立船体结构检查管理和实施程序，采集舱室涂层图像、结构单元损坏情况和测厚数据，并建立数据模型库，实现船体结构状况的综合评判等数字化应用。

（3）巡检管理系统：利用定期巡检制度，收集、呈现或识别甲板设备和机械设备、救生消防、起重设备和其他检验对象的外观和功能有效性的数据，包括图片、音视频、测量数据、文字描述等形式，并建立数据模型库。

（4）数据监测系统：为检验对象构建监测系统采集船舶设备运行参数和/或信号，或者集成船上其他相关数字系统的信息资源，实现数据采集，并建立数据模型库。

3.3.3 数据存储

3.3.3.1 数据存储机制应满足 CCS《船舶与海上设施数字系统验证指南》第 3 章第 3 节的要求。必要时，数据存储还应采用冗余设计以确保数据存储的完整性。

3.3.3.2 数据服务器应具备入库标识与安全验证能力，安全验证至少包括数据过滤和校验。

3.3.3.3 数据服务器应满足结构化数据、半结构化数据和非结构化数据的存储需求。

3.3.3.4 根据检验数据应用方式和目标确定检验数据的存储时间，并通过数据备份机制确保船舶生命周期内历史数据可查、可追溯。

3.3.3.5 船载数据服务器一般应能存储实施计划中确定的检验周期内的全部数据，远程数据服务器可仅存放需要分发的数据，也可根据数据存储需求、能力和用途设置多个远程服务器。

3.1.2.6 使用远程服务器时，应建立船端数据与远程服务器的数据合并及冲突机制。此外，应能在失去通信功能的情况下继续在船上运行，确保检验数据的完整性，并具备断点续传功能。

3.3.4 验证要求

一般参照 CCS《船舶与海上设施数字系统验证指南》第 3 章第 4 节的要求进行验证，如采用其他方法应经 CCS 同意。

第 4 节 数 据 集 成

3.4.1 一般要求

3.4.1.1 数据集成应满足 CCS《船舶与海上设施数字系统验证指南》第 4 章第 1 节 4.1.2 的要求。

3.4.1.2　数据集成的技术要求,包括校准、共享、融合、分发等处理过程,一般参照 CCS《船舶与海上设施数字系统验证指南》第4章第2节的要求。

3.4.1.3　数据融合后,应根据检验数据验证要求建立标准的数据模型库。

3.4.2　验证要求

一般参照 CCS《船舶与海上设施数字系统验证指南》第4章第3节的要求进行验证,如采用其他方法应经 CCS 同意。

第 5 节　数 据 应 用

如应用检验数据开展监测、诊断、预测等用途,应满足 CCS《船舶与海上设施数字系统验证指南》第6章对相关应用类别的要求,并接受 CCS 对数据应用能力的验证。

第4章　数据分发与验证

第1节　一般规定

4.1.1　一般要求

4.1.1.1　本章规定了检验数据分发的范围、形式和方法,并明确了检验数据经 CCS 验证后验证结果的传递、表达和使用要求。

4.1.1.2　检验数据的时效性,应满足检验种类、检验项目和数据应用和/或验证的要求,一般在检验窗口期内或年度检验周期内,采用其他时间周期时,应经 CCS 同意。

第2节　数据分发

4.2.1　检验数据分发

4.2.1.1　检验数据分发或授权访问前,应确保数据的标识、格式、范围、时效等满足本指南和 CCS 关于数字化应用数据标准和数据交换的要求,形成数据模型库。

4.2.1.2　船东或船舶管理公司负责将检验数据分发至 CCS,或授权 CCS 访问数据服务器,如采用其他形式向 CCS 提供数据,应经 CCS 同意。

4.2.1.3　如涉及供方服务机构提交的数据,所提交的数据需满足本指南要求,一般由第三方供方服务机构按要求将检验数据分发至 CCS,或授权 CCS 访问数据服务器。

4.2.1.4　船东或船舶管理公司应采取必要的安全措施,确保数据分发或授权访问的安全。

第3节　数据验证

4.3.1　检验数据的验证

4.3.1.1　CCS 根据船舶数字化检验应用范围和检验要求,对检验数据进行验证,并将验证报告反馈至船东或船舶管理公司(申请方)。

4.3.1.2　除分发至 CCS 或授权 CCS 访问的检验数据外,CCS 可将产品检验、船舶建造中检验、船舶建造后检验等相关检验数据和其他知识作为船舶数字化检验的补充数据。

4.3.1.3　验证报告一般包括以下主要内容:

(1)船名、船籍港、IMO No. 等船舶信息;

（2）检验项目的结论和/或说明；

（3）CCS 验证系统名称、版本号等信息；

（4）数据验证日期、报告输出日期等通用信息；

（5）根据实船情况，确定的其他必要信息。

4.3.2　验证结果的使用

4.3.2.1　采用船舶数字化检验，将数据验证结果作为船舶检验的辅助信息时，验船师可根据实船检验情况决定数据验证结果的接受程度。

4.3.2.2　采用船舶数字化检验，并将数据验证结果作为船舶检验依据时，应满足本指南 1.1.2.6 和 1.1.2.7 的要求。

4.3.2.3　当验船师现场检验结果与验证结果不一致时，以现场验船师评定结果为准，验船师可根据本指南 1.1.2.6 的要求进一步检验。

第5章 图纸资料审查

第1节 一般规定

5.1.1 范围

本章规定了船舶审图资料和船舶检验资料的审批要求。

第2节 审查依据

5.2.1 审查依据

除本指南要求外,还包括:

(1)CCS《钢质海船入级规范》第4篇第2章、第7篇的适用要求;

(2)CCS《船舶与海上设施数字系统验证指南》第1~4章、第7章和第9章。

第3节 图纸资料

5.3.1 图纸资料

5.3.1.1 申请船舶数字化检验附加标志的船舶,应至少向CCS提交如下适用的资料,详见表5.3.1.1(1)和表5.3.1.1(2)。

表5.3.1.1(1) 船舶审图资料清单

序号	文件名称	主要内容及要求	审批方式
1	获取检验数据的相关设备/系统的资料说明	(1)系统原理、功能及使用说明,包括系统结构、通信、数据库设计等; (2)硬件说明,如传感器、数据采集装置、数据存储/备份装置等; (3)软件说明,如数据标识、集成、应用的方法等; (4)输出信息的方式、内容、数据种类和要求等	N
2	获取检验数据的相关设备/系统的布置图	数据采集装置、网络设备、数据服务器等主要设备在船上的安装及布置	N

表 5.3.1.1(1)（续）

序号	文件名称	主要内容及要求	审批方式
3	系统单线图	包括系统供电布置、输入输出信号线路等	A
4	网络系统拓扑结构图	描述网络服务器、工作站等各种传输媒体互连设备的网络配置和相互间的物理连接	A
5	组件清单	数据采集装置、网络设备、数据服务器等主要设备型号规格和数量	N

注:A 表示批准,N 表示备查。

表 5.3.1.1(2) 船舶检验资料清单

序号	文件名称	主要内容及要求
1	实施计划	本指南第 2、3 和 4 章
2	试验大纲	本指南第 6 章

5.3.1.2 基于船舶现有条件开展船舶数字化检验时,CCS 可根据实船情况接受相关送审图纸资料的减免。

第6章 附加标志检验

第1节 一 般 规 定

6.1.1 一般要求

6.1.1.1 本章规定了对申请授予数字化检验附加标志的船舶,需要验证其特别要求的检验范围,以获取、保持附加标志。

6.1.1.2 本章规定的特别要求是对 CCS 入级船舶检验要求的补充。其检验可与 CCS 规范规定的相同类型检验,也就是初次入级、年度和特别检验同时进行。

6.1.1.3 附加标志检验中的相关记录、报告已形成检验数据时,则可采用数字化检验方式进行验证。

6.1.2 船上资料

6.1.2.1 船上应保存的资料,至少包括:

(1)本指南第 5 章 5.3.1 规定的船舶图纸资料;

(2)获取检验数据的相关设备/系统的证书或质量证明文件;

(3)获取检验数据的相关设备/系统的使用说明书、操作手册等;

(4)获取检验数据的相关设备/系统和检验对象的运维记录,包括修理或更换记录等;

(5)监测设备/传感器的校准记录/证书(如适用);

(6)第三方供方服务机构的报告(如适用);

(7)定期运行报告和检验数据验证报告(如适用)。

6.1.2.2 资料的留存方式可以为纸质或电子形式。

6.1.2.3 船上应保存的资料及其留存方式还应符合公约、法规和规范的相关要求,以备检查。

第2节 检 验 要 求

6.2.1 初次检验

6.2.1.1 初次检验至少包括:

(1)确认获取检验数据的相关设备/系统的安装完整性,满足审批的图纸和文件;

(2)按批准的试验大纲进行试验,试验项目应至少包括表 6.2.1.2 规定的内容;

(3)确认相关管理和操作人员熟悉并适任实施计划的相关工作;

（4）核查实施计划的内容与实船的一致性；

（5）确认船上资料齐全。

6.2.1.2 初次检验试验内容，见表6.2.1.2。

表6.2.1.2 初次检验试验项目

序号	试验项目	验收要求	备注
1	外观及完整性	相关设备（系统）外观应无损伤，标识清晰，零部件安装齐全，符合批准图纸文件	
2	防篡改功能	防止操作者无意或未经授权而对程序进行修改	
3	电源切换功能	在正常供电失电时自动转接到备用电源	
4	电源故障报警	电源故障时应发出视觉、听觉报警	
5	文档采集与检索功能	文档采集与检索准确性	如适用
6	图片、视频采集功能	确认图片、视频采集质量、格式符合实施计划	如适用
7	图像识别功能	船体缺陷图像识别功能的准确性满足设计要求	如适用
8	监测数据采集功能检查	向各类数据采集接口接入对应的标准信号（如电流信号、电压信号、串口信号等），观察系统的数据显示。同类型的数据采集接口，如数量较多时，可采用抽样方式验证	如适用
9	监测参数格式检查	监测参数的记录至少应包括如下信息： （1）描述设备与系统的基本数据； （2）测量位置； （3）测量数据的处理方法； （4）日期和时间信息	如适用
10	基准数据的记录功能	记录在设备/系统处于初始状态条件下测量或获得状态监测的基准数据	如适用
11	数据通信故障报警功能	能对通信线路连续进行自检，一旦出现异常情况应发出报警	如适用
12	信号丢失报警功能	需要采集的信号丢失，系统应能发出报警	如适用
13	船岸通信功能检查	确认船岸数据通信的有效性（包括：核查船端数据与远程服务器的数据合并及冲突机制，在失去通信功能的情况下继续在船上运行的能力、以及断点续传功能）	如适用
14	到期提醒和报警功能	根据实施计划确认到期提醒和报警功能	如适用

表 6.2.1.2(续)

序号	试验项目	验收要求	备注
15	记录生成功能	两个记录： (1)获取检验数据的相关设备/系统的运行记录； (2)检验对象运维和故障修理记录	如适用
16	数据存储功能检查	采集的数据应能以标准的格式予以记录,并定期存储； 可以从存储数据中查询历史数据,数据内容应与原始输入数据一致	
17	数据备份能力检查	系统应设有数据库备份需要的设施,且验证有效	
18	历史数据查询功能	历史数据应能进行查询	
19	文件/报表输出功能	确认格式和内容	
20	数据分发、授权功能	分发、授权功能的有效性	如适用

6.2.1.3 基于船舶现有条件开展船舶数字化检验时,CCS 可接受相关试验项目的减免。

6.2.2 实施检验

6.2.2.1 对初次授予数字化检验附加标志的船舶,应给出船级备忘,由 CCS 验船师在初次检验完成之日起不早于 6 个月,且不晚于 6 个月后的第一次船舶年度/中间/特别检验执行数字化检验附加标志的实施检验。

6.2.2.2 实施检验一般采用常规登轮检验进行,主要包括:

(1)检查和验证获取检验数据的相关设备/系统已按批准的实施计划有效地运行,并能实现预期的功能,适时验证其功能的有效性；

(2)审查船东或船舶管理公司提供的实施报告,可参考年度运行报告编制,见本指南第6.2.3.2(1)；

(3)确认相关管理和操作人员熟悉实施计划的运作；

(4)检查获取检验数据的相关设备/系统的详细工作记录,及其故障及修理记录(如适用)。

6.2.3 年度检验

6.2.3.1 年度检验可以采用数据验证(如适用)和常规登轮检验相结合的形式进行。

6.2.3.2 对获取检验数据的相关设备/系统的检验,主要包括:

(1)船东或船舶管理公司应向 CCS 执行检验单位提交年度运行报告,报告应至少包含:

①运营维护记录(包括组件)的异常和故障记录；

②运行效果记录。

（2）同时，还应对下列项目进行检查：

①外观及完整性；

②确认运行条件（例如传感器输入条件、模型限制条件等）；

③确认自检报告（如适用）；

④确认工作情况，检查功能是否完整和工作是否正常，必要时核查检验对象的故障记录和维修记录；

⑤采集数据的测量设备/传感器的定期校验或检定情况（如适用）。

6.2.4 特别检验

6.2.4.1 除年度检验项目外，还应进行船舶数字化检验实施效果的检验。

6.2.4.2 对船舶数字化检验实施效果的检验，主要包括：

（1）记录核查，主要包括：

①检验对象的营运维护记录，以证实自检验后，保持在正常状态，满足规范和预定用途；

②检验对象（包括组件）的异常和故障记录（如适用）；

③检验对象的修理记录（如适用），包括因损坏而用备件替换的机械零部件、相关照片、产品证书（如适用）；

④检查检验对象的维修记录时，对于测量数据不准确，或测量数据已超过允许极限而未更换以及认为对机械故障的处理不正确时，可要求进一步检查。

（2）同时，还应对下列项目进行检查：

①对获取检验数据的相关设备/系统的检验，包括表6.2.1.2中序号1~8和11~20项目；

②根据船舶检验数据验证结果，如有必要应开展进一步检查。

6.2.5 损坏和修理

6.2.5.1 获取检验数据的相关设备/系统的出现故障，或者检验对象的损坏、修理，影响到运行实施计划和/或检验数据的有效性时应向CCS申请临时检验，对这种损坏的部件/机械设备的修理，应令验船师满意。

6.2.5.2 检验对象进行的任何修理和纠正措施都应记录，并在附加标志检验时，提交验船师审查。

6.2.5.3 过期的船级条件或存在未经修理的损坏的记录，将影响到船舶数字化检验的开展。

6.2.6 变更管理

6.2.6.1 船舶获取检验数据的相关设备/系统，在经过CCS初次检验后，当对相关的设备和系统进行了实质性的变更或修理，如数据采集方式、集成方法、应用模型等影响数据准确性的变更，应根据具体情况申请CCS进行临时检验。

6.2.6.2　船东或船舶管理公司可以根据设备的健康监测、船舶营运等情况,适当调整实施计划,调整后的实施计划应经验船师批准。

6.2.6.3　船东或管理公司变更时,应确认其管理与操作人员符合本指南第 2 章的要求,并结合临时检验重新批准实施计划,必要时进行相应的检验和/或试验。

6.2.7　撤销与取消

6.2.7.1　船东或船舶管理公司可以申请撤消船舶数字化检验附加标志。

6.2.7.2　CCS 执行检验单位如发现船舶未认真执行数字化检验实施计划时,应报告总部,总部视情况对船东或船舶管理公司提出书面提醒,要求船东或船舶管理公司限期纠正,否则将取消相应的附加标志。

6.2.7.3　撤销或取消附加标志后,不能采用数字化检验方式进行船舶检验。

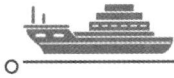

附录1　获取检验数据的方式、方法

第1节　一　般　规　定

1.1.1　目的

本附录提供了获取船舶通用检验对象的检验数据的方式、方法,供编制船舶数字化检验的实施计划时作参考。

1.1.2　一般要求

1.1.2.1　获取检验数据旨在达到检验要求和数据验证要求,基于这一原则并结合检验对象的特点,按本指南第1章1.1.1.4确定检验数据的类型。

1.1.2.2　根据船舶检验的内容、要求和特点,以及实现数字化检验的方式和方法,将船舶检验对象分为文件资料、船体结构、甲板设备、主推进系统、操舵系统、锅炉系统、防污染设备、电力系统、航行设备系统、无线电设备系统、救生消防、动力定位系统、起重设备、能效管理系统和其他类,具体见附表1.1.2.1。

附表 1.1.2.1　检验对象分类表

序号	检验对象类别	检验对象示例
1	文件资料	手册、图纸、证书、报告、技术案卷、记录簿、航海图书/资料、操作说明、人员资格和技能证书等
2	船体结构	舱室涂层、结构单元、船体强度等
3	甲板设备	稳性设备:防撞舱壁阀、干舷甲板围蔽货物处所排水系统、水密舱室舱底排水系统、货舱和隧道污水井报警装置、水位探测器和声光报警器、泵吸系统等; 密性设备:风雨密门、水密门、通风筒、首/尾/舷门、锚链管、泄水孔、排水舷口、舱口、舷窗/窗/天窗、空气管、船壳板开口、水密电缆贯穿件、货舱盖等; 舾装设备:锚泊设备、系泊设备、拖带装置、装载仪、首尾部卸货装置、船体标志(吃水/载重线/水下检验/货舱标志)、船员保护设施等
4	主推进系统	主机:发动机(包括气体燃料发动机)、蒸汽轮机或燃气轮机; 轴系:常规轴系或Z型推进装置,电力推进装置、喷水推进器、齿轮箱等; 为主推进系统服务的相关设备:泵、空压机以及热交换器等设备

附表 1.1.2.1(续)

序号	检验对象类别	检验对象示例
5	操舵系统	主操舵装置、辅助操舵装置、舵设备等
6	锅炉系统	蒸汽锅炉、热油锅炉、给水泵、导热油泵等
7	防污染设备	防止油污染设备:滤油设备以及油分计、排油监控系统以及油分计、焚烧炉、原油洗舱系统等; 防止有毒液体污染设备:通风系统、扫舱系统及洗舱系统等; 防止生活污水污染设备:生活污水处理装置、粉碎器、排放泵等; 防止垃圾污染设备:焚烧炉、磨碎机、压实机等; 防止空气污染设备:含有臭氧消耗物质的设备、NO_x 排放控制设备、SO_x 排放控制设备、焚烧炉等; 压载水管理系统
8	电力系统	主电源:发电机组、主配电板、变压器、谐波滤波器等; 应急电源:应急发电机组、应急配电板、应急变压器、应急蓄电池组/临时应急蓄电池组/无线电蓄电池组、充放电板等; 岸电系统:岸电连接系统(高压、低压)等; 为电力系统服务的相关设备:泵、应急空压机以及热交换器等设备
9	航行设备系统	磁罗经、电罗经、电子海图显示与信息系统(以下简称"ECDIS")、全球导航卫星系统(以下简称"GNSS")、雷达、自动识别系统(以下简称"AIS")、航行数据记录仪(以下简称"VDR")、航速和航程测量装置、航向或航迹控制系统、驾驶室航行值班报警系统(以下简称"BNWAS")
10	无线电设备系统	甚高频无线电装置(以下简称"VHF")、中频无线电装置(以下简称"MF")、中/高频无线电装置(以下简称"MF/HF")、卫星船舶地面站(以下简称"SES")、应急无线电示位标(以下简称"EPIRB")、接收海上安全信息装置[NAVTEX、增强性群呼系统(以下简称"EGC")、高频直接印字电报海上安全信息系统(以下简称"HFMSI")]、双向便携式 VHF 无线电话设备、搜救定位装置(雷达应答器、AIS 应答器)
11	救生消防	救生设备:救生艇、救助艇、救生筏、降落与登乘设备、救生圈、救生衣、救生服、抛绳设备和遇险信号、营救落水人员设备、海上撤离系统等; 消防设备:结构防火、火灾探测和报警系统、固定式碳氢化合物气体探测系统、通风机、灭火器、紧急逃生呼吸装置(EEBD)、消防员装备、国际通岸接头、生活用气体燃料、水消防系统、固定灭火系统、惰性气体系统等
12	动力定位系统	推进器、测量系统、控制系统等
13	起重设备	起重设备
14	能效管理系统	能效管理系统
15	其他	未归入上述 14 种检验对象类别的其他检验对象

注:①未列入的其他检验对象,经 CCS 评估确认后可纳入对应的检验对象类别。

②与结构、设备(系统)密切相关的文件资料,一般作为结构、设备(系统)检验对象的一部分,不独立区分,例如设备的维护保养记录、尺寸测量记录等。

第2节 获取检验数据的方式、方法

1.2.1 文件资料

1.2.1.1 船上的手册、图纸、证书、报告、技术案卷、记录簿、航海图书、操作说明、人员资格和技能证书等应实现电子化,即具备电子签名、图纸层级管理、到期预警、文字识别(OCR)检索等数字化功能。

1.2.1.2 开展船舶文件资料数字化应用时,应编制《船舶电子文件及数字化应用清单》,描述文件资料种类和相应的数字化应用的功能。

1.2.2 船体结构

1.2.2.1 对船体的舱室涂层、结构单元、船体强度进行评级制的数字评估。舱室整体评分由舱室涂层指标、结构单元指标(包括变形和裂纹)、船体强度指标(包括板材/构件的厚度测量和船体总纵强度衡准),按照一定加权的平均分数进行计算。舱室涂层指标和结构单元指标需要上载相应的清晰照片,结构单元指标和船体强度指标需要上载相应的数据,用以评分。

1.2.2.2 可通过无人机/机器人等装备,采集结构图像和厚度测量数据,基于图像识别技术评估舱室涂层状况并识别结构缺陷,基于测厚数据评估船体结构腐蚀状况,并与船体结构三维模型自动匹配,自动建立图像/数据与三维模型结构的映射,为船体结构状况评估、维护保养及结构换新提供数据支撑。

1.2.2.3 船体结构的指标选择和评分方法可参考 CCS《船体检查保养计划指南》《现有船状态评估程序(CAP)指南》或《智能船舶规范》等相关内容进行编制,也可以使用其他自定义的方案,但具体评分方法应在实施计划中明确。附表 1.2.2.1 为一种自定义的船体结果评分方法,分数越小,等级越好,供参考。

附表 1.2.2.1 船体结果评分/评级表

等级	评分	舱室涂层指标	结构单元指标	船体强度指标
好	1~2	表面涂层完好或仅微小锈蚀,无需保养或修理	无肉眼可见变形或裂纹	仅轻微腐蚀,板材/构件的测厚数据接近原始厚度
一般	3~4	有肉眼可见的明显的涂层剥落或锈蚀,但未出现大面积的涂层剥落或锈蚀	有轻微变形或裂纹,但无须修理	有腐蚀,但测厚数据高于显著腐蚀*标准,且船体梁剖面模数显著高于0.9倍规范所要求的船体梁剖面模数

附表 1.2.2.1(续)

等级	评分	舱室涂层指标	结构单元指标	船体强度指标
差	5	出现大面积的涂层剥落或锈蚀	有明显变形或裂纹,需尽快安排修理	腐蚀严重,测厚或强度数据高于换新标准;存在显著腐蚀,或船体梁剖面模数高于但已接近0.9倍规范所要求的船体梁剖面模数

注:显著腐蚀系指通过腐蚀状况评估表明其腐蚀量已超过许用极限的75%,但尚处于可接受的范围内的腐蚀程度。

1.2.2.4　编制船体结构数字化检验实施计划时,应明确:

(1)软件执行船员岗位职责说明;

(2)船体维护保养项目清单和检查计划;

(3)船体检查软件评分和算法标准、图像参照标准。

1.2.3　甲板设备

1.2.3.1　获取稳性/密性/舾装设备的维护保养和定期测试记录,并配以外观照片和功能操作视频作为支撑,验证其工作状况。

1.2.3.2　获取甲板和舱室的遥控阀门、污水井水位探测器和报警装置的日常运行参数,验证其运行情况。

1.2.3.3　获取水密门遥控操作和开关指示的日常运行参数,验证其运行情况。

1.2.4　主推进系统

1.2.4.1　获取主推进系统的瘫船启动功能、常规操作能力、操作和控制装置、驾驶室遥控功能(如设有)、集控室遥控功能(如设有)、自动停车安保能力、换向及停船能力、任一辅助机械故障时推进系统的操作能力以及越控功能的相关信息数据。

1.2.4.2　主机

(1)发动机(包括气体燃料发动机):获取发动机日常运行参数,验证为主推进用发动机服务的增压器、调速器、减震器、盘车机、排气阀液压装置、平衡装置、高压油管保护措施、活塞冷却装置、空冷器、应急鼓风机、扫气装置以及燃料电喷装置、油雾(或气体)浓度探测器等装置的运行情况。

(2)蒸汽轮机:获取蒸汽轮机日常运行参数,验证为主推进用蒸汽轮机服务的气动管系、振动指示装置、透平报警装置、转子位置指示装置、调速器及伺服系统以及底座膨胀装置等的运行情况。

(3)燃气轮机:获取燃气轮机日常运行参数,验证为主推进用燃气轮机服务的气动管系、燃气轮机的安全保护装置及燃烧室的情况、空压机系统、自由燃气轮机装置、内部冷却装置、热交换装置等的运行情况。

1.2.4.3 轴系

(1)常规轴系:获取推力轴承润滑油、推力轴承间隙、中间轴承润滑油、中间轴承间隙、艉轴润滑水检测报告、艉轴润滑油检测报告、各轴承温度、润滑水/油的消耗,验证常规轴系中的螺旋桨、推力轴承、中间轴承、艉轴承、艉密封等设备的运行情况。

(2)Z型推进装置:获取轴承间隙测量、轴承温度、轴系工作记录,验证Z型推进装置中的密封、桨及其紧固装置、齿轮机构、螺旋桨轴及转向柱等运行情况。

(3)电力推进装置:获取电力推进装置运行参数,验证电力推进装置中的电动机、变频器、变压器等装置的运行情况。

(4)喷水推进器:获取艉封板腐蚀情况以及艉喷水口处的结构状况、轴封的磨损情况、轴系工作记录、测量记录、润滑油的状况及消耗等情况,验证喷水推进器的方向控制装置、紧固螺栓及螺母、轴封、叶轮及叶轮罩壳等运行情况。

(5)齿轮箱:获取滑油温度、滑油消耗情况、滑油检测报告,验证齿轮箱运行情况。

1.2.4.4 为主推进系统服务的相关设备

(1)泵:获取各泵的进出口压力、运行电流等参数,验证泵的运行情况。

(2)热交换器:获取各热交换器工作介质进出口温度,验证热交换器的工作情况。

(3)空压机:获取空压机的充气速率,验证空压机的运行情况。

1.2.5 操舵系统

1.2.5.1 获取工作记录、日常运行参数,验证操舵系统的再充液装置、舵角限位装置和制动装置,与主操舵装置直接相连的故障隔离装置、控制装置、供电失效和恢复能力,舵机的安保装置,舵机室与驾驶室之间的通信设备等的运行情况。

1.2.5.2 主操舵装置

获取日常运行参数、工作记录,验证主操舵装置的舵机控制、安全和报警装置、舵角指示装置、运转指示装置、操舵能力以及润滑装置等的运行情况。

1.2.5.3 辅助操舵装置

获取日常运行参数、工作记录,验证辅助操舵装置的舵机控制、安全和报警装置、舵角指示装置、运转指示装置、操舵能力以及润滑装置等的运行情况。

1.2.5.4 舵设备

获取监测舵系轴承间隙、密封装置的运行情况等日常运行参数,验证舵杆设备的运行情况。

1.2.6 锅炉系统

1.2.6.1 获取日常运行状态参数,验证锅炉的自动化系统、安全和报警装置、给水系统、排污系统、燃烧器、控制单元、供油系统等设备的运行情况。

1.2.6.2 蒸汽锅炉

获取过热器和经济器进出口温度、压力,以及汽鼓、水鼓的压力等参数以及渗漏情况,验证蒸汽锅炉的过热器、经济器以及大型 D 型水管锅炉的汽鼓、水鼓装置等的运行情况。

1.2.6.3　热油锅炉

获取锅炉的热油进出口温度、热油循环泵进出口压力等参数,验证热油锅炉的热油循环泵、锅炉燃烧侧的烟道情况,验证热油加热器、自动化系统、安全和报警装置以及附件等设备的运行情况。

1.2.6.4　给水泵、导热油泵

获取各油、水泵的进出口压力、运行电流等参数,验证泵的运行情况。

1.2.7　防污染设备

1.2.7.1　防止油污染设备

(1)滤油设备以及油分计:通过监测获取滤油设备的自检情况、排放流量、排出压力、油分计的报警记录的连续性和完整性等参数,验证滤油设备以及油分计的运行情况。

(2)排油监控系统以及油分计:获取排油监控设备的自检情况、排放流量、排出压力、取样泵的流量、遥控阀门的运行情况、油分计的报警记录的连续性和完整性等参数,验证排油监控系统以及油分计的运行情况。

(3)焚烧炉:获取焚烧炉自检情况,包括燃烧室温度、燃油压力、炉膛内气压、安保装置报警记录的连续性和完整性等参数,验证焚烧炉的运行情况。

(4)原油洗舱系统:获取货舱含氧量、货舱压力、以及原油洗舱泵的压力和流量,以及原油洗舱管系运行压力等参数,验证原油洗舱系统的运行情况。

1.2.7.2　防止有毒液体污染

(1)通风系统:获取通风系统的风机启动电流、运行电流、风机振动情况、风机出口风压等参数,验证通风系统的运行情况。

(2)扫舱系统及洗舱系统:获取监控加热系统的运行情况,扫舱/洗舱泵的压力和流量,扫舱/洗舱管系运行压力等参数,验证扫舱系统及洗舱系统的运行情况。

1.2.7.3　防止生活污水污染

(1)生活污水处理装置:获取气泵的排出压力、排放泵的进出口压力、紫外线灯的运行情况等参数,验证生活污水处理装置的运行情况。

(2)粉碎器:获取粉碎器的进出口压力、运行电流等参数,验证粉碎器的运行情况。

(3)排放泵:获取排放泵的进出口压力、运行电流等参数,验证排放泵的运行情况。

1.2.7.4　防止垃圾污染

(1)焚烧炉:获取焚烧炉自检情况,包括燃烧室温度、燃油压力、炉膛内气压、安保装置报警记录的连续性和完整性等参数,验证焚烧炉的运行情况。

(2)磨碎机:获取监控磨碎机自检情况、运行电流等参数,验证磨碎机的运行情况。

(3)压实机:获取监控压实机自检情况、运行电流等参数,验证压实机的运行情况。

1.2.7.5　防止空气污染

(1)含有臭氧消耗物质的设备:获取设备泄漏报警装置的报警记录、充装记录等参数,验证含有臭氧消耗物质的设备运行情况。

（2）NOx 排放控制设备、SOx 排放控制设备：获取控制设备的运行参数，验证 NOx 排放控制设备和 SOx 排放控制设备的运行情况；

（3）焚烧炉：获取焚烧炉自检情况，包括燃烧室温度、燃油压力、炉膛内气压、安保装置报警记录的连续性和完整性等参数，验证焚烧炉的运行情况。

1.2.7.6　压载水管理系统

获取压载水管理系统的运行参数以及自检情况，验证压载水管理系统运行情况。

1.2.8　电力系统

1.2.8.1　一般要求

（1）获取电力系统中绝缘电阻监测报警装置的显示状态，验证相关设备的运行情况和自检功能。

（2）获取指示灯和指示仪表以及所有控制部件的状态，验证相关设备的运行情况。

（3）获取电力系统警报记录。

1.2.8.2　主电源

（1）主发电机组（附表 1.2.8.1）

附表 1.2.8.1　主发电机组数据源

重要部件	原动机	发电机
数据源	①对于柴油机，获取各个保护装置（例如超速停车、滑油压力低停车等）的功能以及柴油机运行监控系统的信息，验证发电用柴油机的运行情况。如该船舶的推进系统为电力推进系统，则该柴油机相关附加功能的应满足本附录第 1.2.4.2 的相关要求；②对于蒸汽轮机，各个保护装置的功能以及蒸汽轮机运行监控系统，可参考本附录 1.2.4.2 的相关要求	①获取发电机各个保护装置的功能以及发电机的实际负荷，获取发电机或变换装置的电压、电流、频率、功率以及运行时的振动及温升等参数，验证发电机的运行情况；②对于需要在失电后自动启动并连接主配电板的发电机，获取自启动装置的动作及启动时间等参数，验证其自启动功能的运行情况

（2）主配电板：获取主开关过电流、逆功率/逆电流、欠电压等参数，验证主开关保护装置的运行情况，获取卸载装置的一级卸载和二级卸载的动作状态，验证卸载装置动作有效性的运行状态。

（3）变压器：获取变压器电流、电压、温度等参数，验证变压器总体功能的运行情况。

（4）谐波滤波器：获取电压谐波数据，验证谐波滤波器的运行情况。

1.2.8.3 应急电源

(1)应急发电机组。

①获取发电机或变换装置的电压、电流、频率、功率以及运行时的主要参数,验证发电机连同其变换装置的稳定运行情况。

②获取自启动时间,自动合闸等信息,验证自启动过程情况(如适用)。

③对于需要在0 ℃以下启动的发电机,获取发电机组或者所处环境的加热器的关/停、工作信息,验证加热器的工作情况。

④获取启动时蓄电池的电压变化或启动空气的压力消耗、第二启动能源的储备情况、三次启动失败报警等参数,验证应急发电机组自启动装置的运行情况。

(2)应急配电板:获取过电流、欠电压、绝缘等参数,验证应急配电板中对主开关保护装置的运行情况。

(3)应急变压器:获取变压器的电流、电压、温度等参数,验证变压器的总体运行情况。

(4)应急蓄电池组/临时应急蓄电池组/无线电蓄电池组:获取蓄电池组充放电的电压、电流、电池温度等参数,验证蓄电池组的运行情况。

(5)充放电板:获取充放电板的电压、电流、绝缘等参数,验证充放电板的运行情况。

1.2.8.4 岸电系统

(1)获取岸电系统与船舶电力系统的连锁保护开关状态,验证联锁开关的运行情况;

(2)对于高压岸电连接系统,还应考虑:

①获取高压岸电连接系统断路器的电流、电压、相序、接地、开关状态等信息,验证其短路、过流、接地、过压、欠压和逆功(如适用)、相序保护的功能以及应急切断功能;

②获取高压进出线柜内隔离开关的电流、电压信息,验证其短路、过载及过压保护功能;

③获取高压电缆绞车的控制装置及报警系统信息,验证其运行情况。

1.2.8.5 为电力系统服务的相关设备:

(1)各泵:获取各泵的进出口压力、运行电流等参数,验证泵的运行情况。

(2)热交换器:获取各热交换进出口温度,验证热交换器的工作情况。

(3)应急空压机:获取应急空压机的充气速率,验证空压机的运行情况。

1.2.9 航行设备系统

1.2.9.1 获取各航行设备的供电电压、来源信息,验证设备供电的运行情况。

1.2.9.2 磁罗经

获取罗经液是否存在气泡、照明是否能够点亮等照片或视频,验证磁罗经运行情况。

1.2.9.3 电罗经

(1)采集电罗经首向复示器和方位复示器的数据,对比主罗经数据,验证罗经功能的运行情况。

(2)采集电罗经向其他设备提供数据的通道信息,验证其输出信号的运行情况。

1.2.9.4 电子海图显示与信息系统(ECDIS)

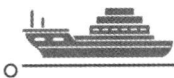

(1)获取电子海图的海图版本、能够体现的信息(如定位、方向、速度等)、日常工作情况、各项报警,或获取系统进行自检测试数据,验证设备的运行情况;并对比船舶的航线范围,判断海图是否覆盖船舶航路。

(3)获取电子海图与其他设备的数据连接通道信息,验证其连接信号的运行情况。

(4)对电子海图进行断电自启动的模拟测试,获取重新启动的时间、显示状态,验证设备自启动运行情况。

1.2.9.5　全球导航卫星系统(GNSS)

获取设备自检信息,并获取信号丢失或失去位置时设备的报警信号,验证设备的运行情况。

1.2.9.6　雷达

获取雷达各种指示、显示信息(包括性能测试在内的各类报警信息),验证设备的运行情况。

1.2.9.7　自动识别系统(AIS)

(1)获取设备的静态信息、动态信息,验证设备运行情况。

(2)通过测试设备,获取 AIS 在测试时显示、发送信息,验证设备接收功能的运行情况。

1.2.9.8　航行数据记录仪(VDR)

(1)获取 VDR 电池/释放器有效期等照片或视频。

(2)获取实时监控或下载 VDR 记录数据,验证设备运行情况。

(3)通过测试设备,获取上浮式存储设备和信标的测试信息,验证其功能的运行情况。

1.2.9.9　航速和航程测量装置

(1)获取设备航速、航程信息,验证设备的运行情况。

(2)获取设备向其他设备提供数据的通道信息,验证其输出信号的运行情况。

1.2.9.10　航向或航迹控制系统

通过模拟测试监控报警功能(偏航、失电、故障等),获取相关报警数据,验证设备的运行情况。

1.2.9.11　驾驶室航行值班报警系统(BNWAS)

通过测试设备各级报警功能,获取各级报警的警报反馈(如驾驶室外部两翼按钮的闪光、报警声响、按钮复位、应急呼叫功能等),验证设备的运行情况。

1.2.10　无线电系统

1.2.10.1　一般要求

(1)获取各无线电设备的供电电压、来源,验证设备供电的运行情况。

(2)获取自动充电装置的电压、电流,验证设备的运行情况。

(3)获取蓄电池的充放电流、电压,验证蓄电池的功能情况。

(4)获取天线的绝缘数值,验证天线绝缘功能情况。

1.2.10.2　甚高频无线电装置(VHF)

获取设备运行工况数据,包括第三方测试报告。

1.2.10.3　中频无线电装置(MF)

获取设备运行工况数据。

1.2.10.4　中/高频无线电装置(MF/HF)

(1)获取设备运行工况数据;

(2)获取 MF/HF 窄带直接印字电报(以下简称"NBDP")与岸台进行自动重传请求(简称"ARQ")测试的收发报文信息,验证 NBDP 功能的运行情况。

1.2.10.5　卫星船舶地面站(SES)

获取 SES 进行性能测试(简称"PVtest")或自发自收的报文信息,验证设备的运行情况。

1.2.10.6　应急无线电示位标(EPIRB)

获取 EPIRB 电池和静水压力释放器的有效期信息,自测试记录数据,验证其是否继续可用。

1.2.10.7　接收海上安全信息装置

(1)NAVTEX

获取 NAVTEX 的收发报文信息及自检信息,验证其运行情况。

(2)增强性群呼系统(EGC)

获取 EGC 的收发报文信息和自检信息(如适用),验证其运行情况。

(3)高频直接印字电报海上安全信息系统(HFMSI)

获取设备的接收报文信息,验证其运行情况。

1.2.10.8　双向便携式 VHF 无线电话设备

获取设备电池有效期的照片,并对设备进行通话测试,获取通话信号,验证设备功能状况。

1.2.10.9　搜救定位装置

(1)雷达应答器

获取设备自检信息。

(2)AIS 应答器

获取设备自检信息。

1.2.11　救生消防

1.2.11.1　获取救生消防维护保养,定期测试、演习的活动记录,并配以过程照片和/或视频作为支撑,验证其执行状况。

1.2.11.2　获取通风机、火灾探测和报警系统、消防泵、泡沫泵(适用时)、固定灭火系统、机舱水雾系统(如适用)的日常运行参数或自检信息(如适用),验证其运行状况。

1.2.12　动力定位系统

1.2.12.1　获取工作记录等运行参数,验证动力定位系统 UPS、动力定位软件、联合操纵杆系统、备用系统、越控功能、报警装置、推力器与系统的信号交换器等设备的运行情况。

1.2.12.2　推进器:动力定位系统的推进器的控制和报警装置,推进装置的运行情况可参考本章中 Z 型推进装置和电力推进装置的相关要求进行验证。

1.2.12.3　测量系统:获取工作记录等运行参数,验证动力定位系统的测量系统的运行情况。

1.2.13　起重设备

1.2.13.1　获取验证起重设备的维护保养记录和工作状态参数,并配以过程照片或视频作为支撑,验证其工作状况。

1.2.14　能效管理系统

1.2.14.1　获取船舶航次信息,包括航行距离和航行时间等。

1.2.14.2　通过流量计监测或者燃油舱柜监测,获取航次燃油消耗信息。

1.2.14.3　获取航行日志、轮机日志、油类记录簿、加油单等相关信息。

1.2.14.4　数据汇总导出 IMODCS 报告和 CII 年度评级报告。